普通高等院校“十四五”规划教材

人力资源管理概论

王有志　冯　颖　姜　瑛◎主　编
陈永君◎副主编

中国铁道出版社有限公司
CHINA RAILWAY PUBLISHING HOUSE CO., LTD.

内 容 简 介

本书围绕人力资源管理业务模块这一主线，从理论层面系统地讲述了人力资源管理的基本原理与基本流程，从实践层面讲述了工作分析与工作评价、人力资源规划、员工招聘与录用、员工培训与开发、职业生涯管理、绩效管理、薪酬管理、劳动关系管理等内容。

本书作为普通高等院校"十四五"规划教材，突出理论的前瞻性，内容穿插"兴趣引导＋探究式学习＋课后训练"，具有体系新、内容新、善用图表、应用性强、案例生动、习题丰富、体例新颖等特点，既丰富课堂内容，激发学生的学习兴趣，鼓励学生创新思考，又能增强课堂教学的互动效果，是一套全新、实用、高效的人力资源管理体系。

本书适合大学本科或相同层次的人力资源管理专业及相关管理专业学生使用，也可作为各级各类管理者丰富人力资源管理知识、提升人力资源管理能力的参考用书。

图书在版编目（CIP）数据

人力资源管理概论/王有志，冯颖，姜瑛主编．—北京：中国铁道出版社有限公司，2021.8

普通高等院校"十四五"规划教材

ISBN 978-7-113-28176-2

Ⅰ.①人… Ⅱ.①王…②冯…③姜… Ⅲ.①人力资源管理-高等学校-教材 Ⅳ.①F243

中国版本图书馆 CIP 数据核字（2021）第 144963 号

书　　名：人力资源管理概论

作　　者：王有志　冯　颖　姜　瑛

策　　划：潘星泉　　　　编辑部电话：（010）51873090

责任编辑：潘星泉　包　宁

责任设计：刘　颖

责任校对：苗　丹

责任印制：樊启鹏

出版发行：中国铁道出版社有限公司（100054，北京市西城区右安门西街 8 号）

网　　址：http://www.tdpress.com/51eds/

印　　刷：三河市兴博印务有限公司

版　　次：2021 年 8 月第 1 版　2021 年 8 月第 1 次印刷

开　　本：787 mm×1 092 mm 1/16　印张：19.5　字数：451 千

书　　号：ISBN 978-7-113-28176-2

定　　价：52.00 元

前　　言

在竞争日益激烈的21世纪，人力资源已成为企业核心竞争力，在企业战略中占据重要地位。成功的管理者普遍认识到企业进一步发展的动力是人才，人才的全球化竞争使企业人力资源管理面临前所未有的挑战，企业只有更好地吸引、保留和发展其所需人才，才能拥有竞争优势而立于不败之地。

从学科角度分析，人力资源管理是一门理论知识与实务技术交叉构成的应用性学科。其人才培养不仅要求在理念上善于接纳和创新，而且需要在实践上善于操作和运用。基于上述情形，编写本书时，我们就将其定位为应用型教材，区别于传统的以理论教学为主的研究型教材。

本书编写立足于高等学校应用型人才培养的要求和特点，编写中注重理论与实际的结合、教学与应用的结合。全书在体系结构上体现创新性、新颖性、系统性，在内容上增加其可读性和实用性，力求使学生通过学习，提高其知识水平和实际应用能力，从而满足高等学校管理类专业人才培养目标的需要。作为一本应用型本科教材，本书有如下特点：

1. 体系新。依据人力资源管理学科的内在逻辑，对人力资源管理的课程体系进行重新构架，科学全面地阐述了人力资源管理各环节的内容。

2. 内容新。吸收和借鉴了大量人力资源管理领域理论和实践的新内容以及编者在本领域的研究成果，由浅入深地凝炼和丰富各章节内容，以满足教学和实际应用的需要。

3. 善用图表。全书采用文、图、表有机结合的方式展示教材内容，共累计编排图表162例，以图表突出操作性，图文并茂，使教材具有很强的可读性，便于读者深入理解和掌握。

4. 应用性强。全书在内容、编排上强调了理论与实践的联系，基本技能及操作方式说明贯穿教材始终，力求将基本理论知识体现在实用技能上，突出了教材的实用性和可操作性。

5. 案例生动。教材各章均精选编排多个具体、生动的典型案例与应用实例，吸引学生学习兴趣，引导学生探究式学习，并把理论和实践结合起来，从而提升教学效果。

6. 习题丰富。章后均设有课后训练，从知识巩固到技能强化，最后达到能力提升，递进式编排多种形式训练题型，既包括填空题、单项选择题、多项选择题、判断题、思考题等传统题型，又设计编排了管理技能训练、案例题、综合设计等针对技能训练的题型，突显教学内容的实用性。

7. 体例新颖。教材每章章首设有“管理名言”“学习目标”“开篇案例”，目的是使学生了解本章概要，引发学习兴趣。每章正文内容穿插“管理故事”“走进管理”“应用实例”，使理论与实践紧密结合。章后附有课后训练，课后训练由浅入深设计三个层次：知识巩固训练、技能强化训练和能力提升训练，强调实操能力培养，具有较高的实战特征。

本教材各章结构如下：

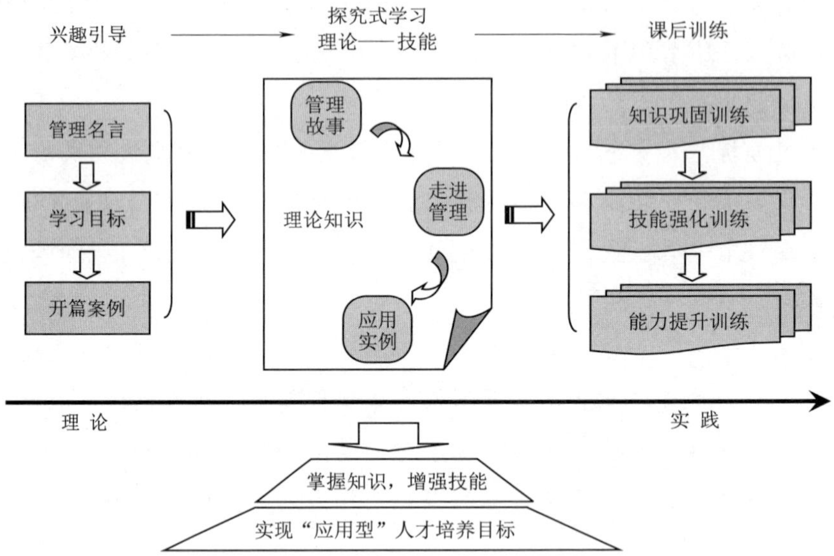

本书由王有志、冯颖、姜瑛任主编，由陈永君任副主编。全书共分九章，具体编写分工如下：第三、四、五章由王有志编写，第一、二章由冯颖编写，第六、七、八章由姜瑛编写，第九章由陈永君编写，全书由王有志统稿。

本书在编写过程中，参阅、借鉴和引用了国内外众多学者的大量研究成果，在此向他们表示衷心的感谢和敬意。尽管编者在编写过程中尽力做到努力认真，但由于编者水平、经验有限，成书时间较紧，书中难免存在不妥和疏漏之处，恳请专家、读者予以批评指正。

编　者

2021 年 5 月

目　录

第一章 人力资源管理导论

【管理名言】

企业或事业唯一真正的资源是人，管理就是充分开发人力资源以做好工作。

——托马斯·彼得斯

【学习目标】

知识：

- 了解人力资源管理的基本原理、人力资源管理的理论基础、人力资源管理的历史及未来趋势。
- 理解人力资源的特点、传统人事管理与现代人力资源管理的区别、人力资源管理的功能。
- 掌握人力资源与人力资源管理的概念和人力资源管理的职能。

技能：

- 识别人力资源管理的各项职能，能够根据企业实际情况，建立人力资源管理体系。

素质：

- 具备较强的学习能力、逻辑思维能力、分析能力与文字表达能力。

【开篇案例】

造人先于造物

日本松下电器公司创建于1918年，以不足200日元起家，现已发展成为享誉世界的名牌企业集团，并在全球家用电器市场上占据重要地位。松下集团创始人松下幸之助不仅在日本享有盛名，被誉为“经营之神”，而且他的照片曾被刊登在美国《时代》周刊的封面上。美国斯坦福大学教授帕斯卡尔和哈佛商学院教授阿索斯在他们合著的《日本的管理艺术》一书中，赞誉松下幸之助是世界级的企业管理天才。全球各地的企业家、经理人都在学习松下幸之助的经营管理观念。

“造人先于造物”就是松下幸之助人才观的直接反映。他认为,企业是由人组成的,必须强调发挥人的作用。松下幸之助指出:“公司要发挥全体职工的勤奋精神,必须保证各自的生活和工作两方面都是安定的。因此,‘高效率、高工资’是我们公司的理想,虽然不能立即达到,但要尽一切努力促其实现。”

松下幸之助总结的培育人才的目的有四条:灌输基本经营方针;提高专门业务能力;培养经营管理能力;扩大视野形成人格。那么,企业应该培育什么样的人才呢?松下幸之助认为主要是如下十类人:不忘初衷而虚心好学之人;不墨守成规而经常有新观念之人;热爱公司并与公司融为一体之人;不自私而能为团体着想之人;能做出正确价值判断之人;有自主经营能力之人;随时随地都保持热诚之人;能得体支持上司之人;能自觉恪尽职守之人;有担任公司经营负责者的气魄之人。

松下公司重视人才、科研和智力开发。当有人问,松下公司最大的实力是什么?松下幸之助回答,是经营力,即经营者的能力。他指出:“掌握了经营关键的人是企业的无价之宝。”所以,松下幸之助强调,在出产品前出人才,在制造产品前先培养人才。在这样的人才观指导下,松下幸之助提出了育才的七把钥匙:第一,强烈感到培育人才的重要性;第二,要有尊重人才的基本精神;第三,明确教诲经营理念和使命感;第四,彻底教育员工企业必须获利;第五,致力于改善劳动条件及员工福利;第六,让员工拥有梦想;第七,以正确的人生观为基础。

松下幸之助不但创立了松下公司,而且还为公司建立了一整套行之有效的管理和经营制度,始终把“做一个端端正正的商人,个人应该勤勉礼让,安分守己,屈己厚人”作为人生准则,把“经商、事业、为人、报国”融为一体,形成松下优良的传统和作风。“松下七大精神”就是很好的体现,即:产业报国精神、光明正大精神、友好一致精神、力争向上精神、顺应同化精神、感谢报恩精神和礼貌谦让精神。松下幸之助的育才理念以及人才培育规划,创造性地培育出了一批又一批的经理、主管、业务骨干以及基层管理人才。松下集团的分公司及工厂遍及全世界,松下幸之助的育才理念已经在世界各地生根、开花、结果。

资料来源:博锐管理在线.造人先于造物:松下幸之助的人才观.[2005-5-1].

在快速发展的市场竞争环境中,人的因素在市场竞争中所体现的重要性已被越来越多的企业所关注。企业的基本资源是人、财、物、信息和时间,但就其性质而言就是两大类:人的资源和物的资源。人是活的,能动的;物是死的,被动的。“一切物的因素只有通过人的因素才能加以开发利用。”在一定的生产力条件下,人是企业生存和发展的决定性因素。从这个意义上说,人力资源是企业的第一资源。那么,究竟什么是人力资源?怎样管理和开发人力资源以发挥人力资源的潜能?这一系列的问题正是本章所要讲述的内容。

第一节　人力资源概述

一、人力资源的基本概念

(一)资源的概念

资源是人类赖以生存的物质基础。从经济学角度而言,资源泛指社会财富的源泉,是指能给人们带来新的使用价值和价值的客观存在物。对于一个组织而言，其所能运用的资源主要有三种：物质资源、财政资源和人力资源。物质资源，如土地、原料、机器等；财政资源，如金钱与融资信用等；人力资源在下面展开介绍。

（二）人力资源的概念

人力资源（Human Resource ，HR）是由管理大师彼得・德鲁克于1954年在其代表作《管理的实践》中首次提出的概念。德鲁克认为，人力资源和其他所有资源相比较而言，唯一的区别就是它是人，并且是经理们必须考虑的具有"特殊资产"的资源。人力资源的概念有广义与狭义之分。广义的人力资源是指在一个国家或地区中，处于劳动年龄、未到劳动年龄和超过劳动年龄但具有劳动能力的人口之和。或者表述为，一个国家或地区的总人口中减去丧失劳动能力的人口之后的人口。狭义的人力资源是指具有劳动能力的劳动适龄人口。

本书认为，从能力的角度出发来理解人力资源的含义更接近于它的本质。资源是社会财富的源泉，人对财富形成能起贡献作用的不是别的方面，而是人所具有的知识、经验、技能、体能等，在这个意义上，人力资源的本质是能力。故给人力资源下一个定义，就是指人所具有的对价值创造起贡献作用，并且能够被组织所利用的体力和脑力的总和。

二、人力资源的构成

人力资源由数量和质量两个方面构成。

（一）人力资源的数量

人力资源的数量是指被考察范围内（一个国家或地区）拥有劳动能力的人口数量，可以用绝对数量和相对数量两种指标来表示。绝对数量，是指一个国家或地区具有劳动能力、从事社会劳动的人口总和。人力资源绝对数量由八个部分组成，如图1－1所示。

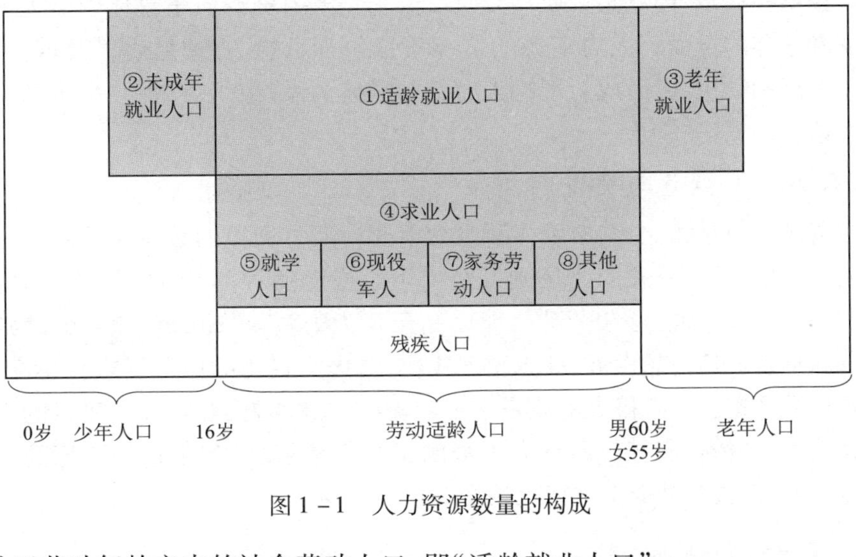

图1－1　人力资源数量的构成

（1）处于劳动年龄之内的社会劳动人口，即"适龄就业人口"。

（2）尚未达到劳动年龄实际已从事社会劳动的人口，即"未成年就业人口"。

（3）已经超过法定劳动年龄，实际仍在从事社会劳动的人口，即"老年就业人口"。

以上三部分相加为人力资源主体,亦称“就业人口”。

(4)处于法定劳动年龄以内,有能力、有愿望参加社会劳动,但是实际上并未参加社会劳动的人口,亦称“求业人口”。

(5)处于法定劳动年龄以内的“就学人口”。

(6)处于法定劳动年龄以内的“现役军人”。

(7)处于法定劳动年龄以内的“家务劳动人口”。

(8)处于法定劳动年龄以内的“其他人口”。

上述五部分人口,由于未构成现实社会的劳动力供给,故可称为“潜在人力资源”。

人力资源的相对数量即人力资源率,指人力资源的绝对量占总人口的比率。一个国家或地区的人力资源率越高,表明可投入生产过程的劳动数量越多,由此产生的国民收入越高。人力资源率从一个侧面反映了一个国家或地区的经济实力。

(二)人力资源的质量

人力资源的质量是指一定范围内(国家、地区或企业等)的劳动力素质的综合反映。它是一定范围内人力资源所具有的体质、智力、知识、技能和劳动意愿,一般体现在劳动力人口的体质水平、文化水平、专业技术水平和劳动的积极性上。人力资源的质量主要包括人力资源能力质量和人力资源精神质量。

1. 人力资源能力质量

人力资源能力质量,即推动物质资源、从事社会劳动的能力水平的高低,体现在知识(一般知识与专业职业知识)、工作技能、创造能力、对岗位的适应能力、流动能力、管理能力等能力水平上。其中,知识水平与技能水平是人力资源能力质量中最主要、最为人们所关心的方面。

2. 人力资源精神质量

人力资源精神质量,即思想素质、心理状态,它是人力资源质量总体中极为重要又常常被人们忽视和遗漏的方面。人力资源的精神质量包含思想、心理品质以及道德因素,它决定人的工作态度和动机,因而成为影响人力资源群体关系、组织凝聚力、微观和宏观经济效益的重要因素。

(三)人力资源数量与质量的关系

与人力资源的数量相比,其质量方面更为重要。人力资源的数量能反映出可以推动物质资源的人的规模,人力资源的质量则反映出可以推动哪种类型、哪种复杂程度和多大数量的物质资源。一般来说,复杂劳动只能由高质量人力资源来从事,简单劳动则可以由低质量人力资源从事。经济越发展,技术越现代化,对人力资源的质量要求就越高,现代化的生产体系要求人力资源具有极高的质量水平。需要注意的是,要获取高质量的人力资源就要付出较大的生产成本,而且高质量人力资源又具有稀缺性,如果这种资源的供给不被需求所吸收,就会对个人与社会造成巨大浪费。

三、人力资源的特点

人力资源作为一种资源,与其他资源相比具有能动性、社会性、时效性、再生性和双重性的特点。

（一）能动性

能动性是指人力资源区别于其他资源的最本质特征在于其是“有意识”的。与物质资源相比，人力资源有思想和情感，能够接受教育或主动学习并能够自主地选择职业。更重要的是人力资源能够发挥主观能动性，有目的、有意识地利用其他资源进行生产，能够不断地创造新的工具、技术，推动社会和经济的发展，推动人类文明进步。

（二）社会性

社会性是指人力资源处于特定的社会和时代中，不同的社会形态，不同的文化背景，都会反映和影响人的价值观念、行为方式、思维方法。从本质上说，人力资源是一种社会资源。人力资源的社会性要求在开发过程中特别注意社会政治制度、国家政策、法律法规以及文化环境的影响，特别要注意开发措施的人群针对性。

（三）时效性

时效性是指人力资源的形成、开发和使用，都具有时间方面的限制，这是同人的生命、年龄有直接关系的。每个人的生命都会经历婴幼儿期、青壮年期、老年期，不同年龄阶段表现出不同的资源效力。同时，每个人都有其才能发挥的最佳时期、最佳年龄段。因此，人力资源的开发和使用必须及时，应把握住关键期，以取得最大效益。

（四）可再生性

资源分为可再生性资源和不可再生性资源两大类。人力资源是一种可再生性资源，在开发过程中，不会像不可再生性资源（如矿石资源）那样因为使用而减少，相反，还可能会因为使用而提高水平，增强活力。人力资源的可再生性有两层含义：一是指人口的再生产和劳动力的再生产；二是指人力资源的知识和技能可以通过教育和培训不断丰富和提高，并在工作实践中得到锻炼和积累。

（五）双重性

双重性是指人力资源既是创造社会财富的生产者，又是社会财富的消费者，因此，具有生产性和消费性。生产性是指人力资源是物质财富的创造者，为组织的生存与发展提供了条件；消费性是指人力资源为了维持其本身的存在，必须消耗一定数量的其他自然资源，比如粮食、织物、水、能源等。而且在消耗方面得到体现和关心的程度，会直接影响人力资源积极性的发挥。

四、人力资源与其他资源的关系

与人力资源容易混淆的资源，还有人口资源和人才资源。

人口资源是指一个国家或地区所拥有的人口总量，它是一个最基本的底数，一切人力资源、人才资源皆产生于这个最基本的资源中，它主要表现为人口的数量。

人才资源是指一个国家或地区中具有较多科学知识、较强劳动技能，在价值创造过程中起关键或重要作用的那部分人。人才资源是人力资源的一部分，即优质的人力资源。

应当说这三个概念的本质是有所不同的，人口资源和人才资源的本质是人，而人力资源的本质则是脑力和体力，从本质上来讲它们之间并没有什么可比性。就人口资源和人才资源来说，它们关注的重点不同，人口资源更多是一种数量概念，而人才资源更多是一种质量概念。但是这三者在数量上却存在一种包含关系。

在数量上,人口资源是最多的,它是人力资源形成的数量基础,人口资源中具备一定脑力和体力的那部分才是人力资源;而人才资源又是人力资源的一部分,是人力资源中质量较高也是数量最少的那部分。在比例上,人才资源是最小的,它是从人力资源中产生的,而人力资源又是从人口资源中产生的。人口资源、人力资源与人才资源的关系如图 1-2 所示。

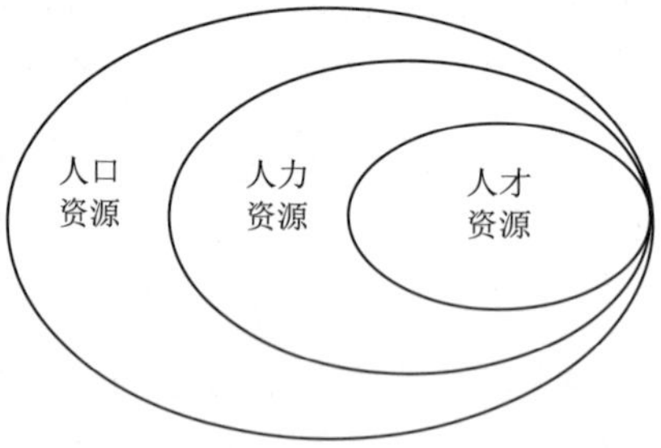

(a) 三者的包含关系

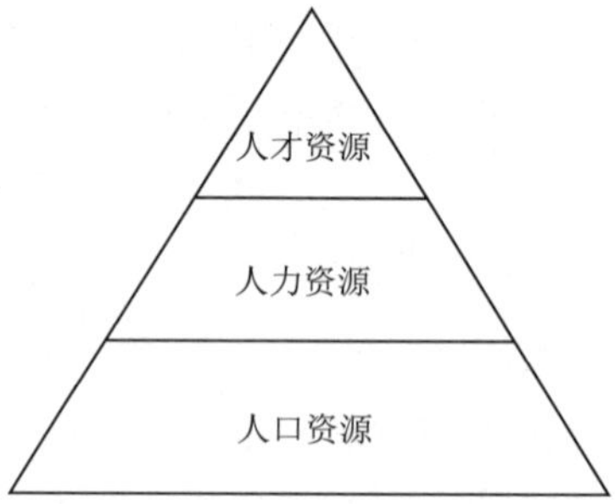

(b) 三者的数量关系

图 1-2 人口资源、人力资源与人才资源的关系图

【管理故事 1-1】

一个圆圈引发的公司收购

1923 年,美国福特公司有一台大型电动机发生故障,公司所有工程技术人员都未能修好。正在焦急万分的时候,有人推荐了思坦因曼思,他原来是德国的工程技术人员,流落到美国后,一家小厂的老板看中了他的才能并雇佣了他。此人身材矮小,衣着邋遢,许多人瞧不起他。福特问他几天能修好这台电动机,他说三天,而且只用一把小铁锤、一支粉笔就可以了。

他在这台大型电动机旁边搭了帐篷住了下来,白天,他围着电动机转悠,东看看,西敲敲;晚上,他就睡到电动机旁。到了第三天,人们见他还不拆电动机,不禁怀疑起来,便质问其何时动手修电动机,他却慢条斯理地说:别着急,今晚即可见分晓。

当天晚上,他爬到电动机顶上,在电动机的一个部位画了一条线作为记号,然后对福特公司的技术人员说:"打开电动机,把做记号的地方的线圈减少 16 圈,故障就可以排除。"技术人员半信半疑地拆开,按他所说的操作后,电动机果然恢复正常了。

这时,他提出要酬金 1 万美元,福特的工作人员一片哗然:"你不过画了一个圆圈,怎么值 1 万美元?"但他却理直气壮地说:"画一条线只要 1 美元,但要知道这条线往哪里画,却要 9 999 美元。"福特非常爽快地给了他 1 万美元。

福特非常欣赏这个人,亲自邀请他加盟福特公司。但思坦因曼思却向福特说,他不能离开那家小工厂,因为那家小工厂的老板在他最困难的时候帮助了他。福特先是觉得遗憾万分,继而做出一个决定,收购思坦因曼思所在的那家小工厂。不久后思坦因曼思被升为高管,进入决策层,开始了他辉煌的职业生涯。

福特为了得到一个人才,竟不惜重金买下一个公司。我国古代有"千军易得,一将难求"的说法,说的也是人才难得。

资料来源:文建秀.人力资源管理理论与实务[M].北京:中国铁道出版社,2012.

五、人力资源与人力资本

（一）人力资本的概念

人力资本的提出，实质上是资本概念的扩展，是资本概念在人身上的应用。按经济学的观点，资本是可以带来剩余价值的价值。人力资本把人当作一种可以增值的资本，这时人就与其他资本一样，具有了资本的特性。

在理论界，通常将美国著名经济学家舒尔茨看作人力资本理论的创立者。舒尔茨的代表作是《论人力资本投资》。舒尔茨在人力资本理论方面作了系统、深刻的研究，开创了人力资本研究的新领域。

舒尔茨的主要观点是：人力资本是通过对人力资源投资而体现在劳动者身上的体力、智力和技能，它是另一种形态的资本，而它的有形形态就是人力资源。舒尔茨认为，对人的投资渠道主要有五种，即包括营养及医疗保健费用、学校教育费用、在职人员培训费用、择业过程中所发生的人事成本和迁徙费用。

人力资本理论突破了传统理论中资本只是物质资本的束缚，将资本划分为人力资本和物质资本。物质资本指体现在物质产品上的资本，包括厂房、机器、设备、原材料、土地、货币和其他有价证券等。

归纳起来，可以将人力资本定义为：体现在人身上的资本，即对人进行投资所形成的蕴含于人身上的各种知识、技能、经验、态度、创造力和健康素质的存量总和。

（二）人力资源与人力资本的区别

【走进管理1-1】

管理创新之花80%时间找人

有的企业不肯在人身上投资，随便找个人了事，不想花太多时间在寻找人才这件事情上。但事实上，多花时间招揽人才有其自身的价值，企业花80%的时间找人也不为过。

3年时间，销售收入突破百亿。2012年小米销售手机719万台，实现营收126.5亿元，纳税19亿元。小米模式刷新中国互联网公司的成长速度。在小米取得一系列成就的同时，人们开始思考小米公司成功的原因。

小米团队是小米公司成功的核心原因。所以当初小米决定组建超强的团队，前半年就花了至少80%时间找人，幸运地找到了7个合伙人，全有技术背景，平均年龄42岁，经验极其丰富。3个本地人加5个海归，来自金山、谷歌、摩托罗拉、微软等，土洋结合，他们聪明、技术一流、理念一致，充满创业热情，具有战斗力，大多管理过超过几百人的团队，这样的团队做出来的产品注定是一流的。

资料来源：贺小刚，刘丽君. 人力资源管理[M]. 上海：上海财经大学出版社，2015.

人力资源和人力资本这两个概念容易混淆，两者之间的区别首先在于将“人力”视作“资源”还是“资本”。资源和资本虽然只有一字之差，但有着本质的区别。对于“资源”，人们多考虑寻求与拥有；而提到“资本”，人们会更多地考虑如何使其增值生利。人力资源与人力资本的主要区别表现在以下三个方面。

1. 两者所关注的焦点不同

人力资本关注的是收益问题。作为资本，人们就会更多地考虑投入与产出的关系，会在乎成本,会考虑利润;人力资源关注的是价值问题。作为资源,人人都想要最好的:钱越多越好,技术越先进越好,人越能干越好。

2. 两者的性质不同

人力资源所反映的是存量问题。提到资源,人们多考虑寻求与拥有;人力资本所反映的是流量与存量问题。提到资本,人们会更多地考虑如何使其增值生利。资源是未经开发的资本,资本是开发利用了的资源。

3. 两者研究的角度不同

人力资源是将人力作为财富的源泉,是从人的潜能与财富关系来研究人的问题;人力资本是将人力作为投资对象,作为财富的一部分,是从投入与效益的关系来研究人的问题。

人力资源是被开发、待开发的对象。人力资源得不到合理开发,就不能形成强大的人力资本,也无法可持续发展。人力资本的形成和积累主要靠教育。如果没有教育,人力资源就得不到合理开发。现代企业仅将人力作为资源还不够,还应将人力资源合理开发利用和有效配置后变成人力资本。人力资本与人力资源相比的先进点主要在于,人力资源只是立足于人的现有状况来挖掘潜力,而人力资本,则更偏重关注人的可持续发展,重视通过培训和激励并重等多种“投资”手段来提高人的价值。

第二节　人力资源管理概述

一、人力资源管理的概念

(一)国内外学者关于人力资源管理概念的界定

人力资源管理(Human Resource Management,HRM)是研究如何最有效、最合理地管理和使用企业所拥有的最宝贵的资源——员工的才能与热情,从而实现企业的既定目标,使其经济效益和社会效益最大化。对于它的含义,国内外的学者们给出了诸多解释,综合起来,可以将这些概念归纳为5类:

第一类,根据人力资源管理的目的进行定义,认为它是借助对人力资源的管理来实现组织的目标。

第二类,从人力资源管理的过程或承担的职能出发进行解释,把人力资源管理看成是一个活动过程。

第三类,揭示了人力资源管理的实体,认为它就是与人有关的制度和政策等。

第四类,从人力资源管理的主体出发解释其含义,认为它是人力资源部门或人力资源管理者的工作。

第五类,从目的、过程等方面出发综合地进行解释。

(二)本书关于人力资源管理的概念界定

结合国内外各学术观点及我国人力资源管理的实践发展,本书认为:人力资源管理是指企业为了获取、开发、保持和有效利用在生产和经营过程中的人力资源,通过运用科学、系统的技术和方法,进行各种相关的计划、组织、领导和控制活动,以实现企业既定目标的管理过程。企业通过人力资源管理,目的是充分发挥人的主观能动性,实现人尽其才、事得其人、人事相宜的管理目标。

从人力资源资源管理的对象来看,人力资源管理包括两方面内容:

1. 对人力资源外在要素——量的管理

对人力资源进行量的管理,就是根据人力、物力及其变化,对人力进行恰当的培训、组织和协调,使两者经常保持最佳比例和有机结合,使人和物都能充分发挥出最佳效应。

2. 对人力资源内在要素——质的管理

对人力资源进行质的管理,主要是指采用现代化的科学方法,对人的思想、心理和行为进行有效的管理,充分发挥人的主观能动性,以达到组织目标。

二、人力资源管理的功能

人力资源管理的功能和职能本质上是不同的,人力资源管理的职能是它所要承担或履行的一系列活动,例如人力资源规划、职位分析、招聘录用等;而人力资源管理的功能是指它自身应该具备或发挥的作用,具有一定的独立性,它的功能是通过职能来实现的。人力资源管理的功能体现在五方面:获取、维持、整合、开发和调控。

(一)获取

人力资源管理工作的第一步是获取人力资源。根据组织目标,确认组织的工作要求及人数等条件,通过工作分析、人力资源规划、招聘和录用等环节,选拔与目标职位相匹配的任职者的过程。

(二)维持

维持功能主要体现在建立并维持有效的工作关系。通过一系列薪酬、考核和晋升等管理活动,保持企业员工的稳定和有效工作的积极性以及安全健康的工作环境,以增加其满意感,从而安心和满意地工作。

(三)整合

整合功能表现在企业可以借助培训教育等手段实现员工组织社会化。整合的目的是培养员工与组织一致的价值取向和文化理念,并使其逐步成为组织人。具体体现为新员工上岗引导、企业文化和价值观的培训。

(四)开发

开发是提高员工能力的重要手段。通过组织内部一系列管理活动,培养和提高组织员工的知识、技能和素质,以增强和提高员工的工作能力,并使员工的潜能得到充分发挥,最大限度地实现其个人的价值和人力资源对组织的贡献率,以达到个人与组织共同发展的目的。

(五)调控

调控功能体现在企业对员工实施合理、公平的动态管理,对员工的工作表现、潜质和工作绩效进行评估和考核,可以为企业对人力资源进行奖惩、升降和去留等决策提供依据。具体表现为晋升、调动、工作轮换、离退休和解雇等。

三、人力资源管理的职能

(一)人力资源规划

人力资源规划是系统、全面地分析和确定组织人力资源需求的过程,以确保组织在需要时能够得到一定数量和质量的员工，满足企业现在及将来各个岗位需要。在制订人力资源规划时，首先要评估组织的人力资源现状及其发展趋势，收集和分析人力资源供求信息和有关资料，预测人力资源供求的发展趋势，结合实际制订组织的人力资源使用、培训和发展规划。

（二）工作分析

工作分析又称职务分析，是全面了解一项具体工作或具体职务的管理活动。工作分析是对组织中各个工作和岗位的目的、任务或职责、权力、隶属关系、工作条件、任职资格等相关信息进行收集与分析，以便对该工作做出明确的规定，并确定完成该工作所需要的行为、条件、人员的过程。

（三）员工招聘与录用

员工招聘与录用是指根据人力资源规划和职务分析要求，为组织获得所需要的人力资源的过程。招聘与录用是人力资源管理的首要环节，具体地说，是指根据组织内部的岗位需要，利用各种方法和手段从组织内部或外部吸引应聘人员，并经过各种方法进行筛选，确定人选并予以录用的过程。

（四）培训与开发

培训与开发是指为了满足企业不断发展的需要，为了提高员工的知识和技能，改善员工的工作态度，使员工能胜任本职工作并不断有所创新，在综合考虑组织的发展目标和员工个人发展目标的基础上，对员工进行的一系列有计划、有组织的学习与训练活动。

（五）绩效管理

绩效管理是指为实现组织发展战略目标，采用科学的方法，通过对员工个人或组织的综合素质、态度行为和工作业绩的全面监测分析与考核评价，不断激励员工，改善组织行为，提高综合素质，充分调动员工的积极性、主动性和创造性，挖掘其潜力的活动过程。

（六）薪酬管理

薪酬管理是组织吸引和留住人才，激励员工努力工作，发挥人力资源效能最有力的杠杆之一。薪酬管理是指企业在经营战略和发展规划的指导下，综合考虑内外部各种因素的影响，确定自身的薪酬水平、薪酬结构和薪酬形式，并进行薪酬调整和薪酬控制的整个过程。

（七）职业生涯管理

职业生涯管理是企业帮助员工制订个人发展计划，并及时监督和考察，使个人的发展与企业的发展相协调，满足个人成长的需要。同时，使员工有归属感，进而激发其工作积极性和创造性，进而提高组织效益，促进组织的发展。

（八）劳动关系管理

劳动关系管理主要是建立与维护健康的劳动关系，建立企业管理层与员工之间互相信任、互相尊重的良好工作环境，让员工在安全、健康的环境中有效地工作，给企业带来长期的利益。人力资源管理涉及劳动关系的各个方面，如劳动时间、劳动报酬、劳动保护、劳动争议等。劳动关系是否健康和融洽，直接关系到人力资源管理活动能否有效开展。

四、传统人事管理与现代人力资源管理的区别

现代人力资源管理由传统人事管理演变而来，具有与传统人事管理相似的职能，但由于指导思想的转变，造成了两者从形式、内容到效果上有着根本性的变化。二者的区别见表1-1。

表1-1　传统人事管理与现代人力资源管理的区别

比较内容	传统人事管理	现代人力资源管理
管理内容	以“事”为中心	以“人”为中心
管理形式	静态管理	动态管理
管理方法	命令式、控制式	强调民主、参与
管理策略	组织短期目标的实现	组织和员工利益的共同实现
管理技术	简单僵化，技术含量低	专业技术和方法，技术含量高
管理体制	封闭、被动适应	开放、主动开发
管理手段	人工为主	软件系统
管理层次	执行层	战略层

（一）管理内容

在管理内容上，传统的人事管理以事为中心，主要工作是管理档案、人员调配、职务职称变动、工资调整等具体的事务性工作；而现代人力资源管理则以人为中心，将人作为一种重要资源加以开发、利用和管理，重点是开发人的潜能、激发人的活力，使员工能积极、主动、创造性地工作。

（二）管理形式

在管理形式上，传统的人事管理属于静态管理，员工进入企业完全是被动性地工作、自然发展；而现代人力资源管理属于动态管理，强调整体开发，员工进入企业工作后，企业还要根据组织目标和个人状况，为其做好职业生涯设计，不断培训及进行横向或纵向的岗位调整，充分发挥个人才能，量才使用，人尽其才。

（三）管理方法

在管理方法上，传统的人事管理主要采取制度控制和物质刺激手段；现代人力资源管理采取人性化管理，考虑人的情感、自尊与价值，以人为本，多激励、少惩罚，多表扬、少批评，多授权、少命令，发挥每个人的特长，体现每个人的价值。

（四）管理策略

在管理策略上，传统的人事管理侧重于近期或当前人事工作，就事论事，只顾眼前，缺乏长远目标，属于战术性管理；现代人力资源管理不仅注重近期或当前具体事宜的解决，更注重人力资源的整体开发、预测与规划，根据组织的长远目标，制定人力资源的开发战略措施，属于战术性与战略性相结合的管理。

（五）管理技术

在管理技术上，传统的人事管理照章办事，机械呆板；而现代人力资源管理追求科学性和艺术性，不断采用新的技术和方法，完善考核系统、测评系统等科学现代人力资源管理手段。

（六）管理体制

在管理体制上，传统的人事管理多为被动反应型，按部就班，强调按领导意图办事；现代人力资源管理多为主动开发型，根据组织的现状、未来，有计划、有目标地开展工作。

（七）管理手段

在管理手段上，传统的人事管理手段单一，以人工为主，日常的信息检索、报表制作、统计分析多为人工进行，很难保证及时、准确，并浪费人力、物力和财力；现代人力资源管理的报表制作、核算、测评、招聘等均由计算机自动生成结果，及时准确地提供决策依据。

（八）管理层次

在管理层次上，传统的人事管理部门往往只是上级的执行部门，很少参与决策；现代人力资源管理部门则处于决策层，直接参与单位的计划与决策，为单位的最重要的高层决策部门之一。

综上所述，传统人事管理与现代人力资源管理虽然在内容上有其相通之处，但在本质上却存在明显差异。传统人事管理模式是旧管理体制下的产物，弊端很多，影响很广，必须进行大刀阔斧的实质性改革，创建崭新的人力资源管理机制。现代人力资源管理是一种比传统的人事管理更为深入、更具战略性的新型管理模式，它要求企业必须突破传统的"人事"定位，建立起以能力为基准、以人为本的管理体系，从更宏观的视角，从发展战略的高度，开展和完善企业的人力资源管理。

五、人力资源管理的基本原理

（一）系统优化原理

系统优化原理，指人力资源系统经过组织、协调、运行、控制，使其整体功效达到最优绩效的理论。系统优化原理要求群体功效达到最优，是人力资源管理最重要的原理。人力资源系统面对的系统要素是人，人具有复杂性、可变性和社会性。因此，要达到人的群体功效最优，必须注意协调、提倡理解、避免内耗。

（二）能位匹配原理

能位匹配原理是指根据岗位的要求和员工的能力，将员工安排到相应的工作岗位上，保证岗位的要求与员工的实际能力相一致、相对应。"能"是指人的能力、才能，"位"是指工作岗位、职位，"匹配"是一致性与对称性。企业员工聪明才智发挥得如何，员工的工作效率和成果如何，都与人员使用上的能位适合度成函数关系。能位适合度是人员的"能"与所在其"位"的配置程度。能位适合度越高，说明能位匹配越合理、越适当，即位得其人、人适其位、适才适所，这不但会带来高效率，还会促进员工能力的提高和发展，反之亦然。

根据这一原理，企业必须建立以工作岗位分析与评价制度为基础，运用人员素质测评技术等科学方法招聘、选拔、任用人才，从根本上提高能位适合度，使企业人力资源得到充分开发和利用。

（三）激励强化原理

激励强化原理是指通过对员工物质的或精神的需求欲望给予满足的允诺，来强化其为获得满足则必须努力工作的心理动机，从而达到充分发挥其积极性和努力工作的结果。人力资源管理者的任务不只是以获得人力资源为目标，人力资源管理者在为单位或组织获得人力资源之后，还要通过各种开发管理手段，合理使用人力资源，提高人力资源的利用率，为此就必须坚持激励原理。

综合运用激励手段的基本原则是：公平目标与效率目标结合，个体激励与群体激励结合，物质激励与精神激励结合，外激励与内激励结合，正激励与负激励结合。

（四）互补增值原理

互补增值原理是指通过团队成员的气质、性格、性别、年龄等各因素之间相互补充，从而扬长避短，实现人力、物力和财力的合理配置，达到互补增值效应。人作为个体，不可能十全十美，而作为群体，则可以通过相互结合、取长补短，组合成最佳的结构，更好地发挥集体力量，实现个体不能达到的目标。在贯彻互补原则时，还应当特别注意主客观因素之间的协调与优化。

【走进管理 1 -2】

华为高效的人力资源管理

华为的技术能力发展迅猛，销售能力也突飞猛进，这是因为有一批勤奋努力、勇往直前的华为人，他们的进取精神来自于华为的人才激励制度。

华为在创业之初就非常重视人才配置，它的直接生产人员不足200人，而研究开发人员则有500人。到2000年时，华为有员工25 000余人，85%以上的人员是本科毕业，主要来自各专业院校和全国重点院校。从岗位上看，研究开发人员占总数的40%以上，营销人员占35%，生产人员占10%，管理人员占12%；从年龄上看，员工的平均年龄仅为27岁，员工间的年龄跨度很小，年龄结构上呈扁平密集分布。从人才结构上可以看出，华为把研究开发与市场营销作为企业的工作重点，因为这两方面的竞争力是企业间竞争的主要内容和最直接体现。

华为的人才激励机制，主要有以下几个方面：

1. 建立自由雇佣的人力资源管理体系

建立以自由雇佣为基础的人力资源管理体系，不搞终身雇佣制。在1996年通信市场爆发大战前，华为的市场体系有30%的人下了岗，其中有曾经立下汗马功劳而又变为落后者的员工。这一次变革，让华为人认识到："在市场一线的人，不允许有思想上、技术上的沉淀。必须让最明白的人、最有能力的人来承担最大的责任。"从此，华为形成了干部是没有任期的说法。那些居功自傲、故步自封的人，不得不在企业快速发展的压力下，不断提高个人素质和工作能力。

2. 建立内部劳动力市场

通过建立内部劳动力市场，允许和鼓励员工更换工作岗位，实现内部竞争与选择，促进人才的有效配置，激活员工，最大限度地发现和开发员工潜能。对于一个空出或即将空出的职位，公司会发布内部招聘信息，并且召开竞聘大会。应聘者要做15分钟的演讲，接受评委和观众的提问，由高层领导和专家组成评审委员会，根据竞聘报告和现场表现，当场拍板任职人选。

3. 高工资

华为称为“三高”企业，指的是高效率、高压力和高工资。任正非坚信高工资是第一推动力，因而华为提供的是外企般的待遇。除了高工资，还有奖金与股票分红，内部职工的投资回报率每年都超过70% ，有时甚至高达80% 。经济利益是最直接最明显的激励方式，高收入是高付出的有效诱因。

4. 提供持续的开发培训

华为实行在职培训与脱产培训相结合，自我开发与教育开发相结合的开发方式，让员工素质适应企业的发展，同时让员工有充分机会得到个人能力的提高。每年华为都要派遣大量的管理人员、技术人员到国外考察、学习、交流，优化了重要领域的人员素质，为有进取精神的人才提供了提高知识和素质的机会。

5. 公平竞争，不唯学历，注重实际才干

华为看重理论，更看重实际工作能力，大量起用高学历人才，也提拔读函大的高中生。在华为不论资排辈，只重实际能力，华为大胆地起用年轻人，一位只有25岁的华中理工大学毕业生就当上了带领500多人的中央研究部主任，这在其他企业是难以想象的。

6. 客观公正的考评

考评工作有着严格的标准和程序，是对员工全方位的考评，考核的依据依次是：才能、责任、贡献、工作态度与风险承诺。对于绩效的考评是重点，宜细不宜粗，对于工作态度和工作能力看重长期表现，宜粗不宜细。客观公正的考评，是对人才工作绩效的正确评价，是实行激励方案的保证。根据斯金纳的强化理论，人的行为会受到外界正强化、负强化和消退强化的影响，而对员工采用的强化手段，要以考评结果为依据。

7. 知识资本化、知识职权化

华为的员工持股制度，是把员工的知识劳动应得的一部分回报转化为股权，即转化为资本，股金的分配又使得由股权转化来的资本的收益得到体现，通过股权和股金的分配来实现知识资本化。还有组织权力，也按照知识的价值来分配，组织权力的分配形式是机会和职权，因而知识可以通过职权分配来表现。员工的股份是不可转让的，如果要退出公司，只能以初始出资价出售给公司，这样想离开公司的代价就会变得很高。越是公司重要的人员，持有的股份越多，离开的代价也越大，所以这是企业的一项长期激励方法，体现了知识的价值，保证了企业的稳定。

资料来源：李健.人力资源管理：理论·案例·实训[M].北京：清华大学出版社，2017.

第三节　人力资源管理的理论基础

一、人性假设理论

人性假设是对人的本质需求的某种假设，它是管理理论与实践中的一个重要问题。不同的人性观对应着不同的管理方法和管理手段。美国行为科学家埃德加·沙因在总结和发展前人研究成果的基础上将人性假设归结为4类,即经济人假设、社会人假设、自我实现人假设和复杂人假设。

(一)经济人假设

"经济人"假设理论认为人是"经济人"或"实利人""唯利人"。它假设人的行为动机就是为了满足自己的私利,人在本质上是追求最大的经济利益,工作目的是获得物质上的报酬。"经济人"假设的核心内容可概括如下:

(1)人的本性是不喜欢工作的,只要有可能,人就会逃避工作。

(2)由于人天性不喜欢工作,对于绝大多数人必须加以强迫、控制、指挥,才能迫使他们为组织目标去工作。

(3)一般人宁愿受人指挥,希望逃避责任,较少野心,对安全的需要高于一切。

(4)人是非理性的,本质上不能自律,易受他人影响。

(5)一般人都是为了满足自己的生理需要和安全需要参加工作的,只有金钱和其他物质利益才能激励他们努力去工作。

以经济人假设为指导思想,必然导致严密控制和监督式的管理方式,采取所谓的"任务管理"的措施,管理工作重点在于提高劳动生产率,而不考虑人的思想感情。泰勒是"经济人"观点的典型代表。"任务管理"的主张就是在人的"科学管理"理论指导下提出的。

(二)社会人假设

"社会人"又称"社交人"。社会人假设是由梅奥等人在霍桑试验的基础上提出来的。"社会人"假设是假设人们在工作中得到物质利益固然可以受到鼓舞,但不能忽视人是高级的社会动物,与周围其他人的人际关系对人的工作积极性会产生很大影响。这一假设的核心思想就是:驱使人们工作的最大动力是社会、心理需要,而不是经济需要,人们追求的是保持良好的人际关系。"社会人"假设的核心内容可概括如下:

(1)人们工作的主要动机是社会需求,而不是经济需要。社交需要是人类行为的基本激励因素,人际关系是形成人们身份感的基本因素。

(2)从工业革命中延续过来的机械化,使工作变得单调和无意义,因此必须从工作的社交关系中寻找工作的意义。

(3)与管理者所采用的奖酬和控制因素相比,员工更看重因工作而形成的非正式组织中的社交因素。

(4)员工对管理者的期望是员工的归属需要、被人接受的需要以及身份感的需要能被满足。

霍桑实验启发了越来越多的管理学家,使他们认识到:工人生产积极性的发挥和工效的提高,不仅受物质因素的影响,更重要的是受社会和心理因素的影响。于是,管理理论开始从过去的"以人适应物",转向"以人为中心",在管理中一反过去层层控制式的管理,转而注重调动员工参与决策的积极性。

（三）自我实现人假设

“自我实现人”是根据美国心理学家马斯洛的自我实现理论提出的，它是假设人性是善的，只要能充分发挥人性的优点，就可以把工作搞好的一种人性理论。这种理论假设认为，人都有自我激励与自我实现的要求，人工作的主要动机是社会需要。

“自我实现人”假设的核心内容可以概括为：

（1）人的动机可归结为由多种动机组成的一个层次系统，需要有低级与高级之分，工作的目的是满足自我实现的需要。

（2）人们力求在工作上有所成就，实现自治和独立，发展自己的能力和技术，以便适应环境。

（3）人们能够自我激励和自我控制，外部激励和外部控制会对人产生威胁，造成不良后果。

（4）个人的自我实现与组织目标的实现并不冲突，只要适当调节，就能使二者达到一致。

“自我实现人”假设理论下，管理者的主要任务是寻找什么工作对什么人最具有挑战性，最能满足人自我实现的需求。人有自动的、自治的工作特性，因而管理制度应保证员工能充分施展自己的才能，充分发挥他们的积极性和创造性，主张下放权力，建立决策参与制度、提案制度、劳资会议制度，把个人的需要同组织的目标结合起来。

（四）复杂人假设

“复杂人”假设是美国薛恩等人在20世纪末70年代初提出的。他们认为，无论是“经济人”“社会人”，还是“自我实现人”的假设，都有其合理性的一面，但都不适用于一切人。“复杂人”假设认为：人是复杂的，不能简单地归结为某种类型。一方面，人的个性因人而异，价值取向是多种多样的，没有统一的追求；另一方面，同一个人也会因环境、条件的不断变化产生多种多样的需要。各种需要互相结合，形成了动机和行为的多样性。所以“复杂人”假设并不是单纯的某一种人，是掺杂着善与恶混合的一种人性理论。“复杂人”假设的核心内容可以概括为：

（1）人的工作动机不但是复杂的，而且变动很大。每个人都有许多不同的需要。人的动机结构不仅因人而异，而且同一个人的动机也会因时而异。各种动机之间交互作用而形成复杂的动机模式。

（2）一个人在组织中可以形成新的需求和动机，因此 一个人在组织中表现的动机模式是他原来的动机与组织经验交互的结果。

（3）人在不同的组织和不同的团体可能表现出不同的动机模式。在正式组织中与别人不能和谐相处的人，在非正式组织中可能是合群的，从而满足其社会需要。在某些复杂的组织中，各个部门可以利用不同的动机来实现其目标。

（4）一个人是否感到心满意足、肯为组织尽力，取决于他本身的动机结构和他同组织之间的相互关系。工作性质、本人的工作能力和技术水平、动机的强弱、人际关系的好坏，都可能产生影响。

(5)人可以以自己的动机、能力及工作性质对不同的管理方式做出不同的反应,因此没有一种适合任何时代、任何人的管理方式。

二、古典人力资源管理理论

(一)泰勒的科学管理理论(1903)

泰勒(Frederick W. Taylor),美国古典管理学家,主要著作有《科学管理原理》(1911)和《科学管理》(1912)。实施科学管理的结果是提高了生产效率,而高效率是雇员和雇主实现共同富裕的基础。因此,泰勒认为只有用科学化、标准化的管理替代传统的经验管理,才是实现最高工作效率的手段。

(1)进行动作研究,确定操作规程和动作规范,确定劳动时间定额,完善科学的操作方法,以提高工效。

(2)对工人进行科学的选择,培训工人使用标准的操作方法,使工人在岗位上成长。

(3)制定科学的工艺流程,使机器、设备、工艺、工具、材料、工作环境尽量标准化。

(4)实行计件工资,超额劳动,超额报酬。

(5)管理和劳动分离。

科学管理理论应用的成功案例:利用甘特图表进行计划控制,创建了世界第一条福特汽车流水生产线,实现了机械化的大工业,大幅度提高了劳动生产率,出现了高效率、低成本、高工资和高利润的局面。

(二)吉尔布勒斯夫妇的动作研究(1907)

福兰克·吉尔布勒斯(Frank B. Gilbreth),美国动作研究之父;吉尔布勒斯夫人,美国历史上第一位心理学博士,被尊称为美国"管理学第一夫人"。吉尔布勒斯夫妇的主要著作有《动作研究》《管理心理学》《疲劳研究》《时间研究》。

吉尔布勒斯夫妇采用观察、记录和分析的方法进行动作研究,以确定标准工艺动作,提高生产效率。同时,他们制定了生产流程图和程序图,至今仍被广泛应用。他们主张,通过动作研究,可以开发工人的自我管理意识;他们开创疲劳研究先河,对保障工人健康和提高生产率的影响持续至今。

【管理故事 1-2】

论"打"更便宜

吉尔布勒斯夫妇可以说是管理学史上绝无仅有的真正"志同道合"的伴侣,他们追随泰勒,忠实信奉效率原则,在诸多方面特别是在自己的家庭生活实践中将效率原则发挥到了"极致"——他们一生"高效率"地生养了 12 个孩子。

丈夫弗兰克·吉尔布勒斯作为一个"效率专家",将"效率原则"真诚运用到自己的日常生活当中。据他研究,扣衣扣时自下而上扣只需要 3 秒,而如果自上而下扣则需要多用 4 秒;刮胡子时,同时用两把刷子涂肥皂和两把剃刀刮胡子,可以节省 44 秒,但他后来放弃了这种做法,因为这样做的话就需要包扎伤口,而这需要花2分钟的时间——使他恼火的不是伤口,关键是浪费了时间。

妻子莉莲·吉尔布勒斯的高效率和能干更是让人由衷地佩服。她不仅在丈夫去世后一个人养育了从2周岁到19周岁不等的12个孩子,而且获得了布朗大学"应用管理"哲学博士学位,成为一位工业工程协会、机械工程协会的女性成员,以及几所大学工程学院的第一位女性管理学教授,成为名副其实的"管理第一夫人"。

资料来源:雷恩.管理思想的演变[M].北京:中国社会科学出版社,2000.

(三)韦伯的组织理论(1911)

马克斯·韦伯(Max Weber),德国古典管理理论学家,被尊称为"组织理论之父"。主要著作有《新教伦理与资本主义精神》《一般经济史》《社会和经济组织的理论》等。

韦伯认为,社会上有三种权力:一是传统权力,依传统惯例或世袭而来而拥有;二是超凡权力,来源于自然崇拜或追随;三是法定权力,通过法律或制度规定的权力。

对经济组织而言,应以合理合法权力为基础,才能保障组织连续和持久的经营目标。而规章制度是组织得以良性运作的保证,是组织中合法权力的基础。韦伯构建的理想官僚组织模式为:

(1)组织依据合法程序产生,有明确的目标和完整的规章制度。

(2)组织的结构是层控体系,组织中的人依据其职位的高低和正式的工作职责行使职权。

(3)人与人的关系是人对工作的关系,而不是人对人的关系。

(4)按职位需求,公开选拔适岗人才。

(5)对人员进行合理分工,并进行专业培训,以提高生产效率。

(6)按职位和贡献付酬,并建立升迁奖惩制度,以提高工人的事业心和成就感。

韦伯理性地、创造性地提出了行政组织科学的组织理论和组织准则,这是他在管理思想史上最大的贡献。

(四)法约尔的一般管理理论(1916)

亨利·法约尔(Henry Fayol),法国古典管理理论学家,与韦伯、泰勒并称为西方古典管理理论的三位先驱,并被尊称为管理过程学派的开山鼻祖,代表作是《工业管理和一般管理》。

法约尔提出了管理的五大职能说,即管理就是计划、组织、指挥、协调和控制五大职能,并提出14项管理原则,分别为劳动分工、权力与责任、纪律、统一指挥、统一领导、个人利益服从整体利益、人员报酬、集中、等级制度、秩序、公平、人员稳定、创新和团队精神。

法约尔的一般管理理论凝炼出了管理的普遍原则,至今仍被作为企业日常管理的指南。

三、现代人力资源管理理论

(一)马斯洛的需求层次理论(1943)

亚伯拉罕·马斯洛(Abraham H. Maslow),美国心理学家,代表作为《人类动机理论》。马斯洛1943年在《人类激励理论》论文中提出人类需求层次论学说。书中将人类需求像阶梯一样从低到高按层次分为5种,分别是:生理需求、安全需求、社交需求、尊重需求和自我实现需求。马斯洛需求层次理论具体如图1-3所示。

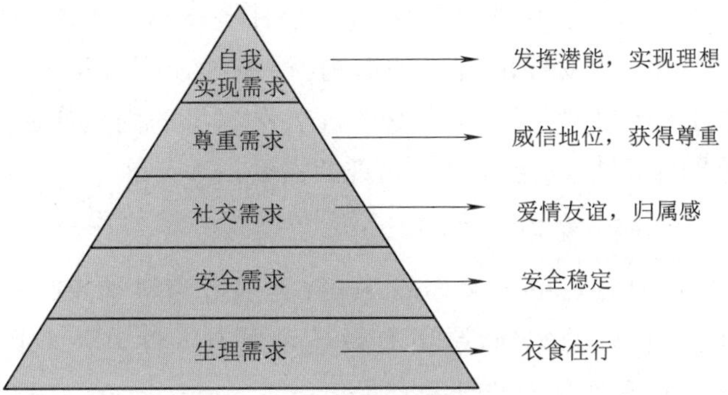

图 1－3 马斯洛需求层次理论图

根据图 1－3 所示，马斯洛需求层次理论可以通俗地理解：假如一个人同时缺乏食物、安全、爱和尊重，通常对食物的需求量是最强烈的，其他需求则显得不那么重要。此时人的意识几乎全被饥饿所占据，所有能量都被用来获取食物。在这种极端情况下，人生的全部意义就是吃，其他什么都不重要。只有当人从生理需要的控制下解放出来时，才可能出现更高级的、社会化程度更高的需要，如安全的需要。

（二）麦格雷戈的人性假设与管理方式理论（1960）

道格拉斯·麦格雷戈（Douglous M. McGregor），美国著名行为科学家，代表作为《企业的人性方面》（1957），提出了著名的 X 理论和 Y 理论。麦格雷戈称传统的管理观点为 X 理论，并提出了对人性的假设条件和管理方式，他提出的相对于 X 理论的则是 Y 理论。X－Y 理论示意图如图 1－4 所示。

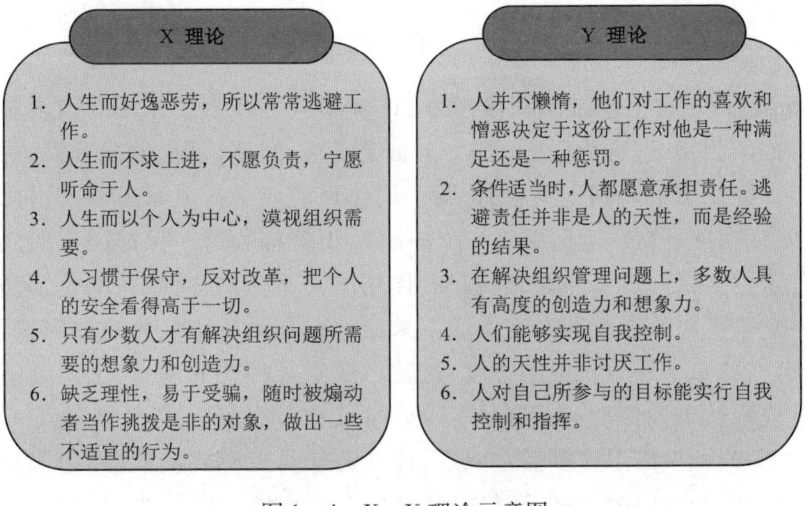

图 1－4 X－Y 理论示意图

X 理论的观点与我国古代的性恶论十分类似，认为“人之初，性本恶”。在这种理论的指导下，必会形成严格控制的管理方式，以金钱作为激励人们努力工作的主要手段，对消极怠工的行为采取严厉的惩罚，以权力或控制体系来保护组织本身和引导员工。

Y 理论的观点与我国古代的性善论十分类似，认为“人之初，性本善”。以这一理论为指导,管理的方式方法必然也会不同,管理者的重要任务不再是监督控制,而是创造一个使人得以发挥才能的工作环境,发挥出员工的潜力,使员工在完成组织目标的同时也达到自己的个人目标;同时对人的激励主要是给予来自工作本身的内在激励,让员工担当具有挑战性的工作,担负更多的责任,满足其自我实现的需要。

(三)赫兹伯格的双因素理论(1966)

弗雷德里克·赫兹伯格(Frederick Herzberg),美国行为科学家,主要著作有《工作的激励因素》《工作与人性》《管理的选择:是更有效还是更有人性》等,双因素理论是他最主要的成就。赫兹伯格的双因素理论如图1-5所示。

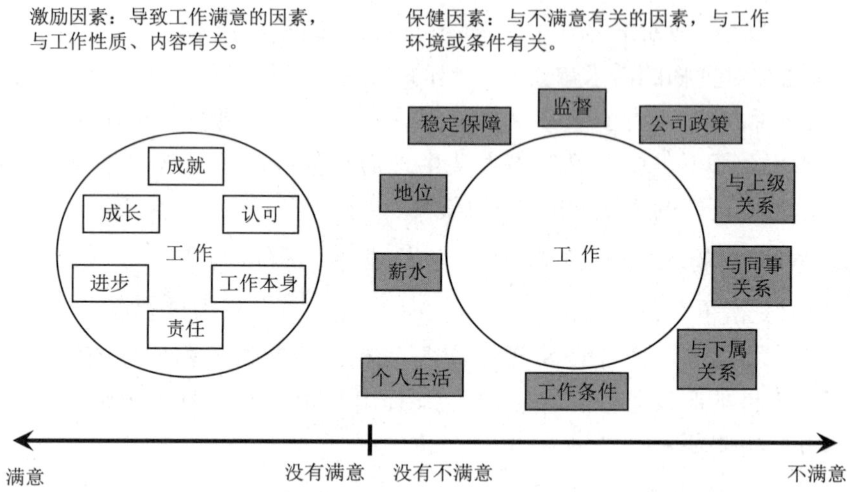

图1-5 双因素理论示意图

赫兹伯格认为,能对工作带来积极态度、较多满意感和激励作用的因素多为工作内容或工作本身方面的因素,这称为激励因素,比如成就感、同事认可、领导赏识、更多职责或更大成长空间等。能使员工感到不满意的,属于工作环境或工作关系方面的,称为保健因素,如公司政策、管理措施、监督、人际关系、工作条件、工资福利等。保健因素的满足对员工产生的效果类似于卫生保健对身体健康所起的作用。它不是治疗性的,而是预防性的。这些因素恶化到一定水平时就会产生对工作的不满意。但是当员工认为这些因素很好时,它只是消除了不满意,并不会导致积极的态度,这就形成了某种既非满意、又不是不满意的中间状态。管理者应该认识到保健因素是必需的,但只有"激励因素"才能使员工更努力地工作。对于激励因素,如果员工得到满足以后,往往会使员工感到满意,使他们具有较高的工作积极性和主动性,当这些因素缺乏时,员工的满意度会降低或消失,但并不会出现不满意的情况。也就是说,激励因素只会产生满意,却不会导致不满。保健因素与激励因素是彼此相对的。

(四)威廉大内的Z理论(1981)

威廉大内是美国日裔学者,代表作为《Z理论》。他认为,一切企业的成功离不开信任、敏感和亲密,因此完全可以以坦白、开放、沟通作为原则进行民主管理。建立Z型组织的过程是:

(1)培养每个人的正直、善良的品行。

(2)领导者和管理者共同制定新的管理战略,明确共同的经营宗旨。

(3)通过高效协作、弹性激励措施来贯彻执行公司目标。

(4)培养管理人员的沟通技巧。

(5)稳定的雇佣制度。

(6)合理、长期的考核和晋升制度。

(7)岗位轮换,培养、扩大员工的职业发展之路。

(8)鼓励雇员、工会参与公司管理,并扩大参与领域。

(9)建立员工个人和组织的全面整体关系。

(五)彼德·圣吉的学习型组织理论(1990)

彼得·圣吉(Peter M. Senge),是美国"学习型组织理论"创始人,当代最杰出的新管理大师之一,其代表作是《第五项修炼——学习型组织的艺术与实务》。他认为,企业持续发展的源泉是提高企业的整体竞争优势,提高整体竞争能力。未来真正出色的企业是使全体员工全心投入并善于学习、持续学习的组织——学习型组织。通过酿造学习型组织的工作氛围和企业文化,引领员工不断学习,不断进步,不断调整观念,从而使组织更具有长盛不衰的生命力。学习型组织的特点是:

(1)全体成员有共同的愿望和理想。

(2)善于不断学习。

(3)扁平式的组织结构。

(4)员工的自主、自觉性管理。

(5)员工家庭与事业之间的平衡。

(6)领导者的新角色改变为设计师、仆人和教师。

第四节 人力资源管理的历史及未来发展

一、国外人力资源管理的发展历史

在西方学者的视野中,人力资源管理的产生和发展大致可以划分为三个阶段:劳工管理阶段、雇佣管理阶段和人力资源管理阶段。

(一)劳工管理阶段

随着18世纪工业革命在欧洲兴起,作为生产管理方法的"工厂制度"应运而生。工厂体系的出现是人力资源管理活动的基础,它将一无所有的工薪雇佣劳动力与厂主和生产资料结合起来,使生产力迅速扩张。但在这一时期,企业规模不大,生产力水平低下,刚刚脱离土地走向城市工厂的农民,对城市的生活方式和工厂的劳动方式并不习惯。为使员工能够安于工作,雇主或是故作姿态,诱以高薪,或是以"皮鞭""棍棒"等惩罚手段强制工人服从。

这一时期人事管理的特点是,缺乏严格的规章制度,工厂主兼管理者仅凭个人的主观经验和臆断指挥工人干活，工人常用怠工、捣毁机器甚至罢工等手段来对抗企业主压榨，企业的劳资关系主要依靠“皮鞭加面包”的方式维持。这一时期，企业在用人方面还沿袭着封建“官职恩赐制”的旧习。企业主常根据个人的利害恩怨、亲疏厚薄作为员工招募、任用、晋升的标准。

总之，在劳工管理阶段，工厂主只是把员工看作是“会说话的机器”，对人的管理仅仅从劳动力使用、榨取员工剩余价值入手，根本谈不上对员工的尊重与爱护，更不会从员工中培养、选拔人才等。

（二）雇佣管理阶段

19 世纪末，随着产业革命的完成，资本主义自由竞争向垄断过渡，企业规模越来越大，员工人数越来越多，生产技术和劳动分工也日趋复杂。同时，员工对抗性情绪不断增强，工作积极性和劳动效率低下。于是如何化解员工的对抗情绪，发挥其劳动潜力，就成为企业关注的焦点。因此，这一时期企业从劳工管理开始向科学的雇佣管理过渡。

科学管理的创始人是泰勒，而他的理论最突出的表现在对人的管理上。他主张科学管理要能正确处理劳资关系，使双方融洽相处，互助互利。他既反对雇主尽量压低工人工资，也反对工人少干活而多得工资，主张付给“第一流工人”以高工资，鼓励工人在遵守标准的条件下高效率地工作。他还认为，“第一流的工人”是提高效率的基础，管理部门的任务就是要为工人找到最合适的工作，帮助他们成为“第一流的工人”。

正是在这一理论的指导下，这一阶段的人事管理表现为以录用、安置、调配、退职和教育培训为中心的劳动力管理。它与劳工管理模式的区别是，不是完全偏重于对员工的消极防范与监督，而是通过员工选用、培训、考核，特别是物质利益刺激等方式，让员工掌握科学的操作方法和技巧，调动和发挥其积极性，提高劳动生产率。但是这一时期企业人事管理仍停留于现场作业过程，仅强调物质因素对员工积极性的影响，而对于员工其他方面的要求重视不够。所以，工人仍处于被动执行和接受指挥的地位，科学管理理论没有考虑员工的感受，仅仅把员工作为和机器设备一样的生产资料来对待，使员工对工作开始产生不满，从而影响了激励效果的发挥。在这种情况下，一些企业开始实施早期的员工福利计划以改善劳资关系，如提供员工必需的基本的生理、社会和教育的需求，为员工提供住房、贷款和实施保险计划等，这些福利计划的实施减少了由于长时间工作、低工资、恶劣的工作环境和高压式的管理所造成的不满情绪。但是，由于当时管理中的家长式管理方式使这些福利措施不能完全为企业所接受，同时由于 20 世纪 30 年代的美国经济大萧条以及全球经济危机，使得原有的一些计划也被逐渐取消。

尽管科学管理及其相关理论由于时代的局限，存在许多在今天看来相当不合理的成分，但是，它第一次将科学管理的观念引入人事管理中，揭示了人事管理和劳动生产率以及工作绩效之间的关系，说明通过有效的人事管理可以提高员工的劳动生产率和工作绩效，从而达到提高企业绩效的目的。

（三）人力资源管理阶段

第二次世界大战以来，科学技术日新月异，工业生产迅猛发展，市场竞争空前激烈，生产社会化程度也越来越高。所有这些，使现代化大生产中劳动的性质和劳动力的结构产生了前所未有的深刻变化。在主要发达国家,劳动和产业结构日益向"知识密集型"转化,表现为"知识性劳动"和"知识性劳动者"所占的比重越来越大。据统计,美国1960年脑力劳动者已占整个就业人数的43.3%,1977年则又上升为51.1%。近几年,知识型劳动者在就业人员中所占的比重达到了90%。在这种情况下,过去那种单纯仅靠强制性监督或物质利诱的方式,难以有效地调动和激发员工的工作积极性。因此,以人为中心,强调尊重和满足人多方面需要的人力资源管理逐步兴起,并成为现代人事管理的主流。

现代人事管理思想的形成,是与行为科学的出现密切相关的。行为科学的出现给管理理论和实践带来了一系列根本性的变化,主要表现在以下方面:

(1)过去的管理是以"事"为中心,或以"物"为中心,只注意在金钱和物质条件上下工夫。而现在则强调以"人"为中心的管理,着眼于激发人的积极性。

(2)过去的管理主要靠纪律的强制力,是监督型的管理。而现在则注重行为研究,强调人的动机分析,通过满足人的多方面需要把员工行为向组织期望的方向或目标引导。

(3)过去的管理是专制式、集权化的管理,强调下级对上级的绝对服从,而现在则日益重视分权,强调"民主"与"自由",鼓励员工参与管理,启发自觉性。

人力资源管理恰好反映了企业管理理论和实践的这种变化,在人事管理实践中引进、吸收、运用和发展了行为科学的研究成果,并使之逐步系统化、规范化、科学化。

二、我国人力资源管理的发展历史

我国的人力资源管理起步晚、时间短、发展还不成熟。从我国人力资源管理的发展来看,大体上可以分为三个阶段,如表1-2所示。

表1-2　我国企业人力资源管理的演变过程

发展阶段	年　代	阶　段	特　点
计划经济体制下人事管理制度	1949—1952	萌芽阶段	统包统配,固定工制度、厂长制的苏联管理模式
	1952—1957	起步阶段	按劳分配,计件工资,奖励制度
	1957—1966	发展阶段	厂长负责制,职工代表大会制;职工参与民主管理(两参一改三结合)
	1966—1977	停滞阶段	强化"三铁"(铁饭碗、铁交椅、铁工资)
传统人事管理制度改革创新	1978年至20世纪80年代	探索阶段	劳动用工多元化;改革招工办法,加强就业培训与指导
	20世纪80年代中期至末期	突破阶段	采用劳动合同制,推进企业自主用工;优化劳动组织,实行承包制;改革工资、福利、就业、劳动争议仲裁等
	20世纪90年代初期至中期	深化阶段	破"三铁",实行全员劳动合同制;劳动力市场、社会保障制度等社会配套改革方案实施;创建现代企业制度
人事管理向人力资源管理转变	20世纪90年代末至今	人事管理制度改革全面深化,并向现代人力资源管理过渡阶段	股份制改造,"抓大放小",企业改制;企业破产、重组,全方位的体制、机制和结构改革。接受和实践人力资源管理思想,探索建立中国特色企业人力资源管理制度、理论和方法,人事管理开始转轨

(一)计划经济体制下人事管理阶段(1949—1977)

中华人民共和国成立后,随着社会主义改造的完成,我国建立起了社会主义制度,同时也确定了计划经济的经济体制,企业是国家所有,企业员工是企业的主人。与经济体制相适应,我国实行了“统包统配”的就业制度,企业没有用人的自主权,不能自行招聘所需的人员;人只进不出,没有形成正常的退出机制;同时在企业内部,对于工人的工作没有考核,大家干好干坏一个样,干多干少一个样;工资分配中存在着严重的平均主义,与工作业绩和工作岗位没有任何关系,人事管理还停留在简单的档案管理和资料统计阶段,与现代的人力资源管理相去甚远;同时人们对“人力资源”也没有任何概念,可以说这个时期我国根本就没有真正意义上的“人力资源管理”。

(二)人事管理改革阶段(1978—1994)

党的十一届三中全会以来,特别是改革开放以后,随着我国经济体制改革的不断深入,国有企业的劳动人事工作也在不断进步。1979 年,国务院颁发了《关于扩大国营工业企业经营自主权的若干规定》,重新规定了企业人事管理的职责权限范围。规定指出:允许企业根据生产需要和精简、效能的原则决定自己的机构设置和人员配备;有权根据国家下达的劳动指标招工,进行岗前培训;有权对成绩优异、贡献突出的员工给予奖励;有权对严重违反劳动纪律的员工给予处分,直到辞退。随着这些规定的落实,企业在用人方面有了更大空间,正常的进出渠道逐步形成;劳动人事管理制度逐渐完善,劳动定额管理、定员定编管理、岗位责任制等在企业中推广;工资管理规范化,打破了分配的平均主义,增强了工资的激励作用;推行了对工人的工作业绩考核。所有这些都表明,我国企业的人事管理工作发生了巨大变化,已经初步具备了人力资源管理的某些功能和作用。可以说,国有企业人事管理的改革,为人力资源管理在我国的发展奠定了实践基础。

(三)人事管理向人力资源管理的过渡阶段(1995 年至今)

人事管理向人力资源管理的过渡阶段,以 1995 年 1 月 1 日《中华人民共和国劳动法》的正式实施为标志,为完善我国劳动法律体系奠定了法律基础。1995 年以后,人力资源管理在社会上逐渐得到普及,全国 100 多所高校设立了人力资源管理专业,培养了大批专业人才。所有这些,都为人力资源管理在我国的发展进行了理论和人才准备。

现在,人力资源管理在我国得到了蓬勃发展,人力资源管理的概念深入人心,企业对人力资源管理的重视达到了前所未有的地步。但是,我们也应清醒地认识到,我国人力资源管理的发展和发达国家相比还有一定差距,很多理论、技术和方法还只是借鉴西方,没有形成自己的体系;从业人员的专业化程度不高,没有接受过系统的教育和培训,影响到了人力资源管理作用的发挥;企业的人力资源管理水平不高,人力资源战略作用没有得到体现等。

目前,人力资源管理在我国的发展可以说是机遇与挑战并存,需要人力资源管理的理论工作者和实践工作者共同努力,积极探讨,以不断提高我国人力资源管理的理论和实践水平。

三、人力资源管理的未来发展趋势

第二次世界大战以后,人力资源管理受到前所未有的重视,相关理论在社会生活各领域中得到广泛实践和运用推广，这些实践运用反过来又推动人力资源管理理论的发展和完善。电子通信技术、网络和其他高科技技术的广泛运用，经济的全球化和知识化，所有这些又对人力资源管理的发展起到推动的作用，人力资源管理发展呈现出下列新趋势：

（一）在人力资源管理中更多地运用经济学

在现代人力资源管理中，更多地运用经济学原理与方法对人力资源管理活动进行分析、选择。经济学以严谨的经济理论和实证分析为基础，使人力资源管理与组织经济效益紧密结合。如运用经济学原理分析人力资源管理中的员工招聘，就会考虑和分析下列问题：必须聘用哪种人才？应该为各岗位确定什么样的用人标准和待遇？这些要求是否符合经济效益？如果不符合经济效益，有没有可替代的方法？根据上述问题，组织可以从经济效益出发，制订不同的招聘方案，设计各种各样的薪酬结构，聘用合适的人才。这方面的相关理论和方法正在逐渐完善，有可能发展成为一门单独的学科——人力资源管理经济学。

（二）组建学习型组织

自从美国麻省理工学院斯隆管理学院率先提出“学习型组织”这一崭新的管理概念以来，组织发展又有了更进一步的内容。组织发展并不仅仅以谋求利润为唯一目的，员工工作也不仅仅以谋求个人的物质报酬为唯一目的。现阶段的管理，强调通过组建“学习型组织”，将组织的发展与员工的职业生涯发展有机结合起来，实现组织与个人的共同愿景，达到组织与个人共同目的。学习型组织着重培养企业持续的创造力、凝聚力和竞争力，同时重视员工的终生学习、终生发展和员工的创造精神，使企业保持旺盛的活力，使员工在工作中体验生命的意义。在学习型组织的组建和发展过程中，人力资源管理的变化始终是关键的一环，人力资源管理者如何从中实现自我调整、影响他人、推进组织这一进程，又将是一个新问题。

（三）人力资源管理的全球化、信息化

经济和组织的全球化，必然要求人力资源管理策略的全球化。

第一，人才流动国际化、无国界。21 世纪，组织要以全球的视野招聘和选拔人才，以更宽容的胸怀看待人才流动。

第二，人才市场竞争的国际化。国际化的人才交流市场与人才交流将成为一种主要形式。人才的价值（价格）不仅仅是在一个区域市场内体现，人们将更加频繁地按照国际市场的要求衡量人才价值。

第三，跨文化的人力资源管理成为重要内容。不同文化背景的人在一起，就构成了跨文化的环境。在跨文化背景下对不同层面的多样化的人力资源进行有效管理，是人力资源管理面临的重要任务。

第四，人才网成为重要的人才市场形式。通过网络优势加速人才的交流和流动，并为客户提供人力资源的信息增值服务。

第五，人才流动的速度越来越快，流动交易成本与流动风险逐步增加，人才不断流向高风险、高回报的知识创新型组织。面对这种情况，组织应由筑坝防止人才跳槽流动转向整修渠道，即在组织内部创造良好的人力资源环境。

(四)注重知识型员工的管理

未来知识型员工将成为人力资源的重要组成部分。通常情况下,具有较高知识文化水平的员工有较大的工作自主性和较高的思想境界,因此,对他们的工作时间、薪酬、福利和激励模式的管理应有别于一般的员工。这在科技型组织中显得尤为重要。如许多高新技术企业,对科技人员提供较好的科研环境和开放的知识信息共享体系等,为他们自我价值的实现提供优越的条件。众所周知,微软的软件工程师上班不再像普通公司那样,必须到办公室,而是在家里通过计算机联网同小组成员们进行某个项目的研究开发。

(五)人力资源管理外包

近几年,专门为企业提供人员招聘、培训和绩效考核的人力资源管理服务型公司(培训公司、猎头公司等)大量涌现,表明人力资源管理已有外包的需要。人力资源管理外包是指将组织的人力资源管理活动委托给组织外的公司承担,其内容主要包括招聘、培训、薪酬和福利等方面的方案设计以及具体实施。人力资源管理外包具有诸多益处,可以减少组织的人力资源管理成本,使企业能直接得到人力资源管理专家的指导,并保证了人力资源管理的公平性。

(六)更加注重企业文化、价值观念和道德修养

随着经济全球化和人力资源流动趋向国际化,组织内不同宗教信仰、不同民族和种族的员工一起工作已司空见惯。所有这些都会形成组织内文化的多元性,导致不同价值观的冲突与对立。但是,知识型管理和全球网络化经营需要不同文化、不同价值观的整合与共享。人力资源管理部门对这些不同文化、不同价值观的冲突不断进行主动协调,使来自各个国家或地区、各个民族的员工愉快相处,共同努力实现企业目标。

【走进管理1-3】

互联网时代人力资源管理的十大新思维

互联网是一个新时代！在这个新时代,不管我们认识到还是未认识到、愿意融入还是不愿意融入、抵触还是不抵触,我们的思维方式、生活方式、交往方式、工作方式都或多或少受到互联网的冲击和影响。互联网时代的显著特征包括:互联网时代是一个互联互通的商业民主时代;互联网时代是一个基于大数据的知识经济时代;互联网时代是一个客户价值至上与人力资本价值优先的网状价值时代;互联网时代是一个开放、共享的"有机生态圈"时代。互联网时代给人力资源管理带来了新的挑战,同时也给企业人力资源管理注入了新活力,带来了新思维。

(1)价值创造无边界,员工与客户共创价值。互联网时代,员工与客户之间的界限模糊了。员工是客户,客户是员工,两者之间角色互换,价值创造无边界,共同为客户创造价值,为企业创造价值,为员工创造价值。如小米的粉丝军团就成为小米的产品技术创新与品牌传播的生力军,美国维基百科的数十万编辑者,既是客户,又是具有专业知识与技能的员工。

(2)数据化人力资源决策与人力资源价值计量管理。互联网使得人力资源管理基于数据,并用数据说话和决策成为可能,使人力资源价值计量管理成为提升人力资源效能管理

的有效途径。人与组织之间、人与人之间的互联互通而累积、集聚的巨量大数据为人力资源的程序化决策与非程序化决策提供了无穷的科学依据,人力资源管理真正基于数据并用数据说话。

(3)去中心化与员工自主经营与管理。互联网改变了人与组织的关系,改变了人与组织的力量对比。借助组织平台,个体的价值创造能量和效能被极度放大。组织的话语权在互联网时代是分散的,过去组织的话语权在上,是自上而下的单一的话语权链,但在互联网时代谁最接近客户、谁最接近企业价值最终变现的环节,谁就拥有话语权,谁就可能成为组织的核心。

(4)核心非核心,小人物与非核心部门也能做出大贡献。谁最贴近客户、最了解客户,谁就拥有更多的话语权和资源调配权,如腾讯的项目制管理,小米的合伙人负责制与去 KPI 都是在淡化组织自上而下的权力中心意识,使组织整体面对市场和客户需求的反应最快、距离最短,内部交易成本最低。一个小人物或非核心部门的微创新就可能带来商业模式的颠覆式创新,如微信这一创新产品的产生就不是来自腾讯的核心部门与核心人才。

(5)情感连接、互动沟通,提升人才价值体验。互联网时代使人与人的沟通距离与成本趋于零,信息的对称与信息的透明使员工更能自由地表达情感变化和价值诉求,并在员工社区形成共识和意见领袖,企业的人力资源产品与服务的研发设计、提供要更关注员工的情感需求和价值实现需求,并增加人才对人力资源产品与服务的价值体验。

(6)精准选人,构建人才全面发展系统,打造人才供应链。互联网时代是一个高速成长的时代,互联网思维是"能人"逻辑,优秀的人才对互联网时代的企业至关重要。所以,企业在互联网时代更强调的是如何快速、精准地选择聪明、能干、合适的人,满足企业高速成长的需要。

(7)即时反馈,从周期激励变为全面认可激励。认可激励是指全面承认员工对组织的价值贡献及工作能力,及时对员工的能力与贡献给予特别关注、认可或奖赏,从而激励员工开发潜能、创造高绩效。互联网时代呼唤全面认可激励,并且也为全面认可激励的实施提供了技术基础。

(8)企业忠诚变职业忠诚,人才企业所有制转向价值创造圈所有制。互联网时代是一个真正的人才主权时代,是一个员工随时有可能炒老板鱿鱼的时代。虽然很多老板都试图通过文化来解决价值观认同问题、凝聚力问题,但也必须认识到,这个时代不再简单强调组织忠诚,而要更强调职业忠诚和专业忠诚。

(9)人力资本优先,人力资本与货币资本共治、共享、共赢。在基于互联网的知识经济时代,在企业价值的创造要素中,人力资本成为价值创造的主导要素,一方面,人力资源要素是最活跃、最具价值创造潜能的要素,处于优先的位置;另一方面,人力资本与货币资本具有同等的公司治理、资源调配和剩余价值分配的话语权。互联网时代是基于大数据的知识经济时代,是真正的人力资本优先,人力资本与货币资本共治、共享、共赢时代。

(10)跨界思维,无边界管理,构建人力资源价值创造网。互联网时代是一个"有机生态圈"的时代,从金字塔式、命令式的协同方式到自动交互协同,流程化、团队化会变得更重要。人与岗位之间、人与人之间在以组合交互的方式进行劳动方式和合作方式的创新。

总之,应认识到,互联网时代人力资源的变化,核心还在于人的变化,人的需求多元化与个性化、人的流动频率加快、人对组织的黏度降低、人的价值创造能力能够放大,小人物能够创造大价值。这些变化要求组织重新审视人这个最重要、最核心的资源,真正从人力资本至上角度重构管理理念和模式。

资料来源:彭剑锋.互联网时代的人力资源管理新思维[J].中国人力资源开发,2014(12):41-48.有删改。

知识巩固训练

一、填空题

1.对于一个组织而言,其所能运用的资源主要有三种:物质资源、财政资源和________。

2.人力资源的概念是由管理大师________于1954年在其代表作________中首次提出。

3.德鲁克认为,人力资源和其他资源相比,唯一的区别就是其是人,并且是经理们必须考虑的具有________的资源。

4.人力资源指在一个国家或地区中,________、________和________但具有劳动能力的人口之和。

5.人力资源作为一种资源,与其他资源相比具有________、________、________和________的特点。

6.人力资源________质量,体现在知识、工作技能、创造能力、对岗位的适应能力、流动能力、管理能力等能力水平上。

7.人力资源管理的________功能主要体现在建立并维持有效的工作关系。

8.对人力资源进行________的管理,主要是指采用现代化的科学方法,对人的思想、心理和行为进行有效的管理,充分发挥人的主观能动性,以达到组织的目标。

9.人力资源管理中的________职能,是指根据人力资源规划和职务分析要求,为组织获得所需要的人力资源的过程。

10.________假设的特点是人们力求在工作上有所成就,实现自治和独立,发展自己的能力和技术,以便适应环境。

二、单项选择题

1.理论界,通常将(　　)看作人力资本理论的创立者。

A.威廉·配第　B.亚当·斯密　C.马歇尔　D.舒尔茨

2.人力资源由(　　)两个方面构成。

A.数量和质量　B.脑力和体力

C.能力和精神　D.绝对数量和相对数量

3.(　　)是指一个国家或地区中具有较多科学知识、较强劳动技能,在价值创造过程中起关键或重要作用的那部分人。

A.人口资源　B.人力资源　C.人才资源　D.劳动力资源

4.人力资源(　　)特点,是指人力资源处于特定的社会和时代中,不同的社会形态、不同的文化背景,都会反映和影响人的价值观念、行为方式、思维方式。

A. 社会性　　B. 能动性　　C. 再生性　　D. 时效性

5. (　　)即对人进行投资所形成的蕴含于人身上的各种知识、技能、经验、态度、创造力和健康素质的存量总和。

A. 人才资源　　B. 人力资源　　C. 人力资本　　D. 劳动力资源

6. 人力资源管理的(　　)功能,是指借助于培训教育等手段实现员工组织社会化的过程。

A. 获取　　B. 维持　　C. 整合　　D. 开发

7. 人力资源管理中(　　)职能,是系统地、全面地分析和确定组织人力资源需求的过程,以确保组织在需要时能够得到一定数量和质量的员工来满足企业现在及将来各个岗位需要。

A. 人力资源规划　　B. 绩效管理

C. 培训与开发　　D. 劳动关系管理

8. (　　)指根据岗位的要求和员工的能力,将员工安排到相应的工作岗位上,保证岗位的要求与员工的实际能力相一致、相对应。

A. 系统优化原理　　B. 激励强化原理

C. 能位匹配原理　　D. 互补增值原理

9. (　　)理论认为,人都有自我激励与自我实现的要求,人工作的主要动机是社会需要。管理者的主要任务是寻找什么工作对什么人最具有挑战性,最能满足人自我实现的需要。

A. 经济人假设　　B. 社会人假设

C. 自我实现人假设　　D. 复杂人假设

10. 以下(　　)现象不能在需要层次理论中得到合理的解释。

A. 一个饥饿的人会冒着生命危险去寻找食物

B. 穷人很少参加排场讲究的社交活动

C. 在陋室中苦攻"哥德巴赫猜想"的陈景润

D. 一个安全需求占主导地位的人,可能因为担心失败而拒绝接受富有挑战性的工作

三、多项选择题

1. 以下属于古典人力资源管理理论的有(　　)。

A. 科学管理理论　　B. 一般管理理论

C. 行政组织理论　　D. 人性假设理论

E. 双因素理论

2. 现代人力资源管理与传统人事管理的主要区别是(　　)。

A. 现代人力资源管理以"人"为中心,管理的根本出发点是"着眼于人"

B. 现代人力资源管理把人设为一种成本,将人当作一种"工具",注重的是投入、使用和控制

C. 现代人力资源管理是某一职能部门单独使用的工具,与其他职能部门的关系不大

D. 现代人力资源管理以"事"为中心

E. 现代人力资源管理是动态的管理

3. 人力资源管理的功能体现在五方面,即(　　)。

A. 获取　　B. 维持　　C. 整合　　D. 开发

E. 调控

4. 双因素理论的因素是指(　　)。

A. 激励因素　　B. 内部因素　　C. 个人因素　　D. 保健因素

E. 外部因素

5. 马斯洛需求层次理论是指人类需求像阶梯一样从低到高按层次分(　　)。

A. 生理需求　　B. 安全需求　　C. 社交需求　　D. 尊重需求

E. 自我实现需求

四、判断题

1. 一个国家或地区的人力资源率越高,表明可投入生产过程的劳动数量越少。(　　)
2. 人力资源精神质量体现在知识、工作技能、创造能力等能力水平上。(　　)
3. 经济越发展,技术越现代化,对人力资源的质量要求就越低。(　　)
4. 在所有资源中,人力资源是第一资源,也是一种能动资源。(　　)
5. 人力资源的形成、开发和使用,具有时间方面的限制。(　　)
6. 人力资源是一种可再生性资源。(　　)
7. 人力资本的核心是教育投资。(　　)
8. 人力资源管理工作的第一步是获取人力资源。(　　)
9. 现代人力资源管理以"人"为中心。(　　)
10. 自我实现人假设认为人的个性因人而异,价值取向是多种多样的,没有统一的追求。(　　)

五、思考题

1. 什么是人力资源?人力资源有哪些特征?
2. 什么是人力资源管理?人力资源管理有哪些功能?具体职能有哪些?
3. 传统人事管理与现代人力资源管理有哪些区别?
4. 有人说:"人力资源管理的主要任务是有效控制企业的员工。"你认为这种说法对吗?为什么?

技能强化训练

【管理技能训练】

一、人力资源管理职能识别训练

下面是一家公司的部分人力资源管理政策:

(1)正常情况下,每年1月调整工资一次;

(2)加班须办理加班审批手续;

(3)体检是必经程序,传染性疾病患者将被拒绝;

(4)签订劳动合同;

(5)主管级以上人员的试用期为6个月,其余人员为3个月;
(6)试用期间双方可以随时解除劳动合同;
(7)保持公司在劳动力市场上的人才竞争力;
(8)不追求同工同酬;
(9)工资相互保密,攀比工资永远带来失望;
(10)试用期不调整工资;
(11)唯才是举,公平竞争,亲属回避,身份合法;
(12)工资通过银行活期存折支付人民币;
(13)逐年增加培训费用;
(14)每年参加境外培训的职工比例不低于20%;
(15)所有培训课程都由公司内部提供;
(16)职工在公司工作满3年,可获得房屋补贴金;
(17)违约离职的职工不享受当年的福利储金;
(18)在公司工作满一年的职工,可享受每年15个工作日的年假;
(19)不提倡职工加班;
(20)不提倡内部职工推荐朋友来公司应聘;
(21)公司给予加班者相应时间的补休或支付加班费,由职工自己选择;
(22)职工对公司正常的岗位调动应予理解和服从;
(23)职工有权拒绝自认为不适当的岗位调动——解除劳动合同并要求赔偿;
(24)跨区调动必须经调入、调出和人力资源部三方共同批准;
(25)没有拿到内部调动通知书不要行动;
(26)杜绝安置性和因个人原因的调动;
(27)基层职工原则上不跨区调动;
(28)日常工作必须按流程进行;
(29)每个人都应该成为自己业务领域的专家;
(30)每项职务都必须有明确的任职资格与条件。

请将上述政策按人力资源管理的职能进行分类,并将分类结果填入表1-3中。

表1-3　某公司人力资源管理政策分类统计表

人力资源管理职能	人力资源管理政策
人力资源规划	
工作分析	
员工招聘与录用	
培训与开发	
绩效管理	
薪酬管理	
劳动关系管理	

二、请阅读以下材料,并为材料中的人力资源管理部门进行辩护。

假设你在一个中等规模的制造公司(年销售额6亿元)的人力资源管理部门工作,公司多年以来没有组成工会,但从没发生过罢工。公司总裁刚刚要求所有部门为下一个财政年度制定一份预算,并准备为自己的预算要求进行辩护。

作为这次辩护的一部分,你的上级领导,即人力资源部经理让你准备一份至少十个理由的清单,用以说明为什么人力资源部门和它的绩效对整个公司的成功是重要的。

【案例分析】

三星公司作为世界上知名公司,其竞争力迅速提升的背后原因,得益于管理上的一些独特之道,尤其是三星的人力资源管理。三星文化的一个重要理念,就是坚持"人才第一"的观点,而三星的人力资源管理,则从人才的吸纳、培训到激励,充分体现和实践了这种"人才第一"的理念。这一点正是三星成功的关键。通过以下几个方面,我们可以管中窥豹,发现三星人力资源管理的独特之处。

1. 不拘一格揽人才

三星上上下下都流传着这样的观点,即"优秀人才一人就能够养活十万人","十个一级围棋选手联合起来也不能战胜一个围棋一段选手"。三星这种"人才第一"的理念非常深入人心,是三星一个重要的企业文化。

一个新入公司的职员,要接受非常系统的教育,直至他成长为三星内部的专家或者是中层干部甚至是最高领导层。三星对每一位职员都有非常系统的教育计划。员工在担任相应的职务期间,三星的高层会把所有工作的管理权限大胆地下放到每一个人的手中。这种非常大胆的权利下放是三星成功的重要要素。

引进核心人力是三星电子李健熙会长的口头禅。20 世纪 90 年代初,聘请设计专家日本人福田为顾问的三星电子经营班子并不重视福田的意见。福田就这件事写了一份批评报告书。偶然的机会,李会长看见这份报告书,他大为震怒。从此,三星电子为了让引进的人才能够在最好的环境下工作给予无微不至的关怀。之所以给优秀人才以最高待遇,是因为三星认为技术能够左右一个企业的竞争力。为了确保各种人才库,三星电子运营着多种会员俱乐部,从黑客、职业游戏人到新春文艺当选者,这些人都是三星人事部门感兴趣的对象。据悉,这是因为这些人的创造力和构想是被正规教育课程所驯服的"千篇一律的人"无法追赶的水平。

2. 能力主义的考核与分配系统

三星的人力资源管理的最大特色,是坚持以"能力主义"为导向,即按照员工的能力和工作业绩分配员工的报酬、待遇、升迁发展和工作机会。比如:三星集团子公司首席执行官的年薪中基本工资所占比重只有 25%,其余 75% 是按照股价上升率和效益性指标 EVA(经济性附加值),以及对照目标的成果率等每年做出不同的决定。

企业在研发和营销等影响企业的长期竞争力的领域也被纳入考核指标体系之中,并对员工的薪酬产生影响。一般职员年薪中所占的基本工资比重也限制在 60% 左右,剩下的也根据实际的考核结果进行发放。

3. 入社教育培养员工忠诚

三星电子的人对三星充满了感情。而三星职员忠诚度高的重要原因,源自入社一个月后的入社教育。所有新入社员工都要接受 4 周的入门教育。入门教育比新兵教育训练还严格，从上午5时50分开始到晚上9时为止，排满了日程。星期天除了宗教活动时间外，正常进行教育。

第一周教育的重点是作为社会人的素质提高。从合适的衬衫长度、系领带的方法开始，教授喝酒的方法等最基本的职业礼节。培养整体配合的挑战者路线的课程也是必修课，还有每20名分成一个组进行攀岩游击训练等，在防止出现落伍者并互相鼓励和声援的过程中，自然而然地形成团队意识。第二周则进行有关三星式经营观教育。以自愿服务及挑战主题活动等为内容的第三周的课程结束后，最后一周则进行总结及评价。为期四周的日程结束后，新职员就发生了很大的改变——脸上露出紧张感，脱胎换骨成为“三星人”。

问题：

1. 三星公司的人力资源管理的特色在哪里？
2. 三星公司的人力资源管理是如何支持该公司获得核心竞争力的？

能力提升训练

一、结合下列材料，谈谈你对HR从业人员职业素质要求的认识

中国人力资源开发网、《管理@人》和中国人民大学劳动人事学院曾在联合举办的年度人力资源机构和人物评选活动中，提出关于十大CEO评选标准，除需要三年以上行业经验外，他们提出了如下“六力”要求：

- 影响力：对企业整体发展、战略制定产生积极影响。
- 创新力：能为企业的人力资源管理开发建立一个合理、规范和有序的平台，有利于引进新的管理理论、方法和技术。
- 执行力：成功执行企业各项制度和决策。
- 公信力：处事公正客观，对上下级同事都能做到讲诚信，以诚待人。
- 亲和力：尊重、理解、关心和信任企业员工，善于倾听，保持良好的人际关系，能妥善处理劳资关系。
- 学习力：能及时更新知识，不断提高自身职业素养。

要求：请结合这套评选标准，谈谈你对HR从业人员职业素质要求的认识。

二、绘制人力资源管理流程图并撰写调查报告

深入一家企业，了解其人力资源管理的具体情况，并绘制该企业人力资源管理流程图，同时将该企业人力资源管理流程与传统企业的人力资源管理流程进行比较和分析，撰写调查报告。

第二章 工作分析与工作评价

【管理名言】

一份伟大的工作能让你的生命充满兴奋、富有意义，而不合适的工作则会让人的生命之水趋于枯竭。

——韦尔奇

【学习目标】

知识：

- 了解工作分析和工作评价的意义。
- 理解工作分析的相关术语、工作评价的概念和方法。
- 掌握工作分析的概念和基本流程、工作分析的方法、工作说明书的编写。

技能：

- 运用工作分析与岗位评价方法，做好工作分析与岗位评价工作。

素质：

- 具备优秀的分析能力、接受能力及沟通能力。

【开篇案例】

不拉马的士兵

20 世纪 20 年代，美国一位炮兵军官到下属部队参观炮团演习。他发现在操练时，有一名士兵始终站在炮管下，且无事可做。军官仔细查阅军事文献后得知，炮管下的炮兵还是非机械化时代的产物，他的主要作用是拉住马的缰绳以调整大炮发射后产生的距离偏差。随着大炮自动化和机械化程度的提高，这样的角色明显不再需要。

在军官的建议下，炮兵操练条例得到及时调整，这名军官也因此得到了国防部的嘉奖。

资料来源：鲁开根. 至尊管理法则[M]. 北京：经济日报出版社，2005. 有删改。

在上述案例中，多余的士兵职位早该被发现，只是大家习以为常而忽视了他的存在。

其实,“不拉马的士兵”在每个企业都或多或少的存在。人力资源管理的核心是实现人与职位的最佳匹配,做到事得其人、人尽其才、才尽其用,因此必须了解组织内各项工作的特点,建立岗位分析机制,对岗位设置进行全面的年度体检,找到并消除“不拉马的士兵”,而不能把全部希望寄托在案例中的“军官”身上。那么对于企业来说,什么是岗位和岗位分析?如何做好岗位分析?本章将围绕这些内容进行讲述。

第一节　工作分析概述

一般而言,人与事、人与人、人与组织、人与物等一系列关系都是现代人力资源管理研究与调整的对象。虽然人力资源管理的主要活动都是围绕人来展开的,但大都是以对组织中的各种“工作”的研究与分析为起点的。这也决定了工作分析在现代人力资源管理中的基础地位。

一、工作分析的概念

一个组织的建立最终会导致一批工作的出现,而这些工作需要由特定的人员来承担。工作分析就是与此相关的一道程序,通过对工作内容与工作责任的资料汇集、研究和分析,可以确定该项工作的任务、性质和相对价值,以及哪些类型的人适合从事这一工作。工作分析的过程主要是调研完成工作的要求、周期和范围,并着眼于工作本身的特点,而不是工作者的状况。工作分析的直接结果是工作说明书。为此,我们给工作分析定义如下:工作分析又称职务分析、岗位分析或职位分析,是指对组织各项工作的性质、任务、责任以及所需人员的资格、条件等进行周密的调查、研究、分析,加以科学系统地描绘,最后做出规范化记录的过程,即制定工作描述和任职资格的系统过程。

工作分析主要涉及两方面内容:一是工作本身,即工作岗位的研究,研究每一个工作职位的设置目的,所承担的工作职责、工作任务、工作权利、隶属关系以及工作条件等;二是人员特征,即任职资格的研究,研究能胜任该项工作的任职者必须具备的条件和资格,如工作经验、知识技能、身体条件、特殊技能及心理素质等特征。工作分析的主要内容如图2-1所示。

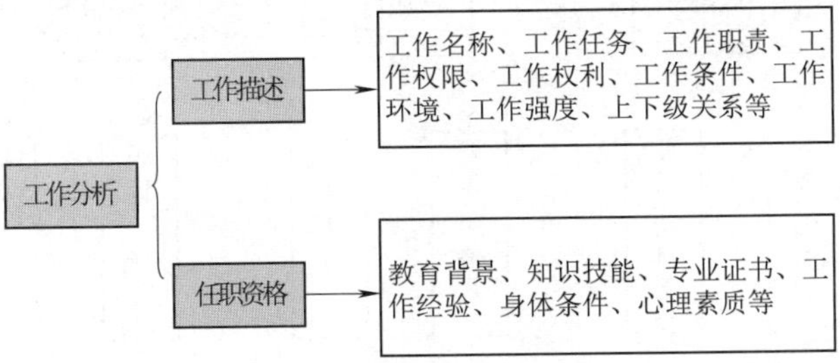

图2-1　工作分析的主要内容

二、工作分析相关术语

在进行工作分析时,会有若干专门术语在分析过程中经常出现,必须在进行工作分析之前充分理解。

(一)工作要素

工作要素是指工作中不能分解的最小动作单位。例如,搬运行李的工作要素是将行李搬到行李车上、推车到指定地点、搬下行李、放到指定地方。

(二)任务

任务是指工作中为了达到某种目的而进行的一系列活动。任务可以由一个或多个工作要素构成。例如,给瓶子贴标签只有一个工作要素,而上述搬运行李有四个工作要素。

(三)职责

职责是指任职者为实现一定的组织职能或完成工作使命而进行的一个或一系列工作。例如,打字员的职责包括打字、校对、简单维修等任务。

(四)职位

职位又称岗位,担负一项或多项职责的一个任职者所对应的位置就是一个职位。一般来说,有多少个岗位就有多少个任职者。

(五)职务

职务是由一个或一组主要职责相似的职位组成。一项工作可以只有一个职位,也可以有多个职位。例如,销售部经理(只有一个)、销售代表(可以有多个)等。

(六)职业

职业是指在不同组织中从事相似活动的一系列职务,如教师、工程师等。

图 2-2 所示为工作分析相关术语之间关系的示例图。

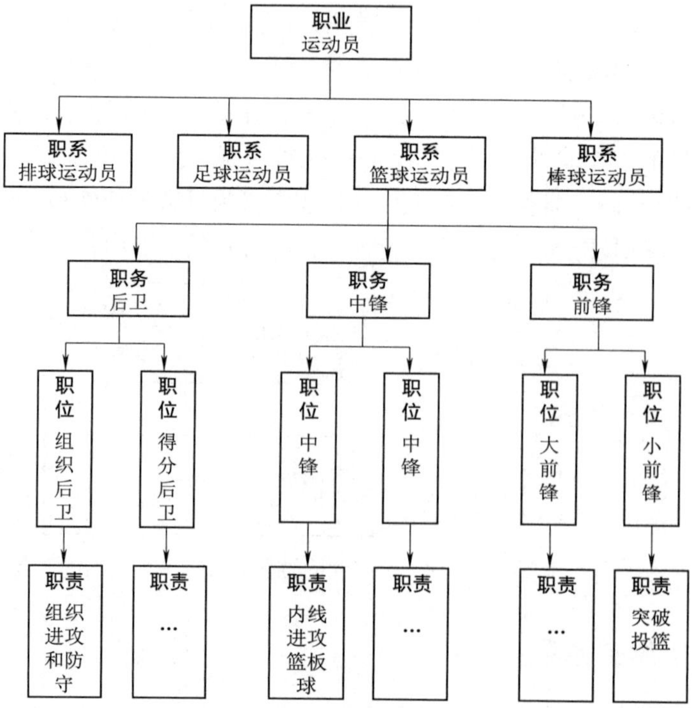

图 2-2　工作分析相关术语关系示例图

（七）职位分类

职位分类是指将所有工作岗位（职位），按其业务性质分为若干职系、职组，然后按责任大小、工作难易程度和技术高低又分为若干个职级、职等。

1. 职系

职系是指一些工作性质相同，而责任轻重和困难程度不同的职位系列。一般来说，一个职系就是一种专门职业，如机械工程职系。

2. 职组

职组又称职群，是指工作性质相近的若干职系的总和。职组的作用在于方便职位分类。

3. 职级

职级是指将工作内容、难易程度、责任大小、所需资格皆很相似的职位划为同一职级，实行同样的管理与报酬。例如，部门副经理就是一个职级。

4. 职等

职等是指工作性质不同或主要职务不同，但其困难程度、职责大小等条件充分相同的职级归类。同一职等的所有职位，不管它们属于哪一个职系的哪个职级，其薪金报酬应该相同。

职系、职组、职级、职等之间的关系与区别具体如表 2－1 所示。

表 2－1　职系、职组、职级、职等之间的关系与区别

职组	职系 \ 职级 \ 职等	Ⅴ	Ⅳ	Ⅲ	Ⅱ	Ⅰ
		员级	助级	中级	副高职	正高职
高等教育	教师		助教	讲师	副教授	教授
	科研人员		助理工程师	工程师	高级工程师	
	实验人员	实验员	助理实验师	实验师	高级实验师	
	图书、档案	管理员	助理馆员	馆员	副研究馆员	研究馆员
科学研究	研究人员		研究实习员	助理研究员	副研究员	研究员
医疗卫生	医疗、保健	医士	医师	主治医师	副主任医师	主任医师
	护理	护士	护师	主管护师	副主任护师	主任护师
	药剂	药士	药师	主管药师	副主任药师	主任药师
	其他	技士	技师	主管技师	副主任技师	主任技师
企业	工程技术	技术员	助理工程师	工程师	高级工程师	正高工
	会计	会计员	助理会计师	会计师	高级工程师	
	统计	统计员	助理统计师	统计师	高级统计师	
	管理	经济员	助理经济师	经济师	高级经济师	
农业	农业技术人员	农业技术员	助理农艺师	农艺师	高级农艺师	
新闻	记者		助理记者	记者	主任记者	高级记者
	广播电视播音	三级播音员	二级播音员	一级播音员	主任播音指导	播音指导
出版	编辑		助理编辑	编辑	副编审	编审
	技术编辑	技术设计员	助理技术编辑	技术编辑		
	校对	三级校对	二级校对	一级校对		

三、工作分析的意义

有效地进行工作分析是企业进行人力资源开发与管理的基础，工作分析的各项文件能够应用于人力资源管理以及整个企业管理的各个方面。只有做好了工作分析，才能据此完成企业人力资源规划、绩效评估、职业生涯设计、薪酬管理、招聘等工作。图2－3说明了工作分析与其他人力资源管理活动的关系。

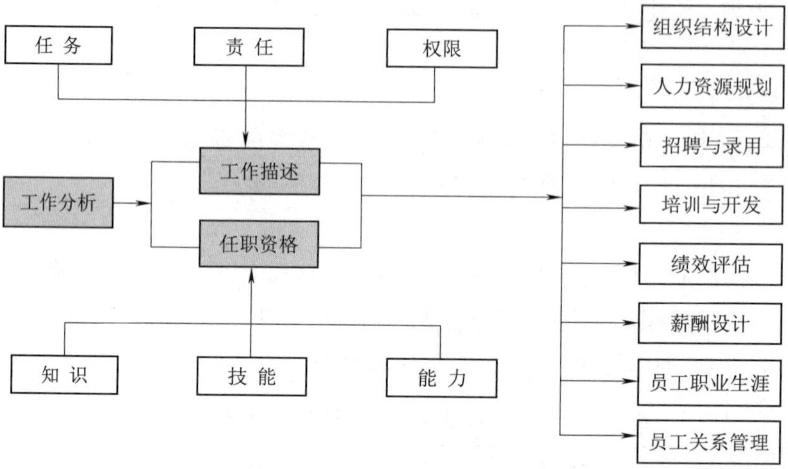

图2－3 工作分析与其他人力资源管理活动的关系

具体地说，工作分析的意义可以归纳为以下几个方面。

（一）现代企业人力资源管理的基础

有效地进行工作分析是现代企业人力资源开发与管理科学化的基础。在人力资源管理的每一个环节，包括人力资源规划、招聘、培训、绩效评价、薪酬制度等方面，工作分析都起到了基础性作用。如在人力资源规划方面，规划者要分析一个组织对人力资源的需求，就必须获得相关各种工作对于知识、技能、能力所要求的信息，而工作分析就能提供这一方面的信息。

（二）更合理地使用员工

进行工作分析，使组织可以更合理地使用员工，避免员工使用过程中的盲目性。组织通过工作分析，能清楚掌握每个职务的工作职责和要求、员工应具备的其本条件，这样在安排员工时，就可以根据每个员工的实际情况作出合理安排，从而把员工安排在最合适的岗位上，最大限度地发挥每个员工的工作积极性和潜力，从而发挥工作的最大效果。

（三）有利于明确职责，提高工作效率

进行工作分析，可以明确组织中每个岗位的工作职责，并理顺工作与其流程上下环节的关系，从而能提高员工个人和部门的工作效率，消除由于职位设置或者工作界定的原因所导致的流程不畅、效率低下、工作重叠、劳动重复等现象。

【管理故事2-1】

福特汽车公司T型轿车的秘密

20世纪初，美国福特汽车公司的产品T型轿车创造了一个奇迹，曾连续生产20年，最高年产量达到200万辆，成为世界上第一种产量最高、销路最广的车型，福特公司也因此成为当时世界最大的汽车公司。亨利·福特在他的传记《我的生活和工作》一书中揭示了T型轿车的秘密，他详细地叙述了8 000多道工序对工人的要求：

949道工序需要强壮、灵活、身体各方面都非常好的成年男子。

3 338道工序需要普通身体的男工。

剩下的工序可由残疾人承担，其中：

50道工序由没有腿的人来完成；

2 637道工序由一条腿的人来完成；

2道工序由没有手的人来完成；

715道工序由一只手的人完成；

10道工序由失明的人完成。

相信任何一个人力资源工作者都会感叹亨利·福特先生对工作内容和任职者的精确分析，正是这些分析有效地帮助福特组建当时远远领先于同行的严密的工作流程和组织架构。

资料来源：中国企业培训网. 企业管理中职务设计的意义[EB/OL]. [2017-5-10]. http://www.chinacpx.com/zixun/1211.html.

四、工作分析的基本流程

工作分析是一项技术性很强的工作，必须有一个科学、合理的操作程序。整个工作分析的流程如图2-4所示。

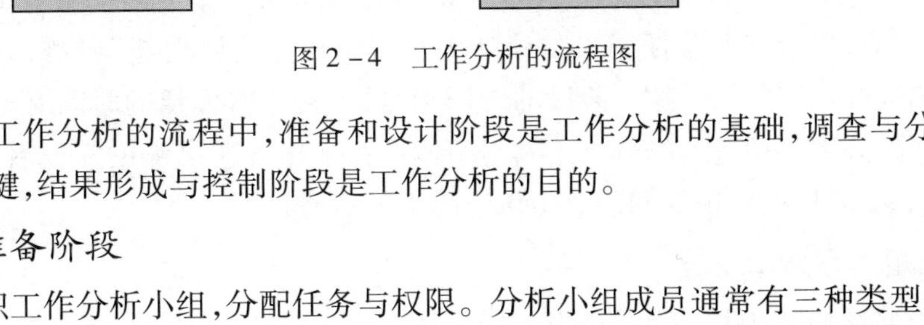

图2-4　工作分析的流程图

在整个工作分析的流程中，准备和设计阶段是工作分析的基础，调查与分析阶段是工作分析的关键，结果形成与控制阶段是工作分析的目的。

（一）准备阶段

（1）组织工作分析小组，分配任务与权限。分析小组成员通常有三种类型的人员：分析专家、主管和任职者。分析专家是指具有分析专长，并对组织内各项工作有明确概念的人员。分析专家可以来自组织内部,也可以是外聘专家。组织内人员的组成一般为人力资源人员,也可为中、高层管理人员。一旦小组成员确定之后,赋予他们进行分析活动的权限,以保证工作分析的协调和顺利进行。

(2)明确工作分析的目的。有了明确的工作分析目的,才能正确确定工作分析的范围、对象和内容,规定分析的方式、方法,并弄清应当收集什么资料,到哪儿去收集资料,用什么方法去收集资料等。

(二)设计阶段

(1)制订工作分析计划。工作分析计划包括整个工作的进程、企业内应进行分析的各个职务的名称和任职者人数、估计工时需要和分析人员人数、所需费用和其他条件、分析过程中各个环节的责任划分等。

(2)确定工作分析的范围。要明确是对所有的岗位都进行分析,还是对部分岗位进行分析。

(3)选择分析方法与人员,制定工作进度表。

(4)确定信息来源。工作信息来源一般有以下几种:工作者、主管者、顾客、分析专家、文献汇编等。

(三)调查阶段

(1)编制各种调查问卷和提纲。

(2)根据具体的对象进行调查。

(3)收集有关工作的特征及需要的各种数据。

(四)分析阶段

(1)仔细审核已收集到的各种信息。

(2)分析的内容主要有:职务名称分析、职务规范分析(对工作任务、工作责任、工作关系、劳动强度等的分析)、工作环境分析和任职资格分析。

(3)利用现有文件与资料对工作的主要任务、主要责任、工作流程进行分析总结。

(4)提出原工作说明书主要条款存在的不清楚、模棱两可的问题,或对新岗位工作说明书提出拟解决的主要问题。

(五)结果形成阶段

工作分析的直接结果就是产生工作描述和任职资格,形成工作说明书。工作说明书是对工作目的、职责、任务、权限、任职者等基本条件的书面描述。工作说明书是对从书面材料、现场观察、与基层管理者及任职人员谈话中获得的信息进行分析、归类,并最终写出综合性的工作描述和任职资格。这一阶段的工作相当繁杂,需要大量的时间对材料进行分析和研究,必要时,还需要用适当的分析工具与手段。在工作说明书编制完成后,应充分征求组织成员的意见,并根据发现的问题对工作说明书进行修订。

(六)运用与控制阶段

运用与控制阶段要根据工作分析的结果,制定人力资源管理的各种应用性文件,并培训文件的使用者。这些应用文件主要有:招聘录用文件、人员培训文件、人员发展和晋升文件、薪酬规划文件等。

工作分析活动的控制贯穿于整个工作分析的过程。工作说明书在正式发布实施后，随着组织与岗位的变化，应及时对工作说明书进行维护，使工作分析成为组织的一项常规性工作，保证工作说明书的管理基础作用有效发挥，控制和纠正可能出现的各种偏差。

【管理故事 2－2】

泰勒与施密特的对话

“施密特，你是个很值钱的人吗？”

“什么？我不懂你是什么意思。”

“不！你懂。我要知道的是，你是不是一个很值钱的人。”

“这个……我还是不懂你的意思。”

“噢，这样吧，你回答我的问题。我要查明的是，你是一个很值钱的人还是这里这些不值钱的家伙中的一个；我要知道，你是想一天挣一块八毛五，还是就像那些不值钱的家伙一样满足于一天挣一块一毛五？”

“我一天要挣一块八毛五，这就是一个‘很值钱的人’吗？那对，我是一个很值钱的人。”

“噢，真使人恼火！当然你要一天挣一块八毛五——谁都会要！你是个明白人，看来要使你成为一个很值钱的人并不难。看在上帝面上，你甭再浪费我的时间了。好了，到这儿来，你看见那堆生铁了吗？”

“看见啦。”

“看见那个车皮了吗？”

“看见啦。”

“好，你是个很值钱的人，明天你就为一块八毛五把那堆生铁装上车皮。现在你打起精神来回答我的问题。告诉我，你是不是一个很值钱的人？”

“如果把那堆生铁装上车皮就能挣一块八毛五吗？”

“对，你当然能！一年到头，每天你将那堆生铁装完，你就能挣一块八毛五。那就是一个很值钱的人干的活，这道理，你心里和我一样明白。”

“那好！明天我就为一块八毛五把那堆生铁装上车。我每天都能挣那么多钱吗？”

“你当然能！”

“哈，这样我就是一个很值钱的人啦！”

“好，等一等。要明白，从明天起你就要完全按照这个人的吩咐，从早到晚地去干活。当他叫你拣起一块生铁并走动时，你就拣起走你的；当他叫你休息时，你就坐下休息。你一天就这么干，一个很值钱的人就是这样，让他怎么干他就怎么干，从不回嘴。你明白这个道理吗？这样吧，你明天就来这里干活，不用到明晚上我就会知道，你到底是不是一个真正值钱的人。”

施密特就这样开始按规定的命令和动作干活。一个带着秒表的监工站在他面前发布命令“现在拣起一块生铁！”“现在开始走！”“现在休息！”……结果，施密特每天搬运生铁的质量从 12.5 t 增加到 47.5 t，一干三年，工作量比其他工人多出近 3 倍，而其收入只提高了 60%。泰勒以此确定工作定额，招收施密特这样“蠢牛般的人”干活，大大提高了生产效率、增加了雇主的利润。泰勒从这项试验性管理模式归纳出四个要点：首先，精心挑选合适的个人；其次，告诉他们这样干活不仅无害而且有实际好处；再次，帮助他们获得完成既定工作定额的机能；最后，在具体工作场景中工人严格按照“科学”程序和方法劳动。

资料来源：李宝元. 人力资源管理学[M]. 北京：北京师范大学出版社，2007.

第二节　工作分析的方法

一、工作分析的常用方法

工作分析方法的重要性要求组织在进行工作分析时，要根据工作分析的目的、不同方法的利弊，以及不同人员的工作，选择不同的分析方法。工作分析的方法多种多样，主要有文献分析法、观察法、访谈法、关键事件法、工作日志法、工作参与法、问卷调查法等。

（一）文献分析法

文献分析法是通过对现存的与工作相关的文档资料进行系统性分析，来获取工作信息的方法。其适用于已实施岗位责任制的组织，或人事档案较为完整的岗位，一般用于收集工作的原始信息，编制任务清单初稿。这种方法成本低、效率高，但收集的信息不一定全面，且时效性差，无法验证和弥补原始资料的真伪。

（二）观察法

观察法即是通过观察获得员工的职务信息的过程。这种方法一般适用于工作周期比较短的员工。在不影响员工正常工作的条件下，通过对被调查员工进行观察，将有关工作的全部信息真实地记录下来，然后对所收集的信息进行分析、归纳，制定出职务说明书。

观察法一般是由有经验的人，通过直接观察的方法记录某一时期内工作的内容、形式和方法，并在此基础上分析有关的工作因素，达到分析目的的一种活动。其流程包括：制订观察方案和设计观察记录表；选择不同的工作者在不同的时间内进行观察；记录所有主要的工作内容与形式；对内容进行归类和分析；偏差检验与修正。表 2－2 为生产企业生产管理人员工作分析观察提纲示例。

表 2－2　工作分析观察提纲示例

观察者姓名		日　期	
被观察者姓名		观察时间	
具体工作项目		观察地点	
观察内容： 1. 什么时候开始正式工作？ 2. 上午工作多少小时？ 3. 上午休息几次？ 4. 第一次休息时间多长？ 5. 第二次休息时间多长？			

6. 上午完成产品多少件?
7. 平均多长时间完成一件产品?
8. 与同事交谈几次?
9. 每次交谈约多长时间?
10. 室内温度多少度?
11. 上午抽了几只烟?
12. 上午喝了几次水?
13. 什么时候开始午休?
14. 出了多少次品?
15. 搬了多少次原材料?
16. 工作场地噪音分贝是多少?

(三)访谈法

访谈法是与担任有关工作职务的人员一起讨论工作的特点和要求,通过访问任职者,了解他们所做的工作内容,为什么这样做与怎样做,从而取得有关信息的调查研究方法。在工作分析时,可以先查阅和整理有关工作职责的现有资料。在大致了解职务情况的基础上,访问担任这些工作职务的人员,一起讨论工作的特点和要求。表 2-3 为工作分析访谈提纲示例。

表 2-3　工作分析访谈提纲示例

访谈人员		被访谈人员	
被访谈人员职位		访谈时间	

访谈内容:

一、基本信息

1. 请问您目前正在从事的工作,在本部门从事相同工作的岗位共有(　　)个。
2. 您的直接上级主管的岗位名称是(　　)。
3. 您是否有直接的下属? 有几个? 它们分别是(　　)。

二、工作信息

1. 请您用一句话概括您的职位在本公司中存在的价值是什么,它要完成的主要工作内容和要达成的目标是什么?
2. 请问与您进行工作联系的主要人员有哪些? 联系的主要方式是什么?
3. 您认为您的主要工作职责是什么? 请至少列出 8 项职责。
4. 对于这些职责您是怎样完成的,在执行过程中碰到的主要困难和问题是什么?
5. 请您指出以上各项职责在工作总时间中所占的百分比重。(请指出其中耗费时间最多的三项工作)
6. 请您指出您的以上工作职责中最为重要、对公司最有价值的工作是什么。
7. 组织所赋予您的最主要的权限有哪些? 您认为这些权限有哪些是合适的,哪些需要重新界定?
8. 请您就以上工作职责,谈谈评价这些职责是否出色地完成的标准是什么。
9. 您认为在工作中您需要其他部门、其他职位为您提供哪些方面的配合、支持与服务? 在这些方面,目前做得好的是什么,尚待改进的是什么?
10. 您认为要出色地完成以上各项职责需要什么样的学历和专业背景? 需要什么样的工作经验(类型和时间长度)? 在外语和计算机方面有什么要求? 您认为要出色地完成以上各项职责需要具备哪些能力?
11. 您认为要出色地完成以上各项职责需要具备哪些专业知识和技能? 您认为要出色地完成以上各项职责需要什么样的个性品质?
12. 请问您工作中自主决策的机会有多大? 工作中是否经常加班? 工作繁忙是否具有很大的不均衡性? 工作中是否要求精力高度集中? 工作负荷有多大?

访谈法可分为三种方式:管理人员访谈、个别访谈和集体访谈。管理人员访谈即与该工作的主管访谈,个别访谈与从事该工作的每个员工交谈,集体访谈即与从事相同工作的员工群体交谈。

访谈法适用范围分别为:个别访谈法适用于员工工作有明显差别、工作分析时间比较充分的情况;集体访谈适用于多个员工从事相同或相近的工作情况。管理人员面谈可以对该职位进行深度的分析。

访谈法的优点是方便、准确、沟通顺畅,特别适合对文字理解有障碍的人。缺点是所需时间长和精力多,沟通与信息需要过滤。

(四)关键事件法

关键事件法是请管理人员和工作人员回忆、报告对他们的工作绩效来说比较关键的工作特征和事件,从而获得工作分析资料。关键事件法是一种常用的行为定向方法。这种方法要求管理人员、员工以及其他熟悉工作职务的人员记录工作行为中的"关键事件",也就是使工作成功或者失败的行为特征或事件。在大量收集关键事件以后,可以对它们作出分析,并总结出职务的关键特征和行为要求。关键事件法比较适用于工作中特别有效或无效的行为,用于了解工作行为准则,但归纳事例需耗费大量时间,易遗漏一些不显著的工作行为,难以把握整个工作实体。表 2 -4 为关键事件描述记录单示例。

表 2 -4(a)　关键事件描述记录单示例

<table>
<tr><td colspan="2">行为者</td><td>王欣</td><td>地点</td><td>公司市场部</td></tr>
<tr><td colspan="2">观察者</td><td>总经理</td><td>时间</td><td>4 月 15 日</td></tr>
<tr><td rowspan="3">有效行为</td><td>事情发生的背景</td><td colspan="3">17:30 分左右,公司市场部接到提交的一个营销策划方案(该策划方案主要是针对"五一"假期而设计的促销方案)被公司总部驳回的通知单</td></tr>
<tr><td>行为者的行为</td><td colspan="3">市场部核心骨干王欣下班后,重新认真研究了提交的那份营销策划方案,发现了方案的不足之处,并提出了一份较为完善的新策划方案,直至 21:30 完成工作后才离开公司</td></tr>
<tr><td>行为后果</td><td colspan="3">市场信息瞬息万变,王欣快速地解决公司遇到的问题,抓住商机,为公司创造了更多的价值</td></tr>
</table>

表 2 -4(b)　关键事件描述记录单示例

<table>
<tr><td colspan="2">行为者</td><td>市场部经理</td><td>地点</td><td>公司市场部</td></tr>
<tr><td colspan="2">观察者</td><td>总经理</td><td>时间</td><td>4 月 15 日</td></tr>
<tr><td rowspan="3">无效行为</td><td>事情发生的背景</td><td colspan="3">17:30 分左右,公司市场部接到提交的一个营销策划方案(该策划方案主要是针对"五一"假期而设计的促销方案)被公司总部驳回的通知单</td></tr>
<tr><td>行为者的行为</td><td colspan="3">由于临近下班时间,市场部经理想等明天上班后再作处理,于是下班离开了</td></tr>
<tr><td>行为后果</td><td colspan="3">这样的行为可能会使公司失去很多潜在的商机,给公司造成重大损失</td></tr>
</table>

(五)工作日志法

工作日志法是让员工用工作日记的方式记录每天的工作活动,就是按时间顺序详细记录工作内容与工作过程,然后经过归纳提炼,对所需信息进行提取,作为工作分析资料。这种方法要求员工在一段时间内对自己工作中所做的一切进行系统的记录。如果这种记录记得很详细,采取逐日或在工作活动后及时记录,就可以避免遗漏,收集到最详尽的资料。它适用于管理岗位分析,或其他随意性大、内容复杂的岗位分析。但是,员工可能会夸张或隐藏某些活动并掩饰其他行为,其次是费时、费成本且干扰员工工作;记录者可能会带有主观色彩。将注意力集中于活动过程,而不是结果;整理信息的工作量大,归纳工作烦琐;填写者因不认真可能会漏填某些内容,从而影响分析后果。表 2 - 5 为工作日志分析表的示例。

表 2 - 5 工作日志分析表示例

部门:工程部　　职务:　　姓名:　　时间:　年　月　日

序号	工作活动名称	工作性质	时间消耗	重要程度	备注
		(例行/偶然)	(分钟)	(一般/重要/非常重要)	
1	学习运用××软件	例行	60	一般	
2					
3					
4					

(六)工作参与法

工作参与法是工作分析人员亲自参加工作活动,体验工作的整个过程,从中获得工作分析的资料。通过实地考察,可以细致、深入地体验、了解和分析某种工作的心理因素及工作所需的各种心理品质和行为模型。从获得工作分析资料的质量方面而言,这种方法比前几种方法效果好。但是,由于它要求工作分析人员具备从事某项工作的技能和知识,因而有一定的局限性。现代社会和生产中的工作职务日益专门化,即使有些工作分析人员能够参与一部分工作,也很难像熟练员工那样完成工作职责。因此,参与法只适用于比较简单的工作职务分析,不适合须长期训练及高危险的工作。

(七)问卷调查法

问卷调查法是通过问卷来获取工作分析信息,通过员工所填写的标准化问卷了解其工作的任务、职责、环境特征等方面的信息。通过内容相互关联的问卷来收集岗位信息的方法。问卷法的最大优点是比较规范化、数量化,适合于用计算机对结果进行统计分析;调查范围广,可用于多种目的的工作分析;费用低、速度快;节省时间、不影响工作;容易进行,且可同时分析大量员工;员工有参与感,有助于双方计划的了解。但它的设计比较费工,也不像访谈那样可以面对面地交流信息,不容易了解被调查对象的态度和动机等较深层次信息;不易唤起被调查对象的兴趣,除非问卷设计的很长,否则不能获得足够详细的信息;需经说明,否则会理解不同,产生信息误差。表 2 - 6 为工作分析调查问卷示例。

表 2-6　工作分析调查问卷示例

工作分析调查问卷
亲爱的同事：您好！ 为规范公司人力资源管理工作，也为了能为各部门提供更好的人力支持，我们设计了这套调查问卷，希望通过对公司各岗位分析来完善公司职位信息及工作说明书，从而进一步推动其余各项人力资源工作科学有序地开展。 现需要耽误您一点时间来协助我们完成本调查工作。 请您认真分析您所在岗位的工作，并真实、客观、完整地填写以下内容。谢谢！
第一部分　基本信息
您的姓名：　　岗位名称：　　所属部门： 入职时间：　　从事本岗位工作时间： 您的直接上级岗位： 您的直接下属岗位：
第二部分　工作情况
1. 简单描述一下您目前的主要工作内容和职责。 2. 请列举您有建议权、审核权、决策权的工作项目（人事、业务、财务等方面）。您认为除了这些权限之外，您还需要别的权限来支持您的工作吗？ 3. 请简要描述您的上级如何指导和监督您的日常工作。 4. 简述一下您直属下级的人数及其主要工作内容。 5. 除您的上级和下级之外，您和公司内部哪些部门和岗位会有工作联系和沟通？ 6. 除了公司内部的联络沟通外，您和外部哪些单位有工作联系和沟通，对方联络人通常会是什么岗位？ 7. 请列举您目前的所有绩效考核项目，并请按主次顺序说明哪些是公司重点考核项。另请谈谈您对这些考核项目的看法。 8. 按照公司规定，您正常的工作时间是应该怎样的？您会加班吗？如果加班，通常是在什么时段，因为什么原因？这种情况多不多？您对此有什么看法？
第三部分　岗位要求
1. 您认为需要什么样的专业技能才能胜任这份工作？ 2. 您认为本岗位对于性别和年龄有限制吗？如果有，您认为应该是什么？ 3. 您认为要胜任本岗位工作有什么样的学历要求？为什么？ 4. 您认为本岗位需要有工作经验吗？如果需要，您觉得多长工作经验比较合适？为什么？ 5. 您觉得新加入公司的员工如果要较好地胜任工作需要岗前培训吗？如果需要的话，您觉得培训多长时间比较合适？为什么？ 6. 您觉得什么样性格和品质的人能够更好地胜任本岗位工作？
第四部分　其他信息
1. 您觉得公司有提供给您职业发展的通道吗？您对自己在公司的职业发展是怎么规划的？如果晋升的话，您觉得自己会晋升至什么岗位？ 2. 您对您所在部门的工作分配及职责划分有何建议？您对您自己这个岗位的工作安排有何建议？ 3. 对于本问卷调查未提及的问题，您觉得有必要提及的，请写出来： 填写人： 年　月　日

二、工作分析方法的比较

工作分析信息收集方法有很多种，各有优劣，各种方法的比较具体见表2－7。

表2－7　工作分析信息收集方法的比较

方　法	优　点	缺　点	适　用
资料分析法	成本低；工作效率高	信息不全；不能单独使用，要与其他方法结合使用	有现成相关资料的工作
观察法	工作分析人员能较全面深入地了解工作要求	不适于脑力活动为主的工作和处理紧急情况的间歇性工作，不能达到任职资格的要求，被观察者可能会反感	标准化、任务周期较短、以体力活动为主的工作
访谈法	能了解到工作者的工作态度和工作动机等深层次的内容；收集信息简单、迅速、具体，有助于缓和工作压力	访谈者要接受专门训练，费时，成本高，信息易于失真	任务周期长，工作行为不易被直接观察的工作
关键事件法	行为标准明确；能更好地确定每一行为的利益和作用	费时费力，无法描述工作职责、任务、背景、任职资格等，对中等绩效员工难以涉及	以招聘选拔、培训、绩效评估等为目的的工作分析
工作日志法	便于获取工作职责、内容与关系、劳动强度等信息，费用低，分析复杂工作时比较经济有效	关注过程而非结果，整理信息量大，存在误差，可能影响正常工作	任务周期较短，工作状态稳定的工作
参与法	便于深入了解和获取工作职责、内容与关系、劳动强度等信息	存在因分析员素质、认识、参与程度等差异而导致的对于工作特征和任职资格要求的不同认识	任务周期较短，工作状态稳定的工作
问卷调查法	成本低，速度快，适用范围广，结果可量化	问卷设计费时，员工与调查者之间交流不足	各种类型的工作，样本数量较大的场合

【走进管理2－1】

这件工作谁来做？

一个机床操作工把大量的液体洒在他机床周围的地板上，车间主任叫操作工把洒在地板上的液体打扫干净，操作工拒绝执行，理由是任职说明书中并没有包括清扫的条文。车间主任顾不上去查任职说明书上的原文，就找来一名服务工来做清扫工作。但服务工同样拒绝，他的理由是任职说明书中同样也没有包括这一类工作，这个工作应该由清杂工来完成，因为清杂工的责任之一是作好清扫工作。车间主任威胁服务工说要解雇他，因为这种服务工是分配到车间来做杂务的临时工。服务工勉强同意，但是干完以后立即向公司投诉。

有关人员看了投诉以后，审阅了机床操作工、服务工和清杂工的任职说明书。机床操作工的任职说明书上规定：操作工有责任保持机床的清洁，使之处于可操作的状态，但并未提及清扫地板；服务工的任职说明书上规定：服务工有责任以各种方式协助操作工，如领取原料和工具,随叫随到,即时服务,但也没有包括清扫工作;清杂工的任职说明书确实包括了各种形式的清扫工作,但他的工作时间是从正常工人下班以后开始。

资料来源:博才网.这件工作谁来做?[EB/OL].[2017-5-10].http://www.hbrc.com/rczx/news-2596101.html.

第三节　工作说明书的编写

一、工作说明书的含义

工作说明书又称职务说明书或岗位说明书,是工作分析人员根据某项职务工作的性质和环境特点,对工作人员必须具备的生理和心理需求进行的详细说明而形成的书面文件。工作说明书的编写一般无固定模式,需要根据该企业工作岗位分析的特点、目的与要求具体确定编写的条目。

二、工作说明书包括的项目

工作说明书是工作分析的直接结果,通常包括工作描述和任职资格两部分内容。

(一)工作描述

工作描述具体说明了某一工作的性质和环境特点,主要包括以下几个方面:

1. 工作标识

工作标识又称职位基本信息,包括工作的名称、工作所属部门、直接上级、定员、部门编码、职位编码、工作说明书的编写日期、编写人与审核人等。

2. 工作概述

工作概述是描述工作的总体性质,即列出主要工作的特征以及主要工作范围。重点描述从事该职位的工作所要完成或达到的工作目标,以及该职位的主要职责权限等,标准词汇应是负责、确保、保证等。应尽量避免在工作概述中出现笼统的描述,例如,执行需要完成的其他任务。

3. 工作内容

工作内容是工作说明书最主要的内容,此栏详细描述该职位所从事的具体工作,应全面、详尽地写出完成工作目标所要做的每一项工作,包括所要完成的工作任务、职位责任、所使用的工具以及机器设备、工作流程、与其他人的联系、所接受的监督以及所实施的监督等。

4. 绩效标准

工作说明书还需包括有关绩效标准的内容,绩效标准即完成某些任务或工作量所要达到的标准。这部分内容说明组织期望员工在执行工作任务时所要达到的标准或要求,以及如何根据工作完成情况进行考核,具体内容通常与该组织的考核制度结合起来。

5. 工作权限

工作权限包括工作人员决策的权限和行政人事权限、对其他人员实施监督权以及审批财务经费和预算的权限等。有时,在处理权限时分为专业的权限、人事的权限与财务的权限。

6. 工作条件与物理环境

简要地列出有关的工作条件，包括工作地点的温度、湿度、光线、噪声程度、安全条件、地理位置等。

7. 工作联系

工作联系是指职位任职者在工作过程中，与组织内部和外部各单位之间的工作联系，包括联系的对象、联系的方式、联系的内容和联系的频次等。

表 2－8 为某公司人力资源经理工作联系示例。

表 2－8　某公司人力资源经理工作联系

内外联系	联系对象（部门或单位）	联系的主要内容
与总部各部门的联系	财务部	薪酬预算、薪酬发放
	行政部	文件、档案管理
	总部各部门	人员招聘、培训、调动、考核
与子公司的联系	子公司人事部	业务指导
	子公司总经理	业务协商
与外部单位的联系	人才市场、高校、猎头公司	人员招聘
	外部培训机构	人员培训

8. 聘用条件

聘用条件包括工作时数、薪酬结构、支付工资的方法、福利待遇、该工作在组织中正式位置、晋升的机会、工作的季节性、进修的机会等。

表 2－9 为某企业招聘专员工作描述示例。

表 2－9　某企业招聘专员工作描述示例

一、基本信息					
岗位名称	招聘专员	岗位等级		岗位编号	
所属部门	人力资源部	直接上级	人力资源经理	直接下属	
二、岗位目的					
依据人力资源规划和年度人力资源需求计划，做好人才招聘与储备工作，满足公司发展所需的人员需求					
三、岗位工作概述					
招聘渠道开拓、招聘信息发布、应聘信息收集及应聘人员的初试					
四、工作职责					
职责类别	工作职责及目标	发生频率（次/日、周、月）	重要程度（5—1 级）	估计占时间的百分比	
1	依据公司发展战略协助领导制定人力资源战略规划，根据其规划和年度人力资源需求计划，做好人才招聘与储备工作	不定期	5	20%	
2	根据现有编制及业务发展需求，协助上级确定招聘目标，汇总岗位需求数目和人员需求数目，制订并执行招聘计划	1/月	4	5%	
…	…	…	…	…	

<table>
<tr><td colspan="4">五、工作权限</td></tr>
<tr><td>1</td><td colspan="3">招聘信息发布，招聘渠道开拓的权力</td></tr>
<tr><td>2</td><td colspan="3">对应聘者进行初试的权力</td></tr>
<tr><td>…</td><td colspan="3">…</td></tr>
<tr><td colspan="4">六、岗位关键业绩指标 KPI</td></tr>
<tr><td colspan="2">业绩指标</td><td colspan="2">考核标准</td></tr>
<tr><td colspan="2">招聘渠道开拓，信息发布情况</td><td colspan="2">保证招聘信息通过正规渠道准确发布</td></tr>
<tr><td colspan="2">月度招聘任务完成情况</td><td colspan="2">保证月度招聘任务完成 90% 以上</td></tr>
<tr><td colspan="2">…</td><td colspan="2">…</td></tr>
<tr><td colspan="4">七、工作环境</td></tr>
<tr><td>工作场所</td><td colspan="2">影响安全健康的因素</td><td>使用的设备及常用工具</td></tr>
<tr><td>室内/室外</td><td colspan="2">外出交通</td><td>计算机、电话、传真、投影仪</td></tr>
<tr><td colspan="4">八、沟通关系</td></tr>
<tr><td colspan="4">1. 公司内部各部门及生产厂区；
2. 全国范围内设立相关专业各高校就业办；
3. ×省人才市场</td></tr>
<tr><td colspan="4">九、职业发展</td></tr>
<tr><td>可晋升的岗位</td><td>招聘主管</td><td>可轮换的岗位</td><td>绩效薪酬专员</td></tr>
</table>

（二）任职资格

任职资格主要说明担任某一职务的人员应具备的基本资格和条件，主要包括以下几个方面：

1. 一般要求

一般要求包括担任某一职务的人员的年龄、性别、学历、工作经验。

2. 教育背景

教育背景是指从事工作应具有的最低学历要求，而不一定是当前在职员工的学历。

3. 心理要求

心理要求包括任职者应具有的观察能力、学习能力、解决问题的能力、语言表达能力、人际交往能力、性格特点、品格气质、兴趣爱好等。

4. 身体要求

身体要求包括健康状况、力量与体力、运动的灵活性、感觉器官的灵敏度。对于体力劳动型的工作，这项要求非常重要。

5. 专业技能、证书与其他能力

专业技能、证书与其他能力是指从事该职位应具有的基本技能和能力。

6. 专门培训

专门培训是指从事该职位前，应进行的基本的专业培训，具体是指员工在具备了教育水平、工作经验、工作技能之后，还必须经过哪些培训。

7. 工作经历

工作经历指从事该职位之前，应具有的最起码的工作经验要求，一般包括两方面：一是专业经历要求，即相关的知识经验背景；另一个需要的是本组织内部的工作经历要求，尤其针对组织中的一些中、高层管理职位。

表 2－10 为某企业招聘专员任职资格示例。

表 2－10 某企业招聘专员任职资格示例

1. 教育、工作经历	项目	最低要求	理想要求
	学历	大专以上	本科以上
	专业	行政管理	人力资源管理
	工作经验	6 个月以上	1 年以上
	职称	无	无
	职业资格	无	人力资源助理师
2. 知识	专业知识：了解企业文化，熟悉人力资源六大模块，尤其是招聘模块		
	通用知识：熟练掌握 Word、Excel、PowerPoint 等办公自动化软件		
3. 综合能力	公文写作能力、协调能力、沟通能力、分析判断能力及相关的心理学知识		
4. 个人品质	（1）诚实可信，沉稳踏实； （2）有较强的服务意识，良好的为人处事能力，具有敏锐的洞察力，能够进行有效的分析与判断； （3）有团队合作精神，吃苦耐劳，有较强的责任感		

三、工作说明书的编写要点

工作说明书通常以表格的形式表述有关内容，具体形式与内容可根据组织需要灵活选择。在编写工作说明书时，应注意以下几个事项：

（1）清晰。整个工作说明书中，对工作的描述清晰透彻，任职人员读过以后，可以明白其工作，无须再询问或查看说明材料，专业难懂的词汇需要解释清楚。

（2）具体。在措辞上，应尽量选用一些具体的动词，如安装、加工、传递、分析等。指出工作的种类、复杂程度，需任职者具备的具体技能、技巧，应承担的具体责任范围等。一般来说，由于基层工人的工作更为具体，其工作说明书中的描述也更具体、详细。

【应用实例 2－1】

表 2-11 为某单位人力资源部经理工作说明书。

表 2－11 人力资源部经理工作说明书

文件编号			版次：A/0	页次：1/1
制作部门	人力资源部		制定日期	2015/12/6
制作：张丽丽	审核：	批准：	生效日期	2016/1/1
岗位名称	人力资源经理			
所属部门	人力资源部		岗位定员	1 人
直接上级	总经理		所辖人数	3 人
直接下级	人力资源主管、人事专员、培训员工关系专员		工作性质	人力资源管理
职责综述： 全面负责公司人力资源部的工作，参与制订公司人力资源发展目标和规划，在制度管理、岗位管理、人才招聘选拔、培训管理、薪资管理、绩效管理、员工关系等方面进行管理并组织实施，保证公司人力资源供给和人力资源的高效利用				

<table>
<tr><td rowspan="12">岗位职责</td><td>职责表述</td><td colspan="2">工作任务</td><td>频次</td></tr>
<tr><td rowspan="3">负责起草公司有关人力资源管理制度，经批准后组织实施并进行监督</td><td colspan="2">负责起草公司有关人力资源管理制度，负责上报总经理审批</td><td>不定期</td></tr>
<tr><td colspan="2">制度经总经理批准后，负责制度的执行和监督</td><td>日常</td></tr>
<tr><td colspan="2">对公司人力资源管理制度进行跟踪研究，提出制度修改建议，并上报总经理审批</td><td>不定期</td></tr>
<tr><td rowspan="6">根据公司年度经营计划，组织开展部门的计划管理，制订部门及各岗位的业绩目标、工作计划，经总经理审定后组织实施并进行监督</td><td colspan="2">根据公司年度经营指标和经营计划，组织制订部门的业绩目标分解、工作计划和实施步骤，并报总经理审批</td><td>1次/年</td></tr>
<tr><td colspan="2">组织制订部门的月度工作计划，并细化分解到部门内各个岗位</td><td>12次/年</td></tr>
<tr><td colspan="2">指导下属人员制订各自的周工作计划，并进行统一的审核</td><td>每周</td></tr>
<tr><td colspan="2">组织部门人员完成年度、月度及周工作计划</td><td>每周</td></tr>
<tr><td colspan="2">监督部门各项计划的执行情况，并完成工作总结</td><td>日常</td></tr>
<tr><td colspan="2">指导下属进行员工劳动合同管理</td><td>日常</td></tr>
<tr><td rowspan="2">…</td><td colspan="2">…</td><td></td></tr>
<tr><td colspan="2"></td><td></td></tr>
<tr><td rowspan="4">工作权限</td><td colspan="4">对公司人力资源管理制度的建议权、建立权、修订权</td></tr>
<tr><td colspan="4">有对公司员工的招聘录用转正的建议、审核权</td></tr>
<tr><td colspan="4">有对公司员工的人事任免及人员调配的建议、审核权</td></tr>
<tr><td colspan="4">…</td></tr>
<tr><td rowspan="4">关键绩效指标</td><td colspan="2">绩效指标</td><td colspan="2">考核方式</td></tr>
<tr><td colspan="2">部门绩效管理</td><td colspan="2">各岗位KPI达成率，≥85%</td></tr>
<tr><td colspan="2">制度建设完善性</td><td colspan="2">按规划考核，100%</td></tr>
<tr><td colspan="2">…</td><td colspan="2">…</td></tr>
<tr><td rowspan="2">工作关系</td><td>内部</td><td colspan="3">各部门人员</td></tr>
<tr><td>外部</td><td colspan="3">劳动局、社保局、人才市场、招聘网站、培训机构等</td></tr>
<tr><td rowspan="10">任职资格</td><td>性别要求</td><td>不限</td><td>年龄要求</td><td>30～50岁</td></tr>
<tr><td>学历要求</td><td>大学本科（含）以上</td><td>专　业</td><td>人力资源、企业管理等相关专业</td></tr>
<tr><td>工作经验</td><td>5年以上相关工作经验，3年以上管理工作经验</td><td>执业资格要求</td><td>劳动管理岗位资格证</td></tr>
<tr><td>技能要求</td><td colspan="3">熟悉Office办公软件</td></tr>
<tr><td>知识要求</td><td colspan="3">熟悉现代人力资源管理知识、劳动法知识及相关地方法律法规，知晓财务会计知识和管理能力开发等方面的知识</td></tr>
<tr><td>核心能力</td><td colspan="3">协调能力、沟通能力、培养指导下属能力、计划能力、组织能力、控制能力</td></tr>
<tr><td>核心特质</td><td colspan="3">心理承受力、忠诚、全局意识、人际敏感性、责任心</td></tr>
<tr><td>培训要求</td><td colspan="3">人力资源管理体系、工具、方法等相关知识的培训</td></tr>
<tr><td>体能要求</td><td colspan="3">身体健康</td></tr>
<tr><td>其他特殊要求</td><td colspan="3">机密级</td></tr>
<tr><td rowspan="2">职业通道</td><td>可迁升岗位</td><td colspan="3">人力资源总监</td></tr>
<tr><td>可调整岗位</td><td colspan="3">行政管理类岗位</td></tr>
<tr><td rowspan="3">其他</td><td>工作设备</td><td colspan="3">一般办公自动化设备（计算机、电话、打印机、复印机、网络等）</td></tr>
<tr><td>工作环境</td><td colspan="3">一般工作环境，有时需外出办理外联事宜</td></tr>
<tr><td>工作时间</td><td colspan="3">正常工作时间，加班另计</td></tr>
</table>

第四节　工 作 评 价

【走进管理 2－2】

谁更重要?

RB 公司是深圳一家建筑材料供应商,公司发展迅速,经过 4 年的努力,由一个小企业成长为年销售额达 5 亿元的企业。经过几年的发展,管理逐渐向规范化、精细化方向发展。

为了让员工在公司合理流动,公司决定对一些岗位进行内部招聘。其中有一个岗位是销售管理部门的销售管理员,很多部门的人都来应聘。经过了若干轮的竞争,一名采购部的计划员脱颖而出,最终获得了胜利,但麻烦也随之而来。首先是采购部的经理找到人力资源经理诉苦。采购经理说:“我们部门培养一个人很不容易,因为公司使用的原材料很多,熟悉每种原材料需要很长时间;而且有些是混合材料，为了技术保密,是在外协厂家完成,要熟悉整个过程,需要花很多时间,所以我不希望他去销售部。但是销售部的工资比我们这里高,我又不能挡别人的路,这可难办了。其实大家都知道,销售部的工资高、工作又轻松;采购部的工作量大,责任重。这反映了我们公司的工资政策不合理,需要改变现有的工资制度。这已经是第三个人离开我们部门了,从你们搞内部流动开始,我就担心迟早会发生这样的问题。”销售部经理听到传闻后也去找人力资源经理:“听说有人认为我们部门不重要,工作是不能拿环境来说的。我们是不用出去跑,但是你知道的，我们部门负责客户的联络和客户的信用管理，如果不重视,公司的销售就会受到很大的影响,所以我们的责任也不轻。我们部门的工资水平高是应该的。因为需要一流的人来这个部门工作。既然内部招聘确定了,就应该让他到我们部门来工作。”人力资源经理为了这件事情非常烦恼,因为这个问题已经不是一个简单的内部人才流动的问题。

为此,公司专门召开了好几次会议来解决这个问题。在会上,大家公说公有理,婆说婆有理,都认为自己工作量大,自己的部门最重要。经过这么一闹,原来采购部的采购计划员不但没有去成销售部,反而因为承担了一些压力而辞职。

资料来源:道客巴巴网. 谁更重要? [EB/OL]. [2018-11-12]. https://www.doc88.com/p-9973542704780.html.

在一个组织中,常常需要确定一个职位的价值,如一个企业的采购经理、销售经理和人力资源经理,这三者相比究竟谁对企业的贡献最大,谁应该获得更高的报酬? 如何确定某个职位的价值? 对不同职位之间的贡献价值如何进行衡量比较? 要回答这些问题,就需要进行工作评价。

一、工作评价的概念

工作评价又称职位评价、职位评估等,它是在工作分析的基础上,依据某一客观标准对公司内部职位的相对价值进行评估的管理方法。

工作评价就是要评定工作价值,制定工作等级,以确定工资收入的计算标准。因此评价对象是职位,而非任职者。工作评价反映的只是职位的相对价值,而不是绝对价值。工作评价的结果将直接应用在薪酬体系中,是划分薪酬等级的依据,其目的是提供薪酬结构调整的标准程序。

二、工作评价的意义

(1)工作评价是确定职位等级的手段。通过工作评价,可以清楚地衡量职位间的相对价值。

(2)工作评价是建立薪酬内部公平性的基础。工作评价的目标就是建立一种公平、平等的薪酬结构,使员工在工作中体现的能力、绩效与辛苦程度可以在收入上得到相应的回报。通过工作评价得出职位等级,便于确定职位工资的差异。

(3)工作评价能强化员工对权责体系的认识,并指导自己的行为。工作评价是连接职位与职位报酬的桥梁。通过工作评价提供的信息,在报酬的激励作用下,能够更好地为员工所接受。

(4)一个科学的工作评价方案以及实施过程能够有效引导员工行为,提高员工对薪酬体系的满意度,减少员工对职位间报酬差别的不满和争端,从而提高流程运行效率。

三、工作评价的方法

工作评价的方法很多,主要包括工作排序法、工作分类法、因素比较法和点数法。上述四种工作评价方法的特征比较见表 2 - 12。

表 2 - 12　工作评价方法的特征比较

不同比较标准	是否进行量比	
	非量化比较:工作整体	量化比较:工作要素
工作—工作比较	工作排序法	因素比较法
工作—量级比较	工作分类法	点数法

从是否进行量化比较的角度看,工作排序法和工作分类法属于将整个工作看作一个整体的非量化评价方法;而因素比较法、点数法属于按照工作要素进行量化比较的评价方法。从工作评价中的比较标准看,工作排序法和因素比较法属于在不同的工作之间进行比较的工作评价为方法;而工作分类法和点数法属于特定工作同既定的标准进行比较的工作评价方法。

(一)工作排序法

工作排序法是根据各种工作的相对价值或它们各自对组织的相对贡献来由高到低地进行排列。工作评价中的排序法与员工绩效评价中的排序法在性质上是非常相似的,唯一的区别是员工绩效评价中的排序法关注的是员工的工作绩效,而工作评价的排序法所排列的对象是工作本身。

工作排序法的实施程序是:第一,选择工作评价者和需要评价的工作;第二,取得评价工作所需要的资料;第三,进行评价排序。

工作排序法的优点主要是:操作简单,省时省力,最容易被员工理解和解释。这种方法的缺点主要是:主观随意性大,容易出现误差,并且它只能得出职位高低顺序,却难以判断两个相邻职位之间职位价值的具体差距大小。

工作排序法具体形式主要有配对比较法和交替排序法。

1. 配对比较法

配对比较法就是将企业中待评价的工作职位两两配对比较。如果认为该工作比另一工作更重要可得1分,同等重要则记0分。最后将各工作岗位分数相加,分数最高即等级最高,按分数高低将岗位进行排序,就可划定工作岗位等级。表2－13显示了配对比较法的基本操作方法。

表2－13(a)　配对比较法示例表

工作职位	项目经理	项目助理	前台服务	司机	总分
项目经理	—	1	1	1	3
司机	0	0	0	—	0
前台服务	0	0	—	1	1
项目助理	0	—	1	1	2

表2－13(b)　工作评价排序表

工作职位	分数	序列顺序
项目经理	3	1
司机	2	2
前台服务	1	3
项目助理	0	4

2. 交替排序法

交替排序法是根据综合要素将职位从价值最高到价值最低进行排序。在这种方法中,评价者先将所要评价的工作职位写在一张纸上,然后按以下步骤操作:

第一步,先从所需排序的职位中选出相对价值最高的排在第一位,然后选出相对价值最低的排在倒数第一位。

第二步,再从剩下的职位中选出相对价值最高的排在第二位,然后选出剩下的职位中相对价值最低的排在倒数第二位。

依此类推。交替排序法操作步骤如图2－5所示。

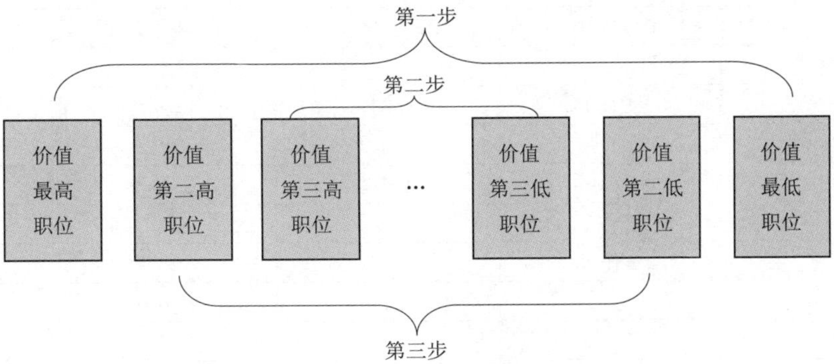

图2－5　交替排序法步骤

(二)工作分类法

工作分类法又称职位归级法,是对工作排序法的改革。它是在工作分析的基础上,先制定出一套职位等级标准,然后将职位与标准进行比较,将它们归到各个级别中去。工作分类法是以职位为对象、以事为中心的一种分类方法。

工作分类法关键的一项工作就是确定职位等级标准。各职位等级标准应明确反映出实际上各种工作在技能、责任上存在的不同水平。在确定不同等级要求之前,要选择出构成工作基本内容的基础因素,但如何选择因素或选取多少则依据工作性质来决定。

工作分类法的步骤是:第一,收集职位资料;第二,进行职位分类;第三,确定职位标准;第四,划分职位等级。

工作分类法的优点主要是:操作简单、灵活性强、易行、容易理解,适用于大型组织。工作分类法的缺点主要是:难以编写分类或分级说明,使用时完全依赖评价人的主观判断。

表 2-14 是运用工作分类法对办事员岗位进行工作分类的示例。

表 2-14 办事员工作类别体系

级　别	说　　明
第一级	简单工作,没有监督责任,不需要与公众交往
第二级	简单工作,没有监督责任,需要与公众交往
第三级	中度的工作复杂性,没有监督责任,需要与公众交往
第四级	中度的工作复杂性,有监督责任,需要与公众交往
第五级	复杂工作,有监督责任,需要与公众交往

(三)因素比较法

因素比较法是一种比较计量性的工作评价方法,与工作排序法比较相似,因此可以看作改进的工作排序法。因素比较法与工作排序法的第一个重要区别是,工作排序法只从一个综合的角度比较各种工作,而因素比较法是选择多种报酬因素,然后按照每种因素分别排列名次;因素比较法与工作排序法的第二个区别是因素比较法是根据每种报酬因素得到的评估结果设置一个具体的报酬金额,然后计算出每种工作在各种报酬因素上的报酬总额,并把它作为这种工作的薪酬水平。表 2-15 是运用因素比较法进行工作评价的量表示例。

表 2-15 因素比较法量表

小时工资率(￥)	技能	努力	责任	工作条件
0.50			工作 1	
1.00	工作 1			工作 2
1.50		工作 2		
2.00		工作 1	工作 X	
2.50	工作 2			工作 3
3.00	工作 X			
3.50		工作 X	工作 3	工作 X
4.00	工作 3			
4.50			工作 2	
5.00		工作 3		工作 1

因素比较法的基本实施步骤是：

第一，在每一类工作中选择标尺性工作作为比较的基础。所选择的标尺性工作应该是那些在很多组织中都普遍存在、工作的内容又相对稳定且其市场流行工资率公开的工作。标尺性工作的基本工资是固定的，其他报酬根据基本工资的水平进行调整。

第二，把一个工作类别中包括各种工作的共同因素确定为补偿因素，这些补偿因素可能包括责任、工作、环境、精力消耗、体力消耗、教育水平、技能和工作经验等因素。

第三，根据标尺性工作所包括的各种补偿因素的规模，确定各种标尺性工作在各种补偿因素上应该得到的基本工资，其水平应该参照市场标准，以保证企业报酬体系外部公平性的实现。各种标尺性工作在各种补偿因素上应该得到的报酬金额的总和，就是这种标尺性工作的基本工资。

第四，将非标尺性工作同标尺性工作的补偿因素逐个进行比较，确定各种非标尺性工作在各种补偿因素上应该得到的报酬金额。这一步骤确保了各种工作之间的内部公平性。

第五，将非标尺性工作在各种补偿因素上应该得到的报酬金额加总就是这些非标尺性工作的基本工资。

在表 2－15 中，工作的补偿因素包括技能、努力、责任和工作条件。工作 1、工作 2 和工作 3 是标尺性工作。工作 1 的小时工资率为 $1+2+0.5+5=8.5$（元），同理，工作 2 的小时工资率为 9.5 元，工作 3 的小时工资率为 15 元。如果现在需要评价工作 X，它在各种补偿因素上的地位如表 2-15 所示，那么就可以知道工作 X 的小时工资率为 12 元。需要指出的是，因素比较法在应用上非常繁杂，而且还需要不断根据劳动力市场的变化进行更新。因此，这种工作评价方法是应用最不普遍的一种。

（四）点数法

点数法是把工作的构成因素进行分解，然后按照事先设计出来的结构化量表对每种工作要素进行估值。表 2－16 是一个典型的点数法补偿因素的结构化量表。

表 2－16　点数法补偿因素的结构化量表

补偿因素		等级分数					最大可能的分数合计
		第一级	第二级	第三级	第四级	第五级	
技能	教育	14	28	42	56	70	250
	经验	22	44	66	88	110	
	知识	14	28	42	56	70	
努力	体力要求	10	20	30	40	50	75
	心理要求	5	10	15	20	25	
责任	设备/程序	5	10	15	20	25	100
	材料/产品	5	10	15	20	25	
	他人安全	5	10	15	20	25	
	他人工作	5	10	15	20	25	
工作条件	工作条件	10	20	30	40	50	75
	危险	5	10	15	20	25	

职务分数与工资级别转换表		
点数范围	工资级别	月工资
101~150	1	250~310
151~200	2	300~360
201~250	3	350~410
251~300	4	400~460
301~350	5	450~510
351~400	6	500~560
401~450	7	550~610
451~500	8	600~660

应用点数方法进行工作评价的步骤是:第一步,进行工作分析。第二步,准备工作说明书。第三步,选择补偿因素。所谓的补偿因素指的是能够为各种工作的相对价值的比较提供依据的工作特性,常见的补偿因素包括技能、责任、工作条件和努力程度等。第四步,为各种补偿因素建立结构化量表,来反映各个等级之间的程度差异。

运用点数法进行工作评价时,将评价工作的各种报酬因素分数加总就是这项工作的总分。虽然每种工作的点数可能都不相同,但是组织出于便于管理的考虑,经常会将某个点数范围内的所有工作确定为一个工作级别;在一个组织中,如果不同工作系列的补偿因素有差别,或者各个工作系列之间相同补偿因素的差别程度不同,那么就需要为不同的工作系列设计出不同的补偿因素点数的结构化量表。不难看出,点数法的设计比较复杂,但是一旦设计出来,其应用是十分方便的。

知识巩固训练

一、填空题

1. 担负一项或多项职责的一个任职者所对应的位置称为________。

2. ________是指工作性质不同或主要职务不同,但其困难程度、职责大小等条件充分相同的职级的归类。

3. 工作分析又称________、岗位分析或________,是指对组织的各项工作的________、________、________以及所需人员的资格、条件等进行周密的分析,最后做出规范化记录的过程,即制定________和________的系统过程。

4. 工作分析的对象是________,而非________。

5. 工作分析的直接结果是________,通常包括________和________两部分内容。

6. ________是让员工用工作日记的方式记录每天的工作活动,详细记录工作内容和工作过程,然后经过归纳提炼,对所需信息进行提取,作为工作分析资料。

7. ________是请管理人员和工作人员回忆、报告对他们的工作绩效来说比较关键的工作特征和事件,从而获得工作分析资料。

8. 与从事相同工作的员工群体交谈来获取信息的方法称为________访谈法。

9. 工作评价就是要评定________，制定________，以确定工资的计算标准。

10. 工作评价的方法中，________的优点是操作简单，省时省力，最容易被员工理解，但缺点是随意性大，容易出现差错。

二、单项选择题

1. (　　)是指工作中为了达到某种目的而进行的一系列活动。任务可以由一个或多个工作要素构成。

A. 任务　　B. 职责　　C. 职位　　D. 职务

2. (　　)是指一些工作性质相同，而责任轻重和困难程度不同的职位系列。

A. 职级　　B. 职等　　C. 职组　　D. 职系

3. 避免员工因为工作内容定义不清而产生抱怨和争议的方法是(　　)。

A. 工作设计　　B. 工作评价　　C. 工作分类　　D. 工作分析

4. (　　)是工作分析人员亲自参加工作活动，体验工作的整个过程，从中获得工作分析的资料。

A. 观察法　　B. 文献分析法　　C. 访谈法　　D. 工作日志法

5. 任职资格不包括(　　)。

A. 所学专业　　B. 学历水平　　C. 业绩标准　　D. 工作条件

6. (　　)是描述工作的总体性质，即列出主要工作的特征以及主要工作范围。

A. 工作标识　　B. 工作概述　　C. 工作内容　　D. 工作条件

7. "具有支配 50 万元资金的权限"，这是对(　　)的描述。

A. 职责　　B. 任务　　C. 职权　　D. 职位

8. 下列不属于工作分析结果表述形式的是(　　)。

A. 工作说明书　　B. 工作分析计划　　C. 工作描述　　D. 工作规范

9. (　　)是根据各种工作的相对价值或它们各自对组织的相对贡献来由高到低地进行排列。

A. 工作排序法　　B. 工作分类法　　C. 因素比较法　　D. 点数法

10. 工作评价时，(　　)方法的优点是操作简单，适用于大型组织，但缺点是难以编写分类或分级说明。

A. 配对比较法　　B. 工作分类法　　C. 交替排序法　　D. 因素比较法

三、多项选择题

1. 工作分析的作用包括(　　)。

A. 为人员的招聘和录用提供了明确的标准

B. 为人员的培训与开发提供了明确的依据

C. 为制定公平合理的薪酬政策奠定了基础

D. 为科学的绩效管理提供了帮助

E. 直接影响组织战略目标的制定

2. 下列不属于职位描述的有(　　)。

A. 工作场所　　B. 所学专业　　C. 工作经历　　D. 年龄性别

E. 技能情况

3. 工作分析常用的方法主要有(　　)。

A. 观察法　　B. 点数法　　C. 分类法　　D. 问卷法

E. 访谈法

4. 工作分析设计阶段,应做好下列(　　)工作。

A. 选择信息来源　　B. 按选定的方法收集信息

C. 选择工作分析人员　　D. 选择收集信息的方法

E. 明确工作分析目的

5. 工作评价主要有(　　)方法。

A. 观察法　　B. 点数法　　C. 分类法　　D. 问卷法

E. 排序法

四、判断题

1. 工作分析可以在新组织建立时进行。(　　)

2. 工作分析准备阶段的主要内容是仔细审核已收集到的各种信息。(　　)

3. 工作说明书是工作分析人员根据员工必须具备的生理和心理需求进行的详细说明而形成的书面文件。(　　)

4. 个别访谈是指工作分析人员与从事该工作的员工进行交谈。(　　)

5. 关键事件法要求员工记录工作行为中的"关键事件",也就是使工作成功或者失败的行为特征或事件。(　　)

6. 问卷调查法的缺点是问卷设计费时、员工与调查者之间参与不足。(　　)

7. 资料分析法适用于有现成相关资料的工作。(　　)

8. 任职资格主要说明担任某一职务的人员应具备的基本资格和条件。(　　)

9. 编写工作说明书时要注意对工作的描述清晰、具体。(　　)

10. 工作评价就是要评定工作的价值,制定工作的等级,因此评价对象是任职者。

(　　)

五、思考题

1. 什么是工作分析? 它有什么意义和作用?

2. 工作分析的基本流程是什么?

3. 工作分析的方法有哪些?

4. 职位说明书由哪些部分组成? 编写时应注意哪些事项?

5. 什么是工作评价?

技能强化训练

【管理技能训练】

一、设计访谈提纲和调查问卷

假设你是你所在学校人力资源部的工作人员,现在领导安排你采用面谈法和问卷调查法对学校教师岗位进行工作分析，请你结合实际情况，设计一份访谈提纲和调查问卷。

二、建立岗位评价指标体系并计算每个岗位的点值

请3～5人组成一个小组，针对你所在高校的辅导员、清洁员、楼长的岗位，建立岗位评价指标体系，并对其进行职位评价，计算出每个岗位的点值。

【案例分析】

A公司是一家房地产开发公司。近年来，随着当地经济的迅速增长，房产需求强劲，公司有了飞速的发展，规模持续扩大，员工人数大量增加，组织和人力资源管理问题逐渐凸显。

A公司现有的组织结构是基于创业时的公司规划，随着业务扩张的需要逐渐扩充而形成的。在运行的过程中，组织与业务上的矛盾逐渐凸显。部门与职位之间的职责与权限缺乏明确界定，扯皮推诿的现象不断发生；有的部门抱怨事情太多，人手不够；有的部门又觉得人浮于事，效率低下。

公司在人员招聘方面，用人部门给出的招聘标准模糊，招聘主管往往无法准确加以理解，使得招来的人大多不尽如人意。同时，目前许多岗位不能做到人事匹配，员工的能力不能得到充分发挥，严重挫伤了士气，并影响了工作的效果。公司员工的晋升以前由总经理直接决定。现在公司规模大了，总经理几乎没有时间与基层员工和部门主管打交道，基层员工和部门主管的晋升只能根据部门经理的意见来做出。而在晋升中，上级和下属之间的私人感情成为了决定性的因素，有才干的人往往不能获得提升。因此，许多优秀的员工由于看不到自己的前途而另寻高就。在激励机制方面，公司缺乏科学的绩效考核和薪酬制度，考核中的主观性和随意性非常严重，员工的报酬不能体现其价值与能力，人力资源部经常听到大家对薪酬的抱怨和不满，这也是人才流失的重要原因。

面对这样严峻的形势，人力资源部开始着手进行人力资源管理的变革，变革首先从职位分析、确定职位价值开始。职位分析、职位评价究竟如何开展，如何抓住职位分析、职位评价过程中的要害，为公司本次组织变革提供有效的信息支持和基础保证，是摆在A公司面前的重要课题。

首先，A公司开始寻找进行职位分析的工具与技术。在阅读了国内目前流行的基本职位分析书籍之后，从中选取了一份职位分析问卷作为收集职位信息的工具。然后，人力资源部将问卷发放到各部门经理手中，同时还在公司的内部网上发了一份关于开展问卷调查的通知，要求各部门配合问卷调查。据反映，问卷下发到各部门之后，一直搁置在各部门经理手中，而没有分发下去。很多部门是直到人力资源部开始催收时才把问卷发放到每个人手中。同时由于大家都很忙，很多人在拿到问卷之后没有时间仔细思考，草草填写了事。还有很多人由于在外地出差，或事务缠身，自己无法填写，而由同事代笔。此外，据一些较为重视这次调查的员工反映，大家都不了解这次问卷调查的意图，也不理解问卷中那些生疏的治理术语，比如何为职责、何为工作目的等。很多人想就疑难问题向人力资源部进行询问，可是并不知道具体该找谁。因此在回答问卷时只能凭借自己的理解进行填写，无法把握填写的规范和标准。

一个星期之后，人力资源部收回了问卷。但他们发现，问卷填写的效果不太理想，部分问卷填写不全,部分问卷答非所问,还有一部分问卷根本没收上来。辛苦调查的结果却没有发挥应有的价值。

与此同时,人力资源部也着手选取一些职位进行访谈。但在试着访谈了几个职位之后,发现访谈的效果也不好。这是因为在人力资源部,能够对部门经理访谈的人只有人力资源部经理一人,主管和一般员工都无法与其他部门经理进行沟通。同时,由于经理们都很忙,能够把双方凑在一块实在不容易。因此,两个星期时间过去之后,只访谈了两位部门经理。

人力资源部的几位主管负责对经理级以下的人员进行访谈,但在访谈中,情况却出乎意料。大部分时间都是被访谈的人在发牢骚,指责公司的治理问题,抱怨自己的待遇不公等。而在谈到与职位分析相关的内容时,被访谈的人往往又言辞闪烁,顾左右而言他,似乎对人力资源部这次访谈不太信任。访谈结束之后,访谈人都反映对该职位还是停留在模糊的阶段。这样持续了两个星期,访谈了大概1/3的职位。人力资源部经理认为时间不能拖延下去了,因此决定开始进入项目的下一个阶段——撰写职位说明书。

可到这时,各职位的信息收集却还不完全。怎么办呢?人力资源部在无奈之中,不得不另觅他途。于是,他们通过各种途径从其他公司中收集了许多职位说明书,试图以此作为参照,结合问卷和访谈收集到的一些信息来撰写职位说明书。

在撰写阶段,人力资源部还成立了几个小组,每个小组专门负责起草某部门的职位说明,并且要求各组在两个星期内完成任务。在起草职位说明书的过程中,人力资源部的员工都颇感为难:一方面不了解别的部门的工作,问卷和访谈提供的信息又不准确;另一方面,大家缺乏写职位说明书的经验,写起来都感觉很费劲。规定的时间快到了,很多人为了交稿,不得不急急忙忙东拼西凑了一些材料,再结合自己的判定,最后成稿。

职位说明书终于出台了。人力资源部将成稿的职位说明书下发到各部门,同时还下发了一份文件,要求各部门按照新的职位说明书来界定工作范围,并按照其中规定的任职条件进行人员的招聘、选拔和任用。但这却引起了其他部门的强烈反对,很多直线部门的管理人员甚至公开指责人力资源部,说人力资源部的职位说明书是一堆垃圾文件,完全不符合实际情况。

于是,人力资源部专门与相关部门召开了一次会议来推动职位说明书的应用。人力资源部经理本来想通过这次会议来说服各部门支持这次项目,但结果却恰恰相反,在会上,人力资源部遭到了各部门的一致批评。同时,人力资源部由于对其他部门不了解,对于其他部门所提的很多问题也无法进行解释和反驳。会议的最终结论是,让人资源部重新编写职位说明书。经过多次重写与修改,职位说明书始终无法令人满意。最终,职位分析项目不了了之。

人力资源部的员工在经历了这次失败的项目后,对职位分析彻底丧失了信心。他们开始认为,职位分析只不过是“雾里看花,水中望月”的东西,说起来挺好,实际上却没什么大用,而且认为职位分析只能针对西方国家那些治理先进的大公司,照搬到中国的企业中根本就行不通。原来雄心勃勃的人力资源部经理也变得灰心丧气,但他却一直对这次失败耿耿于怀,对项目失败的原因也是百思不得其解。

那么,职位分析真的是他们认为的“雾里看花,水中望月”吗?该公司的职位分析项目为什么会失败呢?

问题:

1. A 公司开展职位分析的原因是什么?

2. 结合案例,说明导致 A 公司职位分析项目失败的原因有哪些。

能力提升训练

一、撰写工作说明书

请 3~5 人组成一个小组,了解你所在学校的院长办公室主任的工作职能,编制一份院长办公室主任的工作说明书。

要求:

1. 确定工作分析方法,设计调查方案;

2. 根据设计的调查方案,对职位进行认真细致的调查研究;

3. 对工作特征及工作人员特征和调查结果进行全面深入的分析;

4. 在深入分析与总结的基础上,编制工作说明书。

二、撰写调研报告

选择 3 个有代表性的企业,针对目标企业各类岗位分析方法和工作评价方法的应用情况进行分析,撰写调研报告。

第三章 人力资源规划

【管理名言】

夫未战而庙算胜者，得算多也；未战而庙算不胜者，得算少也。多算胜，少算不胜，而况于无算乎！

——《孙子兵法》

【学习目标】

知识：

- 了解人力资源规划的种类，人力资源规划的作用，人力资源供需预测的影响因素；
- 理解人力资源规划的内容，人力资源规划的编制；
- 掌握人力资源规划的概念和程序，人力资源供需预测的方法。

技能：

- 选择合适的方法，对企业人力资源需求与供给进行科学的预测。
- 设计合理的人力资源供求关系的平衡措施。

素质：

- 具备较强的归纳思考与分析能力。

【开篇案例】

"两个和尚抬水吃"新解

"一个和尚挑水吃，两个和尚抬水吃"的故事已经成了管理学中的经典案例，这个故事也隐含了人力资源管理中的若干道理。故事是这样的：

从前有座山，山上有一座庙，庙里住着一个小和尚，虽然他每天都要到很远的山下挑水吃，但日子过得挺舒心。

过了几个月，来了一个瘦和尚，看见水缸里有水，便喝了起来。小和尚很生气地说：

“哎,你把水都喝完,我喝什么呢? 你快到山下挑水去!”瘦和尚却争辩道:“凭什么让我一个人挑水呢? 这里住着咱们两个人!”两个和尚吵来吵去,最后认为抬水最公平,于是他们每天抬水吃,日子长了,就成了习惯。

资料来源:根据《三个和尚没水吃》的寓言故事改编。

上述故事中两个和尚解决吃水问题的办法是按照1+1=2的逻辑配置人力。也就是说他们事前没对“挑水”这个岗位到底需要多少和尚进行准确的预测,没有考虑到人员边际效用递减的规律,以为人多就是好事,所以才出现了这种规模增大,但没有出现高效率。这是由于两个和尚没有进行人力资源需求分析或人力资源需求分析不科学导致的,即人力资源规划问题。同样,企业在经营时,只有为自己提前做好规划,企业才会在市场竞争中立于不败之地。那么,究竟什么是人力资源规划? 企业如何进行人力资源规划? 这正是本章要讲述的内容。

第一节 人力资源规划概述

一、人力资源规划的概念

人力资源规划(Human Resource Planning)是指根据组织的发展战略、目标以及组织内外部环境的变化,运用科学的方法对组织人力资源的需求和供给进行预测,制定相应的政策和措施,从而使组织人力资源供给和需求达到平衡,实现人力资源合理配置,有效激励员工的过程。

人力资源规划以追求人力资源平衡为目的,它关注的是人力资源供求之间的数量、质量与结构的匹配。理解人力资源规划的定义可以从以下四个方面把握:

(1)人力资源规划的制定必须依据组织的发展战略和目标。组织的发展战略和目标发生变化时,人力资源规划也随之发生变化。组织的发展战略和目标是制定人力资源规划的基础。

(2)人力资源规划要适应组织内外部环境的变化。组织环境是一个动态的变化过程,会带来对人力资源需求和供给方面的变化。组织内外环境的改变将导致组织结构和员工配置的变化,从而导致组织对人力资源的数量、质量和结构的需求变化。

(3)制定必要的人力资源政策和措施是人力资源规划的主要工作。人力资源规划的制定实质就是在人力资源供求预测的基础上制定相应的政策和措施,以实现人力资源的供求平衡。

(4)人力资源规划的目的是使组织人力资源供求平衡,保证组织长期持续发展和员工个人利益的实现。

企业在进行人力资源规划时,要创造良好的条件,充分发挥每个员工的积极性、主动性和创造性,提高工作效率,从而实现组织的目标。同时,组织也要关心每一个员工的利益和要求,帮助他们在为组织做出贡献的同时实现个人目标。只有这样,才能吸引和招聘到组织所需要的人才,满足组织对人力资源的需求。

【管理故事 3 – 1】

弥陀佛与韦陀

去过庙里的人都知道，一进庙门，首先是弥陀佛，笑脸迎客，而在他的背面，则是黑口黑脸的韦陀。

但相传在很久以前，他们并不在同一个庙里，而是分别掌管不同的庙。弥陀佛热情快乐，所以来的人非常多，但他什么都不在乎，丢三落四，没有好好地管理账务，所以依然入不敷出。而韦陀虽然管账是一把好手，但成天阴着个脸，太多严肃，搞的人越来越少，最后香火断绝。

佛祖在查香火的时候发现了这个问题，就将他们俩放在同一个庙里，由弥陀佛负责公关，笑迎八方客，于是香火大旺；而韦陀铁面无私，锱铢必较，则让他负责财务，严格把关。在两人的分工合作中，庙里一派欣欣向荣的景象。

从现代人力资源管理的视角来看，佛祖是深谙“人力资源规划”之道的！

资料来源：李健. 人力资源管理：理论 · 案例 · 实训[M]. 北京：清华大学出版社，2017.

二、人力资源规划的基本问题

人力资源规划的基本问题有以下四个方面：

（1）现状如何。回答这个问题的目的是通过考察组织外部、组织本身和员工个人方面的因素来确定目前组织的人力资源管理状态。

（2）目标是什么。回答这一问题的目的是在明确组织目标的基础上，衡量目标和现状之间的差异，其中最大的和最重要的差异就成为组织人力资源管理的目标。确定目标需要考虑有哪些条件需要改变，需要采取什么标准来衡量成功与否等。

（3）如何才能实现目标。为了缩小现实与目标之间的差距，需要花费资源从事人力资源管理活动，这也是人力资源管理工作的主要内容。人力资源规划就是要选择手段并把它们整合起来，建立一个体系。

（4）做得如何。在花费人力资源实施了规划的人力资源管理活动之后，我们需要考察企业是否已经达到了既定的目标。然后再回到人力资源规划的第一个问题上，并重新制定新一轮规划。

三、人力资源规划的种类

（一）按照规划的时间长短划分

按照规划的时间长短划分，人力资源规划分为长期规划、中期规划和短期规划。

（1）长期规划。长期规划是指 5 年以上的规划，长期规划是对总的发展方向、总的原则和方针政策的概括性说明，是指导性规划。长期规划没有十分具体的行动方案和措施，只有方向性的论述。

（2）中期规划。中期规划介于长期规划和短期规划之间，是指 2 ~ 5 年的规划，中期规划包括对未来发展趋势的判断和对发展的总体要求。这类规划所确定的方针政策比较明确,但没有短期规划那样的具体措施。

(3)短期规划。短期规划是指 1 年或 1 年以内的规划。短期规划通常为具体的工作规划,这类规划要求任务明确,措施具体。

以上三种规划,长期规划指导中、短期规划的制定,而中、短期规划的实施又是长期规划实现的保证。

(二)按照规划的性质划分

按照规划的性质划分,可以将人力资源规划划分为战略性人力资源规划和战术性人力资源规划。

(1)战略性人力资源规划。战略性人力资源规划着重于总的、概括性的战略和重要的方针、政策和原则,具有全局性和长远性,通常是人力资源战略的表现形式。

(2)战术性人力资源规划。战术性人力资源规划一般指具体的、短期的、具有专门针对性的业务规划。战术性人力资源规划具有内容具体、要求明确、措施落实和容易操作的特点。

(三)按照规划的范围划分

按照规划的范围不同,可以将人力资源规划划分为总体人力资源规划、部门人力资源规划和某项业务或者工作的人力资源规划。

四、人力资源规划的内容

人力资源规划的内容包括两个方面,即总体规划和各项业务规划。

(一)人力资源总体规划

人力资源总体规划是对计划期内人力资源规划结果的总体描述,包括预测的需求和供给分别是多少,作出这些预测的依据是什么,供给和需求的比较结果是什么,企业平衡需求与供给的指导原则和总体政策是什么等。人力资源总体规划具体包括三方面内容,分别是人力资源数量规划、人力资源素质规划和人力资源结构规划。

1. 人力资源数量规划

人力资源数量规划是指依据企业未来业务模式、业务流程、组织结构等因素确定未来企业各部门人力资源编制以及各类职位人员配比关系,并在此基础上制订企业未来人力资源需求计划和供给计划。

2. 人力资源素质规划

人力资源素质规划是依据企业战略、业务模式、业务流程和组织对员工的行为要求,设计各类人员的任职资格,包括人员素质要求、行为能力要求以及标准等。人力资源素质规划是企业选人、育人、用人和留人活动的基础和前提。人力资源素质规划包括:企业人员的基本素质要求、人员基本素质提升计划以及关键人才招聘、培养和激励计划等。

3. 人力资源结构规划

人力资源结构规划是指依据行业特点、企业规模、战略重点发展的业务及业务模式,对企业人力资源进行分层分类,设计和定义企业职位种类与职位责权界限的综合计划。通过人力资源结构规划,理顺各层次、各种类职位上人员在企业发展中的地位、作用和相互关系。

人力资源总体规划中最主要的是供求的比较结果,又称净需求。这项指标既是预测的重要结论，也是制定人力资源政策和措施的重要依据。人力资源总体规划中的人力资源净需求可以在人力资源需求预测与人力资源供给预测的基础上求得。通常有两类人力资源净需求：第一类是按部门编制的净需求，第二类是按人力资源类别编制的净需求。前者可表明组织未来人力资源规划的大致情况，后者可为后续的业务计划使用。表 3－1 与表 3－2 是这两类净需求的示例。

表 3－1　按部门编制的人力资源净需求评估表

	类　别	第一年	第二年	第三年	第四年	第五年
需求	1. 年初人力资源需求量	120	140	140	120	120
	2. 预测年内需求增加	20	—	－20	—	—
	3. 年末总需求	140	140	120	120	120
内部供给	4. 年初拥有人数	120	140	140	120	120
	5. 招聘人数	5	5	—	—	—
	6. 人员损耗	20	27	28	19	17
	其中：退休	3	6	4	1	3
	调出或升迁	15	17	18	15	14
	辞职	2	4	6	3	—
	辞退或其他	—	—	—	—	—
	7. 年底拥有人数	105	118	112	101	103
净需求	8. 不足或有余	－35	－22	－8	－19	－17
	9. 新进人员损耗总计	3	6	2	4	3
	10. 该年人力资源净需求	38	28	10	23	20

注：—表示当期没有发生。

表 3－2　按类别编制的人力资源净需求评估表

主要工作类别（按职务分类）	现有人员	计划人员	余缺	预期人员的流失							本期人力资源净需求
				调职	升迁	辞职	退休	辞退	其他	合计	
1. 高层主管											
2. 部门经理											
3. 部门管理人员											
…											
合计											

（二）人力资源业务规划

人力资源业务规划是总体规划的分解和具体化，具体包括人力资源补充计划、分配计划、提升计划、教育培训计划、工资计划、保险福利计划、劳动关系计划和退休计划等。这些业务规划之间应当相互联系、相互支撑，同时每项规划都有相应的目标、任务和实施步骤。人力资源业务规划的有效实施是总体规划得以实现的重要保证。表 3－3 是人力资源业务规划的具体内容。

表 3－3　人力资源规划内容一览表

计划类型	目标	政策	预算
总体规划	总目标：绩效、人力资源总量素质、职工满意度等	基本政策：扩大、收缩、保持稳定等	总预算：××万元
人员补充计划	对人力资源素质结构及绩效的改善等	人员素质标准、人员来源范围、起点待遇等	招聘选拔费用
人员分配计划	人力资源结构优化及绩效改善、人员能岗匹配、职务轮换幅度等	任职条件、职位轮换范围及时间	按使用规模、差别及人员状况决定的工资、福利预算
人员接替和提升计划	后备人才数量保持，提高人才结构及绩效目标	选拔标准、晋升比例、提升人员的安置等	职务变动引起的工资变动
培训计划	提高素质、技能，改善技巧，转变态度和作风等	培训时间的保证，培训效果的评估等	培训投入及脱产培训的费用
薪酬激励计划	人才流失减少，提高士气，绩效改进等	工资政策、激励政策、激励重点等	增加的工资奖金总额预算
劳动关系计划	降低非期望离职率，劳资关系改进，减少投诉，提升员工参与等	鼓励员工积极参与管理，加强沟通	法律诉讼费
退休解聘计划	编制合理，降低劳务成本，提高劳动生产率	退休政策及解聘程序	退休人员安置费、人员重置费

五、人力资源规划的程序

人力资源规划的最终目的是通过人员管理获得和保持企业竞争优势的机会。制定人力资源规划不仅要了解企业现状，更要认清企业的战略目标方向和内外部环境的变化趋势；不仅要了解现实的表现，更要认清人力资源的潜力和问题。因此，人力资源规划需要按照一定的程序进行，这一程序如图 3－1 所示。

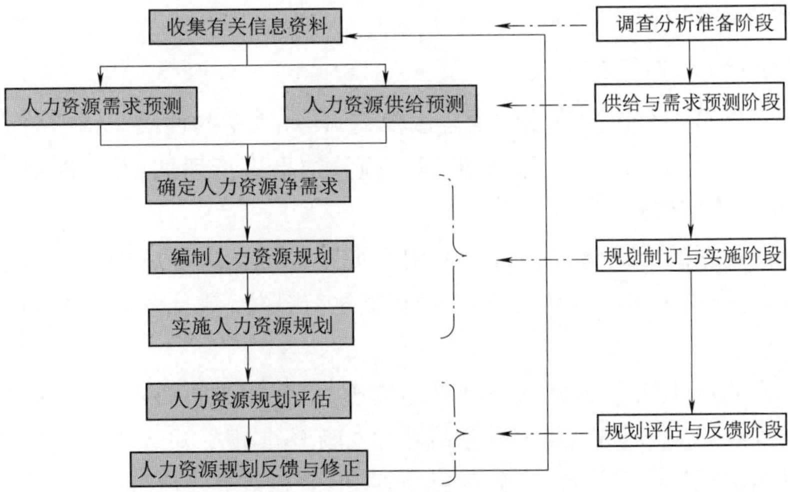

图 3－1　人力资源规划程序

从图3－1可以看出,人力资源规划的过程一般包括四个步骤:调查分析准备阶段、供给与需求预测阶段、规划制订与实施阶段、规划评估与反馈阶段。下面结合这四个步骤对人力资源规划的整个过程进行简要说明。

(一)调查分析准备阶段

人力资源规划的调查分析准备阶段,主要收集有关信息资料。企业首先要把握影响企业战略目标的宏观环境和行业环境;其次,利用企业的人员档案资料估计目前的人力资源技术、能力、潜力,并分析目前这些人力资源的利用状况;最后,对于外在的人力资源环境,如劳动力市场结构、市场供给与需求状况、人口与教育的社会状况、劳动力择业心理等有关影响因素,做专门的深入调查和分析。需要特别指出的是,在这一阶段,组织内外人员流动的状况需要特别分析。人员流动可分为组织内流动和组织外流动两大类,其中组织内外流动包括各种形式的离职、招聘。由于员工离职的不确定性较大,因此离职信息难以准确把握,这给人力资源供求预测带来了不确定性。

(二)供给与需求预测阶段

供给与需求预测阶段是人力资源规划中较具技术性的部分。在所搜集的人力资源信息基础上,对人力资源的供给和需求进行预测。预测可以采用主观经验判断和各种统计方法及预测模型,并与所实施或假定的人力资源政策相关,它对组织的管理风格和传统往往会产生重大影响。

(三)规划制订与实施阶段

规划制订与实施阶段,企业首先要形成人力资源战略,根据人力资源战略制定总体规划,再制定各项具体的业务计划以及相应的人事政策,以使各部门贯彻执行。人力资源规划的制定要保持各项计划和政策的一致性,确保通过计划的实施使人力资源战略的目标得以实现。

人力资源规划的方案最终要在方案执行阶段付诸实施。方案执行阶段的关键问题在于,必须要有实现既定目标的组织保证。除分派负责执行的具体人员外,还要保证实现这些目标所需要的必要权利和资源。

(四)规划评估与反馈阶段

人力资源规划是一个长久持续的动态过程,它具有滚动的性质。组织将人力资源的总体规划和各项业务计划付诸实施后,要根据实施的结果进行评估,并及时对评估结果进行反馈,从而修正人力资源规划。

对人力资源规划的反馈与评估可以采用定期报告执行进展的形式。通过定期的报告和检查,可以确保所有方案都能够在既定时间里执行到位,并且方案执行的初期成效与预测的情况是一致的。

有些企业只重视人力资源规划的制订与实施,而忽视人力资源规划的评估工作,这可能导致人力资源规划流于形式,最终导致战略目标无法实现。对人力资源规划的实施结果进行评估可以明确规划的有效性,了解问题所在,促使规划更好地得到落实。

人力资源规划程序中每个阶段的具体工作,可以简化为一个人力资源规划模型,具体见表3－4。

表3-4　人力资源规划模型

Ⅰ.收集信息
A. 外部环境信息
1. 宏观经济形势和行业经济形势
2. 技术的变化
3. 竞争
4. 劳动力市场
5. 人口和社会发展趋势
6. 政府管制情况
B. 企业内部信息
1. 企业战略
2. 业务计划
3. 人力资源现状
4. 辞职率和员工流动性
Ⅱ.人力资源需求预测
A. 短期预测和长期预测
B. 总量预测和各个岗位预测
Ⅲ.人力资源供给预测
A. 内部供给预测
B. 外部供给预测
Ⅳ.具体项目的计划与实施
A. 增加或减少劳动力规模
B. 改变技术组合
C. 开展管理职位的接班人计划
D. 实施员工职业生涯规划
Ⅴ.人力资源规划的反馈
A. 计划是否符合环境和战略的需要
B. 实施的项目是否达到要求

六、人力资源规划的作用

(一)满足企业总体战略发展的要求

在市场竞争激烈的环境中,企业只有不断地开发新产品,引进新技术,才能确保在竞争中立于不败之地。而不同的企业、不同的生产技术条件,对人力资源的数量、质量和结构等方面的要求是不一样的。新产品、新技术的开发和利用造成企业机器设备与人员配置比例发生变化,人力资源规划能对企业所有人力资源进行不断调整,从而满足企业总体战略发展的要求。

(二)促进企业人力资源管理的开展

在企业的人力资源管理活动中,确定各岗位人员需求量、人员配置等很多工作,不通过人力资源规划是很难达到的。人力资源规划是企业具体的人力资源管理工作的依据,它为企业组织的招聘、录用、晋升、培训、人员调整以及人工成本的控制等人力资源管理活动提供准确的信息和依据,使企业人力资源管理工作更加有序、科学、准确、客观。

(三)协调人力资源管理的各项计划

人力资源规划作为企业的战略性决策,是企业制定各种人事决策的依据和基础。企业通过人力资源规划可以将人员招聘计划、员工培训计划、薪酬福利计划和激励计划等有机结合起来。

(四)提高企业人力资源的利用效率

人力资源规划还可以控制企业的人员结构,从而避免企业发展过程中因人力资源浪费而造成的人工成本过高,也可以保证企业利用结构科学合理、稳定的员工队伍去实现企业的生产经营目标。

(五)使组织和个人发展目标相一致

现在以人为本的管理思想在企业管理中的地位越来越重要。人本管理理论要求企业在管理中既要注重生产经营效益,又要兼顾员工个人的利益和员工的发展。在人力资源规划的前提下,员工对自己在企业中的努力方向和发展方式是明确的,从而在工作中表现出较强的积极性和创造性,进一步促进员工个人目标与组织发展目标相一致。

第二节　人力资源需求预测

【走进管理 3-1】

总是缺人的公司

在某人才交流中心,经常见到一个面无表情的经理,因为他每周有固定的两天出现在固定的招聘展位上,并总是挂出相同的招聘广告。

他是一家民营电子企业的人力资源经理,持续不断的招聘已让他感到厌倦,但是企业似乎一直缺人。企业的环境和待遇都不错,也没有扩张,他始终不明白为什么企业一直处在缺人和招人的怪圈中。

当被问及"你们企业预测过人力资源需求吗?"的问题时,这位人力资源经理回答说:"没有,从来没有。"这个经理认为这个问题很可笑,因为他们连现在的需求都没满足,何须考虑未来。然而问题就出于此,经过对在这家企业工作或曾工作过的人的调查后得知,这个企业有四个主要问题:第一,招聘目的不明确,许多人在进入企业后的相当一段时间内不知道自己应该做什么;第二,没有计划的招聘损害了企业形象,员工认为自己没有受到应有的重视;第三,不断吸纳新员工,给老员工造成巨大压力;第四,频繁流入必然导致频繁流出,在职员工没有安全感和忠诚感,暗自寻找跳槽机会。

那么,是什么原因导致该企业的人力资源经理如此苦恼?如果让你为该企业制定人力资源需求预测,你会从哪些方面入手?

资料来源:宋联可.总是缺人的公司症结在哪.一大把网企业管理专栏,[2007-12-25].

一、人力资源需求预测的概念

人力资源需求预测是根据组织的发展战略规划和内外部条件选择预测技术,对未来某个时期组织需求人员的数量、质量和结构进行预测。在进行人力资源需求预测之前,先要确定岗位是否确实有必要,该工作的定员数量是否合理,现有工作人员是否具备该工作所要求的条件,未来的生产任务、生产能力是否可能发生变化等。

二、影响人力资源需求的因素

影响组织人力资源需求的因素主要来自组织内部,但外部因素对组织的人力资源需求也会产生影响。归纳起来,影响人力资源需求的因素主要有内部因素和外部因素两个方面。

(一)内部因素

1. 技术、设备条件的变化

企业生产技术水平的提高、设备的更新,一方面会使企业所需要的人员数量减少,另一方面对人员知识、技术与技能的要求则随之提高。

2. 企业规模的变化

企业规模的变化主要来自两个方面:一是在原有的业务范围内扩大或压缩规模;二是增加新的业务或放弃旧的业务。这两个方面的变化都会对人力资源需求的数量和结构产生影响。企业规模扩大,则需要的人力就会增加,新的业务更需要掌握新技能人员;企业规模缩小,则需要的人力也将减少,于是就会发生裁员、失业。

3. 企业经营方向的变化

企业经营方向的调整,有时并不一定导致企业规模的变化,但对人力资源的需求会发生改变。比如,军工产业转为生产民用产品,就必须增加市场销售人员,否则将无法适应多变的民用市场。

(二)外部因素

外部因素对企业人力资源需求的影响,多是通过影响内部供给或者内部因素而起作用的。影响人力资源需求的外部因素主要包括经济环境、技术环境和竞争对手等。经济环境的变化会影响到企业的规模和经营方向,技术环境的变化会影响到企业的技术和设备,这就间接地影响了企业的人力资源需求。竞争对手之间的人才竞争,则会造成企业间的人才流动,流出人才的企业就会产生新的需求。

三、人力资源需求预测的方法

人力资源需求预测的方法包括定性预测方法和定量预测方法两大类。

(一)定性预测法

1. 管理者经验预测法

管理者经验预测法是企业的各级管理者,根据自己工作中的经验和对企业未来业务量增减情况的直接考虑,自下而上地确定未来所需人员的方法。具体做法是:先由基层管理者根据自己的经验和对未来业务量的估计,提出本部门各类人员的需求量,由上一层管理者估算平衡,再报上一级管理者,直到最高层管理者作出决策,然后由人力资源管理部门制定出具体的执行方案。这是一种非常简便、粗放的人力资源需求预测方法,主要适用于短期的预测。如果企业规模小、生产经营稳定、发展较均衡,它也可以用来预测中、长期的人力需求。

2. 德尔菲法

德尔菲法又称专家判断法,是组织有关专家对企业某一方面发展的观点达成一致的结构性方法。使用该方法的目的是通过综合专家各自的意见预测企业某一方面的发展。

德尔菲法的特征是:

(1)吸引专家参与预测,充分利用专家的经验和学识;

(2)采用匿名或背靠背的方式,使每一位专家独立自由地做出自己的判断;

(3)预测过程多次反馈,使专家的意见逐渐趋同。

德尔菲法的以上特点使它成为一种最为有效的判断预测法。德尔菲法的操作程序可简要地概括为四步:

首先,做预测准备工作。预测准备工作包括确定预测的主题,设立负责预测组织工作的临时机构,选择若干名熟悉预测主题的专家。

其次,由专家进行预测。组织者把包含预测内容的预测表及有关背景材料交给各位专家,各专家以匿名方式独自对问题做出判断或预测。

再次,进行统计与反馈。专家意见汇总后,组织者对各专家意见进行统计分析,综合成新的预测表,并把它再分别交给各位专家,由专家们对新预测表做出第二轮判断或预测。如此反复,经过几轮(通常为3~4轮),专家的意见趋于一致。

最后,达成预测结果。组织者把经过几轮专家预测而形成的结果以文字或图表的形式表现出来。德尔菲法的预测过程如图3-2所示。

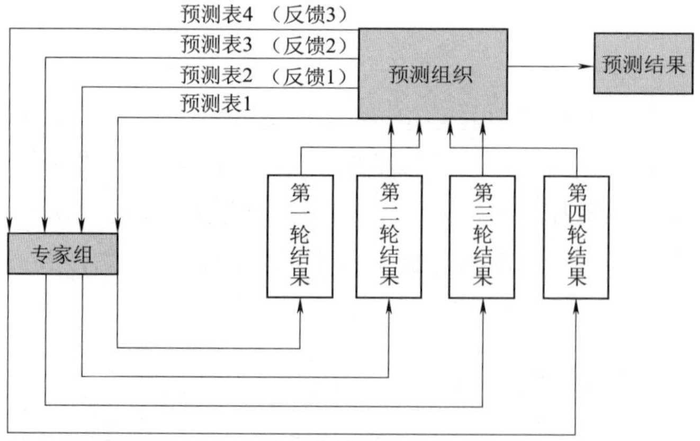

图3-2 德尔菲法预测过程

德尔菲法的优点是可以集思广益,并且可以避免群体压力和某些人的特殊影响力,对影响人力资源需求各个方面的因素可以有比较全面、综合的考虑;缺点是花费时间较长、花费较大。所以这种方法适用于长期的、趋势性的预测,不适用于短期的、日常的和比较精确的人力资源需求预测。

(二)定量预测法

1. 趋势分析法

趋势分析法是利用组织的历史资料,根据某个因素的变化趋势预测相应的人力资源需求。如根据一个公司的销售以及历史上销售额与人力资源需求的比例关系,确定一个相对合理的未来比例,然后根据未来销售额的变化趋势预测人力资源需求。表3－5是趋势分析法的操作示例。

表3－5 人力资源需求趋势分析表

年份	销售额/万元	劳动生产率 (销售额/员工数)	人力资源需求量/人
2015	2 351	14.33	164
2016	2 613	11.12	235
2017	2 935	8.34	352
2018	3 306	10.02	330
2019	3 613	11.12	325
2020	3 748	11.12	337
2021*	3 880	12.52	310
2022*	4 095	12.52	327
2023*	4 283	12.52	342
2024*	4 446	12.52	355

注:带*年份为预测年份。

2. 比率分析法

比率分析法是基于对员工个人生产效率的分析进行的一种预测方法。进行预测时,首先要计算人均的生产效率,然后根据企业未来的业务量预测对人力资源的需求,即:

$$所需的人力资源 = \frac{未来的业务量}{人均的生产效率}$$

例如,对于一所学校来说,目前一名老师能够承担40名学生的工作量,如果明年学校准备让在校学生达到4 000人,那么就需要100名老师。

如果考虑到生产率的变化,公司可以将计算作如下修改:

$$所需的人力资源 = \frac{未来的业务量}{目前的人均生产效率 \times (1 + 生产效率的变化)}$$

例如,某电视机公司在2019年的年产量为50 000台,基层生产员工为1 000人,在2020年计划增产16 000台,估计生产率的增长率为0.1,假设该公司福利良好,基层生产人员不流失,那么,在2020年该公司至少招聘多少名基层生产人员?

$$2020年末所需员工数量 = \frac{50\ 000 + 16\ 000}{50 \times (1 + 0.1)} = 1\ 200(名)$$

使用比率分析法进行预测时,需要对未来的业务量、人均的生产效率及其变化做出准确的估计,这样对人力资源需求的预测才会比较符合实际,而这往往是比较难以做到的地方。

3. 工作负荷法

工作负荷法是根据历史数据，先算出对某一特定的工作每单位时间（如每天）每人的工作负荷（如产量），再根据未来的生产量目标（或劳务目标）计算出所完成的总工作量，然后根据前一标准折算出所需的人力资源数量。

例如，某工厂新设一车间，其中有四类工作。现拟预测未来三年这一车间所需的最低人力数。

第一步：根据现有资料得知这四类工作分别所需的标准任务时间为：0.5 小时/件、2.0 小时/件、1.5 小时/件、1.0 小时/件。

第二步：估计未来三年每一类工作的工作量，即产量，见表 3－6。

表 3－6　某新设车间的工作量估计　　单位：件

时间 / 效率/（小时/件）	第一年	第二年	第三年
0.5	12 000	12 000	10 000
2.0	95 000	100 000	120 000
1.5	29 000	34 000	38 000
1.0	8 000	6 000	5 000

第三步：折算为所需工作时数，见表 3－7。

表 3－7　某车间的工作时数估计　　单位：小时

时间 / 效率/（小时/件）	第一年	第二年	第三年
0.5	6 000	6 000	5 000
2.0	190 000	200 000	240 000
1.5	43 500	51 000	57 000
1.0	8 000	6 000	5 000
总　计	247 500	263 000	307 000

第四步：根据实际的每人每年可工作时数，折算所需人力。假设每人每年工作小时数为 1 800 小时，根据表 3－7 所示的数据可知，未来三年所需的人力数分别为：138 人、147 人和 171 人。

4. 回归分析法

回归分析法是通过建立人力资源需求与其影响因素之间的函数关系模型，从影响因素的变化来推测人力资源需求量变化的一种数学分析方法，其往往采用线性回归模型来分析，简单来讲，这种线性模型有一元线性回归和多元线性回归两种。

1）一元线性回归模型

一般只有在某一因素与人力资源需求量具有高度相关关系时才运用一元线性回归模型，以表 3－8 所示内容为例，分析如下：

表 3-8 某企业的员工数量与销售额数据表

年份	时间 t	员工数量（Y,人）	销售额（X,万元）	年份	时间 t	员工数量（Y,人）	销售额（X,万元）
1996	1	232	926	2006	11	240	935
1997	2	232	925	2007	12	240	936
1998	3	232	926	2008	13	240	936
1999	4	234	927	2009	14	242	936
2000	5	235	927	2010	15	242	937
2001	6	236	929	2011	16	242	940
2002	7	236	931	2012	17	245	942
2003	8	237	930	2013	18	246	947
2004	9	240	932	2014	19	246	948
2005	10	239	933	2015	20	246	946

首先构建一元线性回归模型如下：

$$Y = \alpha + \beta \cdot X + \varepsilon$$

上式中系数估计值可用如下公式来计算：

$$\hat{\beta} = \frac{\sum_{i=1}^{n}(x_i - \bar{x})(y_i - \bar{y})}{\sum_{i=1}^{n}(x_i - \bar{x})^2}, \hat{\alpha} = \bar{y} - \hat{\beta}\bar{x}$$

其中，$\bar{x} = \frac{\sum_{i=1}^{n} x_i}{n}$，$\bar{y} = \frac{\sum_{i=1}^{n} y_i}{n}$。

根据表 3-8 中相关数据，可以得到回归结果如下：

$$\hat{Y} = -352.5 + 0.63X$$

$$(-9.61)(16.13)$$

$$R^2 = 0.935 \quad F = 260.22$$

这说明销售额每增加 100 万元，员工数量平均会增加 63 人，根据未来的销售额预测值，就可以预测未来的员工数量了，例如，预计 2016 年的销售额为 1 000 万元，那么预计 2016 年的员工需求量约为 278 人。

2）多元线性回归模型

在实际工作中，往往是多种因素共同决定企业人力资源需求量，因此需要使用多元线性回归模型，但是原理以及方法上与一元线性回归模型并没有什么不同，只是多了一些解释变量而已。多元线性回归模型中系数的计算公式相当复杂，但是当今的一些计量经济学软件和统计软件都可以自动计算这些系数估计值。同样，根据未来的解释变量的估计值，就可以预测未来的员工数量了。

第三节　人力资源供给预测

【走进管理 3－2】

飞利浦公司的人力资源供给预测

飞利浦公司决定在荷兰新开一家工厂，以发挥其竞争优势。该公司一个重要的竞争优势是在荷兰已有现成的生产设施，另一个优势是飞利浦公司对荷兰的劳动力很有吸引力。

该公司在建厂前进行了周密的战略研究。当然，所研究的因素之一是合格的人力资源供给情况。但是，战略研究的重点在于怎样改进生产技术，使其与今后的劳动力特点相适应。今天的劳动者能够有效使用的机器和方法，随着这些劳动者年龄的增长可能不再有效了。还有一个很重要的考虑因素，是荷兰的文化特点：在职业生涯中，雇员并不习惯从一个地点转移到另一个地点。因此，雇员的工作调动很困难，而雇员的更换几乎是不可能的。鉴于这些因素，为保持其竞争优势，飞利浦公司想把未来劳动力的特点纳入战略规划过程。由于规划者预计，未来的劳动者文化程度将更高，并且更加独立，因此他们想设计出能使工作轮换、工作分配和工作丰富化得到改进的生产过程，这体现了全公司战略规划和人力资源规划的整体性。

由此可以看出，飞利浦公司成功地对外部供给进行了分析，他们广泛考虑了各种因素，从系统的角度来考虑和研究，以保证多因素的集成效果，能够在预测结果的过程中得到更好的反应。更可贵的是，飞利浦公司十分注意在人力资源供给的预测中把握适度的超前性，与企业发展的动态性环境相适应。在对各种影响因素和存在的可能性加以认真分析和研究的基础上，做出科学的预测。

飞利浦公司在进行人力资源供给预测时考虑了哪些因素？应该如何进行人力资源供给预测？

资料来源：张岩松. 人力资源管理案例精选精析[M]. 北京：北京经济科学出版社，2005. 有删改。

一、人力资源供给预测的概念

人力资源供给预测又称人员拥有量预测，是预测在某一未来时期组织内部所能供应的或经培训可能补充的，以及外部劳动力市场所提供的一定数量、质量和结构的人员，以满足企业为实现目标而产生的人员需求。

二、影响人力资源供给的因素

人力资源供给预测分析需要考虑组织内部供给和外部供给两方面的影响因素。

（一）外部影响因素

企业外部人力资源供给预测分析主要是预计企业外部未来可能提供的人力资源供给数量和结构，以确定企业在今后一段时间内能够获取的人力资源供给量。影响外部人力资源供给的因素可以分为三类，即行业性因素、地区性因素和宏观因素。

1. 行业性因素

行业性因素包括企业所处行业的景气程度、行业发展前景、行业内竞争对手的数量和实力、竞争对手在吸引人才方面采取的措施,以及企业在行业中所处的地位等。行业的景气程度与否直接决定劳动力供给的数量和价格。

2. 地区性因素

地区性因素包括公司所在地和附近地区的人口密度、就业水平、就业观念、科技文化教育水平、公司所在地对人力资源的吸引力、公司当地临时工人的供给状况等。因此,企业在进行人力资源供给预测时,不仅应预测劳动力市场可供给的人力资源,而且要预测企业所需人员在劳动力市场中实际的供给情况。

3. 宏观因素

宏观因素包括今后一段时间国家的经济发展状况、技术发展的趋势、全国劳动人口的增长趋势、处于变动中的劳动力结构和模式、各类学校毕业生规模与结构、教育制度改革、国家就业法规与政策的变动以及其他影响人们进入和退出劳动力队伍的因素等。

(二)内部影响因素

企业必须清楚自己内部的劳动力状况,特别是员工的构成和多样性,否则,就无法制定切合实际的人力资源政策和活动项目,从而无法实现理想的员工构成和多样性。对内部环境的分析,可以帮助企业预测已有员工的损失数量和吸引新员工的数量。

1. 企业战略

从内部劳动力市场来看,企业的战略选择会影响人力资源的供给,而对其可供给数量的预测则是以当前在职人员为基础的。

2. 组织结构

随着企业纵向管理层次的减少,员工沿层级升迁的机会也在减少,这时横向职位的变动将受到越来越多的重视。例如,在沿用直线职能结构的企业中,职位提升往往都是单项的。在事业部制或矩阵式的企业中,事业升迁阶梯变成了多维框架,既有上升,也有大量水平变动,有时还有向下调整的情况。当新技术出现或自动化程度提高时,劳动密集型企业的一般劳动力将出现过剩;相反,技术型生产人员和研发人员的供给则会减少。

3. 企业人员流动率

在收集和分析有关内部劳动力供应数据时,企业内部人员流动率将对劳动力供给产生很大影响。企业人员的流动率可以根据历史数据与人力资源管理经验来预测,通过分析规划期内可能流出和注入的人数与相应类型及企业内部劳动力市场的变动情况,可以判断未来某个时点或时期内部可提供的人力资源数量。

三、人力资源供给的预测方法

人力资源需求分析是研究组织内部对人力资源的需求,而供给分析则需要研究组织内部供给和组织外部供给两个方面。一般来说,在供给分析中,首先考察组织现有的人力资源供给,若内在市场没有足够的供给,就需分析外在的劳动力市场。

(一)人力资源内部供给预测方法

企业常用的人力资源内部供给预测的方法有四种,即技能清单法、人员接替图法、人力资源接续计划和马尔科夫转换矩阵法。

1. 技能清单法

技能清单是一张记录员工的教育水平、培训背景、以往经历、技能特长以及主管评价等一系列信息的能够反映员工工作能力和竞争力的图表。人力资源规划人员可以根据技能清单的内容预测哪些员工可以补充到可能出现的空缺岗位，从而保证每个岗位都有合适的员工。

技能清单通常包括三方面的内容：员工过去的信息、员工现在的信息和员工未来的信息。不同的技能清单所包含的内容可能有较大差异，它既可能是一份简单的档案，也可能是一个庞大的数据库。由于员工的工作兴趣、发展目标、绩效水平等因素是不断变化的，因此技能清单在编制完成后应及时进行更新维护。表3－9是某企业员工技能清单的示例。

表3－9　技能清单内容示例

员工过去技能情况	**1. 在过去2～5年内工作的职位和工作内容描述**
	(1)目前的工作单位 (2)过去的工作单位
	2. 在这些岗位上所需的技能
	(1)体力 (2)理解力 (3)创造力
	3. 教育状况
	(1)大学主修、辅修课程 (2)培训课程
	4. 过去3年的主要成果
	(1)目前单位成果 (2)过去单位成果
员工目前技能情况	**1. 同技能相关的成果** (1)过去3年业绩考评情况 (2)其他成果
	2. 员工对目前工作的自我评价
	3. 上级的评价
侧重未来信息	**1. 员工个人职业目标**
	(1)一年目标 (2)三年目标 (3)明确的职业期望
	2. 员工上级对员工未来的预期
	3. 未来的培训计划
	(1)在职培训计划 (2)业余培训计划 (3)实践计划

2. 人员接替图法

人员接替图法是通过职位置换图来预测企业内部人力资源供给的一种简单而有效的

方法。职位置换图以员工目前的绩效水平为依据，显示企业潜在的职位空缺和可能出现的替换。职位置换图主要涉及的内容是对员工的总体评价以及职位晋升或转移的可能。图 3－3是一个较为典型的职位置换图。

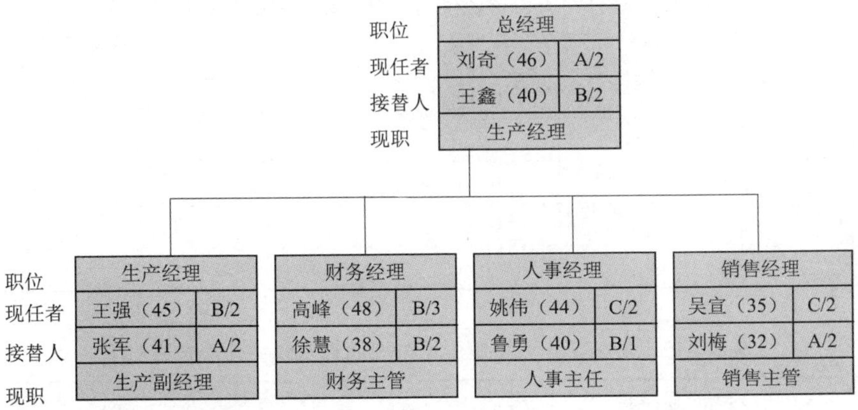

注：括号内的数字表示员工的年龄；竖线右边的字母和数字表示对该员工绩效和晋升可能性的评估。

A——现在就可提拔　　B——还需要一定的开发　　C——职位不合适

1——绩效表现突出　　2——优秀　　3——一般　　4——较差

图 3－3　职位置换图

图 3－3 中的职位可以继续向下延伸。通过职位置换图可以清楚地看到组织中职位的空缺及员工补充的情况，从而为内部人力资源供给预测提供依据。

3. 人力资源接续计划

人力资源接续计划的关键是根据工作分析信息明确工作岗位对员工的具体要求，然后确定一位显然可以达到这一工作要求的候选员工或者确定哪位员工具有潜力，可以经过培训后胜任这一工作。对于企业中各个岗位上普通员工的供给预测，可以结合一个例子用图 3－4来说明。假定某岗位上现有员工数量为 50 人，外部招聘 3 人，提升上来 5 人，辞职 2 人，开除 1 人，降职 1 人，退休 6 人，晋升 7 人，各类人员对应的符号见图 3 －4。那么这个岗位的内部人力资源供给量可用下式计算：

某岗位内部人力资源供给量 = A + C + E − D − F − G − H − J = 50 + 3 + 5 − 7 − 6 − 2 − 1 − 1 = 41(人)

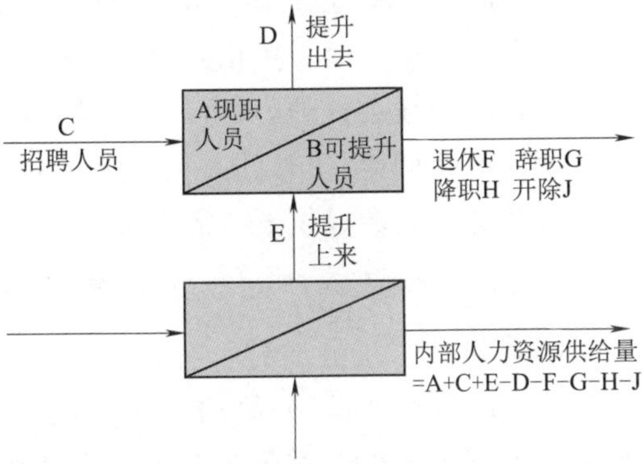

图 3－4　人力资源接续计划图

4. 马尔科夫转换矩阵法

马尔科夫转换矩阵法是一种运用统计学原理预测组织内部人力资源供给的方法。马尔科夫分析的基本思想是找出过去人员流动的规律，以此推测未来的人员流动趋势，其基本假设是过去内部人员流动的模式与概率与未来大致相同。

运用马尔科夫矩阵预测人员供给时，需要首先建立人员变动矩阵表，它主要是指某个人在某段时间内，由一个职位调到另一个职位（或离职）的概率。一般以 5 ~ 10 年为周期来估计概率。周期越长,根据过去人员变动所推测的未来人员变动就越准确。马尔科夫矩阵可以清楚地分析企业现有人员的流动(如晋升、调换岗位和离职)的情况。表3－10为某公司人力资源供给情况的马尔科夫转换矩阵示例。

表3－10　某公司人力资源供给情况的马尔科夫转换矩阵(a)

	人员调动的概率				
	E	M	S	Y	离职
高层领导(E)	0.80				0.20
中层领导(M)	0.10	0.70			0.20
高级会计师(S)		0.05	0.80	0.05	0.10
会计员(Y)			0.15	0.65	0.20

表3－10　某公司人力资源供给情况的马尔科夫转换矩阵(b)

	初始人员数量	E	M	S	Y	离职
高层领导(E)	40	32				8
中层领导(M)	80	8	56			16
高级会计师(S)	120		6	96	6	12
会计员(Y)	160			24	104	32
预计的人员供给量		40	62	120	110	68

表3－10(a)表明,在任何一年中,平均80%的高层领导人仍留在公司内,另外20%退出,余下的人员类别依此类推。用这些历史数据来代表每类工作人员中人员变动的概率,就可以推测出未来的人员变动(供给量)情况。将计划初期每类工作人员数量与每类工作人员的变动概率相乘,然后纵向相加,即得到组织内部未来劳动力的净供给量,如表3－10(b)所示。如果下一年与上一年相同,可以预计下一年将有同样数量的高层领导人(40人),以及同样数目的高级会计师(120人),但是中层领导人将减少18人,会计员将减少50人。这些人员变动的数据,与正常的人员扩大、缩减或维持不变的计划相结合,就可以用来决策怎样使预计的劳动力数量供给与需求相匹配。

(二)人力资源外部供给预测方法

招聘和录用新员工对所有公司都是必不可少的,无论是由于生产规模的扩大,还是由于劳动力的自然裁员,公司都要从劳动力市场获得必要的劳动力。因此,对外部劳动力市场进行预测将直接影响企业人力资源战略的制定。外部劳动力供给预测方法一般有市场调查法和相关因素预测法。

1. 市场调查法

市场调查法是企业人力资源管理人员通过市场调查,并在掌握第一手劳动力市场信息资料的基础上,经过分析和推算,预测劳动力市场的发展规律和未来趋势的一类方法。它不仅要调查企业所在地域的人力资源供给状况,还要调查同行业或同地区对企业人力资源的需求情况。

由于市场调查预测法强调数据来源的客观性,在一定程度上避免了人为的主观判断,

所以,有人称市场调查法是客观市场预测法。市场调查法的种类很多,主要有以下几种:

(1)文献研究法。企业可以通过各种渠道收集信息。例如,通过互联网、各类经济信息报刊、国家和地区的统计资料、市场行情资料以及产品目录大全等文献资料,可以了解市场的一般状况。

(2)直接调查法。企业就自己所关注的人力资源状况对调查对象进行询问或要求对方填写询问表以取得答案。例如,通过对应聘人员和在岗人员进行调查分析,得出未来人力资源供给状况的估计。

(3)通过企业本身积累的资料进行调查。许多企业积累了本企业内部人力资本供给和外部人力资源供给方面的大量统计资料,而且资料数据比较准确,查阅比较方便。

(4)经验法。企业依靠有经验的市场调查或市场研究人员对市场进行直接观察,从而判断出市场状况的一种方法。

(5)会议调查法。通过各种各样的会议收集市场信息,也是一种行之有效的市场调查方法。

2.相关因素预测法

相关因素预测法是通过调查和分析,找出影响劳动力市场供给的各种因素,分析各种因素对劳动力市场发展变化的作用方向和影响力度,从而预测未来劳动力市场的发展规律和趋势。影响外部劳动力供给的相关因素很多,通常要对主要因素进行分析,这些因素包括行业状况、行业整体劳动生产率等。其计算方法与人力资源需求预测中的回归方法相同。

第四节　人力资源供给与需求的平衡

一、人力资源供求关系的平衡

人力资源规划的目的就是使人力资源供求达到平衡,当它们不平衡时,就需要制定相应的政策措施,以实现组织未来人力资源供求平衡。人力资源供给与需求预测后,往往会出现三种供求不平衡的结果:人力资源供给大于需求;人力资源供给小于需求;人力资源供求总量平衡,结构不平衡。一般来说,组织的人力资源总是处于失衡状态,供求完全平衡状态在实践中很难出现。组织需根据供求预测不同的结果,制定相应的人力资源规划措施。

(一)人力资源供给大于需求

人力资源供给大于需求,出现员工过剩,结果是导致组织内部人浮于事,内耗严重,生产或工作效率低。企业出现供给大于需求时,一般应该采取如下措施来解决:

(1)开拓新业务。通过开拓新的业务增长点来吸收过剩的人力资源,例如扩大经营规模、开发新产品等。

(2)再培训。通过培训引导富余人员走向新的工作岗位。

(3)减少工作时间。减少工作时间可降低工资水平,这是解决企业临时性人力资源过剩的一种方式。

(4)裁员。裁员是组织解决人力资源过剩的最直接的办法。裁员可以有效地降低组织的人工成本,但也可能带来一些负面的影响。人力资源管理部门应做好各方面的思想工作。

(5)提前退休。制定一些优惠措施鼓励员工提前退休。实行提前退休计划,不仅可以减少预期出现的人员过剩,还可以降低组织的成本。

(6)合并或关闭一些臃肿的机构,减少人力资源供给,并提高人力资源的使用效率。

(二)人力资源供给小于需求

人力资源供给小于需求,出现员工供给短缺,结果是企业设备闲置,固定资产利用率低,是一种浪费,企业出现供给小于需求时,一般可以采用如下政策和措施解决:

(1)内部调整。把内部处于相对富余人员安排到人员短缺的岗位上去。

(2)技术创新。进行技术创新,增添新设备,以提高劳动生产率,降低对人力资源数量的需求。

(3)加班。在符合《劳动法》等有关法律、法规、政策的前提下,增加员工的工作时间和工作量,并给予相应的报酬,以应对员工的短期不足。

(4)招聘。根据组织的具体情况,面向社会招聘所需人员,可以录用一些正式员工、兼职员工和临时员工。

(5)员工培训。对组织的现有员工进行技能培训,提高劳动效率,使其不仅能适应当前的工作,还能适应更高层次的工作,并为职务的升迁做好准备。

(6)外包。组织根据自身情况,将较大范围的工作整个承包给外部的组织去完成。通过外包,组织可以将任务交给那些更有比较优势的外部代理人去做,从而提高效率,减少成本,减少组织内部人力资源的需求。

(三)人力资源供求总量平衡,结构不平衡

人力资源供求总量平衡而结构不平衡,是指组织中某些部门或岗位出现人员过剩,而另一些部门或岗位人员短缺。对于这种供求失衡问题可采取如下措施来协调:

(1)通过组织内部人员的合理流动来满足空缺岗位对人力资源的需求;

(2)对过剩员工进行有针对性的培训,提高他们的工作技能,将他们补充到空缺岗位上;

(3)进行组织内外部人力资源的流动,以平衡人员的需求,即从组织外部招聘合适的人员并补充到相应的岗位,同时释放另一些岗位上过剩的人力资源。

(四)人力资源规划供求平衡措施的比较

人力资源规划采取的不同的平衡措施,其实施效果差别很大,而且对企业和员工常常具有不同的含义。例如,在解决供给过剩问题方面,裁员要比自然减员速度快得多,因而对企业更有利,但对员工来说,裁员所带来的经济和心理方面的损害要比自然减员严重得多,因而可能会遭到员工的强烈反对。表3-11对人力资源规划各种供求平衡措施的效果进行了比较。

表 3－11　人力供求平衡措施比较表

	措施	解决问题的速度	员工受伤害的程度
供给大于需求	裁员	快	大
	减薪	快	大
	降级	快	大
	工作分享或工作轮换	快	中等
	提前退休或自然减员	慢	小
	再培训	慢	小
	措施	解决问题的速度	员工撤回的程度
供给小于需求	加班	快	高
	临时雇佣	快	高
	外包	快	高
	培训后换岗	慢	高
	减少流动数量	慢	中等
	外部雇佣新人	慢	低
	技术创新	慢	低

在制定平衡人力资源供求的政策过程中，不可能是单一的供大于求、供小于求，往往最大可能出现的是某些部门人力资源供过于求，而另几个部门又可能供不应求，也许是高层次人员供不应求，而低层次人员的供给却远远超过需求量。所以，应具体情况具体分析，制订出相应的人力资源部门规划或业务规划，使人力资源在数量、质量、结构和层次等方面达到协调平衡。

总之，组织人力资源的供求平衡，不仅仅是保持员工需求和供给的总量上的平衡，更重要的是实现员工在质量、层次、类别等供需结构上的平衡。

二、人力资源总体规划与各项子规划之间的平衡

人力资源总体规划是人力资源活动的基础，人力资源规划又通过人力资源的开发、招聘、使用、激励、培训以及绩效评价等各项子计划得到实施。因此，应当平衡好人力资源总体规划与人力资源各项子计划之间的关系。例如，人力资源补充计划与培训计划之间、人力资源发展计划与评价激励计划以及培训计划之间，都需要衔接和协调。当组织需要补充某一类员工时，如果信息能及早到达培训部门并列入培训计划，则这类员工就不必从组织外部补充。当组织需要提高员工的整体素质，实施人力资源发展计划时，既要通过评价和激励来调动员工的积极性，又要给员工提供培训的机会，使他们提高知识技能水平。

第五节　人力资源规划的编制与实施

一、人力资源规划的编制

人力资源规划的编制是人力资源规划中比较具体细致的工作。根据组织战略目标及

本组织员工的净需求量,编制人力资源规划,包括总体规划和各项业务计划的编制。编制人力资源规划时,要注意总体规划和各项业务计划及各项业务计划之间的衔接和平衡,提出调整供给和需求的具体政策和措施。一个典型的人力资源规划应包括:规划的时间段、规划达到的目标、情景分析、具体内容、制定者、制定时间。

(一)规划的时间段

规划的时间段即具体写出规划的制定是从什么时候开始,至何时结束。从人力资源规划的时限来看,分长期规划、中期规划和短期规划。长期规划的时间一般在 5 ~ 10 年,主要是制定战略性的人力资源规划书;中期规划一般 2 ~ 5 年,主要是根据战略来制定战术;短期规划时限一般是 0.5 ~ 1 年,主要是制定作业的行动方案。

(二)规划达到的目标

规划达到的目标也是人力资源供需平衡目标,确定达到的目标要与组织的战略目标紧密联系起来。规划目标要具体,即用"数据"说话,不能泛泛而谈,同时要简明扼要,使人容易记忆。

(三)情景分析

情景分析包括两部分,即目前情景分析和未来情景分析。

(1)目前情景分析:主要是在收集信息的基础上,分析组织目前人力资源的供需状况,进一步指出制订该规划的依据。

(2)未来情景分析:在收集信息的基础上,在计划的时间段内,预测组织未来的人力资源供需状况,进一步指出制订该规划的依据。

(四)具体内容

具体内容是人力资源规划的核心部分,主要包括以下几个方面:

(1)项目内容。内容要十分具体,例如,某公司招聘 5 名高级工程师,解雇 20 名流水线操作工等。

(2)执行时间。即从启动到完成的日期。例如,2016 年 3 月 1 日—2016 年 8 月 30 日。

(3)负责人。负责人是负责执行具体项目的责任人。例如,人力资源经理刘林。

(4)检查人。即检查人是负责检查该项目执行情况的人。例如,分管人力资源管理的副总裁李东。

(5)检查日期。即检查的具体日期与时间,例如,2016 年 3 月 31 日上午 10 点。

(五)规划制定者

规划制定者可以是一个人(如公司人力资源部经理),也可以是一个部门(如公司人力资源部),还可以是外部顾问或咨询专家等。

(六)规划制定时间

规划制定时间即该规划正式确定的日期。例如,董事会通过的日期、人力资源部经理批准的日期或经理工作会议通过的日期。

表 3-12 是企业人力资源规划编制框架示例。

表3－12　人力资源规划编制框架示例

××企业人力资源规划					
1. 规划的时间段：					
2. 规划达到的目标：					
3. 情景分析： 目前情景分析： 未来情景分析：					
4. 具体内容：					
项目编号	项目内容	执行时间	负责人	检查人	检查日期
(1)					
(2)					
(3) …					
5. 规划制定者：					
6. 规划制定时间：					

【应用实例3－1】

某公司2016—2020年度人力资源战略规划

一、规划的时间段

长期的人力资源规划：2016—2020年。

二、规划达到的目标

(1) 房产开发面积再增加××万平方米。

(2) 实现经营性收入达××亿元。

(3) 物业管理达行业最高资质。

(4) 夯实公司扎根东莞的基石。

(5) 把业务拓展到内地一线城市或资源较好的二线城市，争取能有一到两个项目在操作。

(6) 内部管理在这5年时间内要做到核心岗位人才稳定，业务流程模式化，组织设置合理，建立起一个有着良好的职业操守、积极向上的工作心态的员工队伍，和谐发展的企业文化氛围，在业内和客户群中有相当知名度的公司品牌形象。

三、情景分析

（一）目前情景分析

(1) 基于未来公司组织设置的调整，中高级管理人员的岗位空缺：运营中心总监、投资分析部经理、法律事务部经理、对外公共关系部经理、信息情报资料部经理、工程项目经理、物业管理经理等。

(2) 专业人才在满足公司战略发展的需求所缺岗位：高级项目策划营销人员、宣传推广软文的写手，工程项目作为业主方所应配备的土建、水电、园林等工程师。

(3)每增加项目开发所需要后期的物业管理人员：维修工程师、机电设备工程师、客户关系代表、保安、保洁人员。

(4)现有各岗位正常员工流动(如晋升、调岗、离职)所应采取的补位。

(二)未来情景分析

(1)如前面人员目前情景分析所述，公司为了实现未来战略目标，必须进行组织设置调整，而新增设运营中心其职能包括的投资分析、战略规划、审计监察、法律事务、对外公共关系、信息情报资料等部门或岗位人员都是目前公司内部无法提供的，必须采用外部引进的方式来满足。

(2)现有的工程现场管理、预决算、项目开发以及营销人员，按房地产开发18个月的周期计算，该部分人力资源可投入到下一轮新项目开发施工管理。按公司战略目标要求，仍然有部分缺岗需求需外部引进。

(3)内部培养供给主要体现在专业技术人才岗位，可以在招聘专业对口的应届大学毕业生中以老带新一对一有目的有计划地培养，虽然会有相应的成本付出，但这是一条行之有效的对公司对员工个人职业生涯规划发展都有益的方式，是实现公司与员工一起成长的企业文化理念的具体表现。

(4)通过对公司核心岗位以及中高层管理人员的胜任力素质模型建设，以公司培养和员工自学来为中高层管理岗位和核心技术岗位提供后备人才的来源，确保人力资源战略对公司未来经营管理目标实现的强力支撑作用 。

四、具体内容(见表3-13)

表3-13 某公司人力资源规划具体内容

项目编号	项目内容	执行时间	负责人	检查人	检查日期
(1)	招聘运营中心总监一名	2016年2月1日到2016年5月31日	人力资源经理张××先生	分管人力资源管理副总裁何××先生	2016年6月10日上午10点
(2)	招聘投资分析部经理、法律事务部经理、对外公共关系部经理、信息情报资料部经理、工程项目经理、物业管理经理各一名	2016年2月1日到2017年2月1日	人力资源经理张××先生	分管人力资源管理副总裁何××先生	2017年2月10日上午10点
(3)	招聘高级项目策划营销人员、宣传推广软文写手各10名	2018年2月1日到2019年5月31日	人力资源部招聘主管王××女士	人力资源经理张××先生	2019年6月10日上午10点
(4)	招聘土建、水电、园林等工程师各50名	2018年2月1日到2019年5月31日		人力资源经理张××先生	2019年6月10日上午10点
(5)	招聘维修工程师、机电设备工程师、客户关系代表、保安、保洁人员各100名	2018年2月1日到2020年5月31日	人力资源招聘主管王××女士	人力资源部经理张××先生	2020年6月10日上午10点

五、规划制定者：人力资源部

六、规划制定时间

董事会批准日期:2015 年 11 月 11 日

资料来源：杨喜梅，蔡世刚，王梅.人力资源管理[M].大连：大连理工大学出版社，2013.

二、人力资源规划的实施

人力资源规划的实施是人力资源规划的实际操作过程，要注意协调好各部门、各环节之间的关系，在实施过程中需要注意以下几点：

(1)必须有专人负责既定方案的实施，要赋予负责人保证人力资源规划方案实现的权力和资源。

(2)要确保不折不扣地按规划执行。

(3)在实施前要做好准备。

(4)实施时要全力以赴。

(5)要定期报告实施进展状况，确保规划能够与环境、组织的目标保持一致。

三、人力资源规划的监控和评估

人力资源规划的监控和评估，是对人力资源规划实施的过程进行监督和控制，并对人力资源规划实施的结果进行评价的过程。

对人力资源规划进行监控和评估，一是为了保证人力资源规划得到有效实施，对过程中产生的偏差或问题及时进行纠正；二是为了检测人力资源规划制定得是否科学可行，以便完善人力资源规划本身。

人力资源规划执行过程的监控和评估方法，一般采用目标评定法，即对人力资源规划的执行，确定明确的预期目标，再对这些目标的实现程度定出可计量的标准，在监控和评估时，以原定的目标为依据，一一对照，逐项予以评价，最后对评价结果进行分析，确定人力资源规划执行中所产生偏差的程度、原因，并提出调整的初步方案。

【走进管理 3-3】

名企人力资源战略规划

一、万科——克拉文化

万科一贯主张“健康丰盛的人生”，重视工作与生活的平衡；为员工提供可持续发展的空间和机会；致力于营造能充分发挥员工才干的工作氛围。万科人力资源战略目标如下：

(1)深入分析企业人力资源面临的内外部环境，发现问题和潜在的人员流失风险，提出应对措施。

(2)合理预测企业中长期人力资源需求和供给，规划和控制各部门人力资源发展规模，建立完善的人力资源管理体系。

(3)规划核心人才职业生涯发展，打造企业核心人才竞争优势，持续培养专业化、富有激情和创造性的职业经理队伍，加强对专业性人才的培养和引进。

(4)规划员工队伍发展，提高员工综合素质，培养最出色的专业和管理人才，并为其提供最好的发展空间和最富竞争力的薪酬待遇。

(5)提出人力资源管理政策和制度的改进建议,提升整体管理水平,努力做中国房地产行业的领跑者。

(6)改善员工待遇,提高薪酬福利水平,建立有效的激励和奖惩机制,提高员工敬业度和工作满意度。

二、李宁——提拔和培养核心人才

李宁公司早在发展之初就确立了"在企业内部快速培养人才"的人力资源战略。

(1)两大胜任模型。第一项,核心资质模型,是公司全体员工必须具备的个人素质和综合能力特征,要求公司每一位员工都应该具备。核心资质与体育精神密切联系,包括职业诚信、应变能力、追求卓越、团队合作与沟通能力五项。第二项,领导力资质模型,是公司领导层必须具备的个人素质和综合能力特征。包括战略思考、商业意识、创新能力、结果导向、发展员工、决策能力和影响力七项。

(2)针对全体员工——人才盘点。每年四五月份,公司会根据所有员工与直接经理访谈结果,将员工划分为3个区间,一是前20%,根据二八原则,他们就是核心员工。对核心人才,公司作为后备人才进行培养,薪酬福利会有所倾斜。还有最后5%~10%的员工,这些人员将会退出计划,一方面会人性化地给他们观察期,告知员工应调整的业绩、行为、技能和态度等,结合符合岗位要求,会在下一个年度续签劳动合同,否则就要离开公司。对中间这一区间的员工,就进入到正常劳动合同续签、薪酬调整。

(3)管理层人才梯度培养计划。在公司胜任力模型的基础上,制订了人才梯度培养计划,并学习了IBM的"人才快车",参照其计划拟订了李宁公司的年度人才发展流程。基于选择人、培养人、评估人、用人、保留及衡量等一系列流程展开人力资源管理工作,对不同人设立不同的课程体系,实现对人才培养。

知识巩固训练

一、填空题

1. 人力资源规划是指根据组织内外部环境的变化,对组织的________和________进行预测,制定相应的政策和措施,实现组织目标的过程。

2. 人力资源规划以追求________为目的,它关注的是人力资源供求之间的数量、质量与结构的匹配。

3. 按规划的时间长短划分,人力资源规划分为________、________和________。

4. 人力资源总体规划具体包括________、________和________。

5. 人力资源需求预测是根据组织的发展战略规划和内外部条件选择预测技术,对未来某个时期组织需求人员的________、________和________进行预测。

6. 人力资源需求预测的方法包括________和________。

7. 组织有关专家对企业某一方面发展的观点达成一致的结构性方法,称为________。

8. 人力资源供给预测包括________和________。

9. ________,是基于对员工个人生产效率的分析来进行的一种预测方法。

10. ________的基本思想是找出过去人员流动的规律，以此推测未来的人员流动趋势。

二、单项选择题

1. 短期人力资源规划是指（　　）。

A. 三个月　　B. 一年及一年以内

C. 三年　　D. 五年或五年以上

2. （　　）是指依据企业战略、业务模式、业务流程和组织对员工的行为要求，设计各类人员的任职资格。

A. 人力资源数量规划　　B. 人力资源素质规划

C. 人力资源结构规划　　D. 人力资源业务规划

3. （　　）是利用组织的历史资料，根据某个因素的变化趋势预测相应的人力资源需求。

A. 比率分析法　　B. 趋势分析法

C. 工作负荷法　　D. 统计预测法

4. 当外部劳动力市场紧张时，供给的数量会________；当外部劳动力市场宽松时，供给的数量会________。正确选项为（　　）。

A. 减少　增多　　B. 增多　减少

C. 增多　不变　　D. 减少　不变

5. 导致组织内部人浮于事，内耗严重，生产或工作效率低的人力资源供求情况是（　　）。

A. 人力资源供求平衡　　B. 人力资源供给大于需求

C. 人力资源供给小于需求　　D. 无法确定

6. 德尔菲法预测的优点是（　　）。

A. 集思广益　　B. 花费时间短

C. 花费较低　　D. 适用于短期的、精确的预测

7. 当企业出现人力资源供给大于需求的情况，采取（　　）措施对员工的伤害程度比较大。

A. 工作轮换　　B. 提前退休

C. 裁员　　D. 再培训

8. 管理者经验预测法是企业的各级管理者，根据自己工作中的经验和对企业未来业务量增减情况的直接考虑，（　　）地确定未来所需人员的方法。

A. 管理者直接　　B. 自上而下

C. 背对背　　D. 自下而上

9. 影响人力资源供给预测的内部影响因素是（　　）。

A. 行业发展前景　　B. 组织结构

C. 就业观念　　D. 国家就业政策

10. 企业进行人力资源规划时，（　　）主要收集有关信息，估计目前的人力资源技术、能力、潜力，并分析目前这些人力资源的利用状况。

A. 调查分析准备阶段　　B. 供给与需求预测阶段

C. 规划的制订与实施阶段　　D. 规划的评估与反馈阶段

三、多项选择题

1. 人力资源规划的的基本问题有（　　）。

A. 现状如何　　B. 目标是什么
C. 如何才能实现目标　　D. 做得如何
E. 环境分析

2. 可以用来预测人力资源需求的方法有(　　)。
A. 管理者经验预测法　　B. 工作负荷法
C. 趋势分析法　　D. 马尔科夫分析法
E. 德尔菲法

3. 可以进行人力资源内部供给预测的方法主要有(　　)。
A. 技能清单　　B. 人员接替图法
C. 人力资源接续计划　　D. 马尔科夫矩阵法
E. 市场调查法

4. 影响组织外部人力资源供给预测的因素有(　　)。
A. 行业景气程度　　B. 地区人口密度
C. 组织本身的实力　　D. 政策法规的影响
E. 企业发展战略

5. 人力资源供给小于需求,出现员工供给短缺,应采取的主要措施为(　　)。
A. 减少工作时间　　B. 技术创新
C. 招聘　　D. 业务外包
E. 加班

四、判断题

1. 人力资源规划以追求人力资源平衡为目的,它关注的是人力资源供求之间的结构匹配。(　　)

2. 人力资源规划的中期规划是指5年以上的规划。(　　)

3. 进行人力资源规划时,调查分析准备阶段主要进行人力资源供给和需求预测。(　　)

4. 人力资源规划制订好后实施即可,不需要进行评估与反馈。(　　)

5. 德尔菲法采用匿名或背靠背的方式,使每一位专家独立自由地做出自己的判断。(　　)

6. 人力资源供给预测受组织内部和外部两个方面因素的影响。(　　)

7. 当企业人力资源供给小于需求时,可采取提前退休的方式。(　　)

8. 当企业人力资源供给大于需求时,可采取减少工作时间和外包的方式。(　　)

9. 企业采取减薪的方式,解决人力资源供给小于需求的速度比较快,对员工受伤害的程度为中等。(　　)

10. 回归分析法是利用组织的历史资料,根据某个因素的变化趋势预测相应的人力资源需求。(　　)

五、思考题

1. 什么是人力资源规划?

2. 简述人力资源规划的程序?

3. 预测人力资源供给和需求的方法有哪些?

4. 影响人力资源需求与供给的因素有哪些?

5. 应当怎样平衡人力资源的供给和需求?

技能强化训练

【管理技能训练】

一、请为 AA 公司编制人力资源计划

AA 公司现有总经理级人员 5 名，部门经理级 14 名，其他员工 120 名。一年后，总经理级人员退休 1 名，辞职 1 名；部门经理级人员退休 2 名，辞职 3 名；其他员工退休 10 名，辞职5 名。

要求：如果 AA 公司规模不变，请为该公司编制人力资源计划。

二、请根据下述案例，完成 BB 公司人力资源预测

BB 公司在制订人力资源规划时，确定了 5 年内成为行业内一流公司的战略目标。根据这一发展战略，BB 公司计划调整组织结构，取消市场拓展部，将机构部改为经纪业务部，新设置投资管理部、资产管理部、投资银行部。同时设置稽核部，以完善内部监管体系，加强风险管理。

为实现公司目标，BB 公司对现有人才进行了盘点，并制定了人员计划。BB 公司现有职工 463 人，三分之二职工的从业经历在 3 年以上，平均年龄 32 岁，44% 的职工具有本科以上学历，高学历人员的比例呈逐年上升趋势。BB 公司各部门现有人数见表 3－14(1)列。

根据对公司现有业务范围、新产品开发等多种因素分析，BB 公司确定了各部门人员需求数量，见表 3－14(2)列。

表 3－14　BB 公司人员需求、供给与需要量分析

部门	现有人数	需求人数	供给人数	需要人数
	(1)	(2)	(3)	(4)
行政办公室	14	14		
人力资源部	5	6		
计划财务部	13	13		
稽核部	—	4		
资金清算部	8	14		
(机构部)	7	—		
(市场拓展部)	2	—		
信息技术中心	14	21		
研发中心	10	18		
经纪业务部	—	9		
投资银行部	—	5		
资产管理部	—	5		
投资管理部	—	5		
营业部	384	359		
合计	457	479		

注：不包含公司高层管理人员。

在进行公司供给预测时，BB 公司认为，公司所处行业的特点使得外部劳动力供给充足。对于内部供给，BB 公司则根据历史资料，编制了马尔科夫转换矩阵，见表 3－15。

表 3－15　BB 公司人员供给马尔科夫转换矩阵

部门	行政办公室	人力资源部	计划财务部	资金清算部	机构部	市场拓展部	信息技术中心	研发中心	营业部	离职
行政办公室	0.80									0.20
人力资源部		0.80								0.20
计划财务部			0.70						0.15	0.15
资金清算部				0.90						0.10
机构部					0.55					0.45
市场拓展部						0.50				0.50
信息技术中心							0.70			0.30
研发中心							0.30	0.50		0.20
营业部				0.01			0.01	0.01	0.82	0.15

要求：

1. 请根据表 3－14(1)列和表 3－15 计算 BB 公司各部门的人员供给数量，将计算过程和结果输入表 3－16 和表 3－14(3)列。

表 3－16　BB 公司人员供给马尔科夫分析矩阵

部门	行政办公室	人力资源部	计划财务部	资金清算部	机构部	市场拓展部	信息技术中心	研发中心	营业部	离职
行政办公室										
人力资源部										
计划财务部										
资金清算部										
经纪业务部										
资产管理部										
信息技术中心										
研发中心										
营业部										
合计										

注：表中的经纪业务部即原来的机构部。市场拓展部撤销，人员并入资产管理部。

2. 计算 BB 公司各部门的需要人数，将结果填入表 3－14(4)列。

三、CC 公司人员需求预测

CC 公司是一家中型企业，其产品在市场上销售量占 30% 以上。公司多年的实践证明，公司的销售额与公司的员工总人数之间有着高度相关的正比例关系。2018 年，CC 公司的销售、人员情况见表 3－17。根据以前的销售额和初步的预测，CC 公司估计 2019 年的销售额为 6 300 万元。

表 3－17　CC 公司的销售情况统计表

年度	销售额/万元	员工人数/人
2018	5 600	1 200
2019(预测)	6 300	

公司各类人员的比例从 2015 年至今变化不大，而且，根据预测，在未来 10 年中基本上保持这一比例不变。表 3－18 所示为从事各岗位工作的员工人数。

表 3－18　2018 年 CC 公司各类员工分布情况统计表

人员分类	高层管理人员	中层管理人员	主管人员	生产人员	总　数
数量/人	100	200	300	600	1 200

要求：

1. 根据以上数据，请计算 2019 年 CC 公司的员工总数要达到多少才能完成预期的销售额。

2. CC 公司内各类员工的数量会有哪些变化？

【案例分析】

欣怡公司是一家高新技术企业，该公司依据不同产品类别，划分三个事业部，各事业部下设销售团队，技术支持团队和研发团队。各部门的业务收入和成本都是独立核算的，但需要平摊后勤部门(行政部、人力资源部、财务部)所产生的成本。目前，公司共有员工 134 人，其中三个事业部共有员工 104 人，后勤部门员工 30 人。由于成立时间较短，客户资源还不够稳定，所承接的业务量波动较大。因此，在繁忙时员工(尤其是开发和技术人员)会抱怨压力过大，各事业部经理也抱怨合格人手太少，招聘来的人不能立刻适应项目的工作需要，但在开发任务相对清闲的时期，经理们又抱怨本部门的固定人力成本太高，导致利润率下降。

问题：

1. 欣怡公司在人员供需状况上遇到了什么问题？

2. 请为欣怡公司提供解决问题的建议。

能力提升训练

一、人力资源规划编制诊断与步骤设计

小宋毕业于国内某名牌大学的机电工程系，是液压机械专业方面的工学硕士。毕业以后，小宋到北京某研究院工作，其间因业绩突出而被破格聘为高工。

在我国科研体制改革大潮冲击下，小宋和另外几个志同道合者创办了一家公司，主要生产液压配件，公司的资金主要来自几个个人股东，包括小宋本人、他在研究院时的副手老黄，以及他原来的下属小秦和小刘。他们几个人都在新公司任职，老黄在研究院的职务还没辞退掉，小宋、小秦、小刘等人则彻底割断了与研究院的联系。新公司还有其他几个股

东,但都不在公司任职。

各人在公司的职务安排是,小宋任总经理,负责公司的全面工作,小秦负责市场销售,小刘负责技术开发,老黄负责配件采购、生产调度等。近年来公司业务增长良好,但也存在许多问题,这使小宋感到了沉重压力。

首先,市场竞争日趋激烈,在公司的主要市场上,小宋感受到了强烈的挑战。

其次,老黄由于要等研究院分房子而未辞掉在原研究院的工作,尽管他分管的一摊子事抓得挺紧,小宋仍认为他精力投入不够。

再次,有两个外部股东向小宋提建议,希望公司能帮助国外企业做一些国内的市场代理和售后服务工作。这方面的回报不低,这使小宋(也包括其他核心成员)颇为心动,但现在仍举棋不定。

最后,由于公司近两年发展迅速,股东们的收入有了较大幅度的增加,当初创业时的那种拼搏奋斗精神正在消退。例如,小宋要求大家每天必须工作满 12 小时,有人开始表现出明显的抵触情绪,勉强应付或者根本不听。

公司的业绩在增长,规模在扩大,小宋感到的压力也越来越大。他不仅感到应付工作很累,而且对目前的公司人力状况有点不知所措。

要求:

1. 小宋请来一家管理咨询公司作诊断,协助公司找出问题所在,并加以解决,假设你是管理咨询公司的顾问,公司指派你负责处理此项目,请你就该公司的人力资源问题进行分析,并提供建议。

2. 请你以顾问的身份,为该公司策划一个人力资源规划的步骤。

二、企业人力资源规划方案编制

请 3 ~ 5 人组成一个小组,选择一家自己熟悉的企业,运用本章所学知识,结合企业实际情况,为该企业编制人力资源规划方案。

要求:

1. 明确该企业的战略目标、宗旨。

2. 预测人员需求并确定人员供给计划。

3. 制定职务编制计划、人员配置计划、人员招聘计划、培训政策调整计划以及人力资源预算等。

第四章 员工招聘与录用

【管理名言】

优秀的员工是企业最重要的资产，招聘到优秀人才，并留住他们，是一个优秀公司的标志。

——玫琳·凯

【学习目标】

知识：

- 了解招聘的概念，招聘的原则，员工招聘工作中的分工；
- 理解面试的概念和类型，评价中心测试的方式，招聘信度和效度评估的方法；
- 掌握招聘的程序，招聘的途径，员工选拔的方法，招聘评估的方法。

技能：

- 选择针对性的招聘渠道，吸纳应聘人员；
- 运用适宜的选拔方法，选择适合岗位需要的优秀人员。

素质：

- 具备良好的沟通能力，识人用人与分析能力。

【开篇案例】

招聘捕鼠科长

有一个农场，因捕鼠科科长离职而造成场内鼠患成灾，总经理命令人力资源经理5天之内招一个捕鼠科科长，否则让他走人。

人力资源经理接到指示后，赶紧写了一张小纸条贴在农场大门口，上面写道："本农场欲招捕鼠科科长一位，待遇优，福利好，有意者请来面试。"

第二天，农场门口来了7位应聘者：鸡、鸭、羊、狗、猪、猫、猫头鹰。

第一轮是学历筛选。鸡、鸭都是大学本科的优秀毕业生，当然过关；羊和狗是大专毕业，也过关；猫和猫头鹰是高中毕业，人力资源经理皱了皱眉头，也过关了。第一轮淘汰一位,就是只读到小学二年级的猪。

第二轮是笔试。这当然难不倒大学本科毕业的鸡和鸭;羊因为平时勤勉,也勉强过关;狗上学的时候不太认真,碰到这些题目有些为难,可是他在很短的时间内给主考官鞠了6个躬、点了9次头,所以也过关了;猫头鹰本来是不会做的,可是它眼力好,偷看到了,所以也抄过了关。只有猫坚持原则,不会做就是不会做,所以,这一轮被淘汰的是猫。

第三轮是答辩。总经理、农场主和人力资源经理三个人坐在那里,应聘者一个接一个进来。第一个是鸡,他一进来就说:“我在学校时是学捕鼠专业的,曾经就如何掌握鼠的习性与行动方式写过一篇著作。”三个人一碰头,这个好,留下了。第二个进来的是鸭,他说:“我没有发表过什么著作,但是在大学期间,我一共发表了18篇有关鼠的论文,对于鼠的各个种类,我是了若指掌。”这也不错,也留下了。第三个进来的是羊,羊说:“我没有那么高的学历,也没有发表过什么论文、著作,但是我有一颗持之以恒的心和坚硬的蹄子。你们只要帮我找到老鼠洞口,然后我就站在那里,高举着我的前蹄,看到有老鼠出来我就踩下去,十次当中应该会有两三次可以踩死,只要我坚持下去,相信有一天我会消灭老鼠的!”三个主考官被羊的这种精神感动了,于是也录取了。第四个进来的是狗,狗一进来就点头哈腰地说:“瞧三位慈眉善目的,一定都是十分优秀的成功人士……”一顿马屁狂拍,三个人被拍得晕晕乎乎的,最终也录用了。最后一个是猫头鹰,没有高学历,没有什么论文著作,唯一的成绩就是从事捕鼠一年多来抓了五六百只田鼠,但是不会拍马屁,又长得恶形恶脸的,一点都不讨人喜欢,所以就被淘汰了。

至此,整个招聘活动结束了,大家可以看到的是,真正会捕鼠的,像猫、猫头鹰,都被淘汰了。这个招聘是结束了,但是结果呢?当然是失败的……

资料来源:世界经理人论坛.一个老掉牙的招聘故事有了新结局[EB/OL].[2017-5-10].http://www.ceconlinebbs.com/FORUM_POST_900001_900004_1068954_0.HTM.

在上述故事中描述了农场捕鼠科长的招聘过程和录用决策。整个招聘活动结束后,大家可以看到的是,真正会捕鼠的,像猫、猫头鹰,都被淘汰了。原因是什么?那么企业在招聘时,又将如何选拔录用人才,这正是本章要讲述的内容。

第一节　员工招聘与录用概述

人力资源管理的一项重要功能就是要为企业获得合格的人力资源,尤其是在人才竞争日趋激烈的今天,能否吸引并选拔到优秀的人才已成为企业生存和发展的关键。因此,人力资源管理的吸纳功能就愈发显得重要,而这项功能正是通过招聘来实现的。作为人力资源管理的一项基本职能活动,员工招聘是人力资源进入企业或者具体职位的重要入口,它的有效实施不仅是人力资源管理系统正常运转的前提,也是整个企业正常运转的重要保证。

一、员工招聘与录用的概念

员工招聘又称招募、招收、招雇,包含两层意思:招聘是企业获取人力资源的方法;招聘是选拔最合适员工的过程。员工招聘与录用是指组织为了生存和发展的需要,根据组织人力资源规划和工作分析的数量和质量要求，采取科学的方法寻找、吸引具备资格的个人到本企业来任职，从中选拔出适宜人员予以录用的管理过程。招聘过程实质上就是从应聘者中选择最适合特定工作岗位要求的人员的过程。

招聘的直接目的就是获取与企业空缺岗位相匹配的人才，实现员工个人与岗位的有效匹配。表面上看是企业主动选择应聘者的过程，实际上是一种企业与应聘者个人之间双向选择和匹配的动态过程。企业选择应聘者，求职者同时也选择企业，在这一过程中，企业和应聘者均应扮演着积极的角色。

二、员工招聘与录用的原则

员工招聘工作是人力资源管理的一项基本活动，为了提高招聘工作的效率，招聘到符合标准的员工，企业应在招聘工作中遵循以下原则：

（一）公开原则

公开原则指招聘单位应将招聘岗位的种类、数量，应聘的资格、条件、考试的方法、科目和时间均面向社会公告周知，公开进行。一方面给予社会上的人才以公平竞争的机会，达到广招人才的目的；另一方面也使招聘工作置于社会的公开监督之下，防止招聘工作中的暗箱操作等不正之风。

（二）竞争原则

通过考试竞争和考核鉴别确定人员的优劣和人选的取舍。为了达到竞争的目的，一要动员、吸引较多的人报考，即建立足够大的预选“后备人才池”；二要严格考核程序和手段，以潜在员工的个体能力和技能作为选拔的标准，而不以关系、血缘等作为标准，保证人与组织匹配。

（三）平等原则

对所有报考者一视同仁，为应聘者提供平等竞争的机会。企业不应人为地制造各种不平等的限制或条件（如地域、相貌、民族、性别等方面的歧视）和各种不平等的优先优惠政策，根据企业实际需要录用合适的人才。

（四）能级对应原则

被录用人的能力和将要录用的岗位需要相互适应、适合。这里所说的“能”，指能力、才能、本事。所说的“级”，就是职位、职务、职称。员工招聘录用应当以提高企业效率、提高企业竞争力、促进企业发展为根本目标，为企业人力资源管理奠定一定的基础。招聘工作，不一定要最优秀的，而应量才录用，做到人尽其才、用其所长、职得其人，这样才能持久、高效地发挥人力资源的作用。

（五）全面考核原则

对应聘人员从品德、知识、能力、智力、心理、过去工作的经验和业绩进行全面考试、考核和考察。因为一个人能否胜任某项工作或者发展前途如何，是由其多方面因素决定的，并不仅仅取决于知识的存量，而且许多岗位所要求的非智力因素在其将来的业绩中起着决定性作用。

（六）效率优先原则

企业在招聘过程中需要花费大量的费用，企业应用尽可能低的招聘成本录用到合适的最佳人选。具体要求在组织招聘工作时要根据不同的招聘要求，灵活地选用适当的招聘途径和招聘手段，在保证招聘质量的基础上，尽可能降低招聘成本。

【管理故事4-1】

松下幸之助的招聘

有一次，松下公司招聘一批推销人员，考试是笔试和面试相结合，竞争非常激烈。经过一个星期筛选，十名优胜者脱颖而出。

令松下幸之助意外的是，面试时给他留下深刻印象的神田三郎并不在其中。于是，松下幸之助吩咐下属去复查考试分数。经过复查，发现神田三郎在几百人中名列第二。由于计算机故障，他的成绩没有进入前十。松下幸之助立即让下属尽快给神田三郎发录取通知书。

第二天，下属报告了一个令人吃惊的消息，由于没有接到松下公司的录取通知书，神田三郎跳楼自杀了！录取通知书送到时，他已经死了。这位下属自言自语地说："太可惜了，这么有才华的年轻人，我们没有录取他。"

松下幸之助听后摇摇头说："不！幸亏我们没有录取他，这样的人是成不了大事的。一个没有勇气面对失败的人又如何去做销售！"

资料来源：职业培训教育网．人力资源管理经典案例研究分析：松下著名招聘故事三则[EB/OL].[2017-5-10]. http://www.chinatat.com/renliziyuanguanlishi/251/ma1509032289.shtml.

三、员工招聘与录用工作的分工

在招聘过程中，传统的人事管理与现代人力资源开发与管理的工作职责分工是不同的。在过去，员工招聘的决策与实施完全由人事部负责，用人部门的职责仅仅是负责接收人事部门招聘的人员及安排工作，完全处于被动的地位。而现代组织中，起决定性作用的是用人部门，它直接参与整个招聘过程，并在其中有计划、初选与面试、录用、人员安置与绩效评估等决策权，完全处于主动的地位。人力资源部门只在招聘过程中起到组织和服务的功能。表4-1是关于招聘过程中人力资源部门和用人部门的工作职责分工。

表4-1　招聘程序中人力资源部门与用人部门职责分工

人力资源部工作内容和职责	用人部门工作内容和职责
1. 负责增员计划的统计和复核 2. 负责招聘计划的拟订和报批 3. 负责招聘广告的拟订和报批 4. 负责招聘广告的发布 5. 负责应聘信件的登记 6. 负责应聘人员的资格审查和初选	1. 负责增员计划的编制和报批 2. 负责新岗位工作说明的撰写 3. 负责笔试考卷的设计 4. 参加面试和其他测评活动

7. 负责笔试、面试等测评活动的组织和公司情况介绍	
8. 负责应聘人员的体格检查和背景调查	
9. 负责录用通知的寄发	5. 负责候选人员以及最终录用人员的确定
10. 负责劳动合同的签订	6. 负责试用期的考核
11. 负责报到手续的办理	7. 协助招聘活动的评估
12. 负责试用期的管理	
13. 负责招聘活动的评估	

第二节　员工招聘与录用的程序

员工招聘与录用是一个复杂、完整、连续的程序化操作过程，又是一项极具科学性、艺术性的工作。根据招聘活动本身的规律性，可以把招聘与录用过程划分为几个相互独立又相互联系的阶段，招聘程序就是按照这些阶段进行招聘的计划安排。目前，我国企业员工招聘与录用的程序一般包括以下几个方面：制定招聘计划、员工招募、人员选拔、人员录用和招聘评估，具体如图 4－1 所示。

图 4－1　员工招聘的程序

一、制定招聘计划

招聘的首要环节是制定计划。根据工作分析确定工作任务、人员要求、工作规范等，这只是工作分析第一层次的目标。招聘需求确定后，还需要结合具体岗位的工作分析和组织总体人力资源规划制定详细的招聘计划。通过招聘计划把对职位空缺的需求变成一系列目标，并把这些目标具体为相关的应聘者的数量和类型。一般来说，招聘计划的主要内容包括招聘的规模、招聘的范围、招聘的时间和招聘的预算等。

（一）招聘的规模

招聘的规模就是指企业准备通过招聘活动吸引多少数量的应聘者。招聘活动吸引的人员数量既不能太少也不能太多，而应控制在一个合适的规模。企业可以通过招聘录用金字塔模型（见图 4－2）确定招聘规模。使用这一模型确定的招聘规模，取决于两个因素：一是企业招聘录用的阶段，阶段越多，招聘的规模相应的就越大；二是各个阶段通过的比例，这一比例的确定需要参考企业以往的历史数据和同类企业的经验，每一阶段的通过比例越低，招聘的规模就越大。

（二）招聘的范围

招聘的范围就是指企业要在多大的地域范围内进行招聘活动。从招聘的效果考虑，范围越大,效果相应也会越好,但是随着范围的扩大,企业的招聘成本也会增加,因此对于理性的企业来说,招聘的范围应当适度,既不能太大也不能太小。

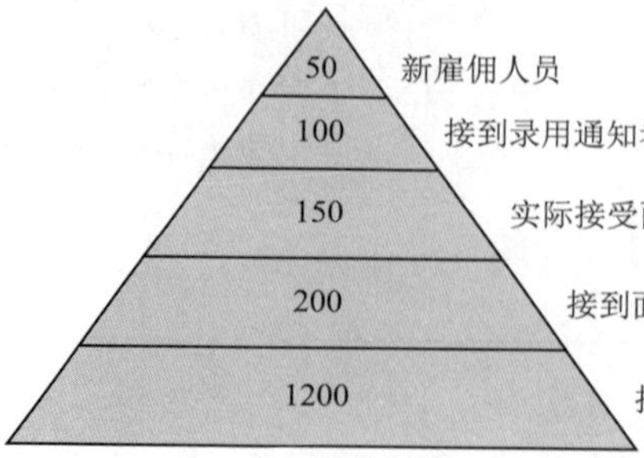

图 4-2 招聘录用金字塔模型

企业在确定招聘范围时,总的原则是到与招聘人员直接相关的劳动力市场上进行招聘。这通常需要考虑以下两个主要因素:一是空缺职位的类型。一般来说,层次较高或性质特殊的职位,需要在较大的范围内进行招聘;而层次较低或者比较普通的职位,在较小的范围内进行招聘即可。图 4-3 是企业招聘范围的示意图。二是企业当地的劳动力市场状况。如果当地的劳动力市场比较紧张,相关职位的人员供给比较少,那么招聘的范围就要扩大;相反,当劳动力市场宽松时,在本地进行招聘就可以满足需求。

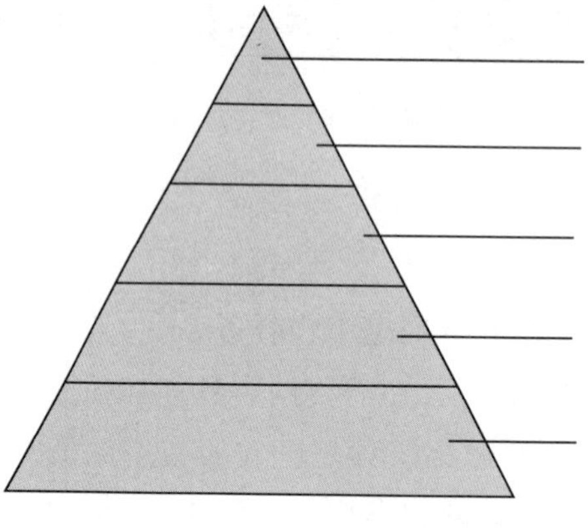

图 4-3 招聘范围示意图

(三)招聘的时间

由于招聘工作本身需要耗费一定的时间,再加上选拔录用和岗前培训的时间,因此填补一个职位空缺往往需要相当长的时间,为了避免企业因缺少人员而影响正常的运转,企业要科学、合理地确定自己的招聘时间,以保证职位空缺的及时填补。一般来说,可以用下式计算出招聘所需时间:

招聘时间 = 用人时间 -(招聘设计 + 培训时间)

在条件允许的情况下,招聘信息应尽早向人们发布,这样有利于缩短招聘进程,有利于使更多的人获取信息,使应聘人数增加。这就需要对招聘过程中各个阶段所需时间有一个比较准确的了解,以此准确估算信息发布的时间,及时进行招聘信息的发布。有经验的企业,一般都预先编制好招聘工作进度表,然后按照招聘工作的进行逻辑和时间顺序去实施。

（四）招聘的预算

在招聘计划中，还要对招聘的预算做出估计，招聘的成本一般由以下几项费用组成：

（1）人工费用，就是公司招聘人员的工资、福利、差旅费、生活补助、加班费等。

（2）业务费用，包括通信费（电话费、上网费、邮资和传真费）、专业咨询与服务费（为获取中介信息而支付的费用）、广告费（在电视、报纸等媒体发布广告的费用）、资料费（公司印刷宣传材料和申请表的费用）、办公用品费（纸张、文具的费用）等。

（3）其他费用，包括设备折旧费、水电费、物业管理费等。

在计算招聘费用时，应当仔细分析各种费用的来源，把它们归入相应的类别中，以避免出现遗漏或重复计算。表 4－2 为某公司招聘费用预算表。

表 4－2　某公司招聘费用预算表

<table>
<tr><td colspan="2">招聘时间</td><td></td><td>招聘地点</td><td></td><td>招聘日期</td><td></td></tr>
<tr><td colspan="2">招聘人员数量</td><td></td><td>负责部门</td><td></td><td>具体负责人</td><td></td></tr>
<tr><td colspan="7">招　聘　费　用　预　算</td></tr>
<tr><td>序号</td><td colspan="2">费用名称</td><td>费用金额/元</td><td colspan="3">备　注</td></tr>
<tr><td>1</td><td colspan="2">材料制作费用</td><td>1 200.00</td><td colspan="3">企业广告制作费用、宣传材料制作费用等</td></tr>
<tr><td>2</td><td colspan="2">报刊招聘费用</td><td>1 500.00</td><td colspan="3">在某报纸上刊登招聘广告的费用</td></tr>
<tr><td>3</td><td colspan="2">网络招聘费用</td><td>1 000.00</td><td colspan="3">在某招聘网站上发布职位信息的费用</td></tr>
<tr><td>4</td><td colspan="2">招聘会参展费用</td><td>600.00</td><td colspan="3">参加大型现场招聘会的费用</td></tr>
<tr><td>5</td><td colspan="2">办公费用</td><td>400.00</td><td colspan="3">办公用品、办公设备、水电等费用</td></tr>
<tr><td>6</td><td colspan="2">人工成本</td><td>600.00</td><td colspan="3">招聘人员的工资、福利、补助等</td></tr>
<tr><td>7</td><td colspan="2">交通费用</td><td>100.00</td><td colspan="3">招聘人员的交通费用</td></tr>
<tr><td>8</td><td colspan="2">食宿费用</td><td>300.00</td><td colspan="3">外地求职者的食宿费用</td></tr>
<tr><td>9</td><td colspan="2">其他费用</td><td>300.00</td><td colspan="3">其他各项费用开支及不可预见费用</td></tr>
<tr><td></td><td colspan="2">费用合计</td><td>6 000.00</td><td colspan="3"></td></tr>
<tr><td></td><td colspan="2">人均招聘费用</td><td></td><td colspan="3"></td></tr>
<tr><td colspan="4">预算审核人
（签字）：</td><td colspan="3">公司主管领导审批
（签字）：</td></tr>
</table>

制表人：　　　　　　　　　　　　　　　　　　　　　　　　　　制表日期：　年　月　日

二、员工招募

招聘决策完成后，就进入员工招募环节。所谓员工招募，就是指寻找员工可能的来源和吸引他们到组织应聘的过程。在这一阶段，企业要将招聘信息通过多种渠道向社会发布，向社会公众告知用人计划和要求，确保有更多符合要求的人员前来应聘，以供筛选。一般来说，信息发布面越广、越及时，接收到信息的人越多，应聘者就越多，组织的选择余地也就越大，但相应的信息发布费用就越大。反之，则相反。从理论上说，能来应聘的人越多越好，企业挑选余地越大。

三、人员选拔

人员选拔是指组织根据一定的条件、标准，运用科学的方法和手段，对应聘者进行严格的审查、比较和选择，发现和获得组织所需要员工的过程。员工选拔是员工招聘的关键环节，其目的在于判断求职者未来的工作绩效，录用符合职位要求的人选，淘汰不符合职位要求的人选。

员工选拔过程实际上是一个筛选的过程，这个过程没有标准化的程序，可以因企业规模和工作要求而有所差异。一般来说，员工选拔通常包括对所有应聘者情况进行的初步审查、知识与心理素质测试、面试，以确定最终的录用者。员工选拔的程序一般包括以下几个方面：

（一）申请与资格审查

求职者的应聘申请是选拔的基础。求职者通常需要填写招聘企业统一印制的应聘申请表。申请表是用来记录求职者个人背景信息的书面材料。资格审查是对求职者是否符合职位的基本要求的一种审查，人力资源管理部门通过审阅求职者的个人简历和应聘申请表对求职者进行审查，挑选出较为优秀的应聘者参加下一轮测试。

企业对求职者提交的所有申请材料（申请表、推荐函、证明材料等）进行资格审查。在资格审查过程中，选拔人员需要作出如下判断：①求职者是否符合招聘的基本条件，如年龄、学历、专业等；②求职者提供的个人信息是否真实，是否需要进行必要的核实与调查；③初步判断求职者是否胜任岗位，以决定求职者是否可以进入下一个选拔程序。一般情况下，为了避免判断失误而导致人才误舍，在资格审查程序应尽量减少淘汰的人数。

（二）面试

面试是一种非常普遍和常用的选拔方法，许多企业将面试的资料作为取舍申请者的依据。面试一直是在评价申请人时采用的主要方法，几乎所有企业实际上都在采用这种方式，并把面试看作最有决定性的选择程序。通过面试，了解应聘者的语言表达能力、反应能力、个人修养、逻辑思维能力、业务知识水平、工作经验等综合情况，并根据面试情况判断应聘者是否适合企业的用人要求，同时应聘者也可以通过个人期望和现实情况相比较，判断企业是否适合自己的发展。

（三）测试

许多企业都把各种形式的测试作为选拔程序的一部分。与面试相比，测试可以客观地甄别申请者的能力、学问和经验。测试因其操作简便，具有比较明确的客观标准，且易评判，以及公正、客观的优点，在人力资源管理中还是得到了广泛运用。但测试作为一种比较可靠和准确的选拔手段也有其局限性，测试也许可以准确地预计一个人的工作能力，但不能说明一个人想把工作做到什么程度。此外，涉及与个性测试及个人爱好有关的问题时，选拔的成败取决于求职者是否诚实。求职者可能有强烈的动机使其对问题作出不真实的回答，或提供他认为是企业所期望的答案。即便是采用设计完善的测试，录用了不合格的人却拒绝了合格的人的错误仍会发生。因此，在选拔过程中不宜单独使用测试，最好是与其他工具结合起来使用。

（四）背景调查

对于申请人的背景和资格的审查，可以从另一个侧面对应聘者进行考察，并可发掘出一些在常规面试中难以发现的信息。这样做可以证实(或提供)有关申请人的工作能力、表现、性格、优点和缺点等信息是否真实。此外,还可以审核申请人的学历、工作经验的证明文件及推荐信。适用于对中高级人才和关键性职位人才聘用。进行背景调查主要有4种方式:①电话调查;②正式商业信函;③传真发信;④与应聘者提供的证明人进行面谈。电话会谈是比较经济和快速的方式。正式商业发信有书面的记录确认,便于归档。而与前单位负责人进行面谈,则可更加深入和全面地了解应聘者的能力及原绩效表现情况,不过成本也最高。

(五)体检

体检是看应聘者的身体状况是否适合其所谋求的职务和环境。体检可以保证每一位被录用的员工身体健康、体能符合工作要求,如视力正常、能举起重物、能站立工作等。这样可以避免员工投诉企业的工作环境危害健康而要求赔偿,并且可以防止疾病传染。在选拔过程中,体检一般放在后期进行,因为这项程序费用较高,待其他不合格的申请者被淘汰之后再进行体检,可以降低成本。

四、人员录用

当应聘者经过各种筛选环节,最后一个步骤就是录用与就职。员工录用是指对从招聘选拔阶段层层筛选出来的候选人中选择出的符合组织需要的人做出最终录用决定,通知其报到并办理就职手续的过程。人员录用对组织来说至关重要,有效的人员录用可以为组织节省费用,降低员工辞退与辞职风险。

虽然不同的企业录用程序差异很大,但一般来讲,人员录用工作主要包括做出录用决策、确定并公布录用名单、办理录用手续、通知应聘者、签订试用期合同、新员工安置与试用、新员工转正并签订正式劳动合同等环节。员工录用的一般程序如图4-4所示。

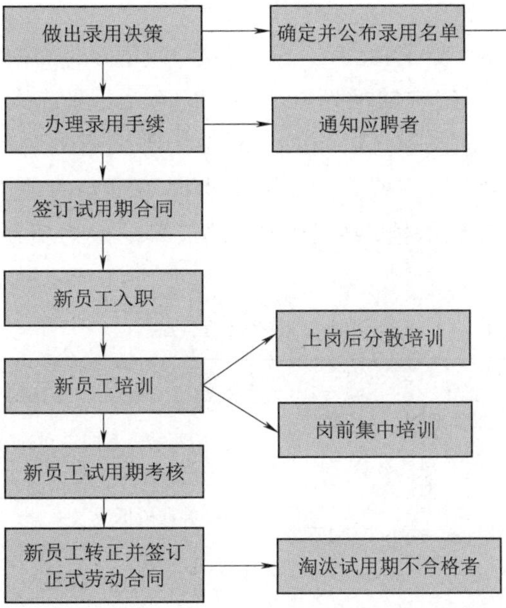

图4-4　员工录用程序图

五、招聘评估

招聘评估是招聘的最后一项工作，也是招聘过程必不可少的一个环节，但这一点很多企业并不重视。所谓招聘评估，是指在完成招聘过程中各阶段工作的基础上，对整个招聘活动的过程及结果进行评价与总结，检查是否达到预期的招聘目的，以便于不断改进招聘工作和提高招聘水平。招聘评估一般包括招聘工作的定性评估、定量评估和招聘工作的信度与效度评估。

第三节　员工招聘的途径和选拔方法

员工招聘或选拔的过程都是关于个人与企业匹配的活动，只是本质不同。招聘的过程是组织与职缺的特性与个人的需求匹配，由应聘者决定是否满足需求。选拔的过程则是求职者的能力与企业所需人才的条件匹配，由企业来决定是否匹配。而无论是招聘或是选拔，其基本涵义都在于组织、职务与个人之间的匹配度。对组织而言，若无法吸引和找出合适的人员担任职务，则组织将付出不必要的招聘选拔成本、培训成本和薪资成本等，使组织绩效无法提升。可见，招聘与选拔的重要性是不容忽视的。

一、员工招聘的渠道和方法

员工招聘就是通过各种途径和方法获取候选人的过程。招聘工作的成败在很大程度上取决于有多少人来应聘，应聘的人越多，企业选出优秀人才的可能性就越大。员工招聘的目标，就是要吸引尽可能多的符合企业需求的人来应聘。

（一）招聘的渠道

与人力资源供给的来源相对应，员工招聘的渠道有两个方面：内部招聘和外部招聘，这也是企业招聘人员的两个来源。职位空缺的填补，无论是经由内部选拔来实现，还是经外部招聘来实现，都各有利弊，两者基本是上互补的。两种招聘渠道的利弊分析见表 4 -3。事实上，内部招聘和外部招聘对组织人力资源的获取具有同等重要的地位。某一项工作究竟是由组织内部人员还是外部人员承担，要视市场供给、组织人力资源政策和工作要求而定。

表 4 -3　两种招聘渠道的利弊分析

	优　势	劣　势
内部招聘	1. 有利于提高员工的士气和发展期望 2. 对组织工作的程序、企业文化、领导方式等比较熟悉，能够迅速地开展工作 3. 对企业目标认同感强，辞职可能性小，有利于个人和企业的长期发展 4. 风险小，对员工的工作绩效、能力和人品有基本的了解，可靠性较高 5. 节约时间和费用	1. 容易引起同事间的过度竞争，发生内耗 2. 竞争失利者感受到心理不平衡，难以安抚，容易减低士气 3. 新上任者面对的是“老人”，难以建立起领导声望 4. 容易产生近近繁殖问题，思想因循守旧，思考范围狭窄，缺乏创新与活力

续表

	优　势	劣　势
外部招聘	1. 为企业注入新鲜的“血液”,能够给企业带来活力 2. 避免企业内部相互竞争所造成的紧张气氛 3. 给企业内部人员以压力,激发他们的工作动力 4. 选择的范围比较广,可以招聘到优秀的人才	1. 对内部人员是一个打击,感受到晋升无望,会影响工作热情 2. 外部人员对企业情况不了解,需要较长的时间来适应 3. 对外部人员不是很了解,不容易作出客观的评价,可靠性比较差 4. 外部人员不一定认同企业的价值观和企业文化,会给企业的稳定造成影响

(二)内部招聘的来源和方法

在进行内部招聘时,内部招聘的来源主要有两种:一是下级职位上的人员,主要通过晋升的方式填补空缺职位;二是同级职位上的人员,填补空缺职位的方式主要是工作调换或工作轮换。内部招聘的方法主要有两种:一是工作公告;二是档案记录。

1. 工作公告法

工作公告法是一种内部招聘方法,就是通过向员工通报现有工作空缺,从而吸引相关人员来申请这些空缺职位。工作公告中应包括空缺职位的各种信息,如工作内容、资格要求、上级职位、工作时间以及薪资等级等。表 4 - 4 是企业工作公告的示例。

表 4 - 4　工作公告示例

编号:
工作公告
公告日期:
结束日期:
在______部门中有一全日制职位______可供申请。此职位对/不对外部候选人开放。
薪资水平:最低______中间值______最高______
职责:
参见所附职位说明书。
所要求的技能和能力:(应聘者必须具备此职位所要求的所有技能和能力,否则不予考虑)
1. 在现在/过去所任岗位上表现出良好的绩效,其中包括:
◆ 有能力完整、准确地完成任务;
◆ 能够及时完成工作并坚持到底;
◆ 有同其他人合作共事的良好能力;
◆ 能进行有效的沟通;
◆ 可信、良好的出勤率;
◆ 较强的组织能力;
◆ 解决问题的正确态度与方法;
◆ 积极的工作态度:热心、自信、开放、乐于助人和献身精神。
2. 可优先考虑的技术和能力:
(这些技术和能力使应聘者更有竞争力)

续表

员工申请程序如下： 1. 电话申请可拨打号码________，每天下午3:00之前，________除外。 2. 确保在同一天将已经填好的内部工作申请表连同截至目前的简历一同寄至________。 对于所有的申请人将首先根据上面的资格要求进行审查。 筛选工作由________负责。 **机会对每个人来说都是平等的！**

2. 档案记录法

企业人力资源部一般都存有员工的个人资料档案，从中可以了解到员工在教育、培训、经验、绩效等方面的信息，通过这些信息，企业高层和人力资源部门就可以确定出符合空缺职位要求的人员。利用档案记录法的优点是可以在整个组织内发掘合适的工作应聘者，同时技能档案包含的信息比较全面，采用这种方法比较便宜和省时。但使用这种方法进行内部招聘时，要注意两个问题：一是档案资料的信息必须真实可靠、全面详细，此外还要及时更新，这样才能保证挑选人员的质量；二是确定出人选后，应当征求本人的意见，看其是否愿意服从调配。

随着计算机和网络技术的发展，现在很多企业都建立起了人力资源信息系统，对员工的个人信息进行动态化和规范化的管理，利用档案记录进行内部招聘的效率和效果都得到了大幅度的提高。

（三）外部招聘的来源和方法

外部招聘是根据一定的标准和程序，从组织外部寻找员工可能的来源和吸引他们到组织应聘的过程。外部招聘的人员来源较多，例如职业学校、学院和大学、竞争对手、退伍转业军人、个体劳动者、老年劳动者等。在制订招聘计划时，要以招收职位的素质要求为基础，同时考虑企业的发展状况、培训能力、正式上岗的迫切性、人力成本预算等因素，选择恰当的招聘来源。不恰当的招聘来源将导致招聘工作的低效，甚至可能会使不合格的员工进入企业。

由于外部招聘的来源都在企业外部，因此招聘方法的选择显得非常重要，否则潜在的应聘者就无法获知企业的招聘信息。外部招聘的方法主要有以下几种：

1. 广告招聘

广告是企业进行外部招聘时最常用的一种方法。借助广告进行招聘时，需要考虑两个问题：一是广告媒体的选择；二是广告内容的构思。目前通行的广告媒体主要有报纸、杂志、广播电视等，各种广告媒体分别具有自己的优点和缺点，企业应当根据具体情况选择合适的媒体。表4-5是对各种广告媒体的一个简单比较。

表4-5　各种广告媒体的比较

媒体类型	优　点	缺　点	适用范围
报纸	成本低；广告大小可以灵活选择；发行集中于某一特定的地域；各种栏目分类编排，便于积极的求职者查找	制作质量比较差；集中的招聘广告容易导致招聘竞争的出现；发行对象没有针对性；容易被忽视	潜在的应聘者集中在某一地区并且通常通过阅读报纸找工作

续表

媒体类型	优　点	缺　点	适用范围
杂志	专业杂志会到达特定的职业群体手中；广告印刷质量好；保存时间长；广告大小也可以灵活选择	发行时间较长；发行地域太广，见效期较长	招聘的职位比较专业；时间没有限制；招聘的范围比较大
广播电视	容易引起注意；灵活性强；可以将求职者的来源限定在某一特定地域；传递信息更为直接和生动	费用高；传递的信息简单；缺乏持久性，求职者不能回头再了解；不能选择特定的应聘者	当需要扩大影响的时候；需要迅速引起人们的注意；无法使用印刷广告；某一地区有多种类型的潜在应聘者
其他印刷品	在求职者可能采取某种立即行动的时候，引起他们对企业雇佣兴趣；极富灵活性	作用有限；要使此种措施见效，首先必须保证求职者能到招聘现场来	在一些特殊场合，如就业交流会、公开招聘会上布置的海报、标语、旗帜、视听设备等；或者求职者访问组织的某一工作地时，向他们散发招聘宣传材料

2. 校园招聘

校园招聘是指企业通过在校园中举办招聘会等形式，提前招聘一些即将毕业的大中专院校学生的一种招聘途径。大中专院校学生，特别是一些名校或紧俏专业的学生，由于他们具备最新的知识、较高的素质和能力并具有较强的可塑性，往往是各大企业争夺的对象，对他们的获取一般都通过校园招聘的途径。最常见、最节省的校园招聘方法就是派人到学校开设就业讲座，介绍企业的情况和政策，让学生对企业有更多的了解，吸引学生到企业来应聘。

校园招聘是组织获得潜在管理人员及专业技术人员的一条重要途径，也是宣传企业形象的一种非常便利的手段。但同时要注意到校园招聘持续时间长，确定的应聘者要等到毕业才能被雇用。另外，由于毕业生就业之初离职或跳槽的情况比较多，工作稳定性差，对组织的招聘、选拔和培训成本较高。

3. 人才中介机构招聘

企业招聘人员可借助各种职业介绍机构，例如，猎头公司、职业介绍所、人才交流中心等。

（1）就业服务机构。就业服务机构是专门进行人力资源搜索、筛选，并向企业提供各类所需人才的机构，它往往担当着双重角色：既为组织择人，也为求职者择业。通过就业服务机构，企业往往可以较快地招聘到合适的人员。企业通过与合适的专业机构进行接触，告知所需工作的资格；专业机构承担寻找和筛选求职者的工作，向企业推荐优秀的求职者以便进一步筛选。在我国就业服务机构是指各种职业介绍所（包括政府主办的公共职业介绍机构、私人或民间的职业介绍所）、人才交流中心等。这种方法一般适用于企业招聘中低层员工。

（2）招聘洽谈会。人才交流中心或其他人才机构每年都要举办多场人才招聘洽谈会。在洽谈会中，用人企业和应聘者可以直接进行接洽和交流，节省了企业和应聘者的时间。随着人才交流市场的日益完善，洽谈会呈现出向专业方向发展的趋势，如中高级专业人才洽谈会、应届生双向选择会等。洽谈会由于应聘者集中，使企业的选择余地较大，但招聘高级人才还是较为困难。通过参加招聘洽谈会，企业招聘人员不仅可以了解当地人力资源素质和走向，还可以了解同行业其他企业的人事政策和全国各地需求情况。

(3)猎头公司。猎头公司是指那些以受托招聘为主要业务的公司。在国外，猎头服务早已成为企业求取高级人才和高级人才流动的主要渠道之一。我国的猎头服务近些年来发展迅速，有越来越多的企业逐渐接受了这一招聘方式。猎头服务的一大特点是推荐人才素质高。猎头公司一般会建立自己的人才库，优质高效的人才库是猎头公司最重要的资源之一，对人才库的管理和更新也是他们日常的工作之一，而搜寻手段和渠道则是猎头服务专业性最直接的体现。当然，与高素质候选人才相伴的，是昂贵的服务费，猎头公司的收费通常能达到所推荐人才年薪的30%~35%。但是，如果把企业自己招聘人才的广告费用、时间成本、选拔成本、人才素质差异等隐性成本计算进去，猎头服务或许不失为一种经济、高效的方式。

4. 网络招聘

网络招聘又称在线招聘或电子招聘，它是指利用互联网技术进行的招聘活动，包括信息的发布、简历的搜集整理，电子面试以及在线测评等。它并不仅仅是将传统的招聘业务搬到网上，而是互动的、无地域限制的和具备远程服务功能的一种全新的招聘方式。网络招聘以其招聘范围广、信息量大、可挑选的余地大、应聘者素质高、招聘效果好、费用低等优势，获得了越来越多企业的认可。

目前，通过网络招聘的渠道有：①注册成为人才网站的会员，在人才网站上发布招聘信息，收集求职者信息资料，查询合适人才信息，这是目前大多数企业在网上招聘的方式。由于人才网站上资料库大、日访问量高，企业往往能较快招聘到合适的人才。②在自己公司的主页或网站上发布招聘信息。很多公司在自己的网站上发布招聘信息，以吸引来访的人员加入。③在某些专业的网站发布招聘信息。由于专业网站往往能聚集某一行业的精英，在这样的网站发布招聘信息往往效果更好。④在特定的网站上发布招聘广告。有些公司会选择在一些浏览量很大的网站发布招聘广告。

5. 员工推荐

许多企业都采取员工推荐的方法来招聘新员工，员工推荐对招聘专业人才比较有效。员工推荐具有招聘成本小、应聘人员素质高、可靠性强的优点，因此很多企业认为员工推荐是招聘方法中最好的一种，例如思科公司、微软公司、英特尔公司等，这些公司对推荐成功的员工还给予奖励。但是，这种方法也存在缺点，一旦员工所推荐的人被拒绝，则这个员工可能会产生不满。而且如果引荐的人数过多，容易形成小团体和非正式组织，对组织可能形成致命的伤害。

前述几种外部招聘方法各有优缺点，企业可以实际情况选择运用。表4-6为各种外部招聘方法的详细比较。

表4-6 外部招聘方法的比较

招聘方法	适合招聘的工作类型	速度	成本	求职者来源	求职者同工作要求的符合程度
招聘广告	所有	快	中	广	不高
就业服务机构	蓝领工人、低层管理人员	中	中	较广	较高

续表

招聘方法	适合招聘的工作类型	速度	成本	求职者来源	求职者同工作要求的符合程度
猎头公司	中、高层管理人员	中	高	较广	较高
校园招聘	管理人员、专业技术人员	慢	高	较广	较高
网络招聘	所有	快	低	广	较高
员工推荐	所有	快	低	不广	高

【走进管理 4 -1】

名企的微信招聘

联想

联想通过微信平台发布招聘信息、推送求职技巧、介绍校园宣讲会行程、宣传企业形象并提供自定义菜单栏查询功能，包括各类职位查询、企业介绍、在线答疑。各类信息中，招聘信息所占比重最大，信息更新频率较高。

联想通过微信平台塑造了一个有良好发展前景又充满人文关怀的企业形象，为此启动了一系列宣传活动。“想知道你”联想员工微介绍栏目鼓励员工通过文字、视频、图片等各种形式介绍自己，促进员工交流的同时帮助用户认识企业。“海面应答策略十招”“笔试技巧来了”等满足应届生提升求职技巧的需求，充分展现了企业的人文关怀。“你为什么选择联想”是一个以企业介绍为主题的活动，从职业发展、工作节奏、企业文化、福利等多个方面向用户介绍加入联想的理由。

联想通过微信对校园招聘进行全程宣传，除了校招行程安排和校招进程，还提供阶段性的答疑服务。最为贴心的是介绍各城市简历投递情况、各岗位简历竞争情况，并提供用户求职进度查询和在线预约宣讲会等服务，方便用户全方住了解招聘信息。

联想还十分注重用户体验，积极征集用户意见。“想要看啥，你说了算”就是为了实现这一目的开展的活动，在微信上征集大家想看的内容、期望的信息推送频率或者其他想法。

华为

华为通过微信平台宣传企业、产品以及招聘活动，并分享职场经验。用户可以用关键字查询职位信息。

社会招聘阶段主要发布招聘信息和招聘活动信息，校园招聘阶段企业开放日和征文活动信息比重较大，信息发布频率较高但不稳定。

华为积极开展企业宣传活动。2013 年 11—12 月开展的“华为 OpenDay”活动，组织潜在的求职者到深圳总部参观。此次活动通过微信进行宣传和全程报道，并提供微信报名服务。为了扩展活动影响，华为同时开展“青春见证——华为 OpenDay 征文”活动，通过微信用户投票的方式评选出获奖者。最终《始梦之旅》《与华为的第一次触电》《十二月二十六日游华为有感》三篇文章获得前三名。微信平台让没有参加此次活动的用户详细了解了活动全程，并通过征文活动分享参与者对华为的认识和感受。

北京新东方

北京新东方通过微信平台发布招聘信息、宣传招聘活动、介绍企业。另有自定义菜单栏提供职位查询、在线面试等功能。招聘信息在各类信息中所占比重最大，信息发布频率一般且不稳定。

北京新东方积极开展线上面试，其形式包括在线面试、微简历、语音简历等，求职者一旦通过，即可参加接下来的线下面试。其前提是发布的招聘信息与网站上发布的招聘信息完整度相当，所以求职者在微信上查看招聘信息，通过向指定邮箱投递简历或者参与线上面试即可进行求职。北京新东方为求职者提供了便利，不足之处是忽略了用户的其他需求。

宝洁中国

宝洁中国通过微信平台介绍企业、宣传各类活动、发布求职技巧和职业技巧。另有自定义菜单栏提供多项查询功能，供查询的内容根据当前的活动进行调整。信息发布频率较高且较为稳定。

宝洁中国将微信招聘的对象锁定为应届毕业生。为此，宝洁中国通过微信平台主要开展企业宣传、发布满足应届生需求的求职技巧和职业技巧，并开设专门的查询功能。“宝洁精英挑战赛”是宝洁中国于2014年2—7月开展的面向所有高校学生的比赛，旨在培养和选拔具有创新才能、领导能力和商业战略潜质以及科技创新能力的在校大学生。宝洁中国通过微信平台对此次活动进行了全程报道，并在自定义菜单栏中设置大赛查询专栏。在微信中的大赛奖励也非常诱人，冠军团队奖励15 000元人民币，提供高管门徒培训以及免试通行证，亚军和季军团队的奖励也非常丰厚。

宝洁中国除了使用微信，还通过新浪微博、人人网和应届生BBS等对招聘活动进行宣传。宝洁中国通过微信主要是吸引用户，并不直接提供具体的职位信息，用户还需通过其他途径获取详细招聘信息。“宝洁故事汇”就是利用微信平台吸引用户的案例。让新员工可以带着宝洁中国的offer去完成没有时间完成的梦想，从中征集和评选他们各自实现梦想的故事，并对转发和分享故事的用户进行奖励。如“一个人的背包旅行”，讲述了一个带着宝洁中国offer的女孩利用假期完成独自背包旅行的故事。这对应届生产生很强的吸引力，同时，有奖转发又进一步扩大了宝洁中国的影响力。

资料来源：www. chinahrd. net. 有删改。

二、员工招聘的选拔方法

【管理故事4－2】

女大学生凭两块钱进外企

在一次招聘会上，北京某外企人事经理说，他们本想招一个有丰富工作经验的资深会计人员，结果却破例招了一位刚毕业的女大学生，让他们改变主意的起因只是一个小小的细节：这个学生当场拿出了两块钱。

当时，女大学生因为没有工作经验，在面试一关即遭到了拒绝，但她并没有气馁，一再坚持。她对主考官说：“请再给我一次机会，让我参加完笔试。”主考官拗不过她，就答应了她的请求。结果，她通过了笔试，由人事经理亲自复试。

人事经理对她颇有好感，因她的笔试成绩最好，不过，女孩的话让经理有些失望。她说自己没工作过,唯一的经验是在学校掌管过学生会财务。找一个没有工作经验的人做财务会计不是他们的预期,经理决定收兵:“今天就到这里,如有消息我会打电话通知你。”女孩从座位上站起来,向经理点点头,从口袋里掏出两块钱双手递给经理:“不管是否录取,请都给我打个电话。”

经理从未见过这种情况,问:“你怎么知道我不给没有录用的人打电话?”“您刚才说有消息就打,那言下之意就是没录取就不打了。”

经理对这个女孩产生了浓厚的兴趣,问:“如果你没被录取,我打电话,你想知道些什么呢?”“请告诉我,在什么地方我不能达到你们的要求,在哪方面不够好,我好改进。”“那两块钱……”女孩微笑道:“给没有被录用的人打电话不属于公司的正常开支,所以应该由我付电话费,请您一定打。”经理也笑了:“请你把两块钱收回,我不会打电话了,我现在就通知你:你被录用了。”

记者问:“仅凭两块钱就招了一个没有经验的人,是不是太感情用事了?”经理说:“不是。这些面试细节反映了她作为财务人员具有良好的素质和人品,人品和素质有时比资历和经验更为重要。她一开始便被拒绝,但一再争取,说明她有坚毅的品格。财务是十分繁杂的工作,没有足够的耐心和毅力是不可能做好的;她能坦言自己没有工作经验,显示了一种诚信,这对搞财务工作尤为重要;即使不被录取,也希望能得到别人的评价,说明她能直面困难,把每项工作都做得很完美,我们接受失误,却不能接受员工自满不前;女孩自掏电话费,反映出她公私分明的良好品德,这更是财务工作不可或缺的。”

资料来源:中国青年网.女大学生凭两块钱进外企[EB/OL].[2016-5-10].http://career.youth.cn/zt/xyczjh/wztt/201601/t20160108_7506313.htm.

员工选拔是一项为企业把关的工作,是整个招聘过程的关键环节。如果将不合适的人员引进企业,不仅会增加培训等方面的困难,而且会造成过高的人员流动率,增加企业的负担。在长期的人力资源招聘工作实践中,发展了许多实用的选拔方法。当前使用最广泛的、最主要的选拔方法是申请表审查法、面试法、测试法和评价中心技术等。

(一)申请表与简历筛选

对应聘申请表和简历的审查及评价是招聘选拔的初步筛选。目的在于收集关于求职者背景和现在情况的信息,以评价求职者是否能满足最低的工作要求。其基本内容包括应聘者过去和现在的工作经历、受教育情况、培训情况、能力特长、职业兴趣等。

每个应聘者都会向招聘单位递交简历,为什么还需要有申请表呢?这是因为简历主要是应聘者想告诉企业的内容,申请表则主要是企业想了解的内容,二者内容既有重叠,又有区别,对企业各有利弊,配合使用可以互为补充。个人简历与申请表的区别,见表4-7。

表4-7　个人简历与申请表的区别

优缺点	个人简历	申请表
优点	1.开放式,有助于创新 2.允许申请人强调他认为重要的东西 3.允许申请人点缀自己 4.费用较小,容易做到	1.直截了当 2.结构完整 3.限制了不必要的内容 4.标准化程度高,易于评估

续表

优缺点	个人简历	申请表
缺点	1. 申请人可能略去某些对自己不利的内容，容易添油加醋 2. 标准化程度低，难以评估	1. 封闭式，限制创造性 2. 制作和分发费用较贵

（二）面试法

面试是一种最重要最常用的人员选拔方法，其目的是使组织通过面对面的交流以找到最合适的人选，同时也为了使应聘者通过求职过程的真实体验找到最理想的职位。

1. 面试的概念

面试是一种经过精心设计，在特定场景下，通过与应聘者面对面的交谈与观察，了解其有关信息的一种方式。面试是员工选拔最普遍使用的方法。

面试内容包括应聘者的仪容仪表、人生观、社会观、职业观、人格成熟程度、个人修养、求职动机、工作经验、相关专业知识、语言表达能力、应变能力及决策能力、自我认识能力及协调指导能力、社交能力及分析判断能力、团队意识、责任心等。

2. 面试的类型

（1）按照面试的结构化程度，可以分为结构化面试、非结构化面试和半结构化面试。

①结构化面试。结构化面试是指在面试前已设立面试内容的固定框架或问题清单，主考官按照这个框架对每个应聘者分别作相同的提问，并控制整个面试的进行。结构化面试具有规范性、客观性、相对标准性、便于掌握评分尺度等特点，又称标准化面试。这种面试由于对所有应聘者均按同一标准进行，因而可以提供结构与形式相同的信息，全面分析、比较，同时也减少了主观性，且对考官的要求也较低。但缺点是过于僵化，难以随机应变，因而所收集信息的范围受到限制。表4－8和表4－9分别是某企业结构化面试试题与结构化面试评分表。

表4－8　某企业结构化面试试题

考核内容	面试问题
工作经验	描述一下您以往的主要工作职责，以及在工作中有何收获
领导能力	作为一个部门领导，您如何让您的下属尊敬并信任您
计划执行能力	1. 您是如何准备这次面试的
	2. 您如何计划和安排重要项目
判断和决策能力	1. 当事情发展的结果与您事先做的计划有很大偏差时，请问您如何处理
	2. 当您在购物时，无意中发现了一件商品，其外观非常精致，但对您来说没有太大的使用价值，您会如何抉择
	3. 在以前的工作经历中，对于做出重大决策您是如何实施的？请举个例子加以说明
目标管理能力	1. 您怎样鼓励员工达到工作目标
	2. 您如何确保企业的目标、任务能反映到各部门甚至员工个人的工作目标中去
开拓能力	举例说明在一个新的环境里，您是如何发现潜在商机的
客户服务意识	举例说明您是如何成功地处理了客户提出的比较难以解决的问题，从而使客户满意的
人际沟通能力	在长途旅行的火车或飞机上，周围都是陌生人，您是如何在这样的环境中与他们相处的
影响力	当与领导意见不一致时，您通常是如何解决的

表 4－9　结构化面试评分表

应聘者姓名		性别		应聘职位	
所属部门		工作地点		评估日期	
一、能力素质评价					
能力	个人得分				
	1(差)	2(较差)	3(一般)	4(良好)	5(优秀)
领导能力					
计划分析能力					
判断决策能力					
目标管理能力					
开拓能力					
客户服务意识					
影响力					
二、综合评价(示例)					
优点： 缺点：					
三、建议					
□录用	□待定	□基本上不符合条件			
			评估者：	日期：	

②非结构化面试。非结构化面试是指事先不拟定谈话形式和内容的框架，以漫谈形式让被试者自由发挥。非结构化面试没有既定的模式、框架和程序，主试者可以"随意"向被试者提出问题，而对被试者来说也无固定答题标准。这种面试方法给谈话双方以充分的自由，主试者可以针对被试者的特点进行有区别的提问。非结构化面试形式给主试者以自由发挥的空间，但这种形式也存在一定的局限性，即易受主试者主观因素的影响，面试结果无法量化以及无法同其他被试者的评价结果进行横向比较等。

③半结构化面试。半结构化面试是指将结构化面试和非结构化面试结合起来进行的面试，它可以有效地避免结构化和非结构化面试的缺点。半结构化面试包括两种含义：一种是考官提前准备重要的问题，但是不要求按照固定的次序提问，且可以讨论那些需要进一步调查的题目；另一种是指考官依据事先规划出来的一系列问题来对应聘者进行提问，一般是根据管理人员、业务人员和技术人员等不同的工作类型设计不同的问题表格。

结构化面试、非结构化面试和半结构化面试的比较见表 4－10。

表 4－10 三种面试类型的比较

分类	特点	备注
结构化面试	有准备完整的面试题目；严格按顺序依次提问； 有明确的测评要素；临场情境性低； 时间较长，易显枯燥；资料整合难度低； 评分者一致性较好；标准化程度高	初学者比较容易掌握
非结构化面试	事先无特定准备的题目；无测评要素的设置； 临场情境性高；高度依赖主持人的经验与背景； 资料整合难度高；评分者一致性较差； 标准化程度低	多用于心理诊断； 未经训练时使用效率低
半结构化面试	有面试提纲及备选问题；有明确的测评要素； 操作可灵活变化；资料整合难度中等； 评分者一致性中等；标准化程度中等	在招聘选拔中采用最多的面试方法

(2)按照面试的组织方式，可以分为主试团面试和集体面试。

①主试团面试。主试团面试是指由 2～5 个主考人组成主试团，分别对每个应试者进行面试。采取这种方式时，主试团成员需要进行角色分配，各自从不同的角色相互配合。这种方法可以对应聘者做出比较全面的评价，但是比较耗费时间。

②集体面试。集体面试是指由一个面试者同时对多个应聘者进行面试的方式。当一个职位的应聘人较多时，为了节省时间，让多个应试者组成一组集体面试。这种方法着重考察应试者的个性和协调性，它虽然可以节省大量时间，但是由于面试者要同时观察多个应聘者的表现，容易出现观察不到的情况。

(3)按面试的氛围设计，可以分为压力面试和非压力面试。

①压力面试。压力面试是指将应试者置于一种认为的紧张气氛中，让应试者接受诸如挑衅性的、敌意的或是具有攻击性的意想不到的问题，以考察其应变能力、压力承受能力、情绪调整能力等。

压力面试通常适用于需承受较高心理压力岗位的求职者进行测试。测试时主试者可能会突然问一些不礼貌、冒犯的问题，让被试者会感到很突然，同时承受较大的心理压力。这种情况下，心理承受能力较弱的求职者反应可能会较异常，甚至不能承受。而心理承受能力强的人员则表现较正常，能较好地应对。

② 非压力面试。非压力面试是指在没有压力的情景下考察应试者有关方面的素质。与压力面试相关，非压力面试中，主试者力图创造一种宽松亲切的氛围，使应聘者能够在最小压力情况下回答问题，以获取录用所需要的信息。事实上，除了那些需要真正在压力下工作的岗位外，非压力面试适用于绝大多数情况。

【应用实例 4－1】

HR 经理人面试问题大全

1. 影响力

(1)请你举一例说明你曾经使某人做他并不喜欢做的事情。

(2)请描述一下这样一个经历：你使别人参与、支持你的工作，并最终达到了预期目的。

(3)假设你发现你的一位工友做了不道德的事情,你会采取什么样的方法来使这位工友改正他的不道德行为?

(4)假如管理层要对工作程序进行调整,这会对你的工作造成危害。你会采取什么办法来说服管理层不要这样做?

(5)请说说你的这样一个经历:你的一位老板总是在最后一刻才给你布置工作任务。你采取什么办法来改变老板的这种工作方法?

2. 客户服务意识

(1)请讲一次这样的经历:你使一个非常不满的客户改变了看法。是什么问题?你是怎样使客户回心转意的?

(2)讲一次你曾经为了取得与工作有关的目标而做出个人牺牲的经历。

(3)你认为质量和客户服务的关系是什么?

(4)很多人都把客户服务的重点放到处理客户投诉上,你认为这种策略的问题是什么?

(5)给我讲一个你曾经遇到的这样一个问题:和你打交道的一位客户要求解决问题的方法和公司利益发生冲突。你是怎样解决这个矛盾的?

3. 团队意识

(1)你认为一个好的团队管理者的最主要特点是什么?为什么?

(2)请你讲出你在团队工作背景下遇到的最具有创造性和挑战性的事情。你用什么方法来鼓励他人和你自己来完成这件事的?

(3)管理人员能否不做任何说明就让员工去干某项工作?为什么?

(4)请讲一下你对团队工作最喜欢和最不喜欢的地方?为什么?

(5)请说出你作为团队者所遇到的最困难的事情。是怎样解决这个困难的?你在解决这个困难中起了什么作用?

4. 沟通技能

(1)请讲一个这样的情形:某人说话不清,但是你还必须听他的话,你怎样回答他的问题才好?

(2)一个好的沟通者应该具备哪些条件?

(3)请说一下别人是怎样看你的?

(4)请你讲一下和一个有非常糟糕习惯的人在一起工作的经历。你是怎样使对方改变他的不良行为的?

(5)若让你在公司董事会上发言,你该怎样准备发言稿?

5. 工作主动性

(1)说一个你曾经干了些份外工作的经历,你为什么要承担那么多的份外工作?

(2)请讲这样一个经历:你获得了很难得到的一些资源,这些资源对你完成工作目标特别重要。

(3)你前任工作中,都干了哪些有助于你提高工作创造性的事情?

(4)在你前任工作中,你曾经试图解决了哪些与你工作责任无关的公司问题?

(5)讲讲这样的一次经历:在解决某一难题时,你独辟蹊径。

资料来源:无忧考网. HR 经理人必看:面试问题大全[EB/OL]. [2016-5-10]. http://www.51test.net/show/27504.html.

（三）选拔测试

选拔测试就是指运用各种科学或经验的方法对应聘者进行评价，从而挑选出那些符合职位要求的人员的过程。选拔测试的方法很多，下面仅介绍几种最有代表性的测试方法。

1. 知识测试

知识测试用于衡量应聘者是否具备完成职位职责所要求的知识。虽然具备职位所要求的知识并不是实际工作绩效良好的充分条件，但往往是它的一个必要条件，因此选拔录用中要对应聘者的相关知识进行测试。不同职位，知识测试内容也不一样，例如录用会计人员，就要测试与会计有关的知识；录用人力资源管理人员，就要测试人力资源管理知识。

知识测试方法的好处是比较简单，便于操作，不需要特殊的设备；可以同时对很多应聘者进行测试，因此费用也比较低，可以节约大量的时间；相对来说比较公平，受主观因素影响较小。这种方法的缺点在于主要考察的是应聘者的记忆能力，对实际工作的能力考察不够，因此知识测试往往作为一种辅助手段与其他方法一起使用。

2. 能力测试

能力是指个人顺利完成某种活动所必备的心理特征，任何一种活动都要求从事者具备相应的能力。能力测试用于衡量应聘者是否具备完成职位职责所要求的能力。能力测试有两种功能：一是判断应聘者具备什么样的能力，即诊断功能；二是测定在从事的活动中成功的可能性，即预测功能。能力测试包括一般能力测试、能力倾向测验和特殊能力测试三种。

3. 性格和兴趣测试

（1）性格测试。性格指个人对现实的稳定态度和习惯的行为方式，对应聘者性格进行测试有助于判断他们是否胜任所应聘的职位。目前，对性格测试的方法很多，主要可以归结为两大类：一是自陈式测试。就是向被试者提出一组有关个人行为、态度方面的问题，被试者根据自己的实际情况回答，测试者将被试者的回答和标准进行比较，从而判断他们的性格。二是投射式测试。该测试主要采用图片作为工具而展开，测试人将一张意义含糊的图和照片出示给应聘者看，并不容其有考虑的时间，要求被试人很快说出对该图片的认识和解释。由于应聘者猝不及防，又无思考时间，就会把自己的心理倾向“投射”到对图片的解释上，因而结果较为可信。

（2）兴趣测试。这里的兴趣主要是指职业兴趣，它是指人们对具有不同特点的各种职业偏好以及从事这一职业的愿望。职业兴趣会影响人们对工作的投入程度，如果应聘者的职业兴趣与应聘的职位不符，就会影响他的工作热情；相反，如果应聘者的职业兴趣与应聘职位相符，他就会积极主动地工作。

（四）评价中心测试

评价中心测试是一种综合性的方法，它使用各种不同的技术对多个心理维度进行评定。它是一种为组织判断和预测那些与组织工作绩效目标相关联的个体行为，以评价被试者操作能力及管理素质为中心，所进行的一种标准化活动程序，是一种比较全面的测评方法。评价中心测试主要用于招聘管理人员，常用的方式主要有公文处理、无领导小组讨论、管理游戏、角色扮演等。

1. 文件筐测验

文件筐测验又称公文处理法,适用于中、高级管理人员的能力测评。在这种测评方式中,被评价者被安排处理某一日常工作中常常遇到的各种类型的公文。这些待处理的公文包括各部门送来的各种报告,上级下发的各种文件,与企业相关的部门或业务单位发来的信函等,其内容涉及企业经营管理的各个方面,既有重大决策问题,也有日常琐碎小事。要求被评价者对每一份文件都要作出处理,如写出处理或解决问题的意见、批示,或直接与部门的人员联系发布指示等。被评价者应在规定时间内把公文处理完。评价者待测评对象处理完后,应对其所处理的公文逐一进行检查,并根据事先拟定的标准进行评价。表 4 - 11 是文件筐测验的一个样例。

表 4 - 11 文件筐测验样例及答题纸

文件筐测验样例

假定你是某合资电子公司的总经理,以下任务要求你单独完成:

今天是 10 月 20 日,由于停电,所有管理人员已提前下班,你刚刚从本部回来,已经是下午五点。你的办公桌上有一堆文件,你最好在六点前处理完毕,因为你将去香港参加国际电子产品展览会,机票已经订好,司机六点来接你去机场,你 10 月 24 日才能回到你的办公室办公。你公司的主要产品市场需求量很大,正打算扩大生产规模。好,你现在可以开始工作了。

文件一 金总:上月销售部经理陈华离职之后,又陆续流失 6 名业务主管,销售人员数量严重不足,人力资源部至今没有补充到位,部门内士气低落、人心思动。部门内 8 名骨干业务主管今天联名要求三日内与您就销售提成额度问题进行沟通,此事如何处置,请指示。

销售部,10.20

文件二 金总:财务部赵杰在划拨款项时出现失误,造成较大损失,按规定应解除合同。现赵杰愿意由个人弥补损失,且赵杰的父亲是我们的重要客户,目前正面临签署明年的购货协议,销售部认为按规定处理赵杰会对协议的签署产生很大影响。此事如何处理?

人力资源部、财务部、销售部,10.18

文件筐测验答题纸
应试者编号: 姓　　名: 竞聘职位: 文件序号:
处理意见: 签名: 年　月　日
处理理由:

文件筐测验可以在很短的时间内全面、准确掌握管理者的能力、潜能以及个性心理特征等岗位关键要素,但也存在缺点,如评分比较困难、不够经济,另外测验的设计、实施、评分都需要较长的时间,投入的精力和费用比较大。

2. 无领导小组讨论

无领导小组讨论,又称群面,是采用情景模拟的方式对考生进行集体面试。无领导小组讨论主要是通过一定数目的被试者组成一组(5~7人),进行一小时左右时间的与工作有关问题的讨论,讨论过程中不指定谁是领导,也不指定被试者应坐的位置,让被试者自行安排组织,评价者来观测被试者的组织协调能力、语言表达能力,分析归纳能力、说服能力、集体意识等各方面的能力和素质是否达到拟任岗位的要求,以及自信程度、进取心、情绪稳定性、反应灵活性等个性特点是否符合拟任岗位的团体气氛,由此来综合评价被试者之间的差别。表4-12是某企业进行无领导小组讨论进行面试的试题样例。

表4-12　无领导小组讨论试题样例

海上救援
现在发生海难,一游艇上有8名游客等待救援,但是现在直升飞机每次只能够救一个人。游艇已坏,不停漏水。寒冷的冬天,刺骨的海水。游客情况: 1. 将军,男,69岁,身经百战; 2. 外科医生,女,41岁,医术高明,医德高尚; 3. 大学生,男,19岁,家境贫寒,参加国际奥数获奖; 4. 大学教授,50岁,正主持一个科学领域的项目研究; 5. 运动员,女,23岁,奥运金牌获得者; 6. 经理人,35岁,擅长管理,曾将一大型企业扭亏为盈; 7. 小学校长,53岁,男,劳动模范,五一奖章获得者; 8. 中学教师,女,47岁,桃李满天下,教学经验丰富。 **要求**:请将这8名游客按照营救的先后顺序排序,小组的意见必须统一。 1. 5分钟的审题、思考时间; 2. 1分钟的观点陈述时间; 3. 20分钟的小组讨论时间; 4. 5分钟总结。

3. 管理游戏

管理游戏是一种以完成某项"实际任务"为基础的团队模拟活动,通常采用小组形式进行,数名被测评者(通常6~10人)组合成一个小组,就给定的材料、工具共同完成一项游戏任务,并在任务结束后就某一主题进行讨论交流。在游戏中,每个小组成员各被分配一定的任务,有的游戏还规定了小组成员的角色,不同的角色权限不同,但不管处于什么角色,要完成任务,所有的成员都必须合作;在游戏的过程中,测评者通过观察被测评者在游戏中的行为表现,对预先设计好的某些能力与素质指标进行评价。管理游戏作为评价中心技术的一种测评方式,其复杂程度是评价中心技术中最高的,另外,与其他方式相比,其使用频率相对偏低,但是它的测评效度较高。

4. 角色扮演

角色扮演是要求被试者扮演一个特定的管理角色来处理日常的管理事务,观察他的表现,以了解其心理素质和潜在能力,是一种用以测评人际关系处理能力的情景模拟测试。在这种测试中主试者设置了一系列尖锐的人际矛盾与人际冲突,要求被试者扮演某一角色的情景,去处理各种问题和矛盾,主试者通过对被试者在不同人员角色的情景中表现出来的行为进行观察和记录,确定应聘者的素质潜能。例如,要求他扮演一名车间主任,让他在车间里指挥生产。在测评中要强调了解被试者的心理素质,而不要根据他临时的工作意见作出评价,因为临时工作的随机因素很多,不足以反映一个人的真才实学。有时可以由主试者主动给被试者施加压力,如工作时不合作,或故意破坏,以了解被试者的各种心理活动以及反映出来的个性特点。

第四节 招聘评估

招聘评估是招聘过程必不可少的一个环节,招聘评估通过成本与效益核算能够使招聘人员清楚地知道费用的支出情况,区分出哪些是应支出项目,哪些是不应支出项目,这有利于降低今后招聘的费用,为组织节省开支。招聘评估通过对录用人员的绩效、实际能力、工作潜能的评估及通过录用员工质量的评估,检验招聘工作成果与方法的有效性,有利于招聘方法的改进。

一、招聘工作的定性评估

招聘工作的定性评估,一般从候选人的数量、质量和职位填补的及时性,以及对招聘过程服务的满意度,新员工所在职位的部门负责人对招聘工作的满意度等指标进行评估。

(一)职位填补的及时性

职位填补的及时性,体现在招聘部门的反应是否迅速,能否在接到用人要求后,短时间内找到符合要求的候选人。招聘部门应该在平时参加商务会议或其他活动时,有意识地寻找将来可能会对公司有用的候选人,为这些潜在候选人建立档案库,以供将来随时使用。另外,招聘工作人员的工作效率也影响招聘工作的及时与否。

(二)用人单位或部门对招聘工作的满意度

用人单位或部门对招聘工作的满意度包括对新录用员工的数量、质量的满意,以及对招聘过程的满意,是否按照用人单位或部门的要求招聘到合适的人选,是否及时和用人单位或部门密切联系,共同招聘和筛选候选人,负责招聘的人员是否花时间与部门经理一起讨论他们对应聘人员的要求,对所招的新员工的绩效的满意度等。

(三)招聘渠道的吸引力

招聘渠道的吸引力包括所吸引的有效候选人的数量,如网上招聘就是点击该招聘的数量,写申请求职的人员的数量,符合职位要求的求职者的数量,报纸杂志的效果可用所收有效简历的数量、有效电话咨询的数量等。

(四)新员工对所在岗位的满意度

新员工对所在岗位的满意度,可用员工满意调查表来衡量。优秀的候选人大部分都以职业为重,但也非常关心自己能否得到特殊对待,自己的工资待遇等条件能否得到满足。候选人对工作环境和企业文化的接受度。

二、招聘工作的定量评估

(一)招聘成本评估

招聘成本评估是指对招聘过程中的费用进行调查、核实,并对照预算进行评价的过程。招聘成本是鉴定招聘效率的一个重要指标,具体可以划分为如下6个方面:

(1)招聘成本,是为吸引和确定企业所需要的人力资源而发生的费用,主要包括招聘人员的直接劳务费用、直接业务费用、其他相关费用等。

(2)选拔成本,是指对应聘人员进行鉴别选择,以做出决定录用或不录用哪些人员所支付的费用。

(3)录用成本,是指经过招聘选拔后,把合适的人员录用到企业所发生的费用。录用成本包括录取手续费、调动补偿费、搬迁费和旅途补助费等由录用而引起的有关费用。

(4)安置成本,是指为安置已被录取员工到具体工作岗位所发生的费用。安置成本由为安排新员工的工作所必须发生的各种行政管理费用、为新员工提供工作所需要的装备条件以及录用部门因安置人员所损失的时间成本而发生的费用构成。

(5)离职成本,一般是指因招聘不慎,因员工离职而给企业带来的损失,一般包括直接成本和间接成本两部分。

(6)重置成本,是指因招聘方式或程序错误致使招聘失败而重新招聘所发生的费用。

(二)招聘成本效用评估

招聘成本效用评估是对招聘成本所产生的效果进行的分析,它主要包括招聘总成本效用分析、招聘成本效用分析、人员选拔成本效用分析及人员录用成本效用分析。

具体计算方法如下:

总成本效用=录用人数/招聘总成本

招聘成本效用=应聘人数/招聘期间的费用

选拔成本效用=被选中人数/选拔期间的费用

人员录用效用=正式录用的人数/录用期间的费用

招聘收益=所有新员工为组织创造的总价值/招聘总成本

显然,这些指标越高越好。各公式计算出的比例越大,说明各项费用开支的使用效率越高。

(三)录用人员评估

录用人员评估是指根据招聘计划对录用人员的质量和数量进行评价的过程。

1. 录用人员数量评估

数量评估是对招聘工作的有效性检验的一个重要方面。这一方面的评估指标主要有应聘比、招聘完成比和录用比。这三项指标评估方法如下:

(1)应聘比。计算公式为:

应聘比=(应聘人数/计划招聘人数)×100%

招聘应聘比说明员工招聘的挑选余地和信息发布状况。该比率越大,说明组织的招聘信息发布得越广、越有效,组织的挑选余地也就越大,招聘信息发布效果越好,同时说明录用人员素质高的可能性较大;反之,该比率越小,说明组织的招聘信息发布得不适当或无效,组织的挑选余地也越小。

(2)录用比。计算公式为:

录用比 =(实际录用人数/应聘总人数)×100%

一般录用比越小,表明对企业来说可供选择的人员越多,实际录用者的素质就可能越高;反之,说明可供筛选者越少,则实际录用者的素质较低的可能性越大。

(3)招聘完成比。计算公式为:

招聘完成比 =(录用人数/计划招聘人数)×100%

招聘完成比说明新员工招聘计划的完成情况。如果招聘完成比等于或大于100%,则说明在数量上全面或超额完成了招聘计划。比率越小,说明招聘员工数量越不足。

2. 录用人员质量评估

录用人员质量评估是对员工的工作绩效行为、实际能力、工作潜力的评估,主要是分析评估新员工的素质、能力等是否能满足应聘岗位的要求和组织工作的需要,它是对招聘的工作成果与方法的有效性检验的另一个重要方面。绩效考评是录用人员质量评估的重要方法。

(四)招聘方法评估

招聘方法评估,主要是对招聘过程中采用各种招聘渠道的招聘效果进行评估。通过将各种招聘工作定量评估指标与招聘渠道相联系,评价出不同招聘渠道的产出率。表4-13是某企业采用5种招聘渠道进行招聘的效果评估。

表4-13　企业招聘活动重要指标

指标	招聘会	校园招聘	员工推荐	报刊广告	猎头公司
吸引求职简历的数量/个	200	400	50	500	20
接受面试人数/人	175	100	45	400	20
产出率/%	87	25	90	80	100
合格应聘人数/人	100	95	40	35	19
产出率/%	57	95	89	12	95
接受工作的人数/人	90	10	35	25	15
产出率/%	90	11	88	50	79
累计产出率	90/200	10/400	35/50	25/500	15/20
(录用比)	45	3	70	5	75
成本/元	30 000	50 000	15 000	20 000	90 000
单位雇用成本/元	333	5 000	428	800	6 000
计划招聘人数/人	180				
招聘完成比/%	97.2				
招聘预算/元	200 000				
招聘预算完成比/%	102.5				

在表4-13中,列有5种招聘渠道的产出率以及单位雇用成本等指标。从中可以看出,

对于该公司所出现的这些职位空缺而言,当地大学以及内部雇员推荐是两个最佳的招聘来源。报纸广告所吸引来的人数尽管最多,但是却只有很少人符合职位要求。校园招聘可以招聘到素质高的应聘者,但是却只有相对很少的人最后接受公司所提供的职位。最后,猎头公司可以招聘到人数不多,质量却很高的候选人,但是与其他几种招聘来源相比,它的费用无疑太高。因此,如果企业空缺职位的差异性不大,那么在未来招聘渠道选择上,可以考虑使用当地大学和内部员工推荐两种渠道。

三、招聘信度与效度评估

(一)招聘的信度评估

1. 招聘信度的概念

招聘信度是指招聘的可靠性程度,具体指通过某项测试所得的结果的稳定性和一致性。应聘者多次接受同一测验或有关测验时,若其结果相同或相近,我们认为该测验的可靠性较高。任何一种测试手段,如果其信度很低,就不可能是有效的,这就犹如我们在同一台磅秤上测量体重,如果每次测量的体重都不同,最后得出的结果不可信。招聘信度这一指标又具体体现为:稳定系数、等值系数和内在一致性系数。

2. 招聘信度三项指标系数的测定

(1)稳定系数。稳定系数是指用同一种测试方法对一组应聘者在两个不同时间进行测试的结果的一致性,一致性程度可用两次结果之间的相关系数来测定。

(2)等值系数。等值系数是指对同一应聘者使用两种对等的、内容相当的测试题所得结果之间的一致性程度。如对同一应聘者使用两张内容相当的个性测试量表时,两次测试结果应当大致相同。等值系数可用两次结果之间的相关程度(即相关系数)来表示。

(3)内在一致性系数。内在一致性系数是指把同(组)应聘者进行的同一测试分为若干部分加以考察,各部分所得结果之间的一致性程度,它可用各部分结果之间的相关系数来判别。

(二)招聘的效度评估

1. 招聘效度的概念

招聘效度是指招聘的有效性。具体指用人单位对应聘者真正测到的品质、特点与其想要测的品质、特点的符合程度,因此一项测试必须能测出它想要测定的功能才算有效。在人员选拔过程中,测验效度高是指实际测到应聘者的特征与想要测的特征符合程度高。招聘效度测试指标主要有预测效度、内容效度、同测效度。

2. 招聘效度三项指标系数的测定

(1)预测效度。反映了测试用来预测将来行为的有效性,通过对应聘者在选拔中所得分数与其被录用后的绩效分数相比较来了解预测效度。若两者相关性越大,则说明所选的测试方法、选拔方法越有效;若相关性很小或不相关,说明此法在预测人员潜力上效果不大。

(2)内容效度。即某测试的各个部分对于测量某种特性或作出某种估计有多大效用,测试是否代表了工作绩效的某些重要因素。在测内容效度时,主要考虑所测得的内容是否与想测试的特性有关。例如，招聘打字员，测试其打字速度和准确性、手眼协调性和手指灵活度的操作测试的内容效度是较高的，因为准确性、灵活性是打字员应具备的职业特性。内容效度多用于知识测试与实际操作测试，而不适用于对能力和潜力的测试。

(3)同测效度。同测效度是指对现在员工实施某种测试，然后将测试结果与员工实际工作绩效考核得分作比较，若两者相关性很大，则说明此测试效度高。这种测试效度的特点是省时，可以尽快检验某种测试方法的效度，但若将其用到人员选拔测试时，难免会受到其他因素的干扰而无法准确地预测应聘者未来的工作潜力。因此，同测效度不适用于选拔员工时的测试，而适用于现有员工的测试。

【走进管理4-2】

世界名企业招聘高招

西门子：考察能力占用时间最长

对于吸引、选拔人才，西门子有一套独特的操作模式。在西门子，招聘人才往往是能力考核占40分钟，考察经验花半个小时，而考察知识仅用5分钟就够了。因为，一个人的知识量，两三年的时间就可以改变，经验也会随之改变。但是，能力持续期可能是二三十年或者一辈子都改变不了。

IBM：没有缺点请离开

IBM公司充分尊重员工个性，同时也承认人性中不可避免会有弱点，他们不信任一个自称没有缺点的人，也不欣赏一个不敢承认自己缺点的人，因此对于此道必答题，应聘者不说自己缺点或将缺点“技术处理”为优点的人，他们会毫不手软地予以排除。

亚马逊书店：拉家常

亚马逊书店的考官在面试求职者时经常会问些与面试看似无关的问题，比如：“你家里有几口人？”“父亲和母亲谁在家里的大事上做决定比较多？”“你在家做不做家务？”“平常在家喜欢干什么？”感觉就像是中国人的拉家常。其实考官就是通过这些轻松随便的问题来考察应聘者的反应能力、知识、素养、品质等。

汇丰银行：整理资料

汇丰银行的面试，常常会先要求应聘者去整理资料，规定在一定时间内完成。不接受此项工作或整理得不够彻底的均不予录用，公司希望借此来了解员工是否具有吃苦耐劳的精神和脚踏实地的作风。而且通过此项工作可以考察职员在整理过程中是否分得清资料的轻重缓急，以及今后在处理业务时是否能条理分明，处变不惊。

奔驰公司：写离职信

德国奔驰公司在面试求职者的同时，会要求当场写一份离职信。公司总裁沃纳认为，通过离职信中所陈述的辞职理由，可以更好地了解求职者应聘的动机，而且还能增强危机意识，使其在未来的工作中能更好地为公司服务。

资料来源：中国搜索教育. 世界名企独特招聘方式[EB/OL]. [2017-5-10]. http://edu.chinaso.com/detail/20151218/1000200032916181449800928400135562_1.html.

知识巩固训练

一、填空题

1. ________是指组织为了生存和发展的需要,根据组织人力资源规划和工作分析的数量和质量要求,采取科学的方法寻找和吸引具备资格的个人到本企业来任职,从中选拔出适宜人员予以录用的管理过程。

2. 员工招聘与录用的一般程序包括招聘计划的制定、________、________、________以及招聘评估等。

3. 招聘计划的主要内容包括________、________、________和________等。

4. 企业招聘录用的阶段越多,招聘的规模相应就________。每一阶段的通过比例________,招聘的规模就越大。

5. ________是指将应试者置于一种人为的紧张气氛中,让应试者接受诸如挑衅性的、敌意的问题。

6. ________是指对招聘成本所产生的效果进行分析。

7. 员工招聘的途径有两个方面:________和________,这也是企业招聘人员的两个来源。

8. 按照面试的结构化程度,可以将面试分为________、________和________三种类型。

9. ________是指事先不拟定谈话形式和内容框架,以漫谈形式让被试者自由发挥。

10. ________是指招聘的可靠性程度,具体指通过某项测试所得的结果的稳定性和一致性。

二、单项选择题

1. 人力资源管理的获取功能可以通过(　　)实现。

A. 培训与开发　　B. 绩效管理

C. 薪酬管理　　D. 招聘与录用

2. 招聘的首要环节是(　　)。

A. 制订招聘计划　　B. 发布招聘信息

C. 员工选拔　　D. 组织审定

3. 面试时,按照事先拟好的面试框架和问题清单逐步向应聘者提问,应聘者针对问题进行逐项回答的面试,称为(　　)。

A. 结构化面试　　B. 非结构化面试

C. 压力面试　　D. 模拟操作面试

4. (　　)是指将应试者置于一种人为的紧张气氛中,让应试者接受诸如挑衅性的、敌意的或是具有攻击性的意想不到的问题。

A. 结构化面试　　B. 半结构化面试

C. 压力面试　　D. 主试团面试

5. 按照面试的组织方式,可以将面试分为(　　)。

A. 压力面试和非压力面试

B. 结构化面试和非结构化面试

C. 主试团面试和集体面试

D. 多人面试和结构化面试

6. 企业对招聘效果进行评估时，本次招聘的应聘比计算公式是(　　)。

A. 应聘人数/录用人数　　B. 应聘人数/拟招聘人数

C. 实际录用人数/应聘总人数　　D. 实际录用人数/拟招聘人数

7. 以下招聘方式适合招聘高层管理人员的是(　　)。

A. 就业服务机构　　B. 校园招聘

C. 招聘洽谈会　　D. 猎头公司

8. 进行招聘成本评估时，(　　)成本是指因招聘方式或程序错误致使招聘失败而重新招聘所发生的费用。

A. 安置成本　　B. 离职成本

C. 选拔成本　　D. 重置成本

9. 企业进行招聘评估时，录用比越小，说明(　　)。

A. 企业可供选择的人数越少　　B. 实际录用者的素质可能越高

C. 招聘信息发布得不适当　　D. 招聘员工的数量越不足

10. (　　)多用于知识测试与实际操作测试，而不适用于对能力和潜力的测试。

A. 内容效度　　B. 预测效度

C. 同测效度　　D. 等值效度

三、多项选择题

1. 员工招聘与录用的原则有(　　)。

A. 竞争原则　　B. 全面考核原则

C. 能级对应原则　　D. 效率优先原则

E. 平等原则

2. 外部招聘的方法有(　　)。

A. 校园招聘　　B. 网络招聘

C. 广告招聘　　D. 人才中介机构招聘

E. 工作公告法

3. 内部招聘的优点有(　　)。

A. 风险小，可靠性较高　　B. 为企业注入新鲜的“血液”

C. 对企业目标认同感强　　D. 节约时间和费用

E. 选择的范围比较广

4. 评价中心法主要用来招聘管理人员，常用的方式主要有(　　)。

A. 公文处理法　　B. 无领导小组讨论

C. 角色扮演　　D. 性格测验

E. 管理游戏

5. 员工选拔的效度是指招聘的有效性。具体指用人单位对应聘者真正测到的品质、特点与其想要测到的品质、特点的符合程度。其测试的指标主要有(　　)。

A. 预测效度　　　　B. 内容效度

C. 同测效度　　　　D. 等值效度

E. 内在一致性效度

四、判断题

1. 一般认为,“猎头”公司是一种专门为雇主“猎取”普通员工的职业中介机构。（　　）

2. 广告招聘的优点是招聘成本小,可靠性高。（　　）

3. 招聘成本由人工费用和业务费用组成,水电费、设备折旧费不计入其中。（　　）

4. 内在一致性系数是指对同一应聘者使用两种对等的、内容相当的测试题所得结果之间的一致性程度。（　　）

5. 角色扮演是一种以完成某项“实际任务”为基础的团队模拟活动,通常采用小组形式进行。（　　）

6. 文件筐测验适用于一般员工以及中、高级管理人员的能力测评。（　　）

7. 压力面试适用于招聘行政管理人员。（　　）

8. 个人简历与申请表内容既有重叠,又有区别。（　　）

9. 报纸广告招聘员工的优点是广告印刷质量好;保存时间长;广告大小也可以灵活选择。（　　）

10. 招聘工作是企业进行对外宣传的一条有效途径。（　　）

五、简答题

1. 内部招聘和外部招聘各有什么优点?

2. 外部招聘的方法有哪些?

3. 招聘与录用的程序有哪些?

4. 评价中心测试的常用方式有哪些?

5. 招聘评估的内容包括什么?

技能强化训练

【管理技能训练】

一、结构化面试设计

PS 计算机网络技术有限公司(以下简称 PS)是一家专门从事软件开发、电子商务、系统集成、计算机产品代理销售的 IT 高新企业。最近,PS 公司准备招聘客户经理,主要从事网络产品的推广,工作中需要与客户进行电话沟通。该公司准备采用面试方法对应聘者进行选拔。面试分为两轮进行,第一轮初试,由一位 HR 招聘专员对求职者进行面试。每人面试时间大约 10～15 分钟。测评指标如下:仪表良好,言谈举止、亲和力、普通话标准、性格开朗、对岗位了解、逻辑条理清晰。第二轮复试,采用结构化面试方法,考官根据求职者的应答表现,对其相关胜任素质做出相应的评价。人力资源专家通过对现有客户经理绩优者的素质分析,得到客户经理的胜任素质模型,见表 4－14。

表 4－14　客户经理的胜任素质模型

能力指标	指标说明
沟通能力	口头语言准确，能简洁地表达自己的思想；能根据表述内容和沟通对象的特点采取适当的表达方式；在人际交往中，能通过各种途径和线索准确把握和理解对方的意图，并使别人接纳自己的建议和想法
应变能力	在有压力的情景下（如发生没有预料到的不利于目标实现的事件），能够随机应变，及时做出正确的判断和处理
影响力	能够通过引导、劝诱、说服等方式影响他人，以赢得他人的支持
成就动机	富有挑战精神，能够为自己树立新的目标，并坚持不懈地采取一定的行动去实现目标

要求：请根据上述资料，为 PS 公司的复试设计一套结构化面试题目，包括面试问题（一个指标一个问题）和评分标准。

二、人员录用技能训练

普顿斯化学有限公司是一家跨国公司，随着生产业务的扩大，需要在生产部门增加一个处理人事事务的职位，主要工作是负责生产部与人力资源部的协调。人力资源经理王量对应聘者作了初步筛选，留下了 5 人交由生产部经理李初再次筛选，李初选择后留下了 2 人。最后由生产部经理与人力资源经理协商决定最终人选。留下的两个人的简历及具体情况如下。

赵安：男，32 岁，企业管理硕士学位，有 8 年一般人事管理及生产经验，在此之前的两份工作中均有良好的表现。

面试结果：可录用。

钱力：男，32 岁，企业管理学士学位，有 7 年的人事管理和生产经验，以前曾在两个单位工作过，第一位主管评价很好，没有第二位主管的评价资料。

面试结果：可录用。

看过资料和进行面谈后，生产部经理李初来到人力资源经理室，与王量商谈录用人选。王量说："两位候选人，看起来都不错，你认为哪一位更适合呢？"

要求：

请对上述案例中的两位应聘者选出一位留任，并说明理由。

三、招聘评估训练

1. 某公司因业务发展需要，拟招聘副总经理 1 人，生产部经理 1 人，销售部经理 1 人。

其中，副总经理应聘者 38 人，参加招聘测试 25 人，送企业候选 3 人，录用 0；生产部经理应聘者 19 人，参加招聘测试 14 人，送企业候选 3 人，录用 1 人；销售部经理应聘者 35 人，参加招聘测试 29 人，送企业候选 3 人，录用 1 人。

招聘经费：广告费 20 000 元，招聘测试费 15 000 元，体检费 2 000 元，应聘者纪念品 1 000元，招待费 3 000 元，杂费 3 500 元，录用人员家属安置费用 5 000 元。

要求：请计算上述公司招聘总成本效用、招聘录用比、招聘完成比、应聘比。

2. 图表分析训练。

某公司各招聘渠道评估指标表见表 4－15。

表 4-15　某公司各招聘渠道评估指标表

	参加招聘会	员工推荐	报纸广告	网络招聘
应聘人数/人	250	50	500	400
接受面试的求职人数/人	150	45	400	160
合格的应聘人数/人	120	40	100	40
实际录用人数/人	100	30	40	15
总成本/人	300 000	120 000	200 000	150 000

要求：请根据表 4-15 中的数据，计算和回答下列问题。

(1)请计算该公司各种招聘渠道的招聘录用比率和实际录用人员的单位成本。

(2)表 4-15 中所列出的 4 种招聘方法各有什么特点？

(3)通过以上计算，对该公司此次招聘评估可以得出什么结论？

【案例分析】

某高新技术企业，售前技术部门提出招聘需求，人力资源部接到需求后开始招聘。人力资源部初试后陆续安排了一些人员到售前技术部门的张经理那边，但张经理面试后总是说不合适。

经沟通后，张经理说，面试人员的能力不能够胜任目标岗位的要求。一个月过去了，由于一直无法找到合适人选，人力资源部刘经理压力很大，两个部门的关系也很紧张。

问题：

1. 如果你是刘经理，你会怎么做？

2. 员工招聘的选拔方法有哪些？

能力提升训练

一、撰写招聘广告

B 集团是一家以房地产开发为龙头，集建筑装饰装潢、计算机软件开发、系统集成于一体的集团公司，集团具有 10 多年的管理经验，拥有一批专业管理人才。该集团实行全方位、多元化的经营战略，形成以房地产开发为主、多种业务为辅的经营格局。

现公司由于业务发展，需要招聘项目经理 2 名，业务经理 2 名，工程部经理 1 名，建筑工程师 2 名，财务运营总监 1 名，行政助理 1 名。

要求：请根据上面描述为该公司撰写一篇招聘广告。

二、面试提纲设计

某生物工程有限公司是一个集科研、生产和销售为一体的高科技企业，由心血管肿瘤研究所和香港光华药业公司合作创办。公司成立以来，在借鉴名医张某的祖传秘方，吸收现代中医理论的基础上，以早期发明并先后获得国际大奖的心血管通片为龙头，引进了香港光华药业先进的管理和质量保证体系，先后推出了一系列优秀产品，同时培养出一大批专业技术人才和销售精英。2007 年以来，该公司新药研制与开发业务量又有了较大的增长。不久前，该公司通过互联网公开发布了招聘数十名医药销售代表的广告。此后，该公司人力资源部陆续收到了上百封求职申请书。经过初步筛选，公司决定对其中20人进行面试。

要求：请您为该公司设计一份面试提问案（提纲）（按照表4－16的要求，将答案填写在表4－16中的空白处）。

表4－16　面试提问方案

答题要求： 1. 针对（甲）列中测评的指标进行提问，每个指标至少提出一个问题，并填写在本表（1）列中。 2. 本表（2）列，考察重点是指对被测试人的回答结果进行考察和评定的依据。		
答题示例		
检测中的指标 （甲）	面试提问 （1）	考察重点 （2）
A. 角色定位	A. 你认为个人与公司的关系是什么？你如何看待个人发展和公司发展之间的关系？	（1）雇主和雇员。 （2）合作、共同发展。 （3）只有公司发展了，我才会有更大发展
检测的指标 （甲）	面试提问 （1）	考察重点 （2）
1. 表达能力		（1） （2）
2. 沟通能力		（1） （2）
3. 处理问题能力		（1） （2）
4. 应变能力		（1） （2）
5. 工作态度		（1） （2）

三、无领导小组题目设计

某零售百货公司，为储备人才，优化员工队伍，拟计划招聘10名管理培训生，该公司人力资源部通过发布广告、简历与申请表筛选、笔试、面试等初选程序，已经选拔出30名应聘者。按照招聘方案，最后阶段的人员选拔需采用无领导小组讨论方式进行。

要求：请为该公司设计无领导小组讨论题目，并说明设计这类题目能够测量被评价者哪些能力？

第五章 员工培训与开发

【管理名言】

员工培训是企业风险最小，收益最大的战略性投资。

——沃伦·贝尼斯

【学习目标】

知识：

- 了解员工培训与开发的意义，员工培训与开发的原则；
- 理解员工培训与开发的分类，培训需求分析的概念和方法；
- 掌握员工培训与开发的概念和程序，员工培训与开发的方法，培训效果评估的层次。

技能：

- 运用有效的方法确定培训需求，依据培训需求制订科学合理的培训计划；
- 选择合适的培训方法对员工进行培训。

素质：

- 具备较强的信息收集、分析与处理能力以及沟通能力。

【开篇案例】

让小鹰展翅高飞

从前有个猎人，在上山打猎的途中捡到了一只没有妈妈照顾的小鹰。猎人把小鹰带回了家。猎人家里有只母鸡刚刚生了一窝小鸡。于是猎人就把这只小鹰和小鸡们一起养在了院子里。

小鹰和小鸡在一天天长大，小鹰以为自己是只鸡，就整天在院子里捉虫子并吃菜叶。猎人想让长大的鹰和他一起打猎，想让它高高地飞翔，做真正的猎鹰，但无论怎么尝试，小鹰就是不会飞。

无奈之下，猎人把小鹰带上了高高的山顶，把小鹰向山下抛了下去。惊慌的小鹰开始拼命地扇动翅膀，一下、两下……终于小鹰找到了平衡，找到了飞翔的感觉，小鹰终于在天空中展翅高飞了。

资料来源：李健．人力资源管理：理论·案例·实训[M]．北京：清华大学出版社，2017.

从上述故事中我们可以看出，如何从小鸡中间发现一只鹰？如何让这只鹰学会飞翔？如果这只鹰自己并不相信自己可以飞，怎么办？你要如何帮助它呢？如果猎人不把小鹰带到山顶，不把小鹰抛下去，整天和小鸡待在一起的小鹰能展翅高飞吗？同样，对于员工来说，公司不提供培训和学习的机会，鼓励他们敢于搏击长空，这些"小鸡"是无论如何也变不成"雄鹰"的。可以说，在企业中，培训与开发起着重要的作用，它可以最大限度地帮助员工实现自身价值并为组织创造更大效益。那么，什么是培训与开发？培训与开发有哪些方法？这正是本章要讲述的内容。

第一节　员工培训与开发概述

一、员工培训与开发的概念

传统意义上讲，培训与开发在定义上很难划分，因为二者实质是一样的，都是要通过改善员工的工作业绩来提高企业的整体绩效，只是二者的侧重点略有不同。

培训更多是侧重短期目标的行为，是向新员工或现有员工传授其完成本职工作所必需技能的过程。培训的目的是使员工掌握目前所需要的知识和技能，并迅速地将其运用到本职工作中来，更短的时间为企业带来经济价值。

而开发往往是一种侧重长期目标的行为，主要是指管理开发，指一切通过传授知识、转变观念或提高技能来改善当前或未来管理工作绩效的活动。开发的目的是使员工掌握将来所需要的知识和技能，以应对未来工作中可能会出现的新问题。

对企业而言，培训与开发是注重员工个人与组织当前和未来发展需要相匹配的、重要的人力资源开发工作，都是企业为了使员工获得与工作有关的知识和技能，或改变员工工作动机、态度和行为，提高员工的绩效及员工对企业目标的贡献，所做的有计划、有系统的工作。因此，本书认为，员工培训与开发是组织为了使员工获得或改进知识、能力、态度和行为，提高组织工作绩效，实现员工和企业共同发展的目的，有计划地进行的系统化的教育训练与开发活动。

二、员工培训与开发的意义

企业若想在市场竞争中立于不败之地，首先要考虑的就是如何使自身获得竞争优势，这就凸显了企业对于员工培训与开发工作的重要性，具体意义体现在以下几个方面：

（一）有助于企业适应外部环境的变化

企业的发展是内外因共同作用的结果，从外因来看，企业所处的环境随时变化，作为企业，就要在充分了解外部环境变化的同时，利用并抓住外部环境所赋予的各种机遇和条件；

从内因上看，企业也要不断地通过内部的调整、变革以适应外部环境的变化。外因通过内因起作用，企业要在市场竞争中健康稳步地发展，其关键就在于企业内部的机制问题，而如何提高员工的素质、调动员工的积极性和创造性等问题，也就成了问题的关键，即企业只有不断地对员工进行培训与开发，才能使其在跟上时代发展的同时，适应技术及经济更新的需求。

（二）有利于企业提高工作绩效

接受过培训的员工，不仅能更好地掌握新技术和新方法，提高工作质量和工作效率，进而提高企业效益，也能在工作中减少失误，减少消耗和浪费，降低因失误造成的损失，而且还能够更彻底地理解企业的方针、政策和管理要求，对企业进行的监督、指挥和协调工作有更高的认识。

（三）有助于满足员工自身发展的需要

员工都有一种追求自身发展的需要，这种需要表现在希望学习新的知识和技能，希望接受具有挑战性的任务，并从中得到成就感和满足感，希望获得晋升的机会等，而这些需要，都离不开培训，而且对于多数员工来说，能够在工作中获得更为宽广的知识层面和更为合理的知识结构，对其自身未来的发展也有着重要的影响，同时，培训对担负一定责任的各级领导者来说更为重要。他们知识面的拓展、视野的开拓、领导水平的提高和决策能力的增强，都需要有效的培训才可以获得。

（四）有助于建立优秀的企业文化

企业文化对企业有很重要的作用，而培训是建立、传播企业文化的重要方式。优秀的企业文化以人为本，把企业的发展与员工的发展结合起来，把提高员工素质与企业的长远发展结合起来，从而通过提高员工满意度来促使其发挥主动性、积极性，真正把自己融入到企业中去，想企业之所想，急企业之所急。这也正是企业通过培训与开发所要达到的目的。

【管理故事 5－1】

一个伐木工人的故事

有一个工人在一个伐木厂找到了一份不错的工作。他决定认真做好这份工作，好好表现。上班第一天，老板给了他一把斧子，让他到人工种植林里去砍树，这个工人卖力地干了起来。

一天时间，他不停地挥舞着斧子，一共砍倒了 19 棵大树。老板满意极了，夸他干得不错。工人听了很兴奋，决定工作要更加卖力，以感谢老板对他的赏识。

第二天，工人拼命工作，他的腿站久了又酸又疼，胳膊更是累得抬不起来了，可是这样拼命，却并没有带来更好的结果。他觉得自己比第一天还要累，用的力还要大，可第二天却只砍倒了 16 棵树。

工人想也许我还不够卖力，如果我的成绩一直下降，老板一定会以为我在偷懒，所以我要更加卖力才行。第三天，工人投入了双倍的热情去工作，直到把自己累得再也动不了为止。可是，让他失望的是，他只砍倒了 12 棵树。

工人是个很诚实的人，他觉得太惭愧了，拿着老板给的高薪，工作却越来越差劲。他主动去向老板道歉，说明了自己的工作情况，并检讨说，我真是太没用了，越卖力干得越少。

老板问他:“你多久磨一次斧子?”工人一听愣住了,他说:“我把所有的时间都花在砍树上了,哪里有时间去磨斧子啊?”

资料来源:三茅人力资源网. 一个伐木工人的故事[EB/OL].[2016-5-10]. http://www.hrloo.com/rz/5530.html.

三、员工培训与开发的分类

按照不同的分类标准,员工培训与开发可以划分为不同的类型。

(一)按培训对象分类

按照培训对象不同,可以将培训划分为新员工培训与在职员工培训。

新员工培训是指对刚刚进入企业的员工进行培训。在职员工培训指对已经在企业中工作的员工进行培训。由于两者所处的工作阶段以及对本岗位的工作认知不同,因此这两类培训之间存在着比较大的差别。新员工培训相对来说较为简单,多为一些基础性质的培训,在职员工培训则相对复杂一些,通常所讲培训与开发往往是针对后者进行的。

按照员工所处的层次不同,在职员工培训又可以划分为基层员工培训、中层员工培训和高层员工培训。由于这三类员工在企业中所处的位置不同,承担的职责不同,发挥的作用也不同,因此对他们的培训要区别对待。基层员工培训侧重于一般性的技术知识和方法;中层员工培训可以适当增加有关理论课程;高层员工培训应侧重于学习新理论、新观念、新方法。

(二)按培训内容分类

按照培训内容不同,可以将培训与开发划分为知识性培训、技能性培训和态度性培训。

知识性培训是指以学习各种有用知识并运用知识进行脑力活动为主要内容的培训,例如与本职工作相关联的理论、专业知识等;技能性培训指以工作技术和工作能力为主要内容的培训,例如操作技能、处理人际关系的技能、谈判技能等;态度性培训指以工作态度为主要内容的培训,它主要涉及对员工的价值观、行为规范,以及个人行为活动方式等内容和项目的教育与培训,例如员工对组织的忠诚度、组织观念和团队意识等。

(三)按培训与工作关系分类

按照培训与工作关系不同,可以将培训与开发划分为在职培训、脱产培训和半脱产培训。

在职培训又称不脱产培训,指员工不离开工作岗位,在实际工作中接受培训,这种培训方式经济实用且不影响工作与生产,能够最大限度地为企业节约成本,但在组织性和规范性上有所欠缺。脱产培训指员工离开工作岗位,专门通过培训机构或相关院校进行培训。这种培训的优点是员工的时间和精力集中,没有工作压力,知识和技能水平提高比较快,但在针对性、实践应用性以及培训成本等方面往往有所欠缺。半脱产培训是介于在职培训与脱产培训之间的一种培训。这种培训方式可以在一定程度上克服二者的缺点,取长补短,较好地兼顾培训的质量、效率与成本等因素。

四、员工培训与开发的原则

由于行业差异、地区差异,以及企业间的差异,企业开展员工培训活动时大都有自己的准则，该准则即是员工培训的原则。员工培训虽没有统一的原则，但一般而言应遵循以下几点：

（一）服务企业战略规划的原则

战略规划是企业的最高经营纲领，对企业各方面的工作都具有指导意义，培训作为人力资源管理系统的一个组成部分，自然也要服从于企业的战略规划。培训工作的实施，应当从企业战略的高度出发来进行，绝不能将两者割裂开来，就培训谈培训。

（二）目标原则

目标对人们的行为具有导向作用，因此，在培训的过程中也应该贯彻目标原则。在培训之前为受训人员设置明确的目标，不仅有助于在培训结束之后进行培训效果的衡量，而且更有助于提高培训的效果，使受训人员在接受培训的过程中具有明确的方向并且具有一定的学习压力。

（三）差异化原则

培训在普遍性的基础上更强调差异化。这里，差异化原则有两层含义：第一，内容上的差异化。由于培训的目的是要改善员工的工作业绩，因此，培训的内容必须与员工的工作有关，而在企业中每个职位的工作内容都是不一样的，每个员工的工作业绩也是不同的，故在培训时应当根据员工的实际水平和所处职位确定不同的培训内容，进行个性化的培训，这样的培训与开发才更有针对性。第二，人员上的差异化。虽然培训与开发要针对全体员工来实施，但这绝不意味着在培训过程中就要平均使用力量。在培训中企业应当向关键职位倾斜，特别是中高层管理人员和技术人员。

（四）激励原则

为了保证培训与开发的效果，在培训过程中还要坚持激励原则，这样才能更好地调动员工的积极性和主动性，以更大的热情参与到培训中来，提高培训的效果。这种激励的内容是广泛的，既包括正向的激励，也包括反向的激励；激励还应当贯穿整个培训的过程，例如，在培训前对员工进行宣传教育，鼓舞员工学习的信心；在培训过程中及时进行反馈，增强员工学习的热情；在培训结束后进行考核，增加员工学习的压力。

（五）讲究实效原则

由于培训的目的在于员工个人和企业的绩效改善，因此，培训应当讲究实效，不能只注重培训的形式，而忽视培训的内容；培训的内容应当结合实际，要有助于绩效的改善；要注重培训成果的迁移转化。培训结束后企业应当创造一切有利条件帮助员工实践培训的内容，要将培训和工作结合起来。

第二节　员工培训与开发的程序

【走进管理 5-1】

飘影集团的培训模式

广东飘影集团是我国日化行业发展最迅猛的公司之一，创办于1996年，自成立之日起，一直坚持"以诚为本,以信为荣"的经管理念,依靠自身雄厚的科研实力,不断开发出个人日常清洁护理、护发美发,美容护肤、儿童护理等优质产品,销售名列全国前茅。飘影逐渐成为中国日化十大品牌,荣获国家级的"科技进步企业"荣誉、被评为"中国500最具价值品牌",成为21世纪全国最具竞争力的日化品牌,创造了民营日化企业发展的奇迹。

同时,伴随着飘影公司的快速成长,企业内部管理日趋完善,飘影集团打造了一支善经营懂管理的高层团队、一支活跃在全国各地营销精英团队和一支优秀的职工队伍。飘影集团已建立了清晰的战略发展规划、适应市场快速反应的组织结构、卓有成效的人力资源管理体系、独具特色的企业文化体系等规范化管理模式。

公司的培训体系逐步形成,对提高公司绩效、增强企业竞争力方面已经起到重要作用,飘影培训体系已形成颇具特色的三阶段培训模式,包括培训需求分析与计划拟订、培训实施与过程控制、培训的评估与反馈三个环节。有针对性地回答了为什么培训、培训什么、培训谁、谁培训、在哪里培训、什么时间培训等问题,围绕着公司战略绩效和职业化的培训目标,遵循系统性原则、主动性原则和多样性原则的培训原则,深入建设三阶段培训模式。

一、基于任务绩效的培训需求分析

刚开始人力资源部门主要是开展一些通用性管理技能培训及岗前培训,但发现对员工在实际工作中所反映出来的绩效并没有起到多大的作用,也就是说培训起不到相应的作用,究其原因,主要是公司培训目标不明确、培训缺乏针对性、为培训而培训等。于是人力资源部门经过不断地研究实践,摸索出一套适合企业的培训需求分析方法,逐步受到各部门的接受和支持,对完成任务绩效起到明显的作用。

基于任务绩效的培训需求分析方法的基本原理:公司总是存在能满足业务目标的理想绩效行为,即要实现业务目标,员工的绩效必须要在工作中显现出来。因此,如果员工的现有技能水平与理想绩效所需行为之间存在差距,那么可判断可能存在培训需求。

在分析企业具体的需求时,首先是发掘出公司为实现业务目标及重大工作事项而必须做到的理想岗位绩效,在此基础上,通过科学的评估手段分析员工现有技能水平与理想绩效行为的差距,再根据差距分析确认出可能存在的培训需求。然后对从事不同工作岗位的员工的差异性能力进行评估,从而得出各员工的培训需求,再进行归纳总结,形成培训课程。考虑培训成本,将同一类或相近需求的员工集中训练,有多项能力提升需求的员工由公司组织参加完相应的一系列培训,然后进行员工回任后的表现评估。

飘影集团在实施基于任务绩效的培训需求分析的基础上,还采取了问卷调查法、访谈法、观察法等方法对培训需求进行辅助分析,同时还注重绩效考核评估、考核中的突发事件的分析,做到培训需求有的放矢。绩效考核评估分析是根据季度绩效考核结束后产生的培训需求,季度绩效考核结束就会发现员工绩效存在的问题、员工的不足及需要努力改进的地方,这样就产生培训需求,并结合年度的培训需求进行调整;有时在发现考核中某类事情突然多发起来,如突然间客户投诉多了起来,这样很快会发现这里面的原因,进而产生培训需求。

通过各种培训需求分析的方法,飘影制订出分层分类的培训计划,针对各个管理阶层、各个职能部门都有系统的培训方案,解决了为什么培训、培训什么、培训谁等问题。

二、着力于打造内部讲师队伍

国内许多企业往往倾向于实行培训外包，而有意无意地忽视了内部培训资源力量的发挥。培训外包可以借助社会资源来实现培训计划，但是通过组建内部培训师队伍来开展培训成为很多高绩效企业的普遍做法。在培训实施与过程控制阶段，飘影集团着力于培训内部培训师队伍，并针对不同的需求开发出不同的课程，公司90%的培训课程是由总监、经理们讲授，并形成固定的机制，在飘影集团，每周六下午是固定的培训学习时间，形成了良好的氛围。

飘影集团总裁要求每位总监必须要讲两门以上的课程、经理必须要讲一门以上的课程，对人力资源部门要求更严格，人力资源总监必须能讲十门以上的课程、人力资源经理必须要讲五门以上的课程，这样企业内部就有上百门课程。这些课程对公司来说更有针对性，都是工作中实际遇到的一些问题、案例，加上培训师对专业知识进行分析提炼、整理，培训效果更好。培训的形式多种多样，例如独具特色的有“飘影大讲堂”“飘影集团管理论坛”“飘影读书月”等模块。

当然，根据培训需求分析的情况，如果内部讲师不能满足培训需要，公司也聘请外部讲师进行培训，一些高端的课程主要是由外部讲师来讲授，同时还把部分课程外包与培训咨询公司签订外包协议，形成系统性、多样性的培训体系，解决了谁培训、在哪里培训、什么时间培训等问题。

三、培训效果三级追踪与评估

培训效果的评估是培训系统的最后一个环节，但由于员工的复杂性，以及培训效果的滞后性，想要客观、科学地衡量培训效果非常困难，所以，培训效果评估也是培训系统中最难实现的一个环节。飘影集团建立了三级追踪与评估制度，确保培训的效果。

第一级：当场评估

在培训课程结束后，要求学员多花点时间，由人力资源部发放《培训课程评估表》《应用实践评估表》两张表给学员，其中《培训课程评估表》要求学员现场填写，对培训课程、培训师、培训组织人员等进行评估，并对在评估中评得中肯的几位进行奖励，评估意见由人力资源部汇总统计分析后反馈给讲师并与讲师的出场费挂钩。《应用实践评估表》要求学员现场填写，主要体现学员通过本课程学习的知识和应用实践计划，《应用实践评估表》学员填写好后交其主管签字，并复印一份报人力资源部。

第二级：应用实践评估

培训完一个月后，学员对照《应用实践评估表》的应用实践计划，填写培训学到的技能和知识的使用情况，并交给主管签字。人力资源还组织对学员及其直线主管进行访谈，了解学习应用实践状况。人力资源部汇总《应用实践评估表》，对学员进行应用实践评估分析，并把结果反馈给培训讲师，这一方面是对培训讲师的鼓励，另一方面是要求培训讲师改善课程。

第三级：行为的改善和绩效的提高评估

在培训结束3个月或半年后，对学员再进行绩效考核时，对照以前的绩效记录，观察和分析学员行为的改善和绩效的提高，就可以明确地看出培训是否达到预期的效果。这个评估结果又可以进一步优化培训管理体系，无法实现绩效目标的员工将要求继续接受相关的培训，无法实现绩效目标的培训课程将会被停止。

飘影的培训效果的追踪与评估体系，确保了培训的效果，使整个培训系统良性运作，逐步形成具有飘影特色的培训需求分析计划拟订、培训实施与过程控制、培训的评估与反馈的三阶段培训模式。

资料来源：http//www.hbrc.com/rczx/shownews-385332-11.hm.有删改。

员工培训与开发是人力资源管理的一项重要工作，培训与开发工作效果的好坏，无论对员工自身，还是对企业的绩效都有着十分重要的影响。而企业想有效地开展培训与开发工作，在实践中就需要遵循一定的程序进行。

员工培训与开发工作的程序是一个由各个环节构成的循环系统，如图5-1所示。为了保证培训与开发工作的顺利实施，一般要按照下面的程序来进行：培训需求分析、培训计划制定、培训组织与实施和培训效果评估。

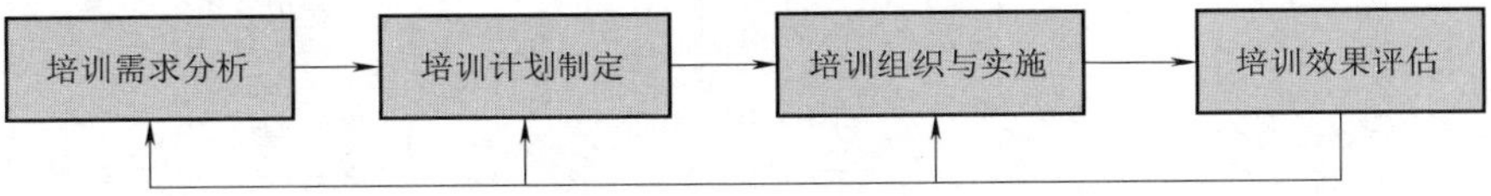

图5-1　培训与开发的程序

一、培训需求分析

企业开展培训与开发工作不能盲目进行，只有当企业存在相应需求时，培训与开发才有必要实施，否则进行培训是没有意义的。因此，在实施培训与开发之前，必须对培训的需求进行分析，这是整个培训与开发工作的起始点，它决定着培训活动的方向，对培训的质量起着决定性的作用。如果前期的培训需求分析出现了偏差，那么培训工作的实施可能就会“南辕北辙”，达不到预期的目的。

（一）培训需求分析的概念

所谓培训需求分析是指在规划与设计每项培训活动之前，采取各种方法和技术，发现员工或团体现有的工作态度、知识、技能中管理水平与实际工作要求之间的差距的活动，从而确定培训必要性及培训内容的过程。

培训需求分析是根据组织的发展战略和员工实际的工作绩效表现得出的。培训需求产生的原因是目前的状况与理想的状况之间存在差距，其实质是员工需要增加或补充的能力与素质。培训需求用公式表示，即为：

培训需求＝要求员工具备的能力或素质－员工现在已有的能力或素质

企业对员工的能力水平提出的要求就是“理想状态”，而员工本人目前的实际水平是“现实状态”，两者之间形成了“状态缺口”，企业要努力减小这一“缺口”，从而形成了培训需求。图5-2是企业培训需求分析的示意图。

（二）培训需求分析的层面

培训需求分析是确定培训目标、设计培训计划的前提，也是进行培训效果评估的基础，它是做好培训工作的关键。那么如何进行培训需求分析呢？培训需求分析主要从以下三个层面入手,即组织分析、任务分析和人员分析。从组织分析入手,以任务分析为核心,结合人员分析,得出培训的目标、培训的对象和培训的内容。培训需求分析的层次如图 5－3 所示。

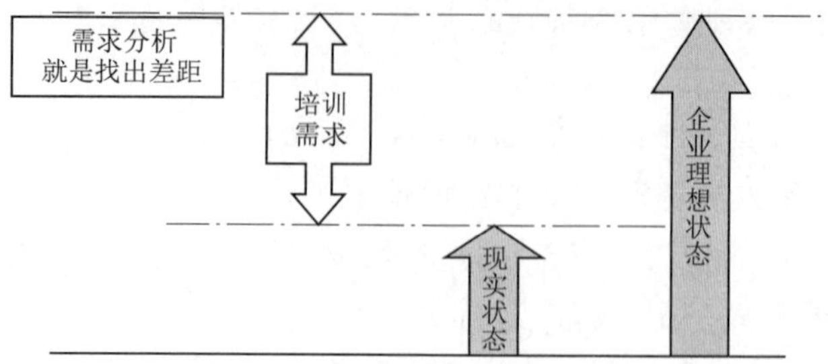

图 5－2　培训需求分析示意图

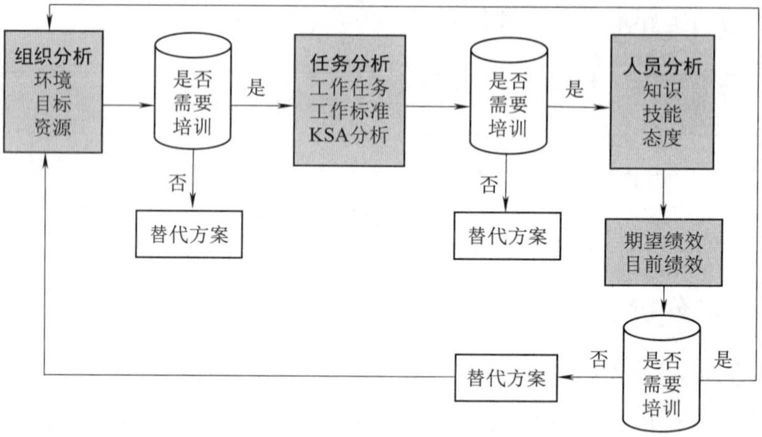

图 5－3　培训需求分析的层次

1. 组织分析

所谓组织分析是在给定的公司经营战略条件下,对组织的目标、资源、特质、环境等因素进行分析,准确地找出组织存在的问题与问题产生的根源,以明确培训需求的过程。其中,组织资源分析主要是对组织的财力、时间、人力等资源情况进行分析。组织特质与环境分析主要是对组织的系统结构、文化、资讯传播等情况进行全面了解。组织分析的目的是在收集与分析组织绩效和组织特质的基础上,确认绩效问题及其病因,寻找可能的解决办法,为培训部门提供参考。

2. 任务分析

任务分析的主要对象是企业内的各个职位,通过任务分析要确定各个职位的工作任务,各项任务的工作标准,以及成功完成这些任务所必需的知识、技能和态度。可以看出,任务分析其实就是前面所讲的职位分析,只是它比职位分析更详细。

3. 人员分析

培训需求分析的第三个层面是解决员工的培训需求问题。人员分析是指将员工个人目前的实际工作绩效与企业的绩效标准进行比照,分析两者之间存在什么差距,来确定谁需要接受培训以及培训的内容。人员分析重点是评价员工实际工作绩效以及工作能力。在以往的培训中,组织不太重视这个层面的需求,所以,容易造成员工被动学习的局面,组织花费较多人力、物力和财力，却没有收到理想的培训效果。

组织分析的目的在于提示组织中哪些部门及在何种背景下要进行培训与开发；任务分析则是要有效完成任务必须做什么及如何做、需要什么样的素质标准；人员分析在于揭示谁需要参加培训和需要什么培训，三者存在一种递进的关系。

（三）培训需求分析的方法

培训需求分析可以通过培训需求信号、部门申报、观察分析员工工作以及问卷调查等方法来完成。这些方法各有优势和不足，企业要根据实际情况而定。

1. 培训需求信号法

当销售额发生变化、内部岗位变动、员工在工作中经常发生错误等情况出现时，也就是发出了培训需求信号，这时应该根据这些信号采取不同的培训计划。表5－1为企业常见的培训需求信号。

表5－1　培训需求信号表

培训需求信号	信号的表现	对培训的影响
正面信号 （主动产生的培训需求）	1. 销售额激增和业务区域扩大； 2. 内部升迁； 3. 岗位轮换； 4. 外部的专业机构（如专业的咨询公司、培训公司）进行诊断后提出培训改善建议	1. 表现为培训活动的计划性和前瞻性； 2. 需要讲师与相关业务部门密切配合，正确开发培训需求； 3. 通过咨询项目提出系统性解决方案，并培训受训人掌握应用这些解决方案的必要技能、经验等
负面信号 （被动产生的培训需求）	1. 工作质量低； 2. 来自组织内、外部的抱怨增多； 3. 过高的员工流动率； 4. 工作中经常出现失误； 5. 无法按时按质完成分配的任务； 6. 无法承担超出自己能力的项目	培训需求较为明显，但需要分析培训是否是解决问题的最佳手段，或培训是否能够真正从本质上解决问题

2. 申报法

申报法是通过向各部门发放申请表或调查表，来了解各部门培训需求的方法，具体步骤如下：

（1）组织确定组织年度工作目标并结合个人的培训需求确定本部门的培训需求。

（2）人力资源部门向各部门发放申请表或调查表。

（3）各部门根据各自的年度工作目标并结合个人的培训需求确定本部门的培训需求。

（4）人力资源部门根据公司年度工作目标和各部门上报的培训需求制定组织年度培训计划初稿。

（5）征求各部门对年度培训计划初稿的意见，修改后报上级审批。

通过上述步骤，就可以得到各部门的最终培训需求信息。表5－2是部门培训需求申报表的示例。

表 5－2　××年度部门培训需求申报表

<table>
<tr><td>申报部门</td><td colspan="2"></td><td>申报时间</td><td colspan="2"></td></tr>
<tr><td rowspan="2">培训目标</td><td colspan="2">关键事件</td><td colspan="3">培训目标</td></tr>
<tr><td colspan="2"></td><td colspan="3"></td></tr>
<tr><td>培训内容</td><td colspan="5"></td></tr>
<tr><td>需求程度</td><td colspan="5">□非常紧急　□比较紧急　□本月安排　□下月安排</td></tr>
<tr><td>培训形式</td><td colspan="2"></td><td>推荐讲师</td><td colspan="2"></td></tr>
<tr><td>部门意见</td><td colspan="2"></td><td>主管部门意见</td><td colspan="2"></td></tr>
</table>

3. 任务分析法

任务分析法又称工作分析法或工作盘点法。对于组织中一些层次较低的工作，通常会聘用没有经验的员工，此时，需要任务分析法来决定工作中需要的各种技能。在进行任务分析时，需要使用工作说明书和工作规范。在工作说明书中，一般都会明确规定：①每个岗位的具体工作任务或工作职责；②对上岗人员的知识、技能要求或资格条件；③完成工作职责的衡量标准。除此之外，还可以使用工作任务分析记录表，记录工作中的任务和所需技能。工作任务分析记录表包括工作的主要任务和子任务、各项工作的执行频率、绩效标准、执行工作任务的环境、所需的技能和知识等。显然，依据上述几方面的信息，对比员工个人实际状况，就可以找出需要培训的内容。

4. 观察分析法

观察分析法是通过现场观察，了解员工工作表现，发现工作中存在的问题，获取相关信息的一种方法。为了达到有效观察的目的，企业常常设计和运用一些观察记录表以提醒观察者需要观察记录的项目，从而将员工工作表现完整地记录下来。通过对这些信息整理分析，确定员工的培训需求。表 5－3 为员工观察记录表示例。

表 5－3　员工观察记录表

被观察者	
观察者	
被观察项目（岗位）	
工作进度	
工作效果	
存在问题	
解决方法	
观察时间	

观察分析法虽然简单,但也存在无法克服的缺点:

(1)被观察者的心理作用。如果被观察者意识到处于被观察状态,就会造成心情紧张,其表现就会失常,观察者观察到的结果就会存在偏差。为避免这一情况出现,应进行多次观察或延长观察时间,对多种观察结果进行综合考虑,最终得出准确的结论。

(2)受观察者主观影响。在评价别人时,易受观察者主观对被观察者个人成见的影响,导致评价结果有偏差。避免这个缺陷的办法是增加观察者人数或组成一个观察小组。

(3)耗费时间较长。这是观察法的一个突出的缺陷。

5. 绩效分析法

绩效分析法是考察员工目前绩效与组织理想绩效之间的差距,通过培训缩小这些差距的方法。这种分析方法主要围绕"缺陷"展开,又称缺陷分析法。通常,员工缺陷有两种:一种是"技术"上的缺陷,称为"不能做";另一种是"管理"上的缺陷,称为"不想做"。前一种"缺陷"是指员工工作技能、工作技巧、工作熟练程度、业务知识水平等方面的不足;后一种"缺陷"是指员工工作态度、领导层的任务分派和指导、信息沟通与反馈等方面存在的不足。

运用绩效分析法进行培训需求分析的过程,主要围绕下面几项展开:

(1)工作认知,即员工对自己工作价值的理解和认知,需要具备的工作知识和技能,工作中的行为规范。

(2)员工自身条件的认知,这里的条件主要指员工的知识、能力、态度、体力等。

(3)评价结果反馈的认知,主要指员工的上级领导对其工作结果的评价,员工的工作绩效与应该达到的标准绩效的差距幅度。

6. 自我分析法

自我分析法是员工对自己进行分析,对今后发展提出要求,并不断寻求进步的一种培训需求分析法。自我分析法主要是通过员工根据工作感受和自己的职业发展规划,对自身的知识和能力结构进行主观评估,进而确定培训需求。这种方法具有深层性、针对性强和有效调动员工参与培训的优点。但由于员工很难客观地对自己进行评估分析,会产生不切实际的培训需求。

自我分析法常用的表格形式见表 5 - 4 和表 5 - 5。

表 5 - 4　自我分析表

姓　名		部　门		职　务	
最近三年的工作成果					
工作岗位所需条件					
该员工的不足					
学习内容及原因					
学习目标及标准					

表 5-5 员工能力分析表

能力种类	对员工重要性			员工的水平			
	没有	一般	重要	很差	一般	较好	很好
责任心							
计划性							
动手能力							
领导能力							
…							

7. 问卷分析法

问卷分析法是通过员工填写“培训需求调查问卷”,并对问卷信息进行整理、汇总、分析,从而确定培训需求的方法,这也是组织经常使用的一种方法。这种方法的优点是调查面广,资料来源广泛,搜集的信息多,相对省时省力。缺点是调查结果是间接取得的,如对结果有疑问,无法当面澄清或证实;调查对象很容易受问题所误导,获得的深层信息不够等。

8. 前瞻性培训需求分析法

前瞻性培训需求分析法是以组织未来发展需要为依据,确定员工培训需求的方法。随着技术的不断进步和员工在组织中个人成长的需要,即使员工目前的工作绩效是令人满意的,也可能会为工作调动或职位晋升作准备、为适应工作内容要求的变化等原因提出培训要求,甚至员工个人的职业生涯发展计划也会对培训提出前瞻性的要求。同时,在组织的发展过程中,会不断地产生对员工新的、更高的知识和能力等方面的要求。因此,开展前瞻性的培训开发是培训工作的重点之一。前瞻性培训需求分析一般按图 5-4 的框架进行。

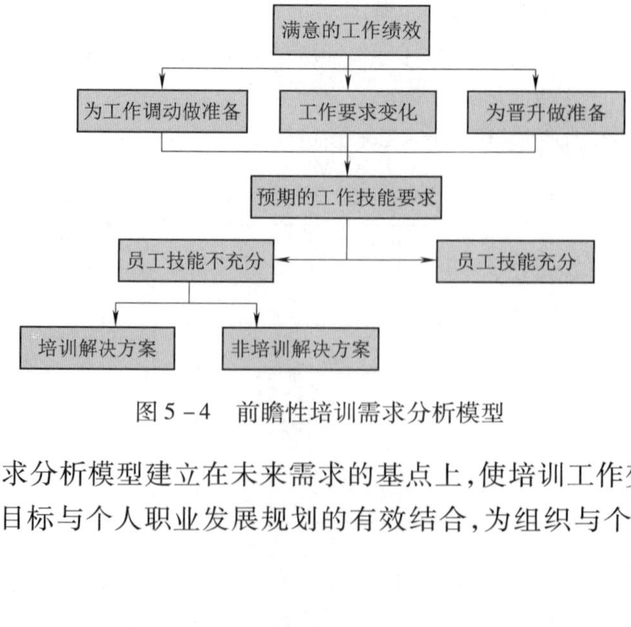

图 5-4 前瞻性培训需求分析模型

前瞻性培训需求分析模型建立在未来需求的基点上,使培训工作变被动为主动,并且充分考虑企业发展目标与个人职业发展规划的有效结合,为组织与个人发展准备一个结合点。

前瞻性培训需求分析模型的特点是：在员工当前工作绩效满意的情况下，进行前瞻性分析，以便为未来发展做准备，其中包括企业发展和员工个人职业发展。

二、培训计划制定

在企业进行了培训需求分析之后，下一步的工作便是制定员工的培训计划，以此来指导培训的具体实施。培训计划是企业培训的重要组成部分，它决定了整个培训过程的成功与否。因此，制定一份规范、详细且实用的培训计划，可以确保培训工作顺利开展并提高培训质量。具体来说，制定培训计划包括以下几个方面：

（一）培训目标

培训目标是培训活动的目的和预期成果。培训目标可以针对每一培训阶段设置，也可以面向整个培训计划来设定。在确定培训目标的过程中，需要注意的是目标的设立与评价标准密切相关，因此培训目标应该是可以衡量的。培训目标的设定应包括两个要素：一是操作，即员工在培训后要学会做什么；二是标准，只有规定了明确的标准，才能有效地测量培训结果。

（二）培训对象

培训对象就是培训目标适用的对象。虽然所有员工都需要培训，但由于单位组织的资源有限，不可能提供足够的资金、人力、时间进行漫无边际的培训。因此，所有员工不一定都需要培训到同一个层次或同等程度，或安排在同一时间培训，必须有指导性地确定单位急需人才培训计划，根据组织目标的需求挑选被培训人员。企业培训时应重点考虑以下这些员工：

1. 新进员工

对新进员工进行培训，可以使他们顺利地进入工作状态，有一个良好的工作开端，更好地为企业的发展做贡献。

2. 有能力且符合企业发展的员工

他们可能是企业的技术骨干，为更新知识或发展成为复合型人才而需要进行培训；或是由于转岗的需要，培训可以使他们担当或胜任新岗位的工作。

3. 有潜在能力的员工

有潜在能力的员工，具有一定的创新能力和创造力潜质。对他们进行培训，目的是进一步挖掘和激发其潜在的才能。企业往往期望他们通过培训，掌握各种不同的管理知识和岗位技能，让其进入更复杂、更重要或更高层次的工作岗位。

4. 有特殊需求的员工

有特殊需求的员工主要有两种类型，第一类是能为企业各种突发情况提供应急技能；第二类是指对自己有特殊需求，有很强的培训参与欲望的人。

（三）培训内容

培训计划中必须介绍培训内容，也就是确定培训什么的问题。不同的培训，由于其具体的目的不同、任务不同、培训对象不同，培训内容也就不同。笼统地讲，培训可以是为了提高员工专业技能而进行的培训，也可以是对员工进行企业文化的培训等。但培训内容的选择还必须要考虑以下几方面的因素：一是要和组织的目标相一致；二是必须具有由学到用的可转化性。企业对员工的培训与学校常规教育有所区别。企业培训是以提高工作岗位的工作效率和水平，改进工作绩效为核心和直接目的，因此，培训内容的选择应该侧重于那些能够指导工作实践或是具有可操作性的培训内容，关注培训与实践的结合。另外，由于培训对象的不同，具体培训内容的选择也有所不同，表 5 – 6 为不同培训对象所对应培训内容示例。

表 5 – 6　不同培训对象培训内容示例

序号	培训对象	培训内容	序号	培训对象	培训内容
一	管理人员	领导力	二	生产人员	生产运作
		时间管理			现场管理
		团队管理			采购物流
		沟通谈判			精益生产
		目标管理	三	销售人员	品牌管理
		创新能力			营销策略
		激励下属			渠道管理
		管理艺术			电话销售技巧
…	…	…	…	…	…

（四）培训时间

一份具体的培训计划，要有明确的培训时间和期限。一般而言，培训时间可以根据培训的目的、培训的场地、培训教师、被培训者的能力及上班时间等因素而决定。一般新员工的培训可在实际从事工作前实施，培训时间可以是一周至十天，甚至一个月；而在职员工的培训，则可以以培训者的工作能力、经验为标准来决定培训期限的长短。培训时间的选定以尽可能不影响工作为宜。

（五）培训地点

培训计划中还要明确培训的地点。培训地点是指培训需要在什么地方和什么环境进行。通常合适的培训地点有助于创造有利的培训条件，建立良好的培训环境，进而增进培训的效果。同时，培训地点的选择，又受培训方式的制约，例如采取讲授法，需要适当的教室；采取讨论法，需要合适的会议室；采取游戏法，则应当选择活动空间足够的地方。此外，地点的选择还要考虑培训人数及经费等因素。

（六）培训方法

培训方法就是确定如何培训的问题。选择哪些培训方法，是培训计划的主要内容之一，也是培训成败的关键因素之一。培训的方法有很多，不同的方法有不同的特点，同时也会带来不同的效果，企业应该结合自身的情况以及预期的效果选择合适的方法。

（七）培训教师

培训教师就是确定由谁进行培训的问题。培训教师的选择既可利用外部渠道，也可依靠内部渠道。从这两个渠道选择培训者各有利弊，表 5 – 7 是对内外渠道选择培训教师的利弊所作的一个简单比较。

表 5－7　内外渠道选择培训教师的利弊比较

渠　道	优　　点	缺　　点
外部渠道	培训者比较专业，具有丰富的培训经验； 没有什么束缚，可以带来新的观点和理念； 与企业没有直接关系，员工比较容易接受	费用比较高； 对企业不了解，培训的内容可能不实用，针对性不强； 责任心可能不强
内部渠道	对企业情况比较了解，培训更有针对性； 责任心比较强； 费用比较低； 可以与受训人员进行更好的交流	可能缺乏培训经验； 受企业现有状况的影响比较大，思路可能没有创新； 员工对培训者的接受程度可能比较低

（八）培训预算

培训预算是指一段时期（通常是 1 年）内，用于组织内部培训及培训部门所需要的全部开支的总和。培训预算既是为了做好资金运用计划，又是培训管理工作量化的表现形式，是未来培训计划实施和控制的重要依据和衡量标准。

一般可以把培训经费分为直接培训费用和间接培训费用。根据培训项目的实施过程，可以把培训费用从以下方面分别计算：场地费；食宿费；培训器材、教材费；教育培训相关人员工资以及外聘教师讲课费；交通差旅费。间接培训费用是指由于培训带来的机会成本和生产力浪费。由于学员来学习，不能去工作，因而不仅要支付其工资，而且为了维持正常的生产运行，还必须请人代替，否则会导致生产设备的闲置等生产力浪费的现象。

【应用实例 5－1】

表 5－8　× ×公司员工培训课程安排表

<table>
<tr><th colspan="2">培训日程</th><th>课程类型</th><th>课程名称</th><th>主要内容</th><th>培训时间/分钟</th><th>培训部门</th><th>讲师</th><th>培训形式</th></tr>
<tr><td rowspan="6">10 月 21 日上午</td><td>9:10</td><td colspan="2">培训准备</td><td>宣读纪律</td><td></td><td>人事部</td><td></td><td>主持</td></tr>
<tr><td rowspan="2">9:30</td><td colspan="2">公司致辞</td><td>由公司领导向新员工全体致欢迎辞</td><td>10</td><td>总经办</td><td></td><td>宣讲</td></tr>
<tr><td>行业文化类</td><td>行业背景</td><td>* *行业背景、现状及发展趋势</td><td>40</td><td>总经办</td><td></td><td>PPT</td></tr>
<tr><td colspan="4">休息</td><td>10</td><td colspan="3"></td></tr>
<tr><td rowspan="2">10:30</td><td rowspan="2">企业文化类</td><td rowspan="2">公司文化</td><td>发展历程及文化</td><td>30</td><td rowspan="2">人事部</td><td rowspan="2"></td><td>PPT</td></tr>
<tr><td>对公司组织结构图、部门职能进行学习</td><td>30</td><td>PPT</td></tr>
<tr><td></td><td colspan="4">时间共计</td><td colspan="4">2 小时 30 分</td></tr>
<tr><td rowspan="2">下午</td><td>14:00</td><td>行业文化类</td><td colspan="2">融资担保专业知识</td><td>120</td><td>业务部</td><td></td><td>PPT</td></tr>
<tr><td>16:30</td><td colspan="3">分享环节</td><td>30</td><td>人事部</td><td></td><td></td></tr>
</table>

10月22日上午	部门制度		财务管理相关制度	60	财务部		PPT
			行政管理相关制度	60	行政部		PPT
下午	业务营销类		车贷知识	60	车贷部		PPT
			投资业务	60	投资部		PPT
10月23日上午	规范礼仪		办公规范管理	60	人事部		PPT
			商务礼仪	60			
下午	14:00		风险控制管理及相关法律法规	180	风控部		PPT
			分享环节	30	人事部		
10月24日上午	9:00	职业化培训	职业心态	60	人事部		PPT
			休息	10			
			团队意识	60	人事部		PPT
下午	14:00	法律	法律法规	60	法务部		PPT
	15:00	规章制度类	绩效考核	10	人事部		PPT
			工资福利奖金管理办法	10			
			劳动人事制度	10			
			法定休假管理办法	10			
			各项规章管理制度	20			
			公司制式化工作	5			
	16:00		分享环节	30			
10月25日上午	9:30		培训心得体会	30	人事部		宣讲
	10:00	沟通类	绩效考核制度、薪酬福利制度、奖惩管理制度及其他相关制度问题答疑	30	总经理		宣讲
			总结表彰	30	人事部		
下午	13:30		户外拓展训练	240	人事部		活动
	18:00			120	人事部		聚餐
培训时间共计5个工作日							

资料来源：百度文库．某公司员工培训课程安排表[EB/OL].[2016-5-10].http://wenku.baidu.com/view/ab53056da2161479171128e9.html? from = search.

三、培训方案的组织与实施

制定好科学的培训计划，接下来便是培训计划的组织与实施阶段。这个阶段的主要工作是针对培训的需求特点，制定具体的培训方法和手段，按照设计完成培训计划，实施具体的培训。此阶段的特点是，对培训的技术要求较强，也较为具体。在实施员工培训时，培训者要完成许多具体的工作任务。

(一)做好培训准备

1. 培训氛围准备

选择和布置培训场所主要从硬件角度考虑,而营造良好的培训环境则更多地从培训兴趣、培训动机、培训氛围等各个方面着手。具体做法是:通过种种激励措施来引导员工接受培训。例如把员工在培训时的表现与年终考评结合起来,把培训列为员工晋升和调动工作的必备条件。也可以增加工作的竞争程度,使员工有危机意识,从而主动参加培训。还可以向员工阐明职业生涯发展的道理,让员工感到培训对员工本身的发展有较大的帮助。

2. 选择培训教师

员工培训的成功与否与所选择的培训教师有着很大关系。特别是新时代的员工培训,教师已不仅仅是传授知识、态度和技能,甚至对受训者的职业生涯都有着极其重要的影响。因此,选择培训教师,首先,要求教师要有良好的品质和职业道德;其次,要有完备的知识;第三,要有丰富的经验;第四,有效的沟通,包括良好的表达能力,为人热情且受人尊敬。

3. 培训工具的准备

适当地使用一些培训工具,可以使培训的形式更加灵活多样。企业培训时以下工具可以使用:

(1)运用展示架。把有关资料贴放在上面,让学员得到额外的辅助信息,加深对培训主题的进一步理解,增强培训效果。

(2)利用录音和摄像设备。这要避免学员陷入被动的"看电视"中,注意使用录像教学过程中双向交流。

(3)使用计算机。近年来发展起来的机上培训,使得员工不用再到生产线上进行实施操作,只需把培训软件装入计算机内,即可以在计算机上进行模拟操作,出现错误后,也可以在机上修改,大大减少了错误成本费用,方便了培训工作,使培训工作上了一个更高的新台阶。例如,美国戴尔公司在某一新产品投放市场前,员工就可以从网上获得关于该产品的图文并茂的详细说明,从中可以了解如何安装使用新产品。相对而言,机上培训已充分显示出其快捷和实用的优点,教室培训已处于次要地位。

(二)分工配合

培训项目的实施往往不是一蹴而就的,特别是一些大中型的培训项目,组织工作非常复杂,因此,有必要将培训实施过程所有涉及的工作按照类别进行分工,然后安排在某一方面具备专长的人员具体负责相关工作的落实,培训管理者随后及时跟进和沟通,以便及时发现问题并采取纠偏措施。

(三)培训控制与管理

培训控制是确保培训目标实现的重要环节,为此要做好以下几项工作:

1. 收集培训相关资料

需要收集的资料包括培训需求评估报告、培训实施计划方案、组织内部中长期培训计划方案、以往的培训实施计划方案及其评估报告、来自高层决策者的意见、本年度的培训资源分配计划、培训师资料、课程大纲、培训地点及设施情况介绍等。

2. 比较现状与目标之间的差距

要明确现状与目标之间的差距，也就是培训实施计划所要解决的问题，为培训实施确立整体方向。

3. 培训计划纠偏

这里会出现3种情况：一是培训实施完全符合要求，不需要进行纠偏。二是轻度纠偏，即在培训实施过程中发现原定计划中有些地方欠妥，如人员分工、课程编排次序、工作进度的协调等。这种情况下一般只要对培训计划进行必要的修改即可达到要求。三是重度纠偏，如原邀请的顾问不合适或不能出席、培训的投入过多或过少、培训场地安排不合适、培训组织工作出现漏项等。出现这种问题时就要对培训做大"手术"。召开培训计划专题讨论会议，讨论解决方法，并同时对培训计划的相应部分做出修改。

4. 公布并跟进落实

这包括两个方面：一是让培训项目相关人员明确自己的具体工作职责，掌握整体培训项目的有关情况；二是起到培训动员的作用，使培训对象做好参加培训的准备，不至于临时打乱工作或缺乏必要的心理准备。

四、培训效果评估

培训效果评估是指企业在培训之后，通过一定的方法对培训效果进行分析和评价。培训效果评估是培训工作中不可缺少的重要环节，是衡量企业培训效果的重要途径和手段。通过评估，管理者可以知道培训使学员的知识得到了怎样的更新，学员的工作表现产生了怎样的变化。同时，企业可以对当年培训的效果有一个反馈，对下一年度的培训工作起到很好的借鉴作用。

对于培训效果评估的研究，国内外应用得最为广泛的是美国学者柯克帕特里克(Kirkpatrick)提出的培训效果四级评估模型。他根据评估的深度和难度将培训效果分为四个递进的层次，见表5-9。

表5-9 柯克帕特里克四层次培训评估模型

层面	标准	重点	问题
第一层面	反应	受训者满意程度	受训者喜欢该项目吗？课程有用吗？他们有些什么建议
第二层面	学习	知识、技能、态度、行为方式方面的收获	受训者培训前后，在知识以及技能的掌握方面有多大程度的提高
第三层面	行为	工作中行为的改进	培训后受训者的行为有无不同？他们在工作中是否使用了在培训中学到的知识
第四层面	结果	被培训者获得的经营业绩	组织是否因为培训经营得更好了

(一)反应层评估

反应层评估就是针对学员对课程及学习过程的满意度进行评估。它要评价学员对整个培训过程的意见和看法，对培训计划是否满意、是否认为有价值，包括对培训的内容、培训教师的水平、培训的方式、教材、时间安排、环境设施等各方面的反应程度。

对这项指标的评价，最简单的方法就是询问学员对培训的感觉。一般可以采用问卷、面谈、座谈、电话调查等方式。反应层评估一般是在培训结束后进行，也可以在一段时间后进行。表 5－10 为某公司培训反应层评估问卷表。

表 5－10　某公司培训反应层评估问卷

为了了解本次培训对您需求的满足程度，我们需要您花费几分钟时间填写这份问卷，填写问卷时请注意以下两点。

1. 请务必填写您的真实感受，这对我们培训工作的改进很重要。
2. 请注意所有的选择性题目均为单选题目，请在相应的选项后打"√"号。

下面请作答：

1. 您对本次培训的主题如何评价？
   A. 非常好　B. 很好　C. 好　D. 一般　E. 差
2. 您对本次培训的组织管理人员如何评价？
   A. 非常好　B. 很好　C. 好　D. 一般　E. 差
3. 您对本次培训的讲师如何评价？
   A. 非常好　B. 很好　C. 好　D. 一般　E. 差
4. 您对本次培训的设施条件如何评价？
   A. 非常好　B. 很好　C. 好　D. 一般　E. 差
5. 您对本次培训的日程安排如何评价？
   A. 非常好　B. 很好　C. 好　D. 一般　E. 差
6. 您对本次培训的内容如何评价？
   A. 非常好　B. 很好　C. 好　D. 一般　E. 差
7. 您对本次培训的方式如何评价？
   A. 非常好　B. 很好　C. 好　D. 一般　E. 差

反应层评估是最基本、最普遍的培训评估方式，它容易操作，方法简单，但它的缺点显而易见。比如，有的学员因为对培训教师有好感而给课程全部高分，或者因为对某个因素不满而全盘否定课程。通常来说，大多数学员都很感性，有时候往往会凭表面印象进行评价，而不会去仔细思考自己究竟从培训当中学到了些什么，面对这样的评估结果，显然很难真正知道通过培训，学员的知识、技能与态度与培训前相比到底有哪些改进与提高。另外，学员对于问卷表的填写也会有一定的随意性。

（二）学习层评估

学习层评估，就是评估学员在知识、技能或态度等方面学到了什么，即针对学员完成课程后，所保留的学习成效进行评估。正确评估学员的学习结果在培训评估中十分重要，因为如果没有知识、技能或态度的获得和改变为基础，就很难导致行为和结果的改变。学习层评估一般采用书面测验、情景模拟、操作测验等评估方式。

学习层评估的评估时间，一般是在培训现场或培训结束之后。学习层评估对学员和培训教师会有一定的压力，好处是学员和培训教师对培训会更加认真对待。但要注意测试方法的难度。对那些基于知识的培训采用考试方式较好。

（三）行为层评估

行为层评估，就是指员工的工作行为方式有多大程度的改变，即针对学员回到工作岗位后，其行为或工作绩效是否因培训而有预期中的改变进行评估。行为指标水平可以由内部人员测定，也可由外部人员测定。内部人员指受训者的直接管理者，外部人员指人力资源专家和顾客。

行为层评估的评估时间，通常在培训结束后 3 个月进行。评估内容主要为测评其工作行为是否因培训而有所改变。评估方法主要有问卷调查法（主要通过同事、上下级来收集数据）、面谈法、观察法（一般技术操作类培训可以采用这种方式）、行动计划法（这是在培训追踪中较多使用的一种方法，要求学员列出培训后需改进的地方并形成计划，定期按计划保持追踪）。以某企业管理人员培训之后的行为评估为例，表 5－11 是管理人员培训行为自我评估表，表 5－12 是管理人员培训行为下属问卷调查表。

表 5－11　管理人员培训行为自我评估表

请根据你的真实情况回答，你的回答主要反映你培训后在领导方式上的变化，对今后改进课程会很有帮助。该问卷为匿名，请务必客观，谢谢！ 5 分：比过去多很多；4 分：比过去多一点；3 分：和过去一样；2 分：比过去少一点；1 分：比过去少很多。					
问 卷 项 目	与过去比较在此方面花费的时间和精力大小				
1. 接触和了解员工；	5	4	3	2	1
2. 倾听下属意见；	5	4	3	2	1
3. 对下属行为给予表扬；	5	4	3	2	1
4. 和员工聊天，了解其生活和家庭情况；	5	4	3	2	1
5. 主动征询下属的意见；	5	4	3	2	1
6. 主动管理；	5	4	3	2	1
7. 关心新员工的家庭；	5	4	3	2	1
8. 和新员工沟通自己的工作经历；	5	4	3	2	1
9. 把新员工介绍给其他同事；	5	4	3	2	1
10. 帮助下属并指导其改进失误；	5	4	3	2	1
11. 培训下属	5	4	3	2	1

表 5－12　管理人员培训行为下属问卷调查表

请根据您的真实感受回答，您的回答仅对我们今后改进培训课程有帮助，不会影响您和上级领导的关系。该问卷为匿名，请客观公正，谢谢！ 5 分：非常符合；4 分：大部分符合；3 分：一般；2 分：大部分不符合；1 分：一点也不符合。					
问卷项目（和培训前对比）	得　分				
1. 我的上级领导对我的工作有了更好的了解；	5	4	3	2	1
2. 我的上级领导更加意识到我工作中的成绩；	5	4	3	2	1
3. 我的上级领导提供更多的机会使我发挥特长；	5	4	3	2	1
4. 我的上级领导更让我了解他对我的工作期望；	5	4	3	2	1
5. 我的上级领导更频繁地与我交流和讨论；	5	4	3	2	1
6. 我的上级领导更加关注我的生活和事业发展；	5	4	3	2	1
7. 我的上级领导更加能够帮助我提高	5	4	3	2	1

（四）结果层评估

结果层评估，主要是评估学员对组织经营成果有何直接且正面具体的贡献，并且还要确定这些变化是否是培训的效果。例如，产量增加、效率的改进、不良率的减少、成本费用的减少、抱怨的减少、意外事故的降低以及离职率的降低等。表5－13是企业培训后结果层评估常用测评指标。

表5－13　结果层评估常用测评指标

管理人员培训	营销培训	客户关系培训
产量增加 缺勤和怠工减少 成本下降 离职率降低 员工建议数增加 士气和员工态度改变	销售量提高 平均销售规模扩大 新客户数目增加 按期付款比率上升 销售费用下降 每张订单的货品数量增加	订单出错率下降 订单数增加 每日交易数目增加 客户回访次数增加 失去的顾客数减少 顾客投诉数量下降

结果层评估的时间，一般是在培训后半年或一年。评估内容主要是与该培训内容直接相关的绩效指标。评估方式主要采用培训前后绩效周期的绩效结果对比。这是建立在行为评估基础上的评估，只有行为的改变，才有可能将绩效结果的改变与培训挂钩。

【应用实例5－2】

新员工培训制度

一、培训目的

（1）新入职员工培训是为了使新员工在入职前对公司有一个全方位了解，认识并认同公司的事业及企业文化，坚定自己的职业选择，理解并接受公司的共同语言和行为规范。

（2）使新员工明确自己的岗位职责、工作任务和工作目标，掌握工作要领、工作程序和工作方法，尽快进入岗位角色。

二、培训期间

新员工入职培训期1个月，包括2～3天的集中脱岗培训及后期的在岗指导培训。人力资源部根据具体情况确定培训日期。

三、培训对象

公司所有新进员工。

四、培训方式

（1）脱岗培训。由人力资源部制定培训计划和方案并组织实施，采用集中授课及讨论、参观的形式。

（2）在岗培训。由新员工所在部门负责人对其已有的技能与工作岗位所要求的技能进行比较评估，找出差距，以确定该员工培训方向，并指定专人实施培训指导，人力资源部跟踪监控。可采用日常工作指导及一对一辅导形式。

五、培训教材

员工手册、部门岗位指导手册等。

六、培训内容

(1)企业概况。企业历史、现状以及在行业中的地位,企业文化、未来前景、组织机构、各部门的功能和业务范围、人员结构、薪资福利政策、培训制度、历年重大人事变动或奖惩情况介绍、团队精神介绍、沟通技能训练及新员工关心的各类问题解答等。

(2)员工守则。企业规章制度、奖惩条例、行为规范等。

(3)入职须知。入职程序及相关手续办理流程。

(4)财务制度。费用报销程序及相关手续办理流程以及办公设备的申领使用。

(5)安全知识。消防安全知识、设备安全知识及紧急事件处理等。

(6)沟通渠道。员工投诉及合理化建议渠道介绍。

(7)实地参观。参观企业各部门以及工作娱乐等公共场所。

(8)介绍交流。介绍公司高层领导、各部门负责人及对公司有突出贡献的骨干与新员工认识并交流恳谈。

(9)在岗培训。服务意识、岗位职责、业务知识与技能、业务流程、部门业务周边关系等。

七、培训考核

考核分书面考核和应用考核两部分,脱岗培训以书面考核为主,在岗培训以应用考核为主,各占考核总成绩的50%。书面考核考题由各位授课教师提供,人力资源部统一印制考卷;应用考核通过观察测试等手段考察受训员工在实际工作中对培训知识或技巧的应用及业绩行为的改善,由其所在部门的领导、同事及人力资源部共同鉴定。

八、效果评估

人力资源部通过与学员、教师、部门培训负责人直接交流,并制定一系列书面调查表进行培训后的跟踪了解,逐步减少培训方向和内容的偏差,改进培训方式,以使培训更加富有成效并达到预期目标。

资料来源:百度文库. 新员工入职培训计划及表格大全[EB/OL]. [2016-5-10]. http://wenku. baidu. com/view/ab5e0265a417866fb84a8e86. html.

第三节　员工培训与开发的方法

【管理故事5-2】

将军练兵有奇招

古代有两位将军即将领兵决战,可是因为长期的战争,手下的老兵伤亡惨重,现在每个人手里几乎都是刚招来的新兵。两位将军都很发愁新兵训练的事情;赵将军觉得时间紧迫,新兵们需要学习的东西实在太多了,如骑马射箭、步行战斗、运送粮草等。于是赵将军抓紧时间,日夜不停地训练手下的新兵,可是由于他们在短时间内很难学会这么多东西,效果并不好,赵将军非常担忧。一天,他派人去打听李将军那边的训练情况,得到的反馈是:“他们就是按照日常训练进行的,并没有实行强化训练。”这下,赵将军放心了,以为胜利已是囊中之物了。

转眼到了决战之日,赵将军手下的士兵果然了得,个个都是人才,骑马、射箭、步战、操作器械，样样都懂一点，可是没有一样是精通的，并且相互之间还缺乏配合。战斗开始后，只见李将军手下的士兵分工明确、各有所长，冲锋的骑兵各个骑术精湛，射箭的选手个个百步穿杨，攻坚的士兵熟练地操作着各种器械，进行主力决战的步兵更是技艺优良。很快，赵将军的军队就败下阵来。赵将军后来一打听才明白，原来李将军一开始就根据各个士兵的特点将他们分成了许多小队，每个小队只学习一样本事，最后则专门进行各兵种之间的配合训练。赵将军长叹一声，败得心服口服。

资料来源：李健. 人力资源管理：理论·案例·实训[M]. 北京：清华大学出版社，2017.

在实践中，进行培训与开发时有很多种方法可供选择，培训方法选择的恰当与否对于培训的实施以及培训效果具有非常重要的影响。企业在进行培训时，应当根据培训内容、培训对象、培训目的以及培训费用等因素选择合适的方法。

培训的方法，按照不同的标准可以划分为不同的类别，这里主要按照培训的实施方式将培训的方法分为两大类：一是在职培训；二是脱产培训。

一、在职培训

在职培训就是指员工不离开自己的职位，在实际工作岗位和工作场地进行的培训。这种方法最大的好处在于：员工的工作不会受到影响，可以一边接受培训一边工作；培训的实用性比较好，培训时的环境就是实际工作的环境；员工可以立即将培训的内容运用到实际工作中去，可以及时地得到反馈；培训的费用比较低，不用专门购买设备。缺点是：员工的培训过程容易受到外界因素的干扰，造成培训的间断，从而影响学习的效果；会影响到正常的工作，可能导致工作效率降低。有些工作本身的特点决定了不能使用这种方法，如司机、飞行员的培训。在职培训的方法主要有以下几种。

1. 学徒培训

简单地说，这是一种“师傅带徒弟”的培训方法，由经验丰富的员工和新员工结成比较固定的“师徒关系”，并由师傅对徒弟的工作进行指导和帮助，这种培训方法大多用于那些需要一定技能的行业，如电工、美发师、木匠等。这种方法的优势是比较节约成本，而且有利于工作技能的迅速掌握。弊端是这种方法会影响到师傅的正常工作，降低工作效率；还容易形成固定的工作思路，不利于创新。在高科技企业，这种形式称为“导师制”，如国外的摩托罗拉和国内的华为公司都采用了这种培训方法。

2. 辅导培训

辅导培训是受训者以一对一的方式向经验丰富的组织成员进行学习的方法，辅导者通常是年长或有经验的员工，可以是企业中任何职位的人。这种方法有些类似于学徒培训，不同的是辅导者的身份不一定就是师傅，可以以朋友、知己或者顾问的身份来对受训者进行辅导，两者的关系也不像学徒培训中的师傅与徒弟那样紧密。为了保证辅导的效果，辅导者与受训者的兴趣必须一致，必须相互理解对方的心理。

3. 工作轮换

工作轮换是通过调动员工工作职位的方式来进行培训的方法，通过职位的变化可以丰富员工的工作经验，扩展他们的知识，增加他们的技能，使他们了解其他职位的工作内容，从而能够胜任多方面的工作。

实行工作轮换，要考虑员工的个人能力以及他的需要、兴趣、态度和职业偏爱，从而选择与其合适的工作；工作轮换时间长短取决于培训对象的学习能力和学习效果，而不是机械的规定某一时间。这种方法鼓励"通才化"，适用于对通用型的管理人员进行培训。如果要对专家型的人员进行培训，采取这种方法的效果就不是很理想。

二、脱产培训

脱产培训就是指员工离开自己的工作岗位专门参加的培训，这种培训方法的优缺点与在职培训恰恰相反。脱产培训的方法主要有以下几种。

1. 授课法

授课法是最普遍也是最基本的一种培训方法，就是通过培训者讲授或演讲的方式来对受训人员进行培训。这种方法的优点是可以同时对一大批受训人员进行培训，成本比较低；培训者能够对培训过程进行有效的控制。缺点是由于讲课的内容往往比较概括和一般化，因此要求受训人员同质程度比较高，如文化程度和工作要求要比较相似，以便使培训者讲得更具体和实用；这种方法主要是一种单向沟通的方式，很少有对话、提问和讨论的机会，缺乏反馈、练习，受训人员比较被动；没有练习的机会，不适用于技能的培训。因此这种方法大多用于一般性的知识培训。

2. 讨论法

讨论法就是指由培训者和受训者共同讨论并解决问题的一种培训方法。实践中，首先由培训者综合介绍一些基本的概念和原理，然后再围绕某一主题进行讨论，这也是应用比较广泛的一种方法。

讨论法的优点在于：受训人员能够参与到培训活动中来，可以提高他们的学习兴趣；有利于受训人员积极思考，加深对学习内容的理解；在讨论中可以相互学习，有利于知识和经验的共享；此外，还可以同时培养他们的口头表达能力。这种方法的缺点是：为了保证讨论的效果，参与的人数不能太多；不利于对基本知识和技能的系统掌握；讨论过程中容易偏离主题，因此对主持人的要求比较高。

3. 案例分析法

案例分析法是指给受训者提供一个来自现实的案例，首先让他们自己独立地去分析这个案例，然后再与其他受训者一起讨论，从而提出自己对问题的解决办法。

案例分析法的优点在于：案例大多来自现实，通过对案例的分析，有助于解决类似的实际问题；案例分析强调个人的独立思考，对培训者的依赖程度比较低，因此有助于培养受训人员独立分析问题、解决问题的能力；它的最终目的不是给出一个确定的答案，而是借助这种方式，教会受训人员如何分析问题和解决问题。这种方法的缺点是：案例的收集和提炼往往比较困难，案例虽然来自现实，但又不能是现实的直接反映，而要经过一定的加工；此外，这种方法对培训者的要求也比较高，要求能够给受训者以启发。

4. 角色扮演法

角色扮演法就是指给受训人员提供一个真实的情境，让他们在其中分别扮演不同的角色，做出他们认为适合于每一种角色的行为，表现出角色的情感。在扮演过程中对培训者随时加以指导，在结束后组织大家讨论，以各自对扮演角色的看法来发表意见，这其实就是通常所说的“换位思考”。这种方法比较适用于训练态度仪容和言谈举止等人际关系技能。比如询问、电话应对、销售技术、业务会谈等基本技能的学习和提高。

角色扮演法的主要优点是:学员参与性强,学员与培训教师有较多的互动,可以提高学员参与培训的积极性;参加者能较快熟悉自己的工作环境,了解自己的工作业务,掌握必需的工作技能,尽快适应实际工作的要求;学员既能发挥个人的表演天赋,也能从角色的演练中获得实战经验和技巧,一方面发挥了员工的主观能动性,另一方面也会发现员工存在哪些尚待挖掘的潜质,以利于更好地开发员工的长处。

5. 工作模拟法

工作模拟法就是指利用受训者在工作过程实际使用的设备或者模拟设备,以及实际面临的环境来对他们进行培训的一种方法。这种方法的好处在于:由于与实际的工作比较接近,因此培训效果比较好;能够对培训的过程加以有效的控制;可以避免在实际工作中进行培训而造成的损失。缺点是:培训的费用比较高;不可能做到与真实的工作完全一样,也存在培训的转化问题。这种培训特别适合那些出现错误的代价和风险比较高的工作,如飞行员的培训、管理决策的培训等。

6. 网络培训法

近些年来,随着计算机和网络技术的发展,利用网络进行培训的方法被广泛应用。网络培训法是指通过公共的因特网或企业的内部局域网来传递,并通过浏览器来展示培训内容的一种培训。这种方法突破了传统培训的固有模式,打破了培训的时间和空间限制,培训者和受训者不必再面对面地进行培训,这是培训与开发的重大突破。这种方法的缺点是,由于需要建立良好的计算机网络系统,因此培训的成本比较高。此外,有一些内容无法使用这种方法培训,如设备的操作培训、人际关系交往能力的培训等。

7. 拓展训练

拓展训练原意为一艘小船驶离平静的港湾,义无反顾地投向未知的旅程,去迎接一次次挑战。这种训练起源于二战期间的英国。当时大西洋商务船队屡遭德国人袭击,许多缺乏经验的年轻海员葬身海底,针对这种情况,汉思等人创办了“阿伯德威海上学校”,训练年轻海员在海上的生存能力和船触礁后的生存技巧,使他们的身体和意志都得到锻炼。战争结束后,许多人认为这种训练仍然可以保留。于是拓展训练的独特创意和训练方式逐渐被推广开来,训练对象也由最初的海员扩大到军人、学生、工商业人员等各类群体。训练目标也由单纯的体能、生存训练扩展到心理训练、人格训练、管理训练等。

拓展训练是一种以提高心理素质为主要目的,兼具体能和实践的综合素质训练,它以运动为依托,以感悟为目的。这种培训方式与传统的知识培训和技能培训相比,少了一些说教和灌输,多了一些运动中的体验和感悟。拓展训练能使受训学员激发个人潜能,培养乐观的心态和坚强的意志,提高沟通交流的主动性和技巧性,树立相互配合、相互支持的团队精神,极大地增强合作意识,从而达到提高员工心理素质的目的。

8. 虚拟培训法

虚拟培训法是指利用虚拟现实技术,生成实时的、具有三维信息的人工虚拟环境进行培训。受训者通过运用某些设备接收和响应该环境的各种感官刺激而进入其中,并可根据需要通过多种交互设备来驾驭该环境以及用于操作的物体,从而达到提高受训者各种技能或学习知识的目的。

虚拟培训法的优点是：虚拟培训中操作的设备和真正的设备功能一样，操作方法也一样，理想的虚拟环境甚至让学员无法辨出真假；虚拟环境具有超时空的特点，它能够将过去、现在、未来，微观、宏观等世界拥有的物体有机地结合到一起；受训者能够自主地选择或组合虚拟培训场地或设施，而且可以在重复中不断地增强自己的训练效果；虚拟环境能使受训者脱离现实环境培训中的风险。其缺点是：虚拟环境设计和制作难度较高，费用高昂；租用虚拟培训设施的费用也较高；并不是所有的工作情景都能设计和制作成虚拟环境。因此，这种方法的使用范围有一定的局限性。

从总体来看，虚拟培训法的最大特点在于它的仿真性、超时空性、自主性、安全性。这种方法特别适用于军事人员、飞行器驾驶员、空中交通管制人员、汽车驾驶员、医务工作人员、体育运动员等方面受训者的培训，他们能从这种培训中获得感性知识和实际经验。

【走进管理 5－2】

世界名企培训高招

IBM：新员工“魔鬼训练营”

有人称 IBM 的新员工培训是“魔鬼训练营”，因为培训过程非常艰辛。除行政管理类人员只有为期两周的培训外，IBM 所有销售、市场和服务部门员工全部要经过三个月的“魔鬼”训练，内容包括：了解 IBM 内部工作方式、部门职能、产品和服务等，以模拟实践的形式学习 IBM 怎样做生意，以及团队工作和沟通技能、表达技巧等。培训期间，十多种考试像跨栏一样需要新员工跨越，包括：做讲演、笔试产品性能、练习扮演客户和销售市场角色等。全部考试合格，才可成为 IBM 的一名新员工，有自己正式的职务和责任。

英特尔：给新员工人情味的帮助和支持

英特尔有专门的新员工培训计划，例如上班第一天会有公司常识培训、各部门规章制度、在什么地方可以找到所需要的东西等。然后由经理分给新员工一个“伙伴”，新员工不方便问经理的随时都可以问他，这是很有人情味的一种帮助。英特尔会给每位新员工一个详细的培训计划，第一周、第二周、第一个月……新员工分别需要做到什么程度，可能需要什么样的支持，都可以照此去做，公司也会随时追踪。新员工在 3 ~9 个月之间，会有一周关于英特尔文化和在英特尔怎样成功的培训。另外，公司会有意安排许多一对一会议，让新员工与自己的老板、同事、客户有机会进行面对面的交流，尤其是和高层经理的面谈，给了新员工直接表现自己的机会。

微软：打磨具有“微软风格”的人，重视技术培训

进入微软公司的第一步是接受为期一个月的封闭式培训，培训的目的是把新人转化为真正的微软职业人。仅是关于如何接电话，微软就有一套手册，技术支持人员拿起电话，第一句话肯定是：“你好，微软公司！”。微软也很重视对员工技术培训。微软内部实行“终身师傅制”，新员工一进门就会有一个师傅来带，此外，新员工还可以享受三个月集中培训。平时，微软也会给每位员工提供许多充电的机会：一是表现优异的员工可以去参加美国一年一度的技术大会；二是每月都有高级专家讲课，公司每星期都会安排内部技术交流会。

资料来源：世界经理人论坛．学习世界 500 强企业如何培训员工［EB/OL］．［2017-5-10］．http://www.ceconlinebbs.com/FORUM_POST_900001_900132_921478_0.HTM.

知识巩固训练

一、填空题

1. 员工培训与开发是组织为了使员工获得或改进________、________、________和________,提高组织工作绩效,实现员工和企业共同发展的目的,有计划地进行的教育训练与开发活动。

2. 培训更多的是侧重________的行为,是向新员工或现有员工传授其完成本职工作所必需技能的过程。

3. 培训需求分析主要从________、________和________三个层面入手。

4. 按照培训与工作关系的不同,可以将培训与开发划分为________、________和半脱产培训。

5. 培训需求 = ________ − ________。

6. ________是通过与被访谈人进行面对面的交谈来获取培训需求信息的方法。

7. ________是在给定的公司经营战略条件下,对组织的目标、资源、特质、环境等因素进行分析,准确地找出组织存在的问题与问题产生的根源,以明确培训需求的过程。

8. 按照培训的实施方式可以将培训的方法分为两大类:一是________;二是________。

9. ________就是针对学员对课程及学习过程的满意度进行评估。

10. 柯克帕特里克根据评估的深度和难度将培训效果分为 4 个递进的层次,即________、________、________和________。

二、单项选择题

1. 以下关于培训与开发的关系表述错误的是(　　)。

A. 培训关注现在,开发关注未来

B. 培训内容多与现在的工作经验相关,开发则与之联系不紧密

C. 相比开发,培训对工作经验要求更多

D. 相比培训,开发带有一定的强制性

2. (　　)主要涉及对员工的价值观、行为规范,以及个人行为活动方式等内容和项目的教育与培训。

A. 中层员工培训　　B. 知识性培训

C. 技能性培训　　D. 态度性培训

3. (　　)侧重于一般性的技术知识和方法

A. 基层员工培训　　B. 中层员工培训

C. 高层员工培训　　D. 在职员工培训

4. (　　)的主要对象是企业内的各个职位,通过该分析要确定各个职位的工作任务、各项任务的工作标准,以及完成这些任务所必需的知识、技能和态度。

A. 任务分析　　B. 组织分析　　C. 人员分析　　D. 工作分析

5. (　　)指员工离开工作岗位,专门通过培训机构或相关院校进行培训。

A. 半脱产培训　　B. 在职培训　　C. 脱产培训　　D. 技能性培训

6. (　　)是最普遍也是最基本的一种培训方法，就是通过培训者讲授或演讲的方式来对受训人员进行培训。

A. 工作轮换　B. 授课法　C. 讨论法　D. 案例分析法

7. (　　)就是指利用受训者在工作过程实际使用的设备或者模拟设备，以及实际面临的环境来对他们进行培训的一种方法。

A. 工作模拟法　B. 虚拟培训法

C. 角色扮演法　D. 案例分析法

8. (　　)就是指给受训人员提供一个真实的情境，让他们在其中分别扮演不同的角色，做出他们认为适合于每一种角色的行为，表现出角色的情感。

A. 拓展训练法　B. 虚拟培训法

C. 案例分析法　D. 角色扮演法

9. 以下不属于在职培训方法的是(　　)。

A. 学徒培训　B. 辅导培训　C. 工作轮换　D. 拓展训练

10. 受训人员对培训内容的掌握程度属于培训评估标准中的(　　)。

A. 反应层评估　B. 学习层评估

C. 行为层评估　D. 结果层评估

三、多项选择题

1. 员工培训与开发的原则(　　)。

A. 服务企业战略规划　B. 讲究实效原则

C. 差异化原则　D. 目标原则

E. 激励原则

2. 按照培训内容不同，可以将培训与开发划分为(　　)。

A. 在职培训　B. 知识性培训

C. 新员工培训　D. 态度性培训

E. 技能性培训

3. 培训和开发的共同点包括(　　)。

A. 出发点都是提升企业的整体绩效　B. 实施的主体都是企业

C. 接受者都是企业内部的员工　D. 使用的一些方法都是相同的

E. 都关注长远目标

4. 企业制定培训计划应包括(　　)。

A. 培训目标　B. 培训对象

C. 培训内容　D. 培训时间

E. 培训方法

5. 培训与开发的意义在于(　　)。

A. 有助于企业适应外部环境的变化　B. 有利于企业提高整体绩效

C. 有助于员工自身发展的需要　D. 有助于建立优秀的企业文化

E. 有利于员工提高工作绩效

四、判断题

1. 开发更多是侧重长期目标的行为。（　　）
2. 员工培训与开发有利于企业提高工作绩效。（　　）
3. 培训需求分析是确定培训目标、设计培训计划的前提，是做好培训工作的关键。（　　）
4. 脱产培训就是指员工离开自己的工作岗位，专门参加的培训。（　　）
5. 内部渠道选择的培训教师，比较专业，具有丰富的培训经验，而且费用低。（　　）
6. 学习层评估一般是在培训现场或培训结束后进行。（　　）
7. 讲授法的培训方法，学员参与性强，可以提高学员参与培训的积极性。（　　）
8. 企业进行培训预算时，培训器材费、教材费等属于间接培训费用。（　　）
9. 离职率降低、订单数增加、销售量提高情况是反应层评估的指标。（　　）
10. 反应层评估就是指员工的工作行为方式有多大程度的改变，即针对学员回到工作岗位后，其行为或工作绩效是否因培训而有预期中的改变进行评估。（　　）

五、思考题

1. 员工培训与开发的概念是什么？意义是什么？
2. 培训需求分析含义与内容是什么？
3. 培训与开发的程序是什么？
4. 培训与开发的方法主要有哪些？
5. 柯克帕特里克提出的培训效果评价模型有哪些内容？

技能强化训练

【管理技能训练】

一、培训需求分析与培训计划制定练习

张晶经营一家贸易公司，公司有6名销售代表，每个人负责一个地区。过去两年，公司的经营状况并不理想。张晶决心扭转局面，对销售区域进行了重新组合。从销售代表情况分析，有两位在公司工作不到一年，两人业绩都没有达到公司期望的标准。另外两位资深销售代表的业绩在过去一年里也有所下降，他们把这归咎于竞争激烈和客户压缩预算。

基于以上情况，张晶决定对所有的销售代表进行培训，以提升销售业绩。但她并不知道销售代表到底需要什么样的培训。碰巧张晶近期参加了一个有关员工培训的讲座，收获不小。张晶决定利用培训需求分析来解决这个问题。

张晶回顾了销售代表的职责描述和她对他们每个人的绩效期望，确定销售代表必须具备销售、客户服务和行政三类技能。她分别与每位销售代表交谈，讨论他们各自的弱项和强项，并共同确定通过培训可以改进的领域。事后，张晶将谈话结果整理成一张表，见表5－14。

表5-14　公司培训需求评估表

达到绩效期望 需要掌握的知识和技能		销售代表需要掌握 但目前欠缺的知识和技能	需要通过培训 改进绩效的人员名单
销售技能	地区了解情况	熟悉竞争对手情况	全体
	开发新客户能力	开拓新客户	全体
		第一次如何见面,如何贸然打电话,如何赢得信任,如何找到决策者	马明、王琦、刘晗
	推销演示能力	有成效的推销演示要素,利用视觉手段	马明、王琦、刘晗
	结束推销的能力	促使客户采取行动,处理异议,回答问题,建立信任	赵宇、马明、王琦、朱飞
客户服务技能	客户及其需求的知识	确认决策者,正确提问以确认客户需求	全体
	与客户建立有效联系	建立有效的客户联系和客户追踪系统	马明
行政技能	处理订单的能力	正确介绍产品,避免日后发生纠纷	赵宇、王琦、刘晗
	报销报告	建立及时的报销系统	赵宇

张晶从培训需求评估中获得以上信息,并要拟定培训计划。她打算开展以下工作:

第一,马上对新销售代表和销售业绩较差的销售代表进行培训,由她亲自实施。每个月她要和每一位销售代表进行两天的实地操作,这项工作要持续两个月。

第二,对所有销售代表进行课堂培训,介绍新产品线的特点。由制造商代表进行培训。只要安排好日程,马上开始这项培训。

第三,对销售业绩较差的马明要进行单独培训,教给她与客户联络并保持联系的技能。她打算请公司最棒的销售代表关清来做这件事,她在这方面很有一套,一天就可以教会马明。

第四,针对销售技巧和客户服务,对所有销售代表开展一年两次的课堂培训。张晶自己教一部分,业绩优秀的销售代表教一部分,也可能请外面的培训人员,视培训内容而定。

第五,如果需要,要对所有销售代表进行辅导,她要在日程表上安排定期辅导销售代表的时间。

要求:结合该公司实际情况,请你帮助张晶制定一份详细的培训计划。

二、为企业员工培训项目辩护

假设你在一个由农民企业家一手创办并发展成中等规模的服装制造公司人力资源部工作,负责员工培训相关工作。多年以来,公司的生产一线员工以外来务工的农民工为主,且流动性大,新员工工作一年后的流失率多达30%以上。当出现用工缺口时,公司只能从几乎毫无服装生产经验的年轻打工者或刚刚毕业的年轻人中进行招聘。新来的员工缺乏经验,而公司每年投入资金对新老员工进行培训后,总会有相当比例的员工迅速跳槽。如此陷入一个怪圈,公司对员工培训的态度也不冷不热,甚至进退两难。

现在公司刚刚聘请了一位具有外企管理经历的新总裁,新总裁要求所有部门为下个财政年度制定一份预算,并准备为自己的预算要求进行辩护。作为这种辩护的一部分,你的部门领导,即人力资源部主管让你准备一份至少有10个理由的清单,用以说明为什么员工培训对公司的成功是至关重要的。

要求:请结合本章内容,为你所从事的员工培训项目进行辩护,以争取公司财政上的最大支持。

【案例分析】

某公司拥有将近600名工人。最近,因为产品过多的缺陷,导致公司失去了两个重要的客户。公司领导研究后认为,公司工程技术方面还是很可靠的,问题在于生产线上的工人、质量检查员以及管理部门的疏忽大意、缺乏质量管理意识。于是,公司决定开展质量管理课程的培训来解决这个问题。

质量管理课程的授课时间被安排在工作时间之后,每个周五晚上7:00～9:00,历时10周。公司不付给来听课的员工额外的薪水,员工可以自愿听课。但是,公司的主管表示,如果一名员工积极参加培训,那么这个事实将被记录到他的个人档案里,以后在涉及加薪或提职的问题时,公司将会予以优先考虑。

课程由质量监控部门的李工程师主讲。主要包括各种讲座,有时还会放映有关质量管理的录像片,并进行一些专题讨论。内容包括质量管理的必要性、影响质量的客观条件、质量检验标准、检验的程序和方法、质量统计方法、抽样检查以及程序控制等内容。公司里所有对此感兴趣的员工,包括监管人员,都可以去听课。

课程刚开始时,听课人数平均60人左右。在课程快要结时,听课人数已经下降到30人左右。而且,因为课程是安排在周五晚上,所以听课的人都显得心不在焉,有部分离家远的人员课听到一半就提前回家了。

在总结这一课程培训的时候,人力资源经理评论说:"李工程师的课讲得不错,内容充实,知识系统,而且很幽默,使得培训引人入胜,听课人数的减少并不是他的过错。"

问题:

1. 你认为该公司组织的培训怎么样?
2. 如果由你来安排这次培训课程,你会安排哪些内容?将采用哪些培训方法?为什么?

能力提升训练

一、管理人员培训方案设计

2018年3月某大型超市为加强员工队伍建设,为管理团队注入"新鲜血液",公司高层决定通过校园招聘的渠道,从各高校招聘15名本科及以上学历的优秀毕业生,作为公司管理培训生重点培养,这些新员工未来将填补到各部门的管理岗位。

要求:请运用本章所学知识,为该公司设计一个管理培训生培训方案。

二、培训评估表设计

亿林商贸公司为提升企业的竞争力。针对部分业务人员进行了为期三天的商务礼仪培训,希望培训使每个学员能运用规范的商务礼仪进行各种商务活动,塑造良好的企业形象。培训结束后人力资源部门为了解受训者对培训项目的感性认识,同时为将来课程表的改进收集信息,要求受训者填写培训课程评估表。

要求:请根据上述情况,为亿林商贸公司设计一份培训课程评估表。

第六章 职业生涯管理

【管理名言】

职业生涯开发与管理：只要开始，永远不晚；只要进步，总有空间。在职业生涯发展的道路上，重要的不是你现在所处的位置，而是迈出下一步的方向。

——程社明

【学习目标】

知识：

- 了解职业生涯管理的作用，职业锚的来源和意义，组织职业生涯管理的方法；
- 理解职业生涯发展理论，职业锚的概念、类型，组织职业生涯管理的实施步骤，组织不同职业生涯阶段管理的重点；
- 掌握职业、职业生涯、职业生涯管理的概念，组织职业生涯管理的内容，职业生涯发展通道的内涵和模式。

技能：

- 结合员工的具体情况，制定合理职业生涯规划。

素质：

- 具备优秀的沟通能力、分析能力与执行能力。

【开篇案例】

不同职业的规划，三只鸟的寓言故事

很久以前，有三只小鸟，它们一起出生，一起长大，等到羽翼丰满的时候，一起寻找成家立业的地方。

它们飞过了很多高山、河流和丛林，飞到一座小山上。一只小鸟落到一棵树上说：“这里真好，真高。你们看，那成群的鸡鸭牛羊，甚至大名鼎鼎的千里马都在羡慕地向我仰望

呢。能够生活在这里,我们应该满足了。”它决定在这里停留,不再往前飞了。

另外两只小鸟失望地摇了摇头说:“你既然满足,就留在这里吧,我们还想到更高的地方去看看。”

这两只小鸟继续飞行,它们的翅膀变得更强壮了,终于飞到了五彩斑斓的云彩里。其中一只陶醉了,情不自禁地引吭高歌起来,它沾沾自喜地说:“我不想再飞了,这辈子能飞上云端,便是最大的成就了,你不觉得已经十分了不起了吗?”

另一只鸟很难过地说:“不,我坚信一定还有更高的境界。遗憾的是,现在我只能独自去追求了。”

说完,它振翅翱翔,向着云霄,向着太阳,执著地飞去……

最后,落在树上的小鸟成了麻雀,留在云端的成了大雁,飞向太阳的成了雄鹰。

资料来源:卓博人才网. 不同职业的规划:三只鸟的寓言故事[EB/OL]. [2016-5-10]. http://info. jobcn. com/article/196560.

从上面的故事中,我们发现三只鸟对自我的要求不同,导致它们产生了不同的命运。麻雀满足于树梢,所以它的世界只有几丈之高;大雁满足于云层,所以它永远都飞不出层层云雾的缠绕;雄鹰则不懈追求,力求最高,所以它的世界阔及宇宙。

三只小鸟对自我的要求和对生命追求,恰与企业中员工的职业规划状况相似。如何让企业中的员工都能如故事中的第三只小鸟,有高远的目标,高效地工作,就需要企业做好职业生涯管理。那么,什么是职业生涯?什么是职业生涯管理?如何进行职业生涯管理,这正是本章讲述的内容。

第一节　职业生涯管理概述

一、职业生涯管理的概念

理解职业生涯管理,我们首先需要对“职业”“职业生涯”“职业生涯管理”等概念有明确的认识。

(一)职业

职业一词,理论界有很多种定义,不同学者对“职业”的界定角度不同。

美国社会学家赛尔兹认为,职业是一个人为了不断取得个人收入而从事的具有市场价值的特殊活动,这种活动决定着从业者的社会地位。

日本社会学家尾高邦雄认为,职业是某种一定的社会分工或社会角色的持续的实现,因此职业包括工作、工作的场所和地位。他指出:“职业是社会与个人,或整体与个体的结合点。通过这一点的相关动态,形成了人类社会共同主体的基本结构。整体靠个体通过职业活动来实现,个体则通过职业活动对整体的存在和发展做出贡献。”

美国学者泰勒(Lee Yaylor)在《职业社会学》一书中指出:“职业的社会学概念,可以解释为一套成为模式的与特殊工作经验有关的人群关系。这种成为模式的工作关系的整合,促进了职业结构的发展和职业意识形态的显现。”

综合以上观点,可以给职业下这样一个定义:职业是参与社会分工,利用专门的知识和技能,为社会创造物质财富和精神财富,获取合理报酬作为物质生活来源,并满足精神需求的工作。例如,教师、工程师、工人、农民等都是职业。

职业是人类社会分工的结果,随着人类社会分工越来越复杂,职业的类别和内部构成、外部关系也越来越丰富。但是从一般意义上讲,职业至少具有以下三个特征。

第一,社会性。职业是为社会所需要的,职业是劳动者进行的社会生产劳动,劳动者参与社会分工。

第二,经济性。劳动者要从他从事的职业工作中获取经济收入,并以此作为他的物质生活来源。

第三,连续性。一般来说,劳动者连续地从事某种社会工作,或者从事该项工作相对稳定,才能称为职业。

由此可见,职业对劳动者来说其重要性是不言而喻的,这就要求劳动者个人要与职业相适应,就是说个人能力、特性要与职业的要求相协调。

(二)职业生涯

简单地说,一个人从职业学习开始到职业劳动最后结束,这一生的职业工作经历过程,就是职业生涯。

职业生涯的概念有广义和狭义两种解释。狭义的职业生涯限定于直接从事职业工作的这段生命时光,上限始于任职人之前的职业学习和培训。广义的职业生涯是从职业能力的获得、职业兴趣的培养、选择职业、就职、直至最后完全退出职业劳动的过程。尽管考察职业生涯的角度不同,但是,职业生涯有其基本的含义。

第一,职业生涯是个体的行为经历,而非群体或组织的行为经历。

第二,职业生涯是一个人一生之中的工作任职经历或历程。

第三,职业生涯是个时间概念,指职业生涯期。

第四,职业生涯是个动态的概念,不仅表示职业工作时间的长短,而且内含着职业发展、变更的经历过程,包括从事何种职业、职业发展的阶段、由一种职业向另一种职业转换等内容。

综上所述,职业生涯就是指一个人一生从事职业的全部历程。这整个历程可以是间断的,也可以是连续的,它包含一个人所有的工作、职业、职位的外在变更和对工作态度、体验的内在变更。

(三)职业生涯管理

职业生涯管理,是指组织和员工个人对职业生涯进行设计、规划、执行、评估和反馈的一个综合性过程。通过员工和组织共同努力与合作,使每个员工的职业生涯目标与组织发展目标一致,使员工的发展与组织的发展相吻合。因此,职业生涯管理包括两方面:一是员工职业生涯自我管理,员工是自己的主人,自我管理是职业生涯成功的关键;二是组织协调员工规划其职业生涯发展,并为员工提供必要的教育、培训、轮岗等发展机会,促进员工职业生涯目标的实现。个人与组织职业生涯管理的关系如图 6-1 所示。

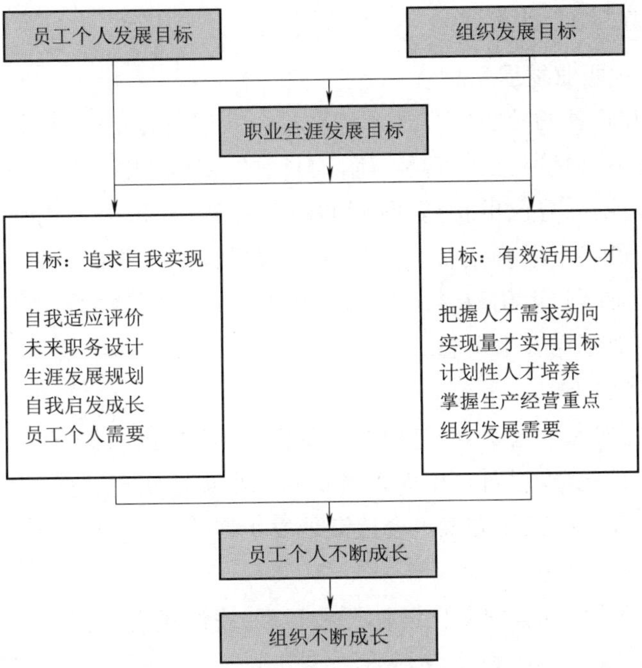

图6－1　个人与组织职业生涯管理关系图

二、职业生涯管理的作用

(一)职业生涯管理对企业的作用

1. 保证企业未来人才的需要

企业可以根据发展的需要预测未来的人力资源的需求，通过对员工的职业生涯设计，为员工提供发展空间、人力资源开发的鼓励政策以及与职业发展机会相关的信息，从而使员工发展与企业发展结合起来，有效地保证企业未来发展对人才的需要，避免出现职业空缺而找不到合适人选的现象。

2. 使企业留住优秀人才

企业优秀人才的流失可能有多方面原因，如待遇不理想、专长得不到发挥、没有发展机遇等，但归结为一条，就是企业欠缺对员工职业发展的应有考虑，缺少对员工职业生涯的管理。对优秀人才来说，其最关心的是自己的事业发展，如果自己的才能得到应有的发挥，个人发展得到应有的重视，他就不会轻易地转换企业。西方企业的大量实践经验证明，凡重视了解并开发员工兴趣、不断给员工提供具有挑战性的工作任务，并为他们的成长和发展以及参与管理创造机会和条件的企业，即重视对职工职业生涯设计和管理的企业，就能使员工的满意度增加，留住和吸引优秀人才。

3. 使企业人力资源得到有效开发

职业生涯管理能使员工的个人兴趣和特长受到企业重视，员工的积极性提高，潜能得到合理发掘，从而有效地开发企业的人力资源，使企业更适合社会的发展和变革的需要。

（二）职业生涯管理对员工个人的作用

1. 帮助个人确定职业发展目标

职业生涯设计和管理的核心内容之一就是对个人进行分析。通过分析认识自己，了解自己，估计自己的能力，评价自己的智慧；确认自己的性格，判断自己的情绪；找出自己的特点，发现自己的兴趣；明确自己的优势，衡量自己的差距；获取公司内部有关工作机会的信息。通过这些分析，员工可以确定符合自己兴趣和特长的生涯路线，正确设定自己的职业发展目标和制定行动计划，运用科学的方法化解人生发展中的危机和陷阱，使自己的才能得到充分的发挥，实现自我人生理想。

2. 鞭策个人努力工作

职业生涯计划犹如人生之靶，当它树立在我们前方时，我们就有了一个奋斗的目标，它会时刻提醒鞭策我们一步步地向它靠拢。当我们一步步地实现这些规划时，我们就会产生强烈的成就感，思想方式和工作方式也会逐渐地发生变化。

3. 有助于个人抓住重点

生命有限，人生苦短，没有职业生涯计划和管理，我们很容易陷于日常生活的琐事而浪费生命的宝贵时光。有人说："智慧就是懂得该忽视什么东西的艺术。"职业生涯计划和管理能够使我们紧紧抓住工作的重点，增加我们成功的可能性。

4. 引导个人发挥潜能

职业生涯规划和管理能够帮助我们集中精力，全神贯注于自己的优势和能产生高回报率的方面，这样有助于最大可能地发挥自我潜能。另外，当你不停地在自己的优势方面努力时，这些优势会得到进一步的发展，最终使你成为一个充分实现自我潜力的成功的人。

5. 评估目前的工作成绩

职业生涯的计划和管理是进行自我工作评估的重要手段。如果你的职业生涯计划是具体的，你就可以根据计划的进展情况，评估你目前所取得的成绩。失败者面临的共同问题就是他们极少评估自己所取得的进展，他们中的大多数人，或者不明白自我评估的重要性，或者无法度量取得的进步。

【管理故事 6-1】

李开复的职业选择

李开复于 1988 年获卡内基-梅隆大学计算机学博士学位。他的博士论文《非特定人连续语音识别系统》是世界上第一个研究此问题的论文。1988 年，《商业周刊》授予该系统"最重要科学创新奖"。1991—1996 年，他为苹果公司服务，在此期间，他带领团队奠定了苹果在多媒体方面的领先优势。1997—1998 年，李开复在 SGI 公司担任互联网部门副总裁兼总经理，负责多个产品系列的发展方向和公司互联网策略的制定。1998 年创办微软中国研究院。2000—2005 年任微软公司全球副总裁，在服务器软件、Windows、Office 方面都提供了重要的核心技术和产品。2005—2009 年担任谷歌全球副总裁。在谷歌中国的 4 年，李开复带领 700 人的精英团队，让谷歌的市场份额翻了一倍。2009 年 9 月他创立创新工场。到目前为止，已经投资孵化了 40 多个项目，其中十多个项目进入 A 轮，融资规模 500 万 ~1 000

万美元。

学生时代，李开复一直把学习法律当成自己的目标，并且把学习数学当成自己的“后备”，甚至他照着之前的很多版本规划了自己的前途：法官、律师、参议员。但在大学里，李开复发现自己对法律毫无兴趣，每天都打不起精神来上课，十分苦恼。同时李开复遗憾地发现，自己既不是一个数学天才，也不会为了它的“美”而痴迷，他不希望他一生的意义就是为了理解数学之美。失去了法律、数学，李开复对他的未来之路有些迷茫。但一个偶然的机会，李开复发现自己在计算机方面有极高的天赋，事实上，他在高中时就对计算机有很浓厚的兴趣。至此，他彻底放下数学和法律，投身到计算机行业来。

李开复认为：“自己是个能一直保持好奇心的人，有勇气去发掘符合自己兴趣与能力的事情，眼观四方，学很多东西，然后把很多东西结合起来”；“其实我是个很普通的人，我对我的事业很满意，主要的因素是因为我积极选择，这可能是最重要的因素”

资料来源：周勇．人力资源管理概论[M]．北京：经济科学出版社，2014.

第二节　职业生涯相关理论

一、霍兰德的人业互择理论

美国约翰霍普斯大学心理学教授、著名的职业咨询师约翰·霍兰德于1959年提出了具有广泛社会影响的人业互择理论。他在该理论中提出了职业性向的概念。他认为，职业性向（包括价值观、动机和需要等）是决定一个人选择何种职业的一个重要因素。霍兰德经测试研究发现人大致可以划分为六种基本的人格性向，相应地也将职业划分为六种对应的基本类型，即实际型、研究型、艺术型、社会型、企业型、常规型。

（一）实际型

实际型性向的人具有真诚、持久、稳定、顺从、害羞、实际、坦率等特点，愿意使用工具从事操作性工作，动手能力较强。他们适应的职业类型通常是各类工程技术工作，这类工作通常需要一定的体力，需要运用一些工具和操作机器并运用一定的技巧来完成。比如机械师、钻井操作工、装配线工人等。

（二）研究型

研究型性向的人具有良好的分析、创造、推理能力，具有独立性和好奇心，愿意选择包含较多认知活动为主要内容的职业。比如生物学家、人类学家、经济学家、数学家、新闻记者、各类研究人员等。

（三）艺术型

艺术型性向的人富于想象力、无序、杂乱、理想化、情绪化、不实际，喜欢需要创造性表达的模糊且无规则可循的活动和创作来表现自己的才能，实现自身价值。这种类型的人往往愿意从事各种类型的艺术创作工作，比如雕刻、音乐、舞蹈、绘画等。

（四）社会型

社会型性向的人喜欢交际、友善、合群、善解人意，愿意从事为他人服务的工作，喜欢参与解决人们共同关心的社会问题,渴望发挥自己的社会作用。比如社会工作者、教师、咨询人员、临床心理学家等。

(五)企业型

企业型性向的人大多喜欢冒险、精力充沛、乐观、进取、善于交流并具有领导才能,喜欢权力、地位和物质财富等。愿意从事说服别人、影响别人的工作。比如企业家、房地产经纪人、法官、律师、政治家、各级政府官员等。

(六)常规型

常规型性向的人大多谨慎、顺从、高效、实际、遵守秩序、缺乏想象力、缺乏灵活性,习惯接受他人的领导,不喜欢充当领导角色,不喜欢冒风险和竞争,喜欢按部就班、规范、有序、清楚明确的活动。比如会计、统计员、行政管理助理、档案管理员等。

霍兰德的人业互择理论认为,绝大多数人都可以被归纳到这六种类型之中。对组织和个人都适宜的职业是可能预测的,这需要对个性与组织环境的要求之间的关系进行分析,把个性特点和环境特点、职业特点、适应的职业对应起来,就很容易了解到个体的职业倾向,然后设计最佳的配置方式,这样不难推出对于双方都理想的职业生涯设计。霍兰德的这一理论,是目前职业指导中比较权威的理论和方法,在实践中得到了广泛的推崇和应用。

二、职业生涯阶段理论

(一)萨柏的职业生涯阶段理论

萨柏(Donald E. Super)是美国一位有代表性的职业管理学家。萨柏的职业生涯发展阶段理论是一种纵向职业指导理论,重在对个人的职业倾向和职业选择过程本身进行研究。

萨柏以美国白人作为自己的研究对象,把人的职业生涯划分为五个主要阶段:成长阶段、探索阶段、确立阶段、维持阶段和衰退阶段。

1. 成长阶段(0~14岁)

0~14岁为成长阶段,这个阶段经历对职业从好奇、幻想到兴趣、到有意识培养职业能力的逐步成长过程。

成长阶段主要任务:成长阶段属于认知阶段。在这个阶段,孩童开始发展自我概念,学会以各种不同的方式来表达自己的需要,且经过对现实世界不断地尝试,修饰他自己的角色。萨柏将这一阶段,具体分为三个成长期。

(1)幻想期(10岁之前)。儿童从外界感知到许多职业,对于自己觉得好玩和喜爱的职业充满幻想和进行模仿。

(2)兴趣期(11~12岁)。以兴趣为中心,理解、评价职业,开始作职业选择。

(3)能力期(13~14岁)。开始考虑自身条件与喜爱的职业是否相符合,有意识的进行能力培养;开始对各种可选择的职业进行某些现实性思考。

2. 探索阶段(15~24岁)

从15~24岁为探索阶段,这个阶段主要表现为择业、初就业。

探索阶段主要任务:主要通过学校学习进行自我考察、角色鉴定和职业探索,完成择业及初步就业。人们也尝试去寻找自己的职业选择与他们对职业的了解,以及通过学校教育、休闲活动和业余工作中所获得的个人兴趣和能力匹配起来,并从伙伴、朋友和家庭成员处收集关于职务、职业生涯及职业信息。探索阶段可分为三个时期。

(1)试验期(15～17岁)。综合认识和考虑自己的兴趣、能力与职业社会价值、就业机会,开始进行择业尝试。

(2)过渡期(18～21岁)。正式进入职业,或者进行专门的职业培训,明确某种职业倾向。

(3)尝试期(22～24岁)。选定工作领域,开始从事某种职业,对职业发展目标的可行性进行实验。

3. 建立阶段(25～44岁)

从25～44岁为建立稳定职业阶段。

建立阶段主要任务:获取一个合适的工作领域,并谋求发展。这一阶段是大多数人职业生涯周期中的核心部分。建立阶段可分为两个时期。

(1)尝试期(25～30岁)。个人在所选的职业中安顿下来。重点是寻求职业及生活上的稳定。

(2)稳定期(31～44岁)。致力于实现职业目标,是个富有创造性的时期。这一阶段可能会发现自己偏离职业目标或发现了新的目标,此时需重新评价自己的需求,处于转折期。

4. 维持阶段(45～64岁)

从45～64岁为职业维持阶段。

维持阶段主要任务:在45～64岁这一长时间内开发新的技能,维护已获得的成就和社会地位,维持家庭和工作两者间的和谐关系,寻找接替人选。

5. 衰退阶段(65岁以上)

人到达65岁以上即进入衰退阶段。

衰退阶段主要任务:逐步退出职业和结束职业,开发社会角色,减少权利和责任,适应退休后的生活。

员工在职业生涯的不同时期会遇到不同的问题,合格的管理人员应该制定政策和计划,以及帮助员工处理这些问题,这样才能够有效地解决问题,帮助员工渡过难关。

(二)格林豪斯的职业生涯发展理论

美国心理学博士格林豪斯(Greenhouse)的研究侧重于不同年龄段职业生涯所面临的主要任务,并以此为依据将职业生涯划分为五个阶段:职业准备阶段、进入组织阶段、职业生涯初期、职业生涯中期和职业生涯后期,进而形成他的职业生涯发展理论。

1. 职业准备

典型年龄段为0～18岁。主要任务:发展职业想象力,对职业进行评估和选择,接受必需的职业教育。

2. 进入组织

18～25岁为进入组织阶段。主要任务是在一个理想的组织中获得一份工作,在获取足量信息的基础上,尽量选择一种合适的、较为满意的职业。

3. 职业生涯初期

处于此期的典型年龄段为25～40岁。学习职业技术,提高工作能力;了解和学习组织纪律和规范，逐步适应职业工作，适应和融入组织；为未来的职业成功做好准备，是该期的主要任务。

4. 职业生涯中期

40～55岁是职业生涯中期阶段。主要任务：需要对早期职业生涯重新评估，强化或改变自己的职业理想；选定职业，努力工作，有所成就。

5. 职业生涯后期

从55岁直至退休为职业生涯的后期。继续保持已有职业成就，维护尊严，准备引退，是这一阶段的主要任务。

（三）金斯伯格的职业生涯发展理论

美国著名的职业指导专家、职业生涯发展理论的先驱和典型代表人物——金斯伯格（Eli Ginzberg）研究的重点是从童年到青少年阶段的职业心理发展过程。他将职业生涯的发展分为幻想期、尝试期和现实期三个阶段。

1. 幻想期

幻想期是处于11岁之前的儿童时期。儿童们对大千世界，特别是对于他们所看到或接触到的各类职业工作者，充满了新奇、好玩的感觉。此时期职业需求的特点是：单纯凭自己的兴趣爱好，不考虑自身的条件、能力水平和社会需要与机遇，完全处于幻想之中。

2. 尝试期

尝试期的年龄为11～17岁，这是由少年儿童向青年过渡的时期。此时期，人的心理和生理在迅速成长发育和变化，有独立的意识，价值观念开始形成，知识和能力显著增长和增强，初步懂得社会生产和生活的经验。在职业需求上呈现出的特点是：有职业兴趣，但不局限于此，更多的和客观的审视自身各方面的条件和能力；开始注意职业角色的社会地位、社会意义，以及社会对该职业的需要。

3. 现实期

现实期为17岁以后的青年年龄段。即将步入社会劳动，能够客观地把自己的职业愿望或要求，同自己的主观条件、能力，以及社会现实的职业需要紧密联系和协调起来，寻找合适于自己的职业角色。此时所追求的职业不再模糊不清，已有具体的、现实的职业目标，表现出的最大特点是客观性、现实性、讲求实际。

三、职业锚理论

（一）职业锚的来源

职业锚理论产生于在职业生涯规划领域具有“教父”级地位的美国麻省理工大学斯隆商学院、美国著名的职业指导专家埃德加. H. 施恩（Edgar. H. Schein）教授领导的专门研究小组，是对该学院毕业生的职业生涯研究中演绎成的。斯隆管理学院的44名MBA毕业生，自愿形成一个小组接受施恩教授长达12年的职业生涯研究，包括面谈、跟踪调查、公司调查、人才测评、问卷等多种方式，最终分析总结出了职业锚（又称职业定位）理论。施恩认为，职业生涯发展实际上是一个持续不断的探索过程。在这个过程中，每个人都在根据自己的天资、能力、动机、需要、态度和价值观等慢慢地形成较为明晰的与职业有关的自我概念。随着一个人对自己越来越了解,这个人就会越来越明显地形成一个占主要地位的职业锚。

(二)职业锚的概念

所谓职业锚又称职业系留点。锚,是使船只停泊定位用的铁制器具。职业锚,是指当一个人不得不做出选择时,他无论如何都不会放弃的职业中的那种至关重要的东西或价值观。实际就是人们选择和发展自己的职业时所围绕的中心。

职业锚实际上是内心中个人能力、动机、需要、价值观和态度等相互作用和逐步整合的结果。在实际工作中,通过不断审视自我,逐步明确个人的需要与价值观,明确自己擅长所在及今后发展的重点,最终在潜意识里找到自己长期稳定的职业定位,即职业锚。

(三)职业锚的类型

施恩在 1978 年提出了五种类型的职业锚,分别是技术/职能型职业锚、管理型职业锚、自主/独立型职业锚、安全/稳定型职业锚、创业型职业锚。随后大量的学者对职业锚进行了广泛研究,越来越多的人加入了研究的行列,20 世纪 90 年代,又发现了三种类型的职业锚:服务型职业锚、挑战型职业锚、生活型职业锚。将职业锚增加到八种类型。

1. 技术/职能型职业锚

技术/职能型的人,追求在技术/职能领域的成长和技能的不断提高,以及应用这种技术/职能的机会。他们对自己的认可来自他们的专业水平,他们喜欢面对来自专业领域的挑战。他们不喜欢从事一般的管理工作,因为这将意味着他们放弃在技术/职能领域的成就。

2. 管理型职业锚

管理型的人追求并致力于工作晋升,倾心于全面管理,独自负责一个部分,可以跨部门整合其他人的努力成果,他们想去承担整个部分的责任,并将公司的成功与否看成自己的工作。具体的技术/功能工作仅仅被看作通向更高、更全面管理层的必经之路。

3. 自主/独立型职业锚

自主/独立型的人希望随心所欲地安排自己的工作方式、工作习惯和生活方式。追求能施展个人能力的工作环境,最大限度地摆脱组织的限制和制约。他们意愿放弃提升或工作扩展机会,也不愿意放弃自由与独立。

4. 安全/稳定型职业锚

安全/稳定型的人追求工作中的安全与稳定感。他们可以预测将来的成功从而感到放松。他们关心财务安全,例如:退休金和退休计划。稳定感包括诚信、忠诚以及完成领导交待的工作。尽管有时他们可以达到一个高的职位,但他们并不关心具体的职位和具体的工作内容。

5. 创业型职业锚

创业型的人希望依靠自己的能力去创建属于自己的公司或创建完全属于自己的产品(或服务),而且愿意去冒风险,并克服面临的障碍。他们想向世界证明公司是他们靠自己的努力创建的。他们可能正在别人的公司工作,但同时他们在学习并评估将来的机会。一旦他们感觉时机到了,他们便会自己走出去创建自己的事业。

6. 服务型职业锚

服务型的人指那些一直追求他们认可的核心价值,例如:帮助他人,改善人们的安全,通过新的产品消除疾病。他们一直追寻这种机会,这意味着即使变换公司,他们也不会接受不允许他们实现这种价值的工作变换或工作提升。

7. 挑战型职业锚

挑战型的人喜欢解决看上去无法解决的问题,战胜强硬的对手,克服无法克服的困难障碍等。对他们而言,参加工作或职业的原因是工作允许他们去战胜各种不可能。新奇、变化和困难是他们的终极目标。如果事情非常容易,它马上变得非常令人厌烦。

8. 生活型职业锚

生活型的人是喜欢允许他们平衡并结合个人的需要、家庭的需要和职业的需要的工作环境。他们希望将生活的各个主要方面整合为一个整体。正因为如此,他们需要一个能够提供足够的弹性让他们实现这一目标的职业环境。甚至可以牺牲他们职业的一些方面,例如:提升带来的职业转换,他们将成功定义的比职业成功更广泛。他们认为自己在如何去生活,在哪里居住,以及如何处理家庭事情,及在组织中的发展道路是与众不同的。

(四)职业锚的意义

职业锚在员工的工作生命周期中,在组织的事业发展过程中,发挥着重要的作用。

1. 使组织获得正确的反馈

职业锚是员工经过搜索,所确定的长期职业贡献区或职业定位。这一搜索定位过程,依循着员工的需要、动机和价值观进行。所以,职业锚清楚地反映出员工的职业追求与抱负。

2. 为员工设置可行有效的职业渠道

职业锚准确地反映员工职业需要及其所追求的职业工作环境,反映员工的价值观和抱负。透过职业锚,组织获得员工正确信息的反馈,这样,组织才可能有针对性地对员工职业发展设置可行的、有效的、顺畅的职业渠道。

3. 增长员工工作经验

职业锚是员工职业工作的定位,不但能使员工在长期从事某项职业中增长工作经验,同时,员工职业技能也能不断增强,直接产生提高工作效率或劳动生产率的明显效益。

4. 为员工做好奠定中后期工作的基础

之所以说职业锚是中后期职业工作的基础。是因为职业锚是员工在通过工作经验的积累后产生的,它反映了该员工价值观和被发现的才干。当员工抛锚于某一种职业工作过程,就是自我认知过程。就是把职业工作与自我观相结合的过程,开始决定成年期的主要生活和职业选择。

【管理故事 6-2】

丰田公司"职业锚"运用韦尔奇何以成为"全球第一 CEO"

杰克·韦尔奇(Jack Welch)的名望,震撼全球企业界。他在美国通用电气公司的经历,给全球经理人树立了一个标杆,以致人们提起 GE 必言韦尔奇,提起韦尔奇也不得不说 GE。

翻开韦尔奇的职业生涯,就可以发现他只在一个企业干过,那就是 GE。从 GE 一名普通工程师,到 GE 部门主管,再到整个公司的 CEO,直至 2001 年退休,韦尔奇在 GE 待了 40 余年。对擅长"跳槽"的美国人来说,这不失为一个特例。这位身材不高,秃脑门,身体敦实得像卡车司机的"爱尔兰裔美国人",领导 GE 取得了前所未有的成就。正如《经济学人》(Economist)所称,韦尔奇麾下的 GE 是"美国最受尊敬的企业"。

第三节　组织职业生涯管理

一、组织职业生涯管理的内涵和意义

组织对员工的职业生涯管理是组织人力资源管理的主要内容之一。开展职业生涯管理工作是满足员工与组织双方需要的极佳方式,它将二者的需要、目标、利益相结合、相匹配,以达到动态均衡和协调,达到"双赢"效果。

所谓组织职业生涯管理,就是组织层面的职业生涯管理,主要是从组织上、制度上及职业生涯管理体系上对组织内的个人职业生涯规划提供相应的保障,以使员工能够不断满足组织要求,使组织了解自己资源储备的人力资源活动。

在组织中,员工既是职业生涯管理的对象,又是职业生涯管理的主体,员工的自我管理是职业生涯管理成败的关键,同时,个人职业生涯管理离不开组织,个人的职业发展离不开组织提供的培训、经费、时间、机会、制度保障等条件。因此,员工的职业发展应服务于组织的发展战略,组织应成为员工职业生涯的主导。组织职业生涯管理的根本就是以人为本,满足组织和员工的双重需要,就是把企业发展战略和员工自我价值有机结合起来。

组织职业生涯管理是人力资源开发的前提,也是合理处理个人事业成功和企业发展关系的基础。从个人角度,组织职业生涯规划是为员工的职业生涯成败,提供了基本的载体和科学的指导,对员工的职业生涯发展具有重要作用。从组织角度,职业生涯也起着很关键的作用。成功的职业规划对于招聘、吸引优秀人才至关重要,而且有助于维持他们的工作热情。从更广泛的意义上来说,组织进行职业生涯规划,能提高员工的工作质量,形成积极向上的工作态度,并提升他们对企业的忠诚度。

【走进管理 6－1】

可口可乐的竞争优势

谈到可口可乐的竞争优势时,好多快速消费品的老板都抱怨自己没有可口可乐的品牌影响力,没有可口可乐那样的"秘方"。其实品牌影响力并非"一日之功","秘方"也并没有人们想象的那么神奇。可口可乐最大的竞争优势不是品牌,不是"秘方",而是敬业、高效的营销团队,是系统、科学的管理机制使得可口可乐具有强大的竞争优势,促使可口可乐长盛不衰、迅速在全球市场成功拓展的原因是,员工自身职业生涯管理与企业管理制度的结合。

首先,在可口可乐,公司会让员工意识到这份工作对于自己的意义。员工进入企业时,公司便根据企业文化对员工的价值观、世界观进行一系列的提升,让员工清晰地认识到营销不仅仅是一种职业,更是一种值得为之奉献一生的事业,让员工认识到可口可乐的价值,认识到可口可乐会帮助他们实现自己的事业目标,从而满怀激情、满怀希望地加入可口可乐的营销团队。

其次,公司会根据不同的岗位职能进行工作技能培训。从业务员到大区经理,即使以前没有做过营销,但是只要你愿意,只要你根据培训要求,严格按照各种职务的工作操作流程认真努力,那么你同样可以成为可口可乐最优秀的销售精英。

最后,也是最为重要的一点,随着职位的提升,这份工作对于他们而言已不仅仅只是谋生的工具,他们更注重自身的能力发展以及个人职业生涯规划。他们慢慢地开始对自己有了清晰的认识,然后为自己设定不同阶段的奋斗目标并为之努力,他们将这份工作视为一份事业,努力达到自己想要的位置。同时,可口可乐公司也为员工提供了良好的职业生涯发展空间,两者完美地结合,提升了员工的积极性,而且大大提高了员工的综合能力和企业的向心力。

虽然可口可乐在选拔员工方面投入了巨大的财力、人力,然而正是因为一批又一批目标明确、方法正确、爱岗敬业的员工扛起了可口可乐发展的大旗,才为企业的长期发展,世界扩张注入了永不衰竭的动力。

资料来源:李健. 人力资源管理:理论·案例·实训[M]. 北京:清华大学出版社,2017.

二、组织职业生涯管理的内容

从组织的角度看,职业生涯管理包括常规管理和延伸管理两方面内容。

(一)职业生涯常规管理

1. 帮助员工设定职业生涯目标

职业生涯目标是指个人在选定的职业领域内未来时点上所要达到的具体目标,包括短期目标、中期目标和长期目标。职业生涯目标一般都是在进行个人评估、组织评估和环境评估的基础上,由组织中的部门负责人或人力资源部负责人与员工个人共同商量设定。注意生涯目标要具体明确、高低适度、留有余地,并与组织目标相一致。

2. 帮助员工尽快适应

任何一个人从学校毕业进入一个职业,其初始阶段都有一个适应期。为了帮助新人尽快度过适应期,组织都要先做一些工作,如招聘时就把有关工作内容和工作环境描述尽可能多地展现给应聘者,管理人员多给新员工提出希望和给予信任,提供具有挑战性的初始工作,同时进行一些心理疏导等。

3. 及时评估绩效

每个员工都希望自己的工作状况能有一个反馈,以便从中看到自己的优势和不足。对于组织来说,通过评估,可以发现员工个人工作绩效好的原因在哪里,绩效差的原因是什么,是态度问题还是能力问题,以便有针对性地进行反馈和调整。

4. 轮岗与升迁

轮岗与升迁是职业生涯管理的重要内容,也是促进员工职业发展的一个主要手段。所以组织要建立和完善员工的轮岗与升迁制度,要研究开辟多种升迁渠道,如行政管理系列、技术职务系列、实职领导岗位等,促进员工职业生涯目标得到实现,调动员工的工作积极性。

5. 提供培训机会

随着知识经济时代的到来,终身教育已成为促进每个人职业发展的一把金钥匙。任何员工从一个层次上升到另一个更高的层次,由于知识和能力要求的不同,所以都需要进行相应的培训。因此,从职业发展的角度来说,制订一个与职业生涯计划相配套的培训计划是一个不错的选择。

6. 修改职业生涯计划

由于环境等各方面因素的不断变化,因此,在职业发展过程中,不适应的情况也是时有发生。如果遇到这种情况,组织要给员工个人提供修改职业生涯计划的机会,以选择新的发展道路。

【管理故事 6 -3】

柯德威克为何不是游过英吉利海峡的第一个女人?

1952 年 7 月 4 日清晨,加利福尼亚海岸笼罩在浓雾中。在海岸以西 21 英里的卡塔林纳岛上,一个 34 岁的女人涉水进入太平洋中,开始向加州海岸游去。要是成功了,她就是第一个游过这个海峡的妇女。这名妇女叫费罗伦丝·柯德威克。在此之前,她是从英法两国海岸游过英吉利海峡的第一个妇女。那天早晨,海水冻得她身体发麻,雾很大,她连护送她的船都几乎看不到。时间一个钟头一个钟头过去,千千万万人在电视上注视着她。在以往这类渡海游泳中她的最大问题不是疲劳,而是刺骨的水温。15 个钟头之后,她被冰冷的海水冻得浑身发麻。她知道自己不能再游了,就叫人拉她上船。她的母亲和教练在另一条船上。他们告诉她海岸很近了,叫她不要放弃。但她朝加州海岸望去,除了浓雾什么也看不到。几十分钟之后,人们把她拉上了船。而拉她上船的地点,离加州海岸只有半英里!当别人告诉她这个事实后,从寒冷中慢慢复苏的她很沮丧,她告诉记者,真正令她半途而废的不是疲劳,也不是寒冷,而是因为在浓雾中看不到目标,柯德威克小姐一生中就只有这一次没有坚持到底。

资料来源:人生指南成功励志网. 成功的秘诀:目标 + 计划 + 行动 = 成功[EB/OL]. [2016-5-10]. http://www.rs66.com/a/2/88/chenggongdemijue_mubiao_jihua_xingdong_chenggong_67558.html.

(二)职业生涯延伸管理

1. 关注员工健康

健康对于每个人来说都是非常重要的。没有健康就不会有良好的工作状态。在当今充满竞争和压力的时代,人们都非常关注自己的健康。人的健康包括身体健康和心理健康,从某种程度上说,心理健康比身体健康显得更为重要。关注员工健康,首先要给员工提供有利于健康的工作环境,关心员工因心理紧张或压力所造成的各种疾病,帮助员工进行健康教育和心理调适。只有当员工处于一种健康的状态下,提高其工作效率才会有一个好的基础。

2. 处理员工工作与生活的矛盾

尽管生活本身并不是工作，但生活是工作非常重要的后勤保障。一个长期对家庭生活不满意的员工，不会长久地保持对工作的专心及较高的工作效率。因此，对员工进行职业生涯管理时，也要经常了解员工的家庭生活状况，分析员工工作生活与家庭生活的矛盾，并进行相应的管理。同时也要制定一些政策，帮助员工及时处理家庭生活中的有关问题，并有计划地安排员工的家属在某些特殊日子到单位来深入了解员工工作方面的一些情况，从而使其更加理解员工的工作，进而支持员工的工作。

3. 帮助再就业

在企业发展的过程中，总会因为各种各样的原因而进行一些裁员工作。裁员并不是简单地把员工踢向社会，任何一个以职业生涯管理为导向的组织，都会重视这项工作。在员工离开单位之际，帮助其设计再就业方案，甚至向其提供再就业培训，或和其他有关部门建立合作就业机制等，这对于有效激励在职员工往往都会起到较好的效果。

4. 员工退休管理

随着员工年龄的增长，任何一个组织都会面临着员工离退的问题。所以从职业生涯管理的角度来说，一是要帮助员工进行退休前的准备，诸如心理适应、老年健康和联谊等；二是也要同时关注已经退休的员工，对他们给予关心和提供发挥余热的机会，或组织一些慰问等。

三、职业生涯通道管理

（一）职业生涯通道的内涵

职业生涯发展通道，是组织为内部员工设计的自我认知、成长和晋升的管理方案，指明了组织内部员工可能的发展方向及发展机会，组织内每一个员工可能沿着本组织的发展通道变换工作岗位。具体说，职业生涯发展通道指个体在一个组织中所经历的一系列结构化的职位。职业生涯通道通过帮助员工胜任工作，确立组织内晋升的不同条件，对员工职业生涯发展施加影响，使员工的职业生涯发展目标有利于满足组织的需要。

（二）职业生涯通道模式

一般来说，组织有四种职业生涯通道模式：单通道模式、双通道模式、多通道模式和横向职业通道模式。职业生涯通道是组织中职业晋升和职业发展的路线，是员工实现职业理想，获得满意工作，达到职业生涯目标的路径。

1. 单通道模式

单通道模式即纵向职业通道，指在组织中员工沿职位纵向发展的通道，员工由下到上，由下一个职位向上一个职位进行变动，并在此过程中获得必要的技术、解决问题的能力和责任心。单通道模式为员工设置的目标是晋升。员工的个人发展很大程度上依赖于经验积累和培训。这种模式包括一系列等级，这些等级是线性的。这一模式有利于促进管理人员的快速成长，对于加速培养某个领域的技术专家十分有效。图 6－2 所示为单通道模式下技术人员和管理人员的职业发展通道。

2. 双通道模式

双通道模式，是指在为普通员工进行正常的职业通道设计时，为专业人员另外设计一条职业发展通道,从而在满足大部分员工职业发展需要的同时,满足专业人员的职业发展需要。

在单通道中,企业想留住专业技术人员的做法是将其提拔到管理层,这种做法有严重的弊病。管理工作可能不符合某些技术人员的职业目标,强迫他们走上管理岗位,一方面会因为没有兴趣做不好管理工作,另一方面又脱离了技术工作,使他们多年积累的技术和经验都不能发挥作用。这是人力资源的巨大浪费。

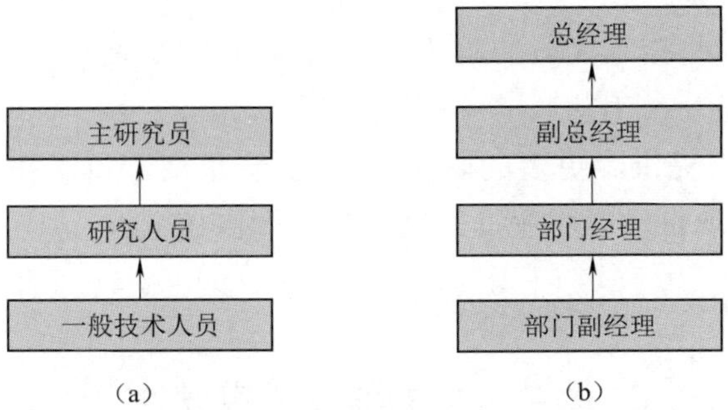

图 6－2　单通道模式下技术人员与管理人员职业发展通道

职业生涯的双通道模式有效地解决了这一问题。这种体系提供两条或多条平等的升迁路径,包括管理路径和技术路径。这种路径层级结构是平等的,每一个技术等级都有其对应的管理等级,不同路径中相同级别的人的地位和薪水待遇是相同的。这种体系不但解决了专业技术人员晋升的问题,而且使组织资源得到了充分利用。图 6－3 所示为技术人员的双重职业发展通道。

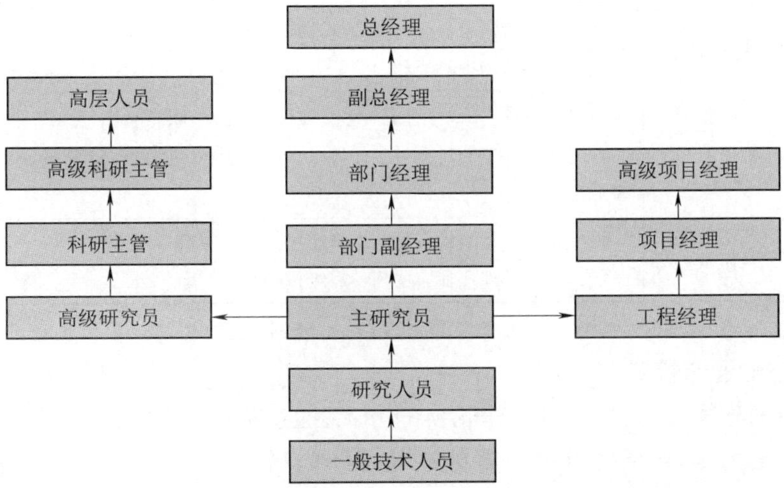

图 6－3　双通道模式下技术人员职业发展通道

在图 6－3 所示的双通道模式中,技术人员有机会进入三条不同的职业发展通道:一条技术职业通道和两条管理职业通道。假如在三条职业发展通道中,员工的工资和升迁机会相差不多,员工会选择最适合他们兴趣和能力的职业通道。

3. 多通道模式

由于双通道模式对专业技术人员职业生涯通道的定义太狭窄,为此,如将一个技术通道分成多个技术通道时，双通道模式也就变成了多通道模式，同时也为专业技术人员的职业发展提供了更大的空间。

多通道模式，是指将双重职业通道中对专业技术人员的通道设计分成多个技术通道，为专业技术人员的职业发展提供了更大的空间。例如：

某技术公司为员工设计的职业发展通道为三种：技术人员通道——技术带头人通道——技术管理人员通道。

深圳某高技术公司将技术人员的职业发展通道分成六种：软件通道——系统通道——硬件通道——测试通道——工艺通道——管理通道。

多通道模式为员工提供了更多的职业发展机会，也便于员工找到与自己兴趣相符、真正适合自己的工作，实现自己的职业目标；也增加了组织效益。

【应用实例 6－1】

海尔公司的职业通道设计

海尔公司在多重职业通道设计方面的探索非常值得借鉴。海尔公司对每一位新进厂的员工都进行一次个人职业生涯培训。不同类型的员工自我成功的途径不尽相同，为此，海尔为员工设计了不同的升迁途径，使员工一进厂就知道自己该往哪方面努力，才能获得成功。海尔公司各类员工升迁途径及职务序列一览表见表 6－1。

表 6－1　海尔公司各类员工升迁途径及职务序列一览表

员工类别	区分性特征	升迁途径
科研人员	专业型	设计员→设计师→主任设计师（一、二级）→主任设计师（三级）→总设计师
营销人员	业务型	业务员→营销中心经理→营销分部部长→营销公司经理 业务员→营销中心经理→智能处→智能部部长
一般管理人员	管理型	科员→科长（车间主任）→处长（分厂厂长）→职能部长 普通科员→专业科员→主任科员（一、二级）→主任科员（三级）→事业部分部长→事业部本部长
工人	操作型	操作工→质量明星一星→质量明星二星→三星→四星 操作工→助理技师→技师→高级技师

资料来源：杨喜梅，蔡世刚，王梅．人力资源管理学[M]．大连：大连理工大学出版社，2013.

4. 横向职业通道模式

横向职业通道模式，是指采取工作轮换的方式，通过横向调动来使工作具有多样性，使员工焕发新的活力、迎接新的挑战。简单地说，横向职业通道模式就是组织中各平行部门之间的职务调动。例如，由工艺工程岗位转至采购和市场销售岗位等。横向职业通道模式虽然没有加薪或晋升，但员工可以增加自己对组织的价值，也使他们自己获得了新生。当组织内没有足够多的高层职位为每个员工提供升迁机会，而长期从事同一项工作使人倍感枯燥无味，影响员工工作效率时，可采用此种模式。

四、组织职业生涯管理的实施步骤

组织职业生涯管理的实施，是一个系统工程，需要组织精心策划，并付诸行为。一般来说,组织中职业生涯管理的实施分为如下几个步骤:员工自我评估、组织评估、职业信息的有效传递、开展职业咨询活动、加强职业通道引导、开展各种教育与培训活动等。

(一)员工自我评估

员工的自我评估指员工个人对自己的能力、兴趣、气质、性格以及自己职业发展的要求等进行分析和评价,以确定自己合适的职业生涯目标和职业生涯发展路线。员工自我评估的目的,简单说就是要认识自己、了解自己。只有认识了自己,才能对自己的职业做出正确的选择,才能选定适合自己发展的职业生涯路线,才能对自己的职业目标做出最佳选择。

(二)组织评估

组织评估是要利用相应的信息对员工的能力和潜力作出客观公正的评估。这些信息主要来自对员工的绩效评估,也包括反映该员工的受教育状况和以前工作经历等信息的人员记录。组织对员工个人的评估通常应由人力资源人员和员工的直接管理者共同进行。

(三)职业信息的传递

员工要确立现实的职业发展目标,就必须知道可以获得的职业选择和职业发展机会,并获得组织内有关职业选择、职业变动和空缺工作岗位等方面的信息。组织要及时为员工提供有关组织发展和员工个人的信息,增进员工对组织的了解,包括职位升迁机会与条件限制、工作绩效评估结果、训练机会等信息,帮助员工了解自己的职业发展通道。

(四)职业咨询

职业咨询是指整合职业规划过程中不同步骤的活动。它是伴随着整个职业生涯发展过程的多次或连续性咨询活动。在职业发展过程中,有可能出现许多员工无法预测或必须面对的难题,如职位升迁、跳槽、职能转换、人际关系等。职业咨询可以为员工解决职业发展中的困惑,为员工作出明智选择提供参考意见和决策支持。

(五)职业发展通道引导

职业发展通道,指个体在一个组织中所经历的一系列结构化的职位。在组织职业生涯管理中,组织应帮助员工制定出各种职业通道发展计划。员工在组织中工作不仅是为了自身生存需要的满足,更在乎人生价值需要的满足。如果组织无法满足员工个人发展的需求,就会增大员工离职的风险。因此,组织不仅要帮助员工做好职业通道发展计划,还要更多地做好职业通道引导工作。职业发展通道引导可定义为一系列包括正式与非正式教育、培训及工作体验的开发活动,这些开发活动有助于员工能够从事更高一级的职位。

职业发展通道引导指明了组织内员工可能的发展方向及发展机会,组织内每一个员工可能沿着本组织的职业通道变换工作岗位。职业通道引导一方面有利于组织吸引并留住最优秀的员工,另一方面能激发员工的工作兴趣,挖掘员工的工作潜能。

【走进管理 6-2】

腾讯公司:多渠道的晋升体系

双通道的职业发展体系

腾讯职业发展系统分为员工职业发展体系与干部领导力体系。公司员工依据所从事职位,必须且只能选择对应的某一职位类作为职业发展通道;为保证管理人员从事管理工作的同时,不断提升专业水平,除总办领导以及 EVP 以外的所有管理人员必须同时选择市场族、技术族、专业族的某一职位类作为其专业的发展通道,走双通道发展。

这意味着,在职业发展体系的支持下,员工可以同时在领导力通道以及员工职业发展通道上发展。

职业规划及通道划分

各职业发展通道的设置建立在职位类基础上,目前腾讯职位划分为管理族、市场族、专业族、技术族及操作族 5 个职位族,21 个职位类;各职位类下设若干职位。

市场族分为产品类、销售类、客服类、销售支持类、内容类;技术族分为软件研发类、质量管理类、设计类、技术支持类;专业族分为战略类、企管类、财务类、人力资源类、法务类、公共关系类、行政类、采购类;管理族分为领导者、高级管理者、管理者、监督者。

职业发展通道等级划分

技术族、专业族、市场族的各个职业发展通道均由低到高划分为 6 个等级:初做者、有经验者、骨干、专家、资深专家和权威六级。根据管理需要,每个级别由低到高可分为基础等、普通等和职业等三个子等。基础等是指刚到达基本能力要求,尚需巩固;普通等是指完全达本级别各项能力要求;职业等是指本级别各能力表现成为公司或部门内标杆。

领导力职业发展通道分为监督者、管理者、高级管理者、领导者四级。

资料来源:读览天下.全球四大名企的职业生涯规划[EB/OL].[2016-5-10]. http://www.dooland.com/magazine/article_541886.html.

五、组织职业生涯管理的方法

(一)举办职业生涯研讨会

职业生涯研讨会是一种有计划的学习和练习活动,一般由人力资源管理部门统一组织。组织一般希望通过这种活动的安排,让参加进来的员工主动参与,形式可以包括自我评估和环境评估、与成功人士进行交流和研讨、进行适当的练习活动等,从而帮助员工制定职业生涯规划,即选定职业方向、确立个人职业目标、制定职业生涯发展路径。国外的很多实践都证明,企业通过为员工举办职业生涯研讨会,可以大大提高员工参与职业生涯管理的参与率,提高职业生涯管理的效率和效果,因而定期举办职业生涯讨论会是职业生涯管理的重要内容和形式。

(二)填写职业生涯规划表

填写职业生涯规划表,可以帮助员工明确职业发展目标,选择职业通道,进一步制定行动计划。同时,也可以帮助组织明确努力方向。职业生涯规划表包含的内容一般可以分为以下 3 个方面:

1. 职业

职业是典型的职业生涯规划的内容之一。对于绝大多数人来说,只选择一种职业,但也有的人可选择两种或两种以上的职业,从事兼职,如“管理与技术”。处于探索阶段的年轻人可以先不忙着进行职业选择,其职业生涯规划中可先缺失职业一项。

2. 职业生涯目标

在选定的职业领域要取得的成绩或高度即为职业生涯目标。其中,最高的目标可以称为人生目标,在迈向人生目标过程中可设定阶段性目标。

3. 职业生涯发展通道

与职业生涯目标相适应,职业生涯发展通道可以分为人生通道、长期通道、中期通道和短期通道。通过职业生涯发展通道的填写,可以让员工更加专注于自身未来的发展方向并为之努力。

表6－2是职业生涯规划表的示例。

表6－2　职业生涯规划表

姓　名		性　别		年　龄		政治面貌	
现工作部门				现任职务		到职年限	
				现任职称		到职年限	
个人因素分析结果							
环境因素分析结果							
职业选择							
职业生涯通道选择							
职业生涯目标	长期目标				完成时间		
	中期目标				完成时间		
	短期目标				完成时间		
完成短期目标计划与措施							
完成中期目标计划与措施							
完成长期目标计划与措施							
所在部门主管审核意见							
人力资源开发部门审核意见							

(三)编制职业生涯规划手册

通过职业生涯研讨会,绝大多数员工在职业生涯规划的制定中都不会有太大困难。但仍然会有部分员工会有某些不甚明白的地方,此外,更常见的情况是,在职业生涯发展中,员工需要不断地得到书面指导,以解决许多自我职业生涯发展中遇到的问题,或者反思职业生涯设计,进而修改职业生涯规划。因此,编制一本随手可得的职业生涯设计与职业生涯发展参考书——职业生涯手册,是十分必要的。

职业生涯研讨会和职业生涯手册都是职业生涯管理的有效手段,两者相辅相成。职业生涯研讨会依靠时间的集中活动,创造出一个教学环境和会议式环境,从而可以使员工在短时间内强烈感受到有关知识和方法的冲击,形成特定氛围,有助于员工迅速形成职业生涯规划,职业生涯手册则作为一个常备指导工具,经常性帮助员工进行职业生涯反思,进而能够自己解决职业生涯规划不同阶段出现的问题,对职业生涯发展中发生的冲突做出协调和重新设计。

(四)开展职业生涯咨询

员工在职业生涯规划和生涯发展过程中,不断会产生一些职业生涯方面的困惑和问题,需要管理人员或资深人员为其进行问题的诊断,并提供咨询。

职业生涯咨询可以是正式的也可以是非正式的,企业中层和较高层的经理、技术专家以及其他成功人士都可自愿对有进取心的员工的职业生涯规划提出忠告和建议,并解释员工们提出的各种问题。

六、组织职业生涯阶段管理

职业生涯是一个逐渐开展的过程,在不同的时期,员工所面临的职业生涯发展任务也各不相同。因此,企业在实行组织职业生涯管理时,必须充分认识不同职业生涯阶段的管理重点。

(一)职业生涯早期阶段

职业生涯早期阶段是指一个人由学校进入组织并在组织内逐步"组织化"、为组织所接纳的过程。这一阶段一般发生在20~30岁。此阶段组织承担的任务较重,它需要对新员工进行有效评估、培训、职业生涯规划等,通过这些举措来促使员工逐渐适应新工作。在这一阶段,组织职业生涯管理主要包括以下几个方面:

1. 对新员工进行上岗引导和岗位配置

新员工进入组织,其最初的上岗引导和岗位配置非常重要。新员工上岗引导是指给新员工提供有关组织的基本背景情况。具体包括:组织发展历史、规章制度、工作职责、组织文化等。上岗引导是员工自身目标与组织目标一体化过程的开端。通过上岗引导,使员工潜移默化地接受组织的使命、团队价值观、改进和解决问题的方式等组织文化的内容,促使员工能够快速融入组织这个大家庭,努力工作,实现个人和组织的共同进步。

2. 为新员工提供职业咨询和帮助

新员工进入组织后,为使其更快地融入组织,企业应为新员工提供职业咨询和帮助。在这一阶段,企业可以为每个新员工配备一个在组织中资历经验比较丰富的老员工,或者新员工的上级领导作为工作导师,对新员工的工作提供咨询和帮助。目前,很多企业都实施了"顾问计划",这种"顾问计划"的实质就是为员工安排一个工作中的导师,给新员工建议和帮助。

3. 提供一个富有挑战性的最初工作

在职业生涯早期阶段,组织能够做的最重要的事情之一就是争取为新员工提供一份富有挑战性的最初工作,这对员工能产生相当的吸引力。例如,在一项以美国电话公司年轻管理人员为对象的调研中发现，这些人在公司的第一年中所承担的工作越富有挑战性，他们的工作也就显得越有效率、越容易达到要求完成的目标。因此，提供富有挑战性的起步性工作，是帮助新员工取得职业发展的有效方法和前途之一。

（二）职业生涯中期阶段

职业生涯中期是一个时间周期长（年龄跨度一般是从25～50岁）、富于变化的阶段。这一阶段既有可能获得职业生涯成功，又有可能出现职业生涯危机的一个很宽阔的职业生涯阶段。因此，组织要实现自身的发展目标，就必须强化其职业管理任务，设计促进员工职业生涯中期发展的管理方案和措施，预防和补救职业生涯中期可能出现的危机，加强组织职业生涯管理。

1. 职业生涯中期容易出现的问题

（1）职业高原现象。员工在职业中期可能会面临职业通道越来越窄，发展机会越来越少的困境，这种情况常常称为职业高原现象。由于人的个别差异、所处的环境不同、家庭状况不同，这个时期，人与人之间的差异也比较大。过去的同学、同事，有的可能发展得非常好，已经早早地达到事业顶点；而有的人，由于走了许多弯路，还在寻找自己理想的职业领域。和老同学、老同事相比，这些人心理压力很大，会觉得有失落感，或努力奋斗，追赶先进；或自暴自弃，得过且过。有许多人，尽管职业生涯发展比较顺利，但越往上发展，压力越大。由于人才济济，而组织所能够提供的高级职位有限，因此相互之间竞争过于激烈。这种发展瓶颈，是许多步入职业生涯中期的人要面对的现实。图6－4是组织对不同层次人才需求数量示意图。

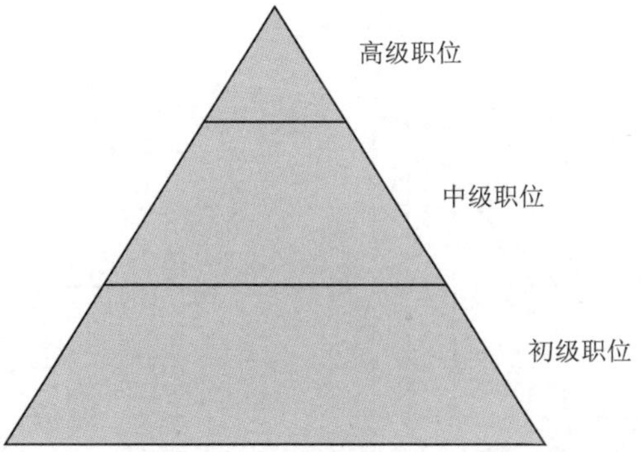

图6－4　组织对不同层次人才需求数量示意图

（2）工作与家庭的冲突问题。在家庭方面，员工由生育、抚养、教育子女，逐步过渡到子女成人、就业、成家并自立。在孩子成长的时期，家庭任务非常繁重，既要照顾孩子的饮食起居、学习生活，还要忙于自己的工作，压力比较大。这一时期，职业、家庭、生物周期相互作用比较强。生物周期是职业、家庭的“能源保障”，这时职业、家庭都要消耗大量“能源”，容易使人感到紧张，精力不济。特别是在子女小学和中学时期，这种冲突比较严重。许多人下班后回到家还要做大量的家务、照顾孩子的学习和生活。有些岗位的工作，除了上班的8小时外，可能还要在家里做，这时，便产生了冲突。工作家庭冲突会造成很多消极后果，这种推论性的因果关系如图6－5所示。总之，职业生涯中期是一个充满矛盾的复杂阶段，这一阶段尤其需要组织加强管理。

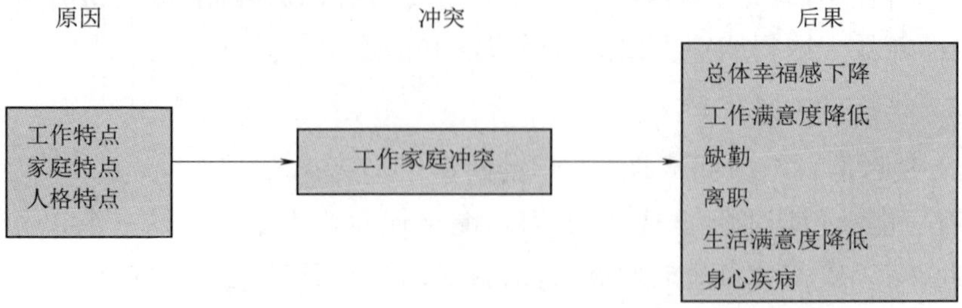

图6－5　工作家庭冲突的原因与后果

2. 职业生涯中期组织的管理对策

（1）为员工提供更多的职业发展机会。职业生涯中期的员工十分重视个人职业上的成长和发展。组织要保证员工合理的职位轮换和晋升。组织中的职业发展通道不应是单一的，而应是多重的，以便使不同类型的员工都能寻找到适合自己的职业发展途径。

（2）实施职位轮换，防止工作“疲顿倾向”。工作轮换可以使工作变得丰富多彩，可以用来提高员工对工作的兴趣。事实证明，当晋升和提薪的机会变小时，工作轮换就会成为一种有效激励员工的措施。有研究表明：任何一个组织或单位，如果人员没有流动或变化，就会像一潭死水，没有活力。美国学者库克所绘制的时间与创造力发挥程度的曲线进一步说明了职位轮换的意义。库克曲线如图6－6所示。

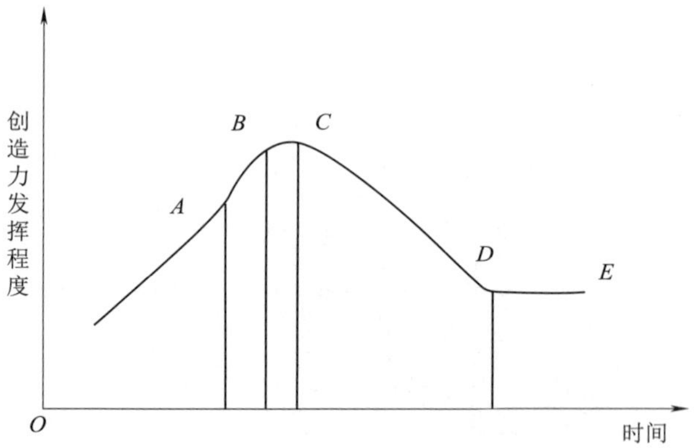

图6－6　库克曲线

图6－6中，*OA*是一个人能工作之前的学习阶段，知识不断增长；*AB*为参加工作初期，因为是进入一个新环境，第一次承担任务，极富有新鲜感、挑战性，员工成长迅速；*BC*为创造力发挥至顶峰、出成果的黄金时期；此后，创造力开始下降，进入*CD*阶段，即衰退期；而*DE*为稳定的衰退期。如果不改变工作环境和工作内容，创造力将在低水平上徘徊。因此，有计划地、适时地变换工作部门，或者更换组织，有利于激发员工创造力。

（3）用满足员工心理成就感的方式进行激励。心理成就感是员工希望从工作中获得的一种重要心理感受，一个有成就感的员工往往是高工作满意度、高绩效的，组织通过为员工提供培训机会让他们在工作中更加游刃有余，适时恰当地对员工的成绩予以表彰等，都可以很大程度地提高他们的心理成就感。事实上,有许多行之有效的措施可以帮助员工摆脱由于不能得到及时晋升而带来的工作不快。

(4)协助员工解决工作家庭冲突。为了帮助员工处理好工作与家庭之间的关系,组织可以提供一些比较灵活的工作安排。例如,弹性工作时间就是一种有效的办法,它能为员工在完成他们工作的同时提供处理他们私事的自由。此外,为员工提供子女日托等帮助也是一种解决办法,尽管有些小型公司可能没有这种能力。还有些公司提出了十分有创意的计划:老人照料计划。

总之,在职业生涯中期阶段组织应:落实好内部晋升计划,促进员工职业生涯朝向顶峰发展。提供良好的教育培训计划,针对职业生涯中期危机,进行有效预防、改进和补救。

(三)职业生涯后期阶段

在职业生涯后期阶段,员工一般处在50岁至退休年龄之间,这时员工已进入职业生命的最后阶段。这一阶段员工的人生需求变化很大,而职业生命尚有十年左右时间。如何发挥员工的潜能和余热,并帮助员工顺利度过这段时间,是组织义不容辞的责任。所以,在职业生涯后期,组织仍肩负着很重的职业生涯管理任务,其主要工作包括:

1. 帮助雇员树立正确观念,坦然面对退休

员工到了职业生涯后期,结束职业生活是不可避免的。组织有责任帮助雇员认识并心悦诚服地接受这一客观现实。组织可以通过开展退休咨询、召开退休座谈会、组织退休研讨会等,了解员工对于退休的认识和想法,讨论应如何认识和对待退休,交流退休后的打算,以及如何过好退休生活的经验等。这可以使即将退休的雇员有充分的思想准备,以减轻退休后所产生的迷茫和失落感。

2. 开展退休咨询,着手退休行动

退休咨询就是向即将和已经退休的人提供财务、住房、搬迁、家庭和法律、再就业等方面的咨询和帮助。在西方,大约30%的企业制定有正式的退休准备计划,以帮助雇员顺利完成退休过程。

组织开展的递减工作量、试退休等适应退休生活的退休行动,对雇员适应退休生活也具有重要帮助。递减工作量是对即将退休的员工,逐渐减少其工作量。例如逐渐减少其日工作日时、周工作日或年工作周,使其逐渐适应没有工作的退休生活。试退休是安排即将达到退休年龄的员工离开工作一段时间去体验退休的感受,然后决定是继续工作一段时间还是退休,亲身感受并逐步适应退休生活。

3. 做好退休职工的职业工作衔接

员工退休而组织的职业工作却要正常运转,因此,组织要有计划地分期分批安排应当退休的人员退休,切不可因为退休影响工作正常进行。在退休计划中,选好退休员工职业工作的接替人,及早进行接替人的培养工作是非常重要的。组织可以采取多种形式对接替员工进行职业岗位的培训与学习。如与即将退休的员工一起工作一段时间,进行实地学习,请老员工传、帮、带等。帮助退休员工与其接替者做好具体的交接工作,在新老员工职业更替之时衔接好,保证工作正常顺利进行。

【走进管理 6 -3】

3M 公司的组织职业生涯管理

美国明尼苏达矿业制造公司简称3M 公司。其管理层始终尽力满足员工职业生涯发展方面的需求,强调公司需求与员工需求之间的平衡。为此,3M 公司设计了员工职业生涯管理体系。

(1)职位信息系统。3M 公司对员工民意进行调查,根据调查结果试行了职位信息系统。员工们反应积极,人力资源部、一线部门及员工组成了专题工作小组,进行为期数月的规划工作。

(2)绩效评估与发展过程。该过程涉及各个级别和所有职能的员工。每位员工都会收到一份供明年使用的员工意见表,主要填写进取方向和期待值。员工与主管一起对这份工作表进行分析,并就工作内容、主要进取领域和期待值以及明年的发展过程达成一致。到第二年年底时,主管根据这份工作表进行业绩表彰。绩效评估与发展过程促进了 3M 公司主管与员工之间的交流。

(3)个人职业生涯管理手册。3M 公司向每一位员工发放一本个人职业生涯管理手册,它概述了员工、领导和公司在员工职业生涯发展方面的责任,并明确提出公司现有员工职业生涯发展资源,同时提供一份员工职业生涯关注问题的表格。

(4)主管公开研讨班。举办为期一天的公开研讨班,有助于主管理解自己所处的复杂的员工职业生涯管理环境,同时提高他们的领导技巧以及对角色的理解。

(5)员工公开研讨班。提供个人职业生涯指导,强调自我评估、目标和行动计划,以及平级调动的好处和职位晋升的经验。

(6)一致性分析过程及人员接替规划。集团副总裁会见各个部门的副总经理,讨论其手下管理人员的业绩情况和潜能。然后管理层层层召开类似会议,与此同时开展人员接替规划项目。

(7)职业生涯咨询。公司鼓励员工主动去找自己的主管商谈个人职业生涯问题,同时为员工提供专业的个人职业生涯咨询。

(8)职业生涯项目。员工职业生涯管理人员根据员工兴趣,印发出一些职业生涯项目,并将它们在全公司发放。

(9)学费补偿。报销学费和与员工当前岗位相关的费用,以及取得与某一工作或个人职业生涯相关学位的全部费用。

(10)调职。职位撤销的员工自动进入个人职业生涯过渡公开研讨班,同时还接受具体的过渡咨询。根据管理层的要求,为解除聘用的员工提供外部新职介绍。

资料来源:中国企业培训网 . 3M 公司的职业生涯体系[EB/OL].[2016-5-10]. http://www.chinacpx.com/zixun/9089. html.

知识巩固训练

一、填空题

1. ________是参与社会分工,利用专门的知识和技能,为社会创造物质财富和精神财富，获取合理报酬，作为物质生活来源，并满足精神需求的工作。

2. 职业具有________、________和________三个方面特征。

3. ________就是指一个人一生从事职业的全部历程。________是指组织和员工对职业生涯进行设计、规划、评估和反馈的综合性过程。

4. 萨柏把人的职业生涯划分为五个主要阶段：________、________、________、________和________。

5. 萨柏的职业生涯发展阶段理论中，________经历对职业从好奇、幻想到兴趣、到有意识培养职业能力的逐步成长过程。

6. ________是指当一个人不得不做出选择的时候，他无论如何都不会放弃的职业中的那种至关重要的东西或价值观。

7. 从组织的角度看，职业生涯管理包括________和________两方面内容。

8. 组织有四种职业生涯通道模式，即________、________、________和________。

9. ________是指采取工作轮换的方式，通过横向调动来使工作具有多样性，使员工焕发新的活力、迎接新的挑战。

10. ________是指一个人由学校进入组织并在组织内逐步"组织化"、为组织所接纳的过程。

二、单项选择题

1. 确定(　　)目标是职业生涯规划的关键环节，其他环节全面围绕它的确定展开。

A. 长远目标　　B. 近期目标
C. 阶段目标　　D. 发展目标

2. 根据萨柏的职业生涯发展阶段理论，25～44 岁属于(　　)。

A. 成长阶段　　B. 建立阶段
C. 维持阶段　　D. 衰退阶段

3. 下列选项不属于金斯伯格关于职业生涯的发展 3 个阶段分法的是(　　)。

A. 幻想期　　B. 尝试期　　C. 现实期　　D. 萌芽期

4. 萨柏的职业生涯发展阶段理论中，(　　)主要任务：获取一个合适的工作领域，并谋求发展。

A. 成长阶段　　B. 探索阶段　　C. 建立阶段　　D. 衰退阶段

5. 格林豪斯的职业生涯发展理论中，职业生涯中期是指(　　)。

A. 0～18 岁　　B. 18～25 岁　　C. 25～40 岁　　D. 40～55 岁

6. (　　)是指采取工作轮换的方式，通过对组织中各平行部门之间进行职务调动，使工作具有多样性。

A. 单通道模式　　B. 双通道模式
C. 多通道模式　　D. 横向职业通道模式

7. (　　)是指在为普通员工进行正常的职业通道设计时，为专业人员另外设计一条职业发展的通道，从而在满足大部分员工职业发展需要的同时，满足专业人员的职业发展需要。

A. 单通道模式　　B. 双通道模式
C. 多通道模式　　D. 横向职业通道模式

8. 下列选项中，职业生涯(　　)阶段，容易出现工作与家庭的冲突问题。

A. 职业生涯早期阶段　　B. 职业生涯中期阶段

C. 职业生涯晚期阶段　　D. 以上均不对

9. 霍兰德发现人有6种人格性向，其中(　　)性向的人大多谨慎、顺从、高效、实际、遵守秩序、缺乏想象力、习惯接受他人领导，不喜欢冒风险和竞争，喜欢按部就班。

A. 实际型　　B. 社会型　　C. 企业型　　D. 常规型

10. 职业锚的8种类型中，(　　)型职业锚希望追求他们认可的核心价值，例如帮助他人，改善人们的安全环境，通过新的产品消除疾病。

A. 技术/职能型　　B. 管理型　　C. 自主/独立型　　D. 服务型

三、多项选择题

1. 下列选项中，属于职业的是(　　)。

A. 农民　　B. 工程师　　C. 教师　　D. 工人

E. 律师

2. 下列选项不属于职业生涯管理对企业的作用是(　　)。

A. 保证企业未来人才的需要　　B. 使企业留住优秀人才

C. 使企业人力资源得到有效的开发　　D. 帮助个人确定职业发展目标

E. 有助于个人抓住重点

3. 组织职业生涯管理的实施步骤包括(　　)。

A. 组织评估　　B. 职业信息传递

C. 职业咨询　　D. 员工自我评估

E. 职业发展通道引导

4. 下列选项不属于职业生涯延伸管理的是(　　)。

A. 帮助员工设定职业生涯目标　　B. 及时评估绩效

C. 关注员工健康　　D. 处理员工工作与生活的矛盾

E. 员工退休管理

5. 格林豪斯的职业生涯发展理论，将职业生涯划分为(　　)。

A. 职业准备阶段　　B. 进入组织阶段

C. 职业生涯初期　　D. 职业生涯中期

E. 职业生涯后期

四、判断题

1. 从45～64岁进入职业探索阶段。(　　)

2. 尝试期职业需求的特点是：单纯凭自己的兴趣爱好，不考虑自身的条件、能力水平和社会需要与机遇。(　　)

3. 职业锚就是人们选择和发展自己的职业时所围绕的中心。(　　)

4. 服务型的人追求并致力于工作晋升，倾心于全面管理，独自负责一个部分，可以跨部门整合其他人的努力成果。(　　)

5. 职业锚可以为员工设置可行有效的职业通道。(　　)

6. 关注员工健康不属于组织职业生涯管理的范畴。(　　)

7. 单通道模式即横向职业通道,指在组织中员工沿职位横向发展的通道。（　　）

8. 多通道模式是指提供两条或多条平等的升迁路径,包括管理路径和技术路径。（　　）

9. 职业生涯早期阶段,组织可以不给员工提供挑战性工作。（　　）

10. 职业生涯中期阶段,组织应做好退休职工的职业工作衔接。（　　）

五、思考题

1. 什么是职业、职业生涯、职业生涯管理?
2. 职业生涯管理对企业和个人都具有什么意义?
3. 组织职业生涯管理的内容有哪些?
4. 组织职业生涯管理不同阶段管理的重点是什么?
5. 组织职业生涯管理的方法有哪些?

技能强化训练

【管理技能训练】

一、职业生涯规划训练

绫子2012年7月从日语专业毕业。在毕业之前,就有单位去学校招聘日语翻译。但是,他当时并不想做日语翻译。虽然是文科专业,毕业以后却选择了建材公司做房屋的设计。对于建筑一窍不通的他,仅仅凭着兴趣,在一家小小的日企做了6个月的设计。2013年1月,又跳到了跨国公司GE,做一名小小的员工。工作内容是医疗器械的场地工程师,说起来与以前的建筑设计还是有些关系的。在那里一待就是3年半。升了两次职,最后走的时候,也只是个流程领导者。2016年11月,他辞职去了一家很有名的日企。入职的时候是做玻璃幕设计的项目主管,但是在日本待了半年以后回来,自己又要从头开始干业务,手下一个人也没有。这段时间,绫子感到比较烦躁,他的兴趣爱好并不在设计上,是继续留职?还是重新设计自己的职业生涯?

要求:如果你是职业咨询管理专家,请为绫子的职业生涯规划提些建议。

二、职业生涯管理:角色模拟训练

王军在大学所学的专业是会计,毕业后进入一家国内知名的大公司工作,在财务部做财务会计工作。刚毕业的时候,同学们都非常羡慕他,因为要进入这样一家大公司非常不容易。王军也非常高兴能够过五关斩六将地从众多应聘者中脱颖而出,立志要好好干一番事业。但是,王军自己也清楚,自己生性好动,会计专业也并不是自己非常喜欢的专业,只是当初听从父母亲的意见才填报了这个专业。大学里学习还算努力所以成绩也不错,这也是这家公司看中自己的一个重要原因。

工作了一段时间后,王军凭借着年纪轻,脑子灵,很快就熟悉岗位的工作流程和业务技能,已经能够较好地完成工作各方面的要求。但是,随着工作时间的加长,王军感到越来越没有前途。虽然公司的待遇不错,但是所学的专业是会计,岗位一直是财务会计,部门的领导还很年轻,上升空间不大,自己不可能升为财务部主管。工作也没有什么挑战性,每天做的都是同样的工作，非常枯燥。而且自己生性就好动，喜欢与人交往，整天和计算机账本打交道，神经高度紧张，工作根本没有乐趣可言。他曾经几次想把自己的想法和主管谈谈，想到其他部门转转。但是，自己的主管平时也非常器重自己，如果自己贸然提出想走，不知道他会不会有什么想法，所以一直非常苦恼。

终于，一天中午，王军看到主管的办公室只有一个人的时候，他鼓起勇气走进了主管的办公室。

要求：

1. 每2名同学组成一组，分别扮演王军和他的主管。王军扮演者请列出与主管谈话的提纲，主管扮演者请为王军设计他的职业生涯规划并形成文字材料。
2. 找2名同学进行现场角色模拟扮演，其他同学进行分析、评价。

【案例分析】

协纳公司于2005年创立，是一家以研发为基础的制药公司，是合欢市最大的制药公司。协纳公司有三个业务领域：医药保健、动物保健、消费者保健品。公司的创新产品行销全省10多个地区。

近些年，公司人力资源管理工作也取得了很大的成绩，但相对于公司的发展还是非常滞后的，当下最严重的问题就是人才流失问题。流失的人才主要是在公司工作超过两年的年轻人，这些人从大学一毕业就来到了协纳。但是已有两年工作经验的他们带给协纳的是重创。究竟是什么原因导致了他们的离开。最近，公司人力资源部展开了一次针对此类年轻人的员工满意度调查。

调查问卷显示：员工普遍对企业文化、薪酬绩效等表示满意，不满意的主要原因是公司对员工的职业生涯设计不足，职业发展通道单一。该公司面临的员工职业生涯管理问题，严重制约了公司的进一步发展，因此，该公司迫切需要进行职业生涯管理方面的改革。

问题：

1. 分析上述案例中，协纳公司的职业生涯管理存在什么问题？
2. 结合协纳公司实际情况，提出解决建议。

能力提升训练

一、撰写调查报告

请3~5人组成一个小组，在网上找一家自己熟悉的公司，对其职业生涯管理情况进行调查，并撰写一份调查报告。

二、设计适合企业发展的员工职业生涯发展通道

请3~5人组成一个小组，深入一家企业，了解该企业目前的职业生涯发展通道情况，并为其设计适合企业发展的员工职业生涯发展通道，形成报告。

三、设计职业生涯规划

以“十年后的我”为题，设计自己的职业生涯规划，并形成一份职业生涯规划书。

要求：

1. 结合自身实际情况，设计一份职业生涯规划书。
2. 职业生涯规划书完成后要与自己的老师和同学讨论它的实现可行性。

第七章 绩 效 管 理

【管理名言】

一件事情，无论计划做得多么完美，如果没有令人满意的控制系统，在实施过程中仍然会出现问题。

——斯蒂芬．P.罗宾斯

【学习目标】

知识：

- 了解绩效、绩效考核的特点，绩效管理的目的；
- 理解绩效的分类，绩效考核与绩效管理的区别；
- 掌握绩效、绩效考核与绩效管理的概念，绩效管理的流程，绩效考核的方法。

技能：

- 采用有效的考核指标设计方法，编制绩效考核指标；
- 明确考核内容，能够根据考核内容和企业实际情况，选择合适的考核方法；
- 运用有效的绩效面谈技巧和方法，开展绩效反馈面谈。

素质：

- 具有较强的沟通协调能力、执行能力和归纳思考能力。

【开篇案例】

绩效设计是关键

黑熊和棕熊喜食蜂蜜，都以养蜂为生。它们各有一个蜂箱，养着同样多的蜜蜂，有一天，它们决定比赛一下，看谁的蜜蜂产的蜜多。

黑熊想，蜜的产量取决于蜜蜂每天对花的“访问量”。它从不告诉蜜蜂们它是在与棕熊比赛，它只是让它的蜜蜂比赛访问量。

棕熊认为，蜜蜂能产多少蜜，关键在于它们每天采回多少花蜜。花蜜越多，酿的蜂蜜也越多。于是，它直截了当地告诉众蜜蜂：我正在和黑熊比赛，看谁的蜜蜂产的蜜多。它还买了一套绩效管理系统,并把测量结果张榜公布,设立了一套奖励制度。

一年过去了,两只熊查看比赛结果,黑熊的蜂蜜不及棕熊的一半。黑熊的评估体系很精确,但它评估的绩效与最终的绩效并不直接相关。另外,黑熊本来是为了让蜜蜂搜集更多的花蜜才让它们竞争,由于奖励范围太小,为搜集更多花蜜的竞争变成了相互封锁信息。棕熊的蜜蜂则不一样,因为它不限于奖励一只蜜蜂,为了采集到更多的花蜜,蜜蜂相互合作。虽然采集花蜜多的能得到最多的奖励,但其他蜜蜂也能得到部分好处。因此,蜜蜂之间远没有到人人自危、相互拆台的地步。

资料来源:郑铁辉. 人力资源管理[M]. 北京:中国商业出版社,2017.

企业的绩效管理是企业人力资源管理体系中极为关键的一环,它具体关系企业战略目标的实现。在现代企业经营管理过程中,绩效管理的好坏直接决定和影响公司战略竞争优势的构建,已成为现代人力资源管理机制中极为重要的内容。

第一节　绩效管理概述

一、绩效的概念、分类与特点

(一)绩效的概念

绩效,又称业绩、效绩、成效等,是指员工在工作过程中所表现出来的与组织目标相关的并且能够被评价的工作业绩、工作能力和工作态度,其中工作业绩就是指工作的结果,工作能力和工作态度则是指工作的行为。理解绩效的含义,应当把握以下几点:

(1)绩效是基于工作而产生的,与员工的工作过程直接联系在一起,工作之外的行为和结果不属于绩效的范围。

(2)绩效与组织目标有关,对组织的目标应当有直接的影响作用,例如员工的心情就不属于绩效,因为它与组织目标没有直接的关系。由于组织的目标最终都会体现在各个职位上,因此与组织目标有关就直接表现为与职位的职责和目标有关。

(3)绩效应当是能够被评价的工作行为和工作结果,那些不能被评价的行为和结果也不属于绩效。例如,学生上课时的专心程度就不能直接作为绩效来使用,因为它很难被评价。

(4)绩效还应当是表现出来的工作行为和工作结果,没有表现出来的就不是绩效。这一点和招聘录用时的选拔评价是有区别的,选拔评价的重点是可能性,也就是说要评价员工能否做出绩效,而绩效考核的重点则是现实性,就是说要评价员工是否做出了绩效。

(二)绩效的分类

1. 按照绩效实施主体的不同进行分类

按照绩效实施主体的不同可以将绩效划分为组织绩效、部门绩效和个人绩效。

(1)组织绩效。组织绩效是指在一定时期内整个组织所取得的绩效。20 世纪 60 ~ 70 年代,人们大多从财务的角度界定组织的绩效;到了 80 年代,逐渐形成了一套以财务指标为主、非财务指标为辅的公司绩效评价体系;到了 90 年代,非财务指标受到了更多的关注。尤其是平衡记分卡的使用,为组织绩效的评价提供了一个全面的框架。

(2)部门绩效。在组织实现其战略目标的过程中,部门或者团队往往是基本的战略业务单位,部门绩效目标的实现是组织战略目标实现的保证。部门绩效包括部门的任务目标实现情况以及为其他部门的服务、支持、协调、配合、沟通等方面的行为表现。

(3)个人绩效。个人绩效是指在完成工作目标与任务的过程中所体现出的个人业绩。个人绩效主要考察的是员工达到目标的行为是否达到职业化行为的标准、是否在按照职业化工作程序做正确的事情。部门是由个人组成的,只有充分激发了部门内每一个员工的积极性和创造性,才能有效地实现部门的绩效目标。

2. 根据评价角度的不同进行分类

根据评价角度的不同,可以将绩效分为任务绩效、周边绩效和管理绩效。

(1)任务绩效。任务绩效是指与工作产出直接相关的,能够直接对其工作结果进行评价的这部分绩效指标。是与具体职务的工作内容密切相关的,同时也和个体的能力、完成任务的熟练程度和工作知识密切相关的绩效。换言之,任务绩效就是组织成员对组织的贡献,或对组织所具有的价值。在企业中,员工绩效具体表现为完成工作的数量、质量、成本费用以及为企业作出的其他贡献等。任务绩效应该是绩效考评最基本的组成部分。对任务绩效的考评通常可以用质量、数量、时效、成本、他人的反应等指标进行考量评估。

(2)周边绩效。周边绩效又称关系绩效,是指与周边行为有关的绩效。当员工主动帮助工作中有困难的同事,努力保持与同事间良好的工作关系,或者通过额外的努力而准时完成某项任务时,他们的表现被视为周边绩效。周边绩效对组织的技术核心没有直接贡献,但它却构成了组织的社会、心理背景,能够促进组织内的沟通,对人际或部门沟通起润滑作用。周边绩效可以营造良好的组织氛围,对工作任务的完成有促进和催化作用,有利于员工任务绩效的完成以及整个团队和组织绩效的提高。

(3)管理绩效。管理绩效,主要是针对行政管理类人员,考核其对部门或下属人员管理的情况。例如,管理者为下属制定具有心理挑战性的工作目标,工作过程中及时跟踪检查、监督与指导,解决员工工作中的困难,及时提供工作结果的反馈信息,充分激发下属的工作积极性,协调各种人际关系,化解矛盾和冲突,提高团队的凝聚力和向心力,所有这些表现都构成了管理者的管理绩效。

从以上表述可以看出,依据不同的标准可以将绩效划分为不同的类型,本书不过多的涉及对所有绩效类型的研究,就本书的目的而言,员工个人的任务绩效是研究的重点,因此,下文中提到的绩效都是指员工个人的任务绩效。

(三)绩效的特点

1. 多因性

多因性是指员工绩效的优劣不是取决于单一的因素,而是受到主观、客观多种因素的影响。图 7－1 所示的工作绩效模型,列出了影响工作绩效的四种主要因素,即员工的激励、技能、环境和机会。

决定绩效的内因分别是技能和激励,技能是员工的技巧和能力水平,而激励是指员工的工作积极性;外因分别是机会和环境,机会是指员工得到某一工作岗位的机会或者承担某一任务的机会,机会的公平性是影响员工组织公平感和满意度的重要因素,从而也是影响绩效的一个重要因素,环境既包括组织内部的客观条件,如劳动场所的布局、工作设计的质量、培训机会以及企业的文化、上级领导的作风等,也包括企业之外的客观环境,如社会的政治经济情况、市场竞争程度等宏观条件。

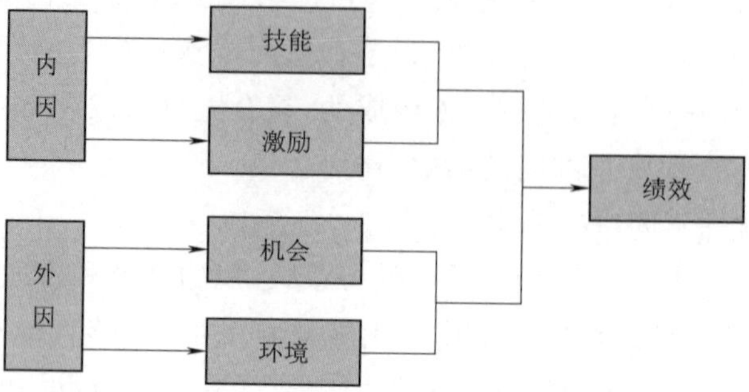

图 7-1　绩效的影响因素模型

图 7-1 所示模型也可用如下函数来反映:

$$P = F(S, O, M, E)$$

式中,F 表示一种函数关系;P 为绩效;S 为技能;O 为机会;M 为激励;E 为环境;F 为函数。

2. 多维性

多维性是指员工的绩效往往是体现在多个方面,员工的工作结果和工作行为都属于绩效的范围。例如一名操作工人的绩效,除了生产产品的数量、质量外,原材料的消耗、出勤情况、与同事的合作、纪律的遵守等都是绩效的表现。因此,对员工的绩效评估必须从多方面进行考察。一般来说,我们可以从工作业绩、工作能力和工作态度 3 方面的维度来评价员工绩效。当然,不同的维度在整体绩效中的重要性是不同的。

3. 动态性

动态性是指员工的绩效并不是固定不变的,在主客观条件变化的情况下,绩效是会发生变动的。比如说,某个员工的绩效往往会随着时间的推移而不断地发生变化,原来较差的业绩有可能好转,或者原来较好的业绩也有可能变差。这种动态性就决定了绩效的时限性,绩效往往是针对某一特定的时期而言的。这实际上向我们解释了为什么绩效评价和绩效管理中存在一个绩效周期的问题。因此,在评估员工的绩效时,应以发展的眼光看待员工的绩效,切忌以主观僵化的观点看待。

二、绩效考核的概念和特点

1. 绩效考核的概念

绩效考核是指针对企业中每个员工所承担的工作,根据工作说明书,应用科学的定性和定量的方法,对员工的工作业绩,包括工作行为和工作效果,进行全面考察与评估的过程。绩效考核是绩效管理过程中的一种手段。

绩效考核的最终目的并不是单纯地进行利益分配,而是促进企业与员工的共同成长。通过考核发现问题、改进问题,找到差距进行提升,最后达到双赢。绩效考核的应用重点在薪酬和绩效的结合上。薪酬与绩效在人力资源管理中,是两个密不可分的环节。在设定薪酬时,一般已将薪酬分解为固定工资和绩效工资,绩效工资正是通过绩效予以体现,而对员工进行绩效考核也必须要表现在薪酬上,否则绩效和薪酬都失去了激励的作用。

2. 绩效考核的特点

(1)绩效考核不是孤立的事件,它与企业的发展战略、组织结构、人力资源管理、经营管理息息相关。

(2)绩效考核具有指向性,它的出发点和终点就是企业的整体绩效,是为了使企业更好的生存和发展。

(3)绩效考核具有层次性和针对性,不同的岗位、不同的部门和不同的行业对绩效考核的标准、方式和内容是不同的。

(4)绩效考核具有时限性,它要求在一段时间内,对考核做出明确的结论。考核既可以按照月度、季度、年度定期进行,也可以不定期进行。

(5)实际管理过程中,对员工的绩效考核工作可以是正式的,也可以是非正式的。现代企业里,正式的绩效考核是必不可少的,非正式的考核评价也很重要。

根据企业实际情况,建立以绩效考核为中心的管理体系,企业需采用科学规范的绩效考核程序,选择最适合自身情况的考核制度、考核方法。有效的绩效考核会给企业日常管理工作带来巨大的好处。如果绩效考核运用得当,对企业每个员工都能提供有益的帮助。

三、绩效管理的概念和内容

(一)绩效管理的概念

绩效管理是指制定员工的绩效目标并收集与绩效有关的信息,定期对员工绩效目标的完成情况做出评价和反馈,以确保员工的工作活动和工作产出与组织保持一致,进而保证组织目标完成的管理手段与过程。

(二)绩效管理的目的

绩效管理的根本目的是改善员工的工作绩效并最终提高企业的整体绩效。

1. 战略目的

绩效管理将员工的工作活动和组织的战略目标联系起来,在绩效管理的作用下,组织通过提高员工个人业绩来提高组织的整体绩效,从而实现组织的战略目标。绩效管理对于组织的持续发展战略具有重要意义。绩效管理已成为企业战略管理中不可缺少的管理工具和手段,绩效管理是实现组织战略目标、培养核心竞争力的重要途径。

2. 管理目的

绩效管理可以为组织管理、人力资源管理提供重要的信息和依据。组织在多项管理决策中都要使用绩效管理信息,特别是绩效考核的信息。绩效考核的结果是组织进行薪酬决策、晋升决策、奖惩决策、录用决策等人力资源决策时的重要依据。对员工的行为和绩效进行考核,以便适时给予相应的奖励以激励员工,其评价的结果是人力资源管理其他活动实施的重要依据。

3. 可持续发展目的

组织通过绩效管理过程发现员工的不足并及时给予针对性培训,使之更加有效地完成工作。在指出员工业绩不佳的同时,找出导致绩效不佳的原因,有效提高员工的知识、技能和素质,促进员工个人发展,实现持续改进员工工作绩效的目的。对于组织而言,绩效管理的核心思想应该是不断提高员工的绩效。

【走进管理 7 -1】

俄罗斯矿山爆炸

在一次企业季度绩效考核会议上,营销部门经理 A 说:"最近的销售做得不太好,我们有一定的责任,但是主要的责任不在我们,竞争对手纷纷推出新产品,比我们的产品好。所以我们也很不好做,研发部门要认真总结。"

研发部门经理 B 说:"我们最近推出的新产品是少,但是我们也有困难呀。我们的预算太少了,就是少得可怜的预算,也被财务部门削减了。没钱怎么开发新产品呢?"

财务部门经理 C 说:"我是削减了你们的预算,但是你要知道,公司的成本一直在上升,我们当然没有多少钱投在研发部了。"

采购部门经理 D 说:"我们的采购成本是上升了 10%,为什么你们知道吗? 俄罗斯的一个生产铬的矿山爆炸了,导致不锈钢的价格上升。"

这时,ABC 三位经理一起说:"哦,原来如此,这样说来,我们大家都没有多少责任了,哈哈哈哈。"

人力资源经理 F 说:"这样说来,我只能去考核俄罗斯的矿山了。"

这个故事说明了一个问题,在实施绩效管理时,当员工的绩效出现问题的时候,人们喜欢归罪于外,喜欢推卸责任,而不是共同查找导致失败的原因,并加以改善。

绩效管理的最终目标是让员工和组织一起成长,帮助员工改善绩效,而不是分清责任,当绩效指标出现问题时,大家的着力点应该放在如何改善绩效而不是划清责任。

资料来源:世界经理人博客. 绩效管理中的五个经典故事[EB/OL]. [2016-5-10]. http://blog. ceconlinebbs. com/BLOG_ARTICLE_24781. HTM.

(三)绩效管理的内容

对于绩效管理,人们往往把它等同于绩效考核,认为绩效管理就是绩效考核,两者并没有什么区别。其实,绩效考核只是绩效管理的一个组成部分,最多只是一个核心的组成部分而已,代表不了绩效管理的全部内容。

绩效管理是一个完整的系统,绩效管理的过程通常被看作一个循环。这个循环通常分为四个步骤,即绩效计划、绩效辅导、绩效考核与绩效反馈,具体如图 7 -2 所示。

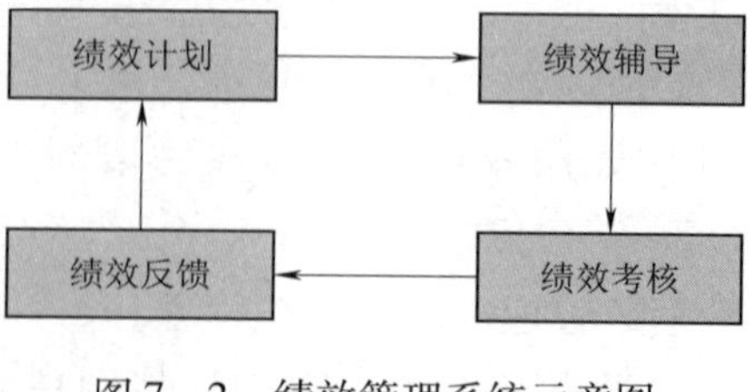

图 7 -2　绩效管理系统示意图

1. 绩效计划

绩效计划是绩效管理体系的第一个关键环节,它是指在绩效周期开始时,由上级和员工一起就员工在绩效考核期内的绩效目标、绩效过程和手段等进行讨论并达成一致。当然,绩效计划并不是只在绩效周期开始时才会进行,实际上它往往会随着绩效周期的推进而不断做出相应的修改。

2. 绩效辅导

制订绩效计划后,管理者要根据员工的工作表现情况与员工进行绩效辅导。绩效辅导环节是绩效的实施与管理部分,需要管理者进行动态、持续的绩效辅导与沟通,来预防或解决员工实现绩效时可能发生的各种问题的过程。

3. 绩效考核

在绩效周期结束的时候,依据预先制订好的计划,主管人员对下属的绩效目标完成情况进行评价。评价的依据就是在绩效期间开始时双方达成一致意见的关键绩效指标。

4. 绩效反馈

绩效反馈是指绩效周期结束时在上级和员工之间进行绩效考核面谈,由上级将考核结果告诉员工,指出员工在工作中存在的不足,并和员工一起制订绩效改进的计划。绩效反馈的过程在很大程度上决定了组织实现绩效管理目的的程度。

四、绩效考核与绩效管理的区别与联系

对于绩效管理,人们往往把它等同于绩效考核,认为绩效管理就是绩效考核,两者并没有什么区别。其实,绩效考核只是绩效管理的一个组成部分,最多只是一个核心的组成部分,代表不了绩效管理的全部内容,它们之间是既有区别又有联系的。

(一)绩效考核与绩效管理的区别

绩效管理与传统的绩效考核相比,有着明显的区别,具体体现在两个过程的人性观、侧重点、参与方式和主要目的不同。两者的主要区别见表7-1。

表7-1 绩效考核与绩效管理的区别

	绩效考核	绩效管理
人性观	性本恶 只有通过考核才可以防止员工懒惰	性本善 相信员工都能自觉地发挥积极性
侧重点	考核过程执行和考核结果判断 单向命令式	持续沟通和结果反馈 双向互动沟通
参与方式	被动参与	亲自参与
主要目的	薪资奖励与惩罚	员工绩效改进计划

1. 人性观不同

传统的绩效考核的出发点是把人单纯当作实现企业目标的一种手段,其基本的人性假设是性恶论,认为只有通过不断的考核才能鞭策和防止员工的懒惰与懈怠。而绩效管理的

人性观是现代的以人为本的人性理念。而所谓的以人为本就是相信每个人都有自我完善和自我实现的潜能。只要给予足够的信任与激励,每位员工都能够自觉地发挥积极性与创造性。

2. 侧重点不同

绩效考核侧重于考核过程的执行和考核结果的判断,考核过程往往是单向命令式。而现代绩效管理侧重于持续的沟通与结果信息的反馈,尤其强调双向互动沟通。一方面,管理人员需要了解员工的工作进展情况,并及时沟通实施过程中的问题,获取反馈信息;另一方面,员工也需要不断了解绩效信息,以便更好地提高工作效率。

3. 参与方式不同

传统的绩效考核中,员工认为考核只是人力资源管理部门的工作,自己仅是该流程中的被动参与者。员工不对设定的目标承担任何责任,对主管部门的期望不了解,不清楚自己的工作过程和工作结果如何被考核。而在现代绩效管理的过程中,员工可以亲自参与绩效管理的各个过程:制定指标、绩效沟通和信息反馈等,充分体现了员工的主动性,对员工的近期和长远发展都具有主要意义。

4. 主要目的不同

绩效考核的目的就是通过考核得到一个关于员工工作情况和工作效果的结论,主要用于对员工薪资水平上的奖励与惩罚。而现代绩效管理主要目的不是奖励与惩罚,其最重要的用途在于员工的绩效改进计划。

(二)绩效考核与绩效管理的联系

绩效考核和绩效管理是具有紧密联系的两个概念。绩效管理概念的提出本身就是源自于绩效考核的片面性和孤立性,从一种孤立的手段发展到系统的管理过程。因此,绩效考核始终是绩效管理过程中的一个十分重要的环节,也是代表着绩效管理水平的核心技术。当然,绩效考核的成功与否不仅取决于评估本身,在很大程度上还依赖于与评估相关的整个绩效管理过程。因此,二者是相互依存、相辅相成的关系。

五、绩效管理的意义

(一)绩效管理有利于提高工作绩效

绩效管理的各个环节都是围绕着提高工作绩效这个目的服务的,绩效管理的目的不是要把员工的绩效分出上下高低,或仅仅为奖惩措施寻找依据,而是针对员工工作过程中存在的问题,采取恰当的措施,提高员工的绩效,从而保证组织目标的实现。由此可见,绩效管理是提高员工绩效的有力工具。

(二)绩效管理有利于提升企业的绩效

企业的绩效是以员工个人绩效为基础而形成的,有效的绩效管理系统可以改善员工的工作绩效,进而有助于提高企业的整体绩效。目前在西方发达国家,很多企业纷纷强化员工绩效管理,把它作为增强公司竞争力的重要途径。根据翰威特公司(Hewitt)对美国所有上市公司的调查发现,具有绩效管理系统的公司在企业绩效的各个方面明显优于没有绩效管理系统的公司,表 7 – 2 是该项调查的结果。

表 7－2　绩效管理对企业绩效的影响

指　标	无绩效管理系统	有绩效管理系统
全面股东收益率	0.0%	7.9%
股票收益率	4.4%	10.2%
资产收益率	4.6%	8.0%
投资现金流收益率	4.7%	6.6%
销售实际增长	1.1%	2.2%
人均销售额	126 100 美元	169 900 美元

（三）绩效管理有利于保证员工行为和企业目标一致

企业绩效的实现有赖于员工的努力工作，人们对此早已形成共识，但是近年来的研究表明，两者的关系并不像人们想象的那么简单，而是非常复杂的，企业绩效与员工努力的关系具体如图 7－3 所示。

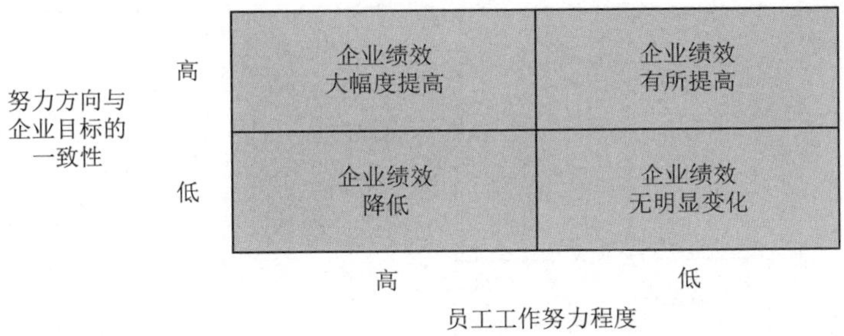

图 7－3　企业绩效与员工努力程度的关系

从图 7－3 中可以看出，企业的绩效和员工的努力之间有一个关键的中间变量，即努力方向与企业目标的一致性。如果员工的努力程度较高，但是方向却与企业的目标相反，则不仅不会增进企业的绩效，相反还会产生副作用。

保证员工行为与企业目标一致的一个重要途径就是借助绩效管理。由于绩效考核指标对员工的行为具有导向作用，因此通过设定与企业目标一致的考核指标，就可以将员工的行为引导到企业目标上来。例如，企业的目标是提高产品质量，如果设定的考核指标只有数量而没有质量，员工就会忽视质量，从而影响到企业目标的实现。

（四）绩效管理有利于促进员工能力开发

通过绩效沟通和绩效评价，不仅可以发现员工工作过程中存在的问题，如知识、能力方面的不足之处，从而通过有针对性的培训措施及时加以弥补，更为重要的是，通过绩效管理还可以了解员工的潜力，从而为人事调整及员工的职业发展提供依据，以达到把最适合的人放到最适合的岗位上的目的。

（五）绩效管理有利于提高员工的满意度

员工的满意度与员工的需要是联系在一起的，按照马斯洛需求层次理论，每个员工具有内在的获得尊重和自我实现的需要。绩效管理可以从两个方面满足这种需要，从而提高员工的满意度。首先,通过有效的绩效管理,员工的工作绩效能够不断得到提高,这可以提高他们的成就感,从而满足自我实现的需要;其次,通过完善的绩效管理,员工不仅可以参与到管理过程中,而且还可以得到绩效的反馈信息,这能够使他们感到自己在企业中受到了重视,从而可以满足获得尊重的需要。由此可见,绩效管理有利于提高员工的满意度。

第二节　绩效管理的基本流程

完整的绩效管理是一个循环的流程,是由绩效计划、绩效实施与辅导、绩效考核和绩效反馈这 4 个环节构成的一个首尾相连、相互循环的过程,该过程可用图 7－4 表示。

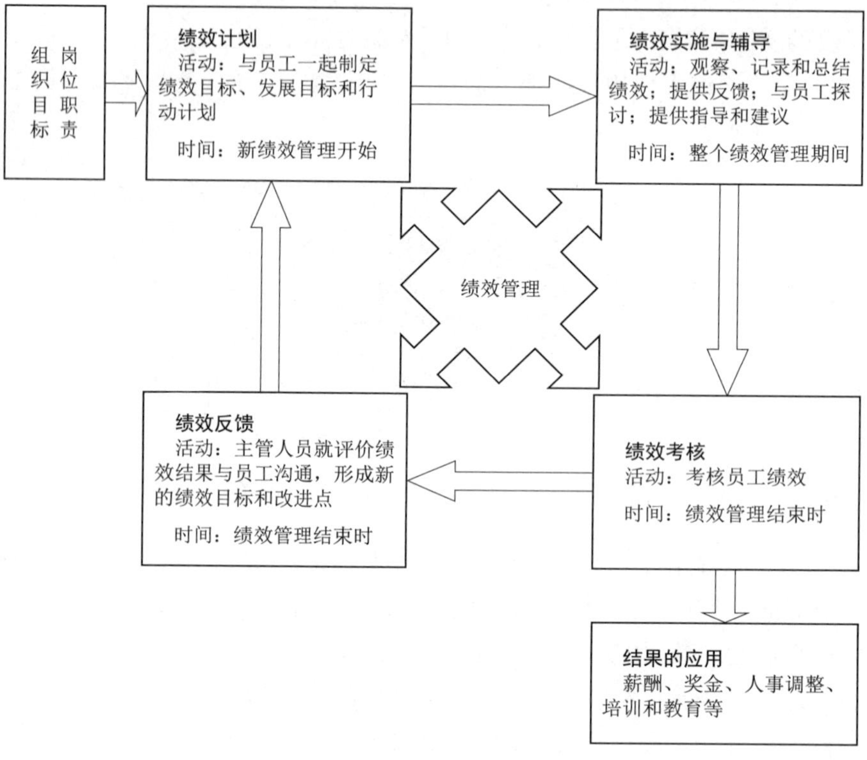

图 7－4　绩效管理流程示意图

一、绩效计划

绩效计划是整个绩效管理过程的开始,这一阶段主要是完成制订绩效计划的任务,也就是说要通过上级和员工的共同讨论,确定出员工的绩效考核目标和绩效考核周期。

(一)绩效计划的制订过程

1. 准备阶段

在准备阶段,管理人员需要了解组织的战略发展目标和计划,企业年度经营计划,部门年度工作重点,员工所在职位的基本情况,员工上一绩效周期的绩效考核结果等信息。同时,管理人员还需要决定采用什么样的方式进行绩效计划的沟通。

2. 沟通阶段

在沟通阶段，管理人员与员工主要通过对环境的界定、能力的分析，确定有效的目标，制订绩效计划，并就资源分配、权限、协调等可能遇到的问题进行讨论。一般情况下，绩效计划沟通时应该至少回答以下四个问题：该完成什么工作？按照什么样的程序完成工作？何时完成工作？需要哪些资源与支持？在沟通时气氛要尽可能宽松，不要给人太大的压力，把焦点集中在开会的原因和应该取得的结果上。

3. 审定与确认阶段

在绩效计划的审定与确认阶段，管理人员需要与员工进一步确认绩效计划，形成书面的绩效合同，并且管理人员和员工都需要在该文档上签字确认。需要补充的是，在实际工作中，绩效计划订立后并不是不可改变的，环境总是在不断发生变化，在计划的实施过程中往往需要根据实际情况及时对绩效计划进行调整。

【应用实例 7－1】

某公司员工个人绩效计划

姓名：<u>秦×</u>　　所在部门：<u>人力资源部</u>　　职位：<u>招聘专员</u>

一、公司目标、部门目标和个人目标

1. 公司目标：本公司经过 5 年的发展，已经到了快速发展期。公司决定在全国选择 5 个省份建立 35 个分店。

2. 部门目标：沈阳分公司人力资源部需要补充 7 个人，包括客服人员和基础工作人员等。

3. 个人目标：出色地完成招聘专员的各项职责，改进上个考核期的不足之处，出色地完成人力资源主管布置的任务。

二、本人岗位的职责描述

表 7－3　秦×岗位职责描述

重要性	应负职责
1	招聘适合人员到职
2	新聘人员试用期跟踪
3	建立测评题库
4	入职手续办理
5	统计报表
6	招聘渠道开发与维护
7	建立、补充行业中高级专业人员档案

三、上期考核结果与不足

1. 试用员工考评不合格率。上一考核期的试用员工考评不合格率没有达到考核要求，不合格率需在 10% 以下，需要在公司以及部门的支持下，本人打算在业余时间进行工作相关的培训，不断进步，希望尽快改进工作的不足，达到考核标准。

2. 用人部门对应聘者满意度。上一考核期的用人部门对应聘者的满意度没有达到考核要求，满意度需在80%以上，与各部门经理进行沟通，通过对应聘者的筛选标准进行沟通并达到一致，希望尽快改进工作的不足，达到考核标准。

四、个人绩效计划(见表7-4)

表7-4 秦×个人绩效计划

序号	目标	目标来源	实现目标的步骤措施	达成标准	完成时间	协调部门及所需支持	目标权重
1	招聘适合人员到职	岗位职责	统计招聘需求	准确完成	每月第一个工作日	各直线经理	30%
			制订下周计划	准确完成	每周五24点前		
			日总结	准确完成	每日24点前		
			筛选简历	准确完成	周计划及招聘需求		
			联络候选人	及时完成	周计划及招聘需求		
			初试	及时完成	周计划及招聘需求	人力资源部	
			组织复试	及时完成	周计划及招聘需求	参与复试各直线经理	
			跟催复试结果	及时完成	复试后两日	各直线经理	
			发放录用通知	及时完成	1个工作日内		
			面试技巧培训	及时完成	每半年	各直线经理	
2	新聘人员试用期跟踪	岗位职责	试用期员工访谈，提交动态报告	准确完成	每月每人一次，每月20日前		10%
3	建立测评题库	岗位职责	岗位测评题	恰当，实用	面试前准备	人力资源经理	5%
4	入职手续办理	岗位职责	入职办理	完成	试用员工报到日	各直线经理，财务部	5%
5	统计报表	岗位职责	招聘工作统计表	准确完成	每月25日	人力资源经理	5%
6	招聘渠道开发维护	岗位职责	开拓维护招聘渠道	经常维护	日常	网站，职介所，猎头	10%
7	建立补充档案	岗位职责	整理档案	完成	日常		5%
8	临时性工作完成	组织目标	临时分配任务	完成	临时		5%
9	紧缺岗位到岗及时率	组织目标	加班，抓紧完成任务	达到80%	临时	直线经理	5%

10	试用员工考评不合格率	上期考核	参加培训,改进招聘流程	控制在10% 以下	晚上	公司支持	10%
11	用人部门对候选人满意度	上期考核	多与各部门经理沟通	满意度80% 以上	日常	各直线经理	10%
目标设定日期:2016 – 6 – 30 直接上司签字:赵 ×				员工签字: 总经理确认:李 ×			

资料来源:企业管理资源网．某公司员工个人绩效计划(绩效合同)[EB/OL].[2016-5-10]. http://www.m448.com/info/docview_213935.html.

(二)绩效目标的确定

绩效目标是指对员工在绩效考核期间工作任务和工作要求所做的界定。绩效目标由绩效内容和绩效标准组成。

1. 绩效内容

绩效内容界定了员工的工作任务,也就是说员工在绩效考核期间应当做什么事情,它包括绩效项目和绩效指标两个部分。

(1)绩效项目。绩效项目是指绩效的维度,即要从哪些方面来对员工的绩效进行考核。常见的绩效考核项目有工作业绩、工作能力和工作态度。

(2)绩效指标。绩效指标是指绩效项目的具体内容,它可以理解为是绩效项目的分解和细化。例如对于某一职位,工作能力这一考核项目就可以细化为分析判断能力、沟通协调能力、组织指挥能力、开拓创新能力、公共关系能力以及决策行动能力这 6 项具体的指标。

对于工作业绩,设定指标时一般要从数量、质量、成本和时间这 4 方面进行考虑;对于工作能力和工作态度,则要具体情况具体对待,根据各个职位不同的工作内容来设定不同的指标。绩效指标的确定,有助于保证绩效考核的客观性。

确定绩效指标时,企业应遵从 SMART 原则,即绩效指标应该是具体的、可衡量的、可达成的、现实的、有时间限制的。符合这些原则的目标就是一个有效的目标;否则,绩效目标不明确,就会因不同的解释而造成误导,使考核工作的效果大打折扣。

2. 绩效标准

设定了绩效指标之后,就要确定绩效指标达成的标准。绩效标准是对员工工作要求的进一步明确,即对员工绩效内容作出明确的界定:员工应当怎样做或者做到什么程度。例如,“产品的合格率达到 90%”“接到投诉后两天内给客户以满意的答复”等。绩效标准的确定有助于保证绩效考核的公正性,否则就无法确定员工的绩效到底是好还是不好。表 7 – 5 为某公司管理人员部分绩效指标的评价标准。

表 7-5 绩效标准示例

指 标	评 价 标 准	评分范围	评分
工作责任心	对任何事情都有强烈的责任心，并积极付诸行动	5	
	责任心强，能清楚地知道自己的责任，并勇于负责	4	
	有一定责任心，并敢于对自己的工作负责，知错就改	2~3	
	有时责任心强，但多数情况下缺乏责任心	1	
	消极被动，不负责任	0	
工作主动性	工作主动性高，积极主动承担工作，从不推诿、懈怠，有主人翁精神	5	
	工作主动性较高，经常主动承担工作，并认真负责完成	4	
	能够愉快地接受分配的工作，并认真负责地完成	2~3	
	工作主动性较差，较少主动承担工作，对分配的工作时有推诿和懈怠	1	
	工作主动性差，从不主动承担工作，对分配的工作经常推诿，工作懈怠	0	
工作质量	…		
…	…		

【走进管理 7-2】

侯经理与侯秘书

聪明的侯经理雇用了一名漂亮的侯秘书，专门为他打印文件。公司需要打印的文件很多，为了激励侯秘书努力工作，侯经理开始考虑为侯秘书进行绩效考核并按绩效支付报酬。于是，侯经理在打印机上装上了计数器。这样，侯秘书打印的字数会被记录下来，作为支付报酬的依据。

可是，不久侯经理就发现了问题，午休的时候，侯秘书总是打印些乱七八糟的东西，这些同样会被计数器记录下来——侯秘书用这种方式为自己寻求更多的报酬。于是，侯经理只好改变了绩效考核的标准，新的绩效标准将根据侯秘书最终提交上来的文件页数支付报酬。这样，侯秘书将不再打印乱七八糟的东西，因为这些东西不能提交给侯经理，也就没有报酬。

但很快，侯经理发现侯秘书提交的打印件中错别字很多。原来，在数量越多奖金越多的考核标准面前，侯秘书为了追求打印数量而匆忙赶工，也顾不得质量了。

故事的最后结局是，侯经理规定，侯秘书的绩效不仅由提交的打印件数量决定，而且与打印件质量有关——每页文件的错别字若超过四个，则该页不能计算业绩。

由于人力资源管理的能动性，在设计绩效考核体系时尤其需要慎重考虑。无论是指标的确定，还是出于考核维度的考虑，都必须引起足够的重视，否则就很容易适得其反。

资料来源：李健．人力资源管理：理论·案例·实训[M]．北京：清华大学出版社，2017.

（三）绩效考核的周期

绩效考核周期又称绩效考核期限，就是指多长时间对员工进行一次绩效考核。由于绩效考核需要耗费一定的人力、物力，因此考核周期过短会增加企业管理成本的开支；但是，绩效考核周期过长又会降低绩效考核的准确性，不利于员工工作绩效的改进，从而影响到绩效管理的效果。因此,在准备阶段,还应当确定出恰当的绩效考核周期。一般企业的考核周期为月或季度,学校的考核周期为一个学期。

二、绩效实施与辅导

绩效管理的根本目的是通过改善员工的绩效来提高企业的整体绩效,只有每个员工都实现了各自的绩效目标,企业的整体目标才能实现,因此在确定完绩效目标后,管理者还应当帮助员工实现这一目标。

绩效实施与辅导是指在制订绩效计划以后,在工作过程中,管理者要对员工的工作进行指导和监督,及时解决所发现的问题,并根据实际情况及时对绩效计划进行调整。在绩效实施与辅导阶段,管理者需要做到与员工持续沟通、绩效辅导和收集绩效信息。

(一)与员工持续沟通

在绩效实施与辅导的过程,沟通是绩效辅导工作的主要内容,绩效辅导就是通过管理者与员工的绩效沟通来实现的,因此,无论从员工的角度,还是从管理者的角度都需要在绩效实施与辅导的过程中进行持续不断的沟通。

1. 沟通的目的

(1)通过持续沟通对绩效计划进行调整。

(2)通过持续沟通向员工提供进一步的信息,为员工绩效计划的完成奠定基础。

(3)通过持续沟通,让管理人员了解相关信息,以便日后对员工的绩效进行客观的评估,同时也在绩效计划执行发生偏差时及时了解相关信息,并采取相应的调整措施。

2. 沟通的方式

一般来说,管理人员与员工的持续沟通可以通过正式的沟通与非正式的沟通完成。正式的沟通有:书面报告(如工作日志、周报、月报、季报、年报等)、会议沟通、正式面谈。常用的非正式沟通方式有:走动式管理、开放式办公室、休息时间的沟通、非正式的会议。与正式沟通相比,非正式沟通更容易让员工开放地表达自己的想法,沟通的氛围也更加宽松。作为管理人员,应该充分利用各种各样的非正式沟通机会。

(二)绩效辅导

在绩效实施与辅导阶段,辅导主要是管理人员通过持续沟通,帮助员工改善个体知识、技能和态度。"好"的辅导具有这样一些特征:辅导是一个学习过程,而不是一个教育过程;管理者应对学习过程给予支持。

1. 辅导的目的

(1)及时帮助员工了解自己工作进展情况如何,确定哪些工作需要改善,需要学习哪些知识和掌握哪些技能。

(2)必要时指导员工完成特定的工作任务。

(3)使工作过程变成一个学习过程。

2. 辅导的具体过程

(1)确定员工胜任工作所需要学习的知识、技能,提供持续发展的机会,掌握可迁移的技能。

(2)确保员工理解和接受学习需要。

(3)与该员工讨论应该学习的内容和最好的学习方法。

(4)让员工知道如何管理自己的学习,并确定在哪个环节上需要帮助。

(5)鼓励员工完成自我学习计划。

(6)在员工需要时,提供具体指导。

(7)就如何监控和回顾员工的进步达成一致。

(三)收集绩效信息

在绩效实施与辅导阶段,管理人员还需要对员工的绩效表现做一些观察和记录,收集必要的信息。这些记录和收集到的信息一方面可以为绩效考核提供客观的事实依据,有助于对员工的绩效进行更客观的评价。另一方面可以发现员工需要进一步改进的地方,不断提升员工的能力水平。

三、绩效考核

在绩效管理期间结束的时候,根据事先制定的绩效计划,对员工的绩效目标实际完成情况进行评价,这是绩效考核阶段的主要工作。

绩效考核的依据是在绩效计划阶段由管理者和员工共同制定的关键绩效指标。同时,在绩效辅导期间所收集的能够说明被评价者绩效表现的事实和数据,可作为判断员工是否达到关键绩效指标要求的事实依据。绩效考核阶段的工作可根据具体情况和实际需要进行月考核、季考核、半年考核和年度考核。

四、绩效反馈面谈

绩效考核反馈与面谈阶段是绩效管理流程中不可或缺的部分。绩效考核结束后,管理者需要与员工进行一次甚至多次面对面的交谈。通过绩效反馈面谈,使员工了解管理者对自己的期望,了解自己的绩效,认识自己有待改进之处;而且员工也可以提出自己在完成绩效目标中遇到的困难,请求上级的指导或帮助。在员工和管理者对绩效考核结果和改进点达成一致后,管理者和员工需要确定下一个绩效管理周期的绩效目标和改进点,从而开始新一轮的绩效管理周期。

(一)反馈面谈的准备工作

为了确保绩效反馈面谈达到预期的目的,管理者和员工双方都需要做好充分的准备工作。对于管理者来说,应做好以下几方面的准备:第一,选择适当的面谈主持者;第二,选择适当的面谈时间和地点;第三,熟悉面谈者的相关资料;第四,计划好面谈的程序和进度。通过这些准备工作,提高反馈面谈的质量和效果。对于员工来说,也应该做好相应的准备。首先,重新回顾自己在一个绩效周期内的行为态度与业绩,收集准备好自己相关绩效的证明数据材料。其次,对自己的职业发展有一个初步的规划,正视自己的优缺点。第三,总结并准备好在工作过程中遇到的相关的疑惑问题,反馈给面谈者,请求组织的理解帮助。

(二)反馈面谈的内容

绩效反馈面谈的内容应围绕员工上一个绩效周期的工作开展,主要讨论员工工作目标考核的完成情况，并帮助其分析工作成功与失败的原因及下一步的努力方向，同时提出解决问题的意见和建议，求得员工的认可和接受。谈话中应注意倾听员工的心声，并对涉及的客观因素表示理解和同情。对敏感问题的讨论应集中在缺点上，而不应集中在个人上，要最大限度地维护员工的自尊，使员工保持积极的情绪，从而使面谈达到增进信任，促进工作的目的。表 7－6 是绩效反馈面谈表的样例。

表 7－6　员工绩效反馈面谈表

考评区间：　年　月　日至　年　月　日　　面谈日期：　　面谈主管：

<table>
<tr><td>员工编号</td><td></td><td>员工姓名</td><td></td><td>入职日期</td><td></td></tr>
<tr><td>中　心</td><td></td><td>部门</td><td></td><td>岗位</td><td></td></tr>
<tr><td colspan="6">第一部分　年度绩效沟通</td></tr>
<tr><td>主要成绩/进步
（业绩、能力、态度）</td><td colspan="5"></td></tr>
<tr><td>有待改进方面
（业绩、能力、态度）</td><td colspan="5"></td></tr>
<tr><td>培训建议</td><td colspan="5"></td></tr>
<tr><td>下阶段工作期望
调整方面
（任务、指标、需求）</td><td colspan="5"></td></tr>
<tr><td rowspan="2">工作意向调整</td><td>是否变动</td><td colspan="2">□不变动</td><td colspan="2">□变动：</td></tr>
<tr><td>1～2 年内
希望发展方向</td><td colspan="4"></td></tr>
<tr><td>职业生涯规划建议</td><td colspan="5"></td></tr>
<tr><td>最终考评结果通报</td><td>分数</td><td></td><td>等级</td><td colspan="2"></td></tr>
<tr><td rowspan="2">员工对其考核等级的意见</td><td>□满意</td><td colspan="2">□基本认可</td><td colspan="2">□不满意</td></tr>
<tr><td>具体意见</td><td colspan="4"></td></tr>
<tr><td colspan="6">第二部分：C、D 级员工　绩效改进计划
（C、D 级员工为不符合现岗位要求的员工，必须制订及完成以下绩效改进计划，也包括能力、态度）</td></tr>
<tr><td></td><td colspan="3">改进事项</td><td>完成标准</td><td>时限</td></tr>
<tr><td>1</td><td colspan="3"></td><td></td><td></td></tr>
<tr><td>2</td><td colspan="3"></td><td></td><td></td></tr>
<tr><td colspan="6">员工声明：本人同意按照上表内容严格执行，并以完成结果作为未来绩效评价的主要参考依据。</td></tr>
<tr><td colspan="3">员工签字：
年　月　日</td><td colspan="3">主管签字：
年　月　日</td></tr>
<tr><td colspan="6">说明：
1. 请您在本表签字，确认已收到本次考核结果的反馈；
2. 本签字并不表明您对此结果的认同与否。在考核申诉期内，您仍有权进行绩效考核申诉。</td></tr>
</table>

为了将面谈结果有效地运用到员工的工作实践当中，在面谈结束后，要对面谈信息进行全面的汇总记录，如实地反映员工的情况，同时绘制出员工发展进步表，帮助员工全面了解自己的发展情况。从而制定员工教育、培养和发展计划，真正地帮助员工找到提高绩效的对策。

（三）绩效反馈面谈应注意的问题

1. 绩效反馈应当及时

在绩效考核结束后，上级应当立即就绩效考核的结果向员工进行反馈。绩效反馈的目的是指出员工在工作中存在的问题，从而有利于他们在以后的工作中加以改进，如果反馈滞后，员工在下一个考核周期内还会出现同样的问题，这就达不到绩效管理的目的。

2. 绩效反馈要指出具体的问题

绩效反馈是为了让员工知道自己到底什么地方存在不足，因此反馈时不能只告诉员工绩效考核的结果，而是应当指出具体的问题。例如，反馈时不能只告诉员工“你的工作态度不好”，而应该告诉员工到底怎么不好，比如说“你的工作态度很不好，在这一个月内你迟到了 10 次，上周开会时讨论的材料你没有提前阅读”。

3. 绩效反馈要指出问题出现的原因

除了要指出员工的问题外，绩效反馈还应当和员工一起找出造成这些问题的原因并有针对性地制定出改进计划，帮助员工确定目标、提出员工实现这些目标的措施和建议。

4. 绩效反馈不能针对人

在反馈过程中，针对的只能是员工的工作绩效，而不能是员工本人，因为这样容易伤害员工，造成抵触情绪，影响反馈的效果。例如，不能出现“你怎么这么笨”“别人都能完成，你怎么不行”之类的话。

5. 注意绩效反馈时说话的技巧

由于绩效反馈是一种面谈，因此说话的技巧会影响到反馈的效果。在进行反馈时，首先要消除员工的紧张情绪，建立起融洽的谈话气氛；其次，在反馈过程中，应当以正面鼓励为主，不指责、不批评、不评价员工的个性与习惯，同时语气要平和，不能引起员工的反感；再次，要给员工说话的机会，允许他们解释，绩效反馈是一种沟通，不是在指责员工；最后，控制好面谈时间，一般掌握在 20 ~ 40 分钟为宜，该结束的时候一定要结束，否则就是在浪费时间。

【管理故事 7 - 1】

齐威王赏罚分明的故事

在《战国策》和《资治通鉴》里，记载着一个齐威王赏罚分明的故事。

战国时期，齐国的齐威王在考察官员的时候，发现他的亲信们都说东阿（山东地名）大夫的好话，又齐说即墨（也是山东地名）大夫的坏话。于是，齐威王就委派一个心腹大臣到东阿和即墨去实地考察，详细了解两地的情况。

得到心腹大臣的汇报后，齐威王召见即墨大夫，对他说：“你担任即墨大夫以来，我几乎天天都听到关于你的坏话。”即墨大夫不由得紧张起来。齐威王笑了笑，继续说道：“可是，我派人到即墨一看，你那里良田无际，百姓丰足，街道有序，整个齐国的东部安宁和平。看来，你是因为不会巴结人而名声不好啊。”说完，齐威王赏给即墨大夫一万户的封邑。

齐威王接着又召见东阿大夫，对他说：“你治理东阿以来，天天都有人在我的耳朵边说你的好话。”东阿大夫听后心里暗喜。齐威王突然脸色一沉，又说道：“可是，我派人去东阿看，你那里田地荒芜，百姓贫苦；不仅如此，前不久，赵国和卫国来犯，你不是不去救援，就是浑然不知！你只知道用重金贿赂我的亲信大臣，让他们在我的面前说你的好话。”看着跪倒在地、面如土色、浑身发抖的东阿大夫，齐威王发火了：“把这个贪官给我拉出去，处死！”同时，齐威王又下令把那些收受贿赂、吹捧东阿大夫业绩的大臣们也一起处死，齐威王明察秋毫、赏罚分明，齐国朝野为之震惊。各级官吏再也不敢瞒上欺下了。从此，齐国大治，成了数一数二的强国。

资料来源：李健．人力资源管理：理论·案例·实训[M]．北京：清华大学出版社，2017.

（四）绩效考核结果的运用

1. 制订绩效改进计划

绩效改进计划是绩效反馈的结果，是根据员工绩效考核结果，通过面谈交流寻找员工有待发展和提高的方面之后，制定的一定时期内有关员工工作绩效和工作能力改进和提高的系统计划。绩效改进是绩效考核的后续工作，所以绩效改进的出发点是对员工现实工作的考核，不能将这两个环节的工作割裂开来考虑。绩效改进必须自然地融入部门日常管理工作之中，才有其存在价值。绩效改进计划通常包括以下几方面的内容：有待提高的项目；提高这些项目的原因；目前的水平和期望达到的水平；提高这些项目的方式；设定达到目标的期限。

【应用实例 7－2】

××公司员工绩效改进计划

罗志强，××公司印刷部主管，他的主要工作职责是承接各个部门的印刷工作，帮助各个部门印刷文件、表格、图片等。罗志强有 3 名下属。罗志强为印刷方面的专家，过去是印刷部的一名技术人员，精通印刷设备的维护和使用，能处理各种印刷技术方面的难题。去年，由于他的表现出色，被提升为印刷部的主管。他的部门所提供的印刷产品在质量上常常得到其他部门的好评。并且他还经常热心地帮助其他部门设计印刷文稿。他在目前的工作中存在的主要问题是没有处理好来自各个部门的印刷稿件的优先顺序，常常导致任务积压，有的部门的任务到期没有完成。他最终的处理办法是完全按照来件的先后顺序安排工作，这种做法使一些急件没有得到照顾，耽误了一些急件的交稿时间；后来，他又常常处理急件，由于大家都把自己的稿件当作急件，最终还是有一些稿件不能如期交付。因此，他的时间管理和设定优先顺序的能力有待提高。另外，他对于自己的主管角色认知不够清晰，常常事必躬亲。他也不善于对下属进行绩效管理，他的一名下属在绩效方面存在严重的问题，他一直不予以干预，直到他的上级主管向他过问起此事时，他才与那名下属谈话。针对自己的绩效问题，他制定了如下个人改进计划。

表 7－7　罗志强绩效改进计划表

制定计划时间:2015 年 9 月 30 日

姓名	罗志强	职位		印刷部主管	
直接主管	张峰	隶属部门		印刷部	
有待发展项目	发展原因	目前水平	期望水平	发展措施与所需资源	评估时间
主管技巧: 如何授权 如何管理下属绩效 如何进行团队管理等	作为一名主管人员主要的责任是使下属的绩效得到提高,让下属做得更出色。 本人作为一名新主管,缺乏管理下属的技巧,很多情况下只是自己在埋头工作	上级评估分数 2.5 分	3.5 分	1. 参加"如何做一名优秀的主管"培训 2. 参加"如何管理下属的绩效"培训 3. 学习上级主管和其他部门主管管理下属时好的做法 4. 阅读有关的书籍 5. 请上级和下属做监督	2015 年 12 月
时间管理	印刷部的工作很重要的一点就是管理好时间,处理好印刷任务的优先顺序,保证最大限度地满足客户需求,本人在这方面的表现明显不足,造成很多任务延误	客户评估分数 2 分	3.5 分	1. 参加"时间管理与设置优先顺序"培训 2. 学会使用排序表格 3. 让其他部门了解目前的任务量和进度情况,以便计划自己的工作 4. 利用外部资源满足急件的需要	2015 年 12 月

资料来源:文档资料库. 绩效考核结果的运用[EB/OL]. [2016-5-10]. http://www.03964.com/read/e76eeb80d35212564ea657d3.html.

2. 绩效考核结果在人力资源管理中的应用

(1)绩效考核与员工招聘。绩效考核既是对现职人员的考核评价,又可对招聘有效性进行评价。对企业来说,招聘是有成本的,而且招聘的成本还可能不低。因此,很多企业都很重视对应征人员的素质测评和其他筛选手段的应用,这些手段的有效性如何,可以通过他们进入实际岗位后的绩效考核结果进行检测,从而判断出企业招聘的效果。

(2)绩效考核与员工培训。绩效考核结果可以为企业员工培训与开发工作提供决策依据。企业若想使培训发挥出效果,培训工作必须要有针对性,即应针对员工的薄弱环节,使他们能够获得急需的知识和技能。而要了解员工的优势和劣势,就必须通过对员工的绩效进行评价,找出员工在知识、能力方面的薄弱环节,从而确定员工在培训方面的需求。另外,企业培训与开发的效果,也可以通过绩效考核进行检验。

(3)绩效考核与人员调配。人员调配不仅包括纵向的升迁或者降职,还包括横向的工作调动。如果绩效考核的结果说明某些员工无法胜任现有的工作岗位,就需要查明原因并果断地进行职位调换。通过绩效考核还可以发现优秀的、有发展潜力的员工。绩效考核与人员调配的关系具体如图 7－5 所示。

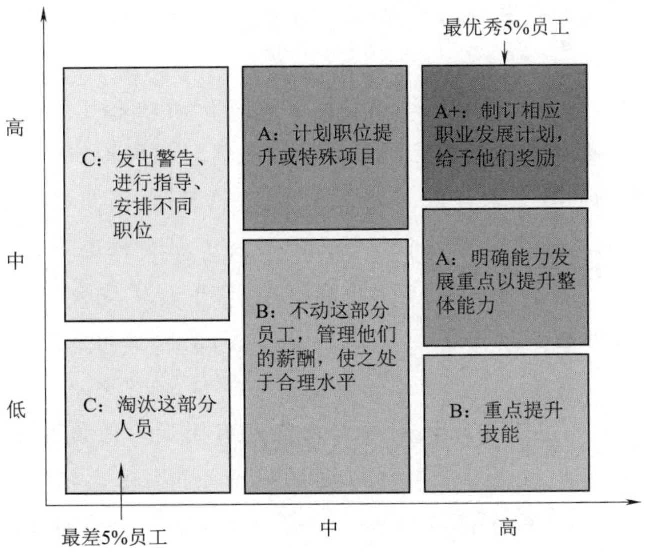

图 7－5　绩效考核与人员调配的关系

(4)绩效考核与员工奖惩。绩效考核的结果为对员工的奖励和惩罚提供了客观的依据。根据科学的、严格的绩效考核结果对员工进行奖励,能使员工普遍感到公平,从而增强其工作的积极性和满足感,因而绩效考核具有激励功能,能促使员工为实现组织的目标而更加努力地工作;另一方面,评价结果也是执行惩戒的依据之一,惩戒可以纠正员工偏离组织目标的行为,因而也是提高工作绩效不可缺少的手段。

(5)绩效考核与薪酬管理。绩效考核的结果为员工薪酬制度的设立和调整提供了客观的依据。根据员工的工作绩效大小决定薪酬的高低体现了按劳分配、多劳多得的分配原则,能使员工感到公平与合理,充分调动其工作积极性。而员工现有的薪酬制度是否合理、是否具有适度的激励功能、是否与员工的工作贡献有效地挂钩以及薪酬总体水平是否适度等,都可以通过绩效考核获得信息,并在此基础上加以改进。

【管理故事 7－2】

不让猴子偷懒

山里面住着一群猴子,由猴王管理着整个猴群。猴群中有明确的分工,有些负责哺育小猴,有些负责保护猴群的领地,有些则外出寻找食物。

最近一段时间,猴王发现外出寻找食物的猴子带回来的食物越来越少。仔细一查,原来是一些猴子在偷懒。这些猴子每次都不把找到的食物全部带回来,而是只带回一部分,因为反正有食物拿回来就能交差,带多带少一个样。而不偷懒的猴子发现后,就觉得干多干少差不多,也跟着偷懒了。于是猴王决定改变这种状况,想在猴群中举行一次评选先进与后进的活动,奖励先进,惩罚后进。但是猴王却为如何评选先进犯了难。

到底采取什么样的方式来评选先进呢?猴王想出了几种评选手段:按照是否勤劳,按照带回食物的多少或者是将猴子分为两只一组对比评价。但仔细一想,又都有问题。

如果按照是否勤劳进行评价,会发现这种方式很难操作。猴王不可能天天看着每只猴子,这就导致善于在猴王面前表现自己的猴子被选中,而这将严重打击真正辛勤劳动的猴子们的积极性。

如果在猴群内互相评价,也存在很多问题,互相评价的结果可能导致猴子们互相照顾,谁也不公正地评价谁;或者互相提意见,影响团结,起不到评价的作用。

如果按照带回食物的数量来评价,可能会出更多的问题:因为猴子有分工,不是所有猴子都要去寻找食物;那么,不负责寻找食物的猴子就没有机会被选中,但是这些猴子在猴群中的作用也很重要。另外,如果按照这种评价方式,猴子一定都会争着在猴群附近寻找食物,没有人愿意去远处的村庄——距离远,又有危险,而实际上村庄地里的苞谷对于猴子的生活很重要。

如果采用两只猴子一组互相比较来进行评价也有问题。因为除了猴王对很多猴子不了解之外,也存在工作量大,并且存在不同工种的猴子之间无法比较的问题?

猴王想来想去也想不出一个很好的解决方案。于是猴王将猴群中的长者叫过来,让长者给出个主意。

长者问猴王:"大王,您想要我出个什么样的主意呢?"

"其实也很简单,我要一种能够公平、公正,而且简单易行的考核方法。"猴王说。

长者捋了一把胡子,也犯难了。怎样才能又简单又公证而且又要能够操作呢?说起来简单,真正操作起来可就复杂了。

资料来源:李健. 人力资源管理:理论 · 案例 · 实训[M]. 北京:清华大学出版社,2017.

第三节　绩效考核的方法

一、绩效考核方法的分类

在设计和选择绩效考核方法和指标时,可以根据被考核对象的性质和特点,分别采用特征性、行为性和结果性三大类指标,对考核对象进行全面考核。由于采用的指标不同,从绩效管理的考核内容上看,绩效考核可以分为品质主导型、行为主导型和结果主导型三种类型。三者的区别具体如表 7 – 8 所示。

表 7 – 8　不同绩效考核类型的区别

类　别	着眼点	指标维度	考察点	应　用
品质特征型	这个人怎么样?	性格、兴趣、能力、价值观	潜在能力和基本素质	招聘面试;晋升选拔;管理人员绩效考评
行为过程型	干什么? 如何去干的?	勤奋、严谨、认真	工作过程中的态度	科研部门、服务部门等
工作结果型	干得怎么样?	产量、质量、生产率	实际产出结果	对实际生产部门

(一)品质主导型

品质主导型的绩效考核,采用特征性指标,以考核员工的潜质为主,着眼于“他这个人怎么样”,重点是考查该员工是一个具有何种潜质(如心理品质、能力素质)的人。

品质主导型的考核涉及员工信念、价值观、动机、忠诚度、诚信度,以及一系列能力素质,如领导能力、人际沟通能力、组织协调能力、理解能力、判断能力、创新能力、改善能力、企划能力、研究能力、计划能力等。

(二)行为主导型

行为主导型的绩效考核,采用行为性指标,以考核员工的工作行为为主,着眼于“干什么”“如何去干”,重点考查员工的工作方式和工作行为。由于行为主导型的考核重在工作过程而非工作结果,考核的标准较容易确定,操作性较强。行为主导型的方法适合于对管理性、事务性工作进行考核,特别是对人际接触和交往频繁的工作岗位尤其重要。例如,商业大厦的服务员应保持愉悦的笑容和友善的态度,其日常工作行为对公司影响很大,因此,公司要重点考核其日常行为表现。表 7 –9 是某类作业人员行为型考核表。

表 7 –9　某类作业人员行为型考核表

	考核指标	考核标准	分数	
职务行动	安全操作	是否准确拟定了检查项目	0	1
		按正确方法检查炉内温度	0	1
		是否配备了灭火器	0	1
		材料放置是否正确	0	1
		是否做了准备活动	0	1
		是否上油	0	1
	个人防护	是否戴了安全帽	0	1
		是否穿了安全鞋	0	1
		是否正确穿戴了安全服	0	1

(三)结果主导型

结果主导型的绩效考核,采用结果性指标,以考核员工或组织工作效果为主,着眼于“干出了什么”,重点考查“员工提供了何种服务,完成了哪些工作任务或生产了哪些产品”。由于结果主导型的考核,注重的是员工或团队的产出和贡献即工作业绩,而不关心员工和组织的行为和工作过程,所以考核的标准容易确定,操作性很强。例如,目标管理法就是属于结果主导型的考核方法。结果主导型的考核方法具有滞后性、短期性和表现性等特点,它更适合生产性、操作性以及工作成果可以计量的工作岗位,对事务性工作岗位人员的考核不太适合。

一般来说,结果主导型的绩效考核,首先是为员工设定一个衡量工作成果的标准,然后再将员工的工作结果与标准对照。工作标准是计量检验工作结果的关键,一般应包括工作内容和工作质量两个方面的指标。表 7 –10 是某公司销售人员结果型考核表样例。

表 7－10　某公司销售人员结果型考核表

考核指标	考核标准	考核结果
销售计划	及时全部完成	
销售费用	控制在1%	
回款率	100%	
市场占有率	每年增加1%	
已有重要客户	流失率低于1%/年	
新客户	每年增加15%	
客户满意度	不低于98%	
销售总结报告	及时上交,质量高	

在企业实践中,上述三种绩效考核类型中,由于品质主导型的考核需要使用如忠诚、可靠、主动、创造性、自信心、合作精神等定性的形容词,所以很难具体掌握,并且考核操作性及其信度和效度较差。故企业多采用行为主导型、结果主导型以及综合型的绩效考核方法,具体分类如图 7－6 所示。

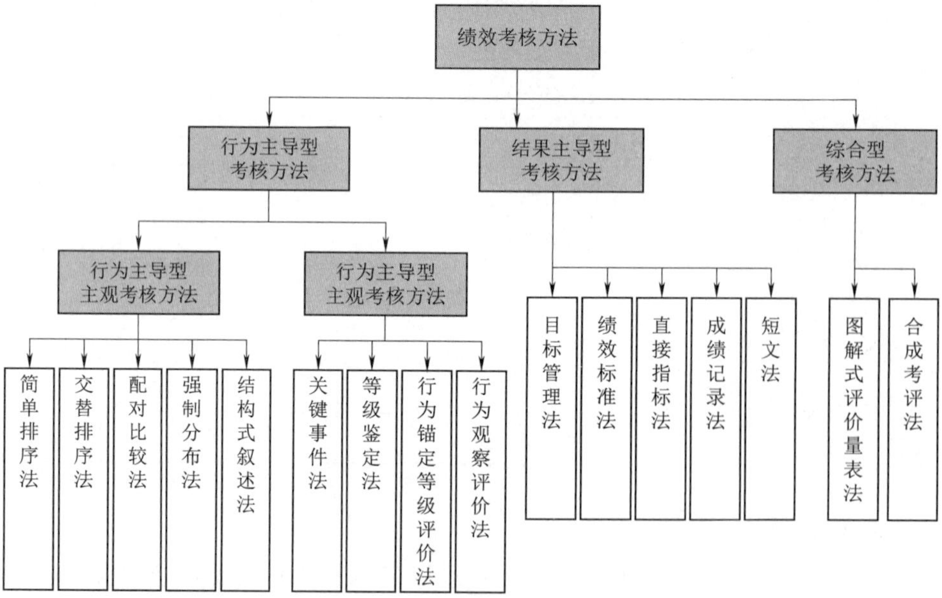

图 7－6　绩效考核方法分类

二、工作行为导向型的主观考核方法

工作行为导向型的主观考核方法,它的一般特征是在对员工进行相互比较的基础上对员工进行排序,提供一个员工工作相对优劣的评价结果。排序的主要方法包括简单排序法、交替排序法、成对比较法、强制分布法和结构式叙述法。

(一)简单排序法

简单排序法又称排列法,是绩效考评中比较简单易行的一种综合比较方法。通常由上级主管根据员工工作的整体表现按照优劣顺序依次排列。有时为了提高其精度，也可以将工作内容作出适当分解，分项按照优良的顺序排列，作为绩效考评的最后结果。

简单排序法的优点是简单易行，花费时间少，一般适合于员工数量比较少的评价需求，在员工数量比较多的情况下，就需要选择其他排序方法。另外，由于排序法是相对对比性的方法，考核是在员工间进行主观比较，不是用员工工作的表现和结果与客观标准相比较，因此具有一定的局限性，不能用于比较不同部门的员工，也不能使员工得到关于自己优点或缺点的反馈。

（二）交替排序法

交替排序法是简单排序法的一种变形。这种方法利用的是人们容易发现极端情况、不容易发现中间情况的心理，在所有员工中，先挑选出最好的员工，然后挑出最差的员工，将他们作为第一名和最后一名，接着在剩下的员工中再选择出最好的和最差的，分别将其排列在第二名和倒数第二名，依此类推，最终将所有员工按照优劣的先后顺序全部排列完毕。表 7－11 是交替排序法操作样表。

表 7－11　交替排序法操作样表

交替排序法的工作绩效评价等级 评价所依据的要素：	
说明： 针对评价所依据的要素，将所有员工的姓名都列出来，将绩效评价最高的员工的姓名列在第一格中；将绩效评价最低的员工姓名列在第 10 格中，然后将次最好的员工姓名排列在第 2 格中，将次最差的员工姓名排列在第 9 格中，依次交替进行，直到所有的员工都被列出。	
评价等级最高的员工	
1.	6.
2.	7.
3.	8.
4.	9.
5.	10.
	评价等级最低的员工

（三）配对比较法

配对比较法又称成对比较法、两两比较法等。其基本程序是：首先，根据某种考评要素如工作质量，将所有参加考评的人员逐一比较，按照从最好到最差的顺序对被考评者进行排序；然后再根据下一个考评要素进行两两比较，得出本要素被考评者的排列次序；依此类推，经过汇总整理，最后求出被考评者所有考评要素的平均排序数值，得到最终考评的排序结果。

应用配对比较法时，能够发现每个员工在哪些方面比较出色，哪些方面存在明显的不足和差距，在涉及的人员范围不大、数目不多的情况下宜采用此种方法。如果员工数目过多,不但费时费力,其考核质量也将受到制约和影响。配对比较法具体应用见表 7-12 所示。

表 7-12　配对比较法示例

被比较者1 / 被比较者2	张三	李四	王五	赵六	刘七	被比较者2得分
张三		1	1	0	1	3
李四	0		1	0	1	2
王五	0	0		0	1	1
赵六	1	1	1		1	4
刘七	0	0	0	0		0
考核结论:被考核的5名员工按绩效从优至劣次序为:赵六、张三、李四、王五、刘七。						

(四)强制分布法

强制分布法又称强迫分配法、硬性分布法。这种方法实际上也是将员工进行相互比较的一种员工排序方法,只不过它是对员工按照组别进行排序,而不是将员工个人进行排序。

强制分布法的理论依据是数理统计中的正态分布概念,认为员工的业绩水平遵从正态分布,因此可以将所有员工划分为优秀的、高于一般的、一般的、低于一般的和不合格的5种情况,其典型的分布形式如图 7-7 所示。

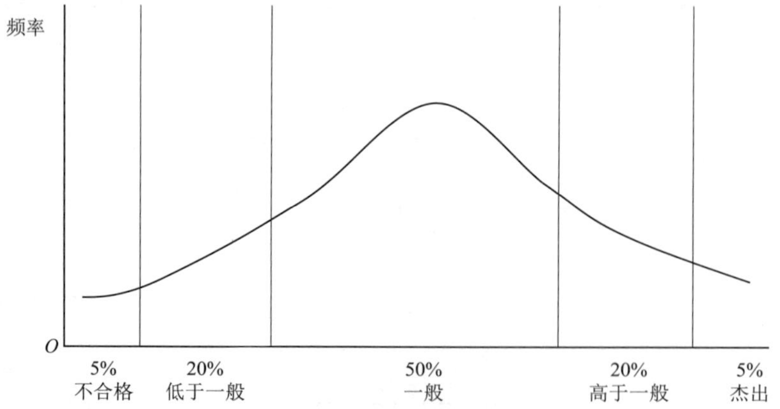

图 7-7　强制分布法示意图

在实践中,实行强制分布的企业通常对设定的分布形式做一定程度的变通,使员工业绩水平的分布形式呈现为某种偏态分布。一般而言,当被评价的员工人数比较多,而且评价者又不只一人时,用强制分布可能比较有效。

强制分布的优点是可以克服评价者过分宽容或过分严厉的结果,也可以克服所有员工不分优劣的平均主义。但是其缺点是如果员工的业绩水平事实上不遵从所设定的分布样式,那么按照评价者的设想对员工进行强制区别容易引起员工不满。

（五）结构式叙述法

结构式叙述法是采用一种预先设计的结构式表格，由考评者按照各个项目的要求，以文字对员工的行为作出描述的考评方法。采用本方法，考评者能描述出下属员工的特点、长处和不足，并根据自己的观察分析和判断，对其提出建设性的改进意见和建议。表 7－13 是结构式叙述法的样例。

表 7－13　结构式叙述法样例

被考评者姓名		岗位名称		岗位编码	
举例说明下属员工的有效行为：					
举例说明下属员工的无效行为：					
为了改变下属的无效行为，采取了哪些具体措施？					
工作说明书有无需要修改之处，如需修改说明原因。					
上级主管评语： 签字：　日期：					
被考评者自述（可对考评结果提出申诉，也可对异议之处作出解释） 签字：　日期：					
双方面谈纪要（对上下级所达成的共识与尚未统一的问题作出说明）： 考评者签字：　日期：　被考评者签字：　日期：					

结构式叙述法简便易行，特别是要有被考核者的参与，使其正确性有所提高。但由于受到考评者的文字水平、实际参与考评的时间和精力的限制，使得该方法的可靠性和准确性大打折扣。

综上所述，行为导向型的主观评价方法是将所有员工的个体工作绩效，通过一个共同的标准即整体绩效进行衡量，整体绩效作为一个全面的绩效考核指标，它是单一的缺乏量化的没有客观依据的一种考核标准，因而使考核结果受到考核者主观因素的制约和影响。

三、工作行为导向型的客观考核方法

工作行为导向型的客观考核方法是指根据客观标准对员工的行为进行评价的方法。这种考核方法具体包括关键事件法、等级鉴定法、行为锚定等级评价法和行为观察评价法。其中的大多数方法实质上都是对员工的行为按照评价的标准给出一个量化的分数或程度判断，然后再对员工在各个方面的得分进行加总，得到一个员工绩效的综合评价结果。

（一）关键事件法

关键事件法又称重要事件法，是客观评价方法中最简单的形式。在某些工作领域内，员工在完成工作任务过程中，有效的工作行为促使成功，无效的工作行为导致失败。关键事件法的设计者将这些有效或者无效的工作行为称为“关键事件”，评价者要记录和观察这些关键事件，因为他们通常描述了员工的行为以及工作行为发生的具体背景条件。这样，在评价一个员工的工作行为时，就可以利用关键事件作为评价的指标和衡量的尺度。如果评价者能够长期观察员工的工作行为，对员工的工作情况十分了解，同时也很公正和坦率的话，那么，这种方法是很有效的。

关键事件法对事不对人，以事实为依据，评价者不仅要注重对行为本身的评价，还要考虑行为的情境，可以用来向员工提供明确的信息，使他们知道自己在哪些方面做的比较好，而又在哪些方面做的不好。这种方法评价的内容是下属特定的行为，而不是他的品质个性特征，如忠诚度、亲和力、果断性和依赖性等。表7－14为某公司客户经理关键事件记录示例。

表7－14　某公司客户经理关键事件记录示例

对客户经理进行评估，客户经理的一项关键绩效指标是获得客户的满意。针对这项关键绩效指标，他的管理人员记录如下关键事件：	
好的关键事件	客户经理王倩耐心地倾听客户的抱怨，回答客户的问题，认真检查客户返回的产品，有礼貌地向客户作出解释和道歉，并立即给客户签署了退货单
坏的关键事件	在业务最繁忙的时期，客户经理王倩在休息时间过后迟到了30分钟才回到办公室。她错过了4个来自客户的电话，并且已经有3个客户焦急地等在会客室中，他们是按照王倩约好的时间来访的

由于关键事件法强调的是选择具有代表最好或最差行为表现的典型和关键性活动事例作为评价的内容和标准，因此，采用此种方法有较大的时间跨度，可与年度、季度计划的制订与贯彻实施紧密地结合在一起。关键事件法的主要特点是：为考评者提供了客观的事实依据；考评的内容不是员工的短期表现，而是一年内整体表现，具有较大的时间跨度，可以贯穿考评期的始终；以事实为根据，保存了动态的关键事件记录，可以全面了解下属是如何消除不良绩效、如何改进和提高绩效的。关键事件法的缺点是：关键事件的记录和观察费时费力；能作定性分析，不能作定量分析；不能具体区分工作行为的重要性程度，很难使用该方法在员工之间进行比较。

（二）等级鉴定法

等级鉴定法是一种应用比较广泛的员工绩效考核方法。在应用这种方法时，评价者首先确定绩效考核的标准，然后对于每个评价项目列出几种行为程度供评价者选择。

等级鉴定法能够发现问题出现的领域，发现需要改进的员工行为或工作结果方面的部分信息，因此在一定程度上适合用来对员工提供建议反馈和辅导。但是，由于这种评价方法虽然可以得出在员工之间相互比较的量化分数，但是在员工提出异议的情况下，评价者很难为自己的结论提出有力的证据，因此在为奖金的分配提供依据方面的作用比较有限。另外，虽然这种评价方法的评价指标在形式上非常明确，但是由于指标定义方面的缺欠和执行中的不同理解都可能产生评价误差。表 7 – 15 为等级鉴定法样表。

表 7 – 15　等级鉴定法样表

员工姓名：	工作部门：		评价者：		日期：		
评价标准	权重（%）	优秀 5 分	良好 4 分	满意 3 分	尚可 2 分	不满 1 分	得分
工作质量	25						
评语							
工作知识	15						
评语							
合作精神	20						
评语							
可靠性	15						
评语							
创造性	15						
评语							
工作纪律	10						
评语							
得分							

（三）行为锚定等级评价法

行为锚定等级评价法是由等级鉴定法演变而来的。行为锚定等级评价法的最大优点是明确定义每一评价项目，同时使用关键事件法对不同水平的工作要求进行描述。因此，行为锚定等级评价法为评价者提供了明确而客观的评价标准。其主要的缺点是设计和实施成本较高，经常需要聘请人力资源管理专家帮助设计，而且在实施以前要进行多次测试和修改，因此需要花费许多时间和资金。图 7 – 8 与图 7 – 9 所示为行为锚定等级评价法示例。

	7	7. 如果候选人只对一种工作感兴趣，不会参加海军，招聘人员并不放弃，与候选人谈起这种工作，并强调在海军中可获得这方面培训。
6. 招聘人员会严肃地对待反对加入海军的意见；努力用相关的事实来驳倒这种观点，为海军职业辩护。	6	
	5	5. 当与一位高中生交谈时，招聘人员会提起出自同一学校已经加入海军的其他学生的名字。
4. 如果候选人只适合海军中的一种工作，那么招聘人员极力向候选人员传达这种工作是极为有意义的。	4	
	3	3. 当候选人犹豫加入哪一种军种时，招聘人员尽力描绘海军在海上的生活以及在港口的意义。
2. 尽管候选人员已经决定参加海军了，招聘人员还坚持向他提供一些海军生活小册子和电影资料。	2	
	1	1. 当一位候选人陈述了他反对加入海军的意见时，招聘人员就终止了谈话。

图 7 – 8　行为锚定等级评价法（BARS）示例 1

海军招聘人员推销技能行为表现考评表

	7	7. 能全权领导一个全天办公的电器销售营业部，并能把其中两名新员工培养成本部门的优秀人员。
6. 充分信任销售人员，并把很多重要工作交给他们，使他们具有很强的责任心。	6	
	5	5. 能够胜任培训销售人员的工作任务，满足每期培训计划和培训大纲的要求。
4. 能够听取销售人员所提出的意见和合理化建议。	4	
	3	3. 能够及时提醒销售人员热情地接待客户和用户，认真遵守劳动纪律，在店里不交头接耳、闲谈。
2. 根据销售部的实际情况，能够制定并修订本部门严格的规章制度（在可能引起不满的情况下）。	2	
	1	1. 不论下属个人情况如何，都要求下属能够坚守岗位，甚至是在身体不适或有私事要处理时。

图7－9　行为锚定等级评价法(BARS)示例2

销售营业部经理管理绩效考评表

行为锚定等级评价法的设计步骤是:第一,主管人员确定工作所包含的活动类别或者绩效指标;第二,主管人员为各种绩效指标撰写一组关键事件;第三,由一组处于中间立场的管理人员为每一个评价指标选择关键事件,并确定每一个绩效等级与关键事件的对应关系;第四,将每个评价指标中包含的关键事件从好到坏进行排列,建立行为锚定等级法评价体系。

行为锚定等级评价法能够明确指出导致问题出现的行为欠缺,并可以得出在员工之间相互比较的量化分数,在员工提出异议的情况下,评价者能够明确地依据员工的行为为自己的结论提出有力的证据,因此适合为奖金的分配提供依据。但是,行为锚定等级评价法方法的设计成本很高,费时费力。

(四)行为观察评价法

行为观察评价法又称行为观察法、行为观察量表法、行为观察量表评价法。行为观察评价法是在关键事件法的基础上发展起来的,与行为锚定等级评价法大体接近,只是在量表的结构上有所不同。这种方法不是首先确定工作行为处于何种水平上,而是确认员工某种行为出现的概率,它要求评定者根据某一工作行为发生频率或次数的多少来对被评定者打分。既可以对不同工作行为的评定分数相加得到一个总分数,也可以按照对工作绩效的重要性程度赋予工作行为不同的权重,经加权后再相加得到总分,总分可以作为不同员工之间进行比较的依据。发生频率过高或过低的工作行为不能选取为评定项目。表7－16是行为观察评价法量表示例。

表7－16　行为观察评价法量表示例

评定管理者的行为,用1～5和NA代表下列各种行为出现的频率,评定后填在括号内。
5 表示 95% ～100% 都能观察到这一行为；
4 表示 85% ～94% 都能观察到这一行为；
3 表示 75% ～84% 都能观察到这一行为；
2 表示 65% ～74% 都能观察到这一行为；
1 表示 0～64% 都能观察到这一行为；
NA 表示从来没有这一行为。

克服对变革的阻力
(1)向下级详细地介绍变革的内容(　　);
(2)解释为什么变革是必需的(　　);
(3)讨论变革为什么会影响员工(　　);
(4)倾听员工的意见(　　);
(5)要求员工积极配合参与变革的工作(　　);
(6)需要经常召开会议听取员工的反映(　　)。
6~10分:未达到标准;11~15分:勉强达到标准;16~20分:完全达到标准;21-25分:出色达到标准;26~30分:最优秀。

行为观察评价法克服了关键事件法不能量化、不可比以及不能区分工作行为重要性的特点,但是编制一份行为观察量表较为费时费力,同时,完全从行为发生的频率评价员工,可能会使评价者和员工忽略行为过程的结果。

四、工作结果导向型的考核方法

工作结果导向型的考核方法是以实际产出为基础,考核的重点是员工工作的成效和劳动的结果。一般来说,主要有五种不同的表现形式:目标管理法、绩效标准法、直接指标法、成绩记录法和短文法。

(一)目标管理法

目标管理法是由员工与主管共同协商制定个人目标,个人的目标依据企业的战略目标及相应的部门目标而确定,并与它们尽可能一致。目标管理法用可观察、可测量的工作结果作为衡量员工工作绩效的标准,以制定的目标作为对员工考评的依据,从而使员工个人的努力目标与组织目标保持一致,减少管理者将精力放到与组织目标无关的工作上的可能性。

目标管理法的评价标准直接反应员工的工作内容,结果易于观测,所以很少出现评价失误,也适合对员工提供建议,进行反馈和辅导。由于目标管理的过程是员工共同参与的过程,因此,员工工作积极性大为提高,增强了责任心和事业心。但是,目标管理法没有在不同部门、不同员工之间设立统一目标,因此,难以对员工和不同部门间的工作绩效作横向比较,不能为以后的晋升决策提供依据。

(二)绩效标准法

绩效标准法与目标管理法基本接近,它采用更直接的工作绩效衡量指标,通常适用于非管理岗位员工,采用的指标要具体、合理、明确,要有时间空间、数量质量的约束限制,要规定完成目标的先后顺序,保证目标与组织目标的一致性。

绩效标准法比目标管理法具有更多的评价标准,而且标准更加详细具体。依照标准逐一评价,然后按照各标准的重要性及所确定的权数,进行评价分数汇总。

由于被评价者的多样性,个人品质存在明显差异,有时某一方面的突出绩效和另一方面的较差表现有共生性，而采用这种方法可以克服此类问题，能对员工进行全面的评价。绩效标准法为下属提供了清晰准确的努力方向，对员工具有更加明确的导向和激励作用。本方法的局限性是需要占用较多的人力、物力和财力，需要较高的管理成本。

（三）直接指标法

直接指标法在员工的衡量方式上，采用可监测、可核算的指标构成若干评价要素，作为对下属的工作表现进行评价的主要依据。如对于非管理人员，可以衡量其生产率、工作数量、工作质量等。工作数量的衡量指标有：工时利用率、月度营业额、销售量等；工作质量的衡量指标有：顾客不满意率、废品率、产品包装缺损率、顾客投诉率及不合格返修率等。对管理人员的评价，可以通过对其所管理的下属，如员工的缺勤率、流动率的统计得以实现。

直接指标法简单易行，能节省人力、物力和管理成本，运用本方法时，需要加强企业基础管理，建立健全各种原始记录，特别是一线人员的统计工作。

（四）成绩记录法

成绩记录法是新开发出来的一种方法，比较适合于从事科研教学工作的人员，如大学教师、律师等，因为他们每天的工作内容是不同的，无法用完全固化的衡量指标进行考量。这种方法的步骤是：先由被评价者把自己与工作职责有关的成绩写在一张成绩记录表上，然后由其上级主管来验证成绩的真实准确性，最后由外部的专家评价这些资料，决定个人绩效的大小。

目前，我国许多高等学校为了加强对教职员工的绩效管理，采用了成绩记录法对专业人员进行季度或年度考评，取得了令人满意的效果。专家们普遍认为，该方法具有很强的适用性和有效性，特别是与行为量表等考评方法结合在一起使用，考评的效果会更好。

（五）短文法

短文法是绩效考核法中结果导向型的考评方法。该方法又称书面短文法或描述法。有两种解释：

第一种说法认为：短文法是由被考评者在考评期末撰写一篇短文，对考评期内所取得的重要的突出业绩作出描述，作为上级主管考评的重要依据。

第二种说法认为：短文法是由考评者写一篇短文以描述员工绩效，并特别列举其突出的长处和短处的事实。

无论由谁来撰写绩效总结报告，其内容和形式都具有一定的相同之处。

由考评者撰写绩效考评报告，迫使考评者讨论绩效的特别事例，减少了考评的偏见和晕轮效应。考评者以事例说明员工表现，而不是使用评级量表，降低考评的趋中和过宽的评价误差。同时，其最大问题是：由考评者为每位员工撰写绩效考评的报告，花费的时间和精力过多，在下属众多的情况下该法无法推行。另外，适用范围很小，仅适用于激发员工的表现，开发其技能，不能用于员工之间的比较，以及重要的人事决策。

由被考评者自己撰写考评短文，虽然节省了上级主管的时间，但又受个人写作能力的限制，水平低的人往往写不出要领，表述不清；水平高的人又容易夸大其词。由此可见，该方法有较大的局限性。

五、综合型绩效考核方法

(一)图解式评价量表法

图解式评价量表法又称图表评估尺度法、尺度评价法、图尺度评价法、业绩评定表法。此表由美国斯科特公司设计,曾在美国工商企业中广泛使用。图解式评价量表法的设计步骤如下:

首先,根据岗位工作的性质和特点,选择绩效有关的若干评价要素。个体方面的因素,如判断能力、适应性、积极性等;与工作成果有关的因素,如工作质量、数量等;与行为有关的因素,如合作程度、工作态度等。

其次,以这些评价因素为基础,确定出具体的考评项目(指标),每个项目分成5~9个等级,用数字或文字表示,如最优、良好、一般、较差、极差或1、2、3、4、5,并对各个等级尺度的含义作出具体说明。

最后,制成专用的考评量表。在应用的过程中,考评者根据对下属工作的观察和了解。只需在量表的每个项目等级评估的尺度上作出记号,待全部项目考评完成后,将各个项目所得的分数相加,即可得到考评的总结果。

由于图解式评价量表法所采用的考评指标涉及范围较大,可以涵盖员工个人的品质特征、行为表现和工作结果,使其具有广泛适应性;同时该方法具有简单易行、使用方便、设计简单、汇总快捷等优点。但考评的信度和效度,取决于考评因素及项目的完整性和代表性,以及考评人评分的准确性和正确性。在考评要素选择确定以及考评人存在问题的情况下,图解式评价量表法极容易产生晕轮效应或集中趋势等偏差。图解式评价量表法样例见表7-17至表7-19所示。

表7-17　图解式评价量表法示例1

被考评者姓名		所属部门		职务名称	
绩效考评期限	从　年　月　日到　年　月　日			考评者	
1代表未达到要求;2代表基本达到要求;3代表全面达到要求;4代表很好达到要求;5代表超过要求					
被评价岗位:市场部经理					
A. 工作责任心(权重:10%)				评价等级1　2　3　4　5	
主要服从上级的指示与安排,以组织的利益为核心,有积极进取的工作态度和较高的工作热情				评述:	
B. 市场洞察力(权重:20%)				评价等级1　2　3　4　5	
对市场各方面情况进行分析,制定新的工作目标增加销售渠道的来源,预测销售环节中可能带来的风险,并准备相应的解决措施,对重要客户要定期进行拜访,提高产品的市场占有率				评述:	
C. 销售任务(权重:25%)				评价等级1　2　3　4　5	
根据公司下达的销售任务,结合市场调研,制订出相应的销售计划和销售政策,将销售指标合理地分配给每个销售员,定期提交销售情况及回款进度的报告,最终完成公司下达任务的指标				评述:	

D. 工作计划与组织实施(15%)	评价等级 1　2　3　4　5
根据公司的发展战略制订详细的工作计划、销售方案等,将制订的实施方案与下属沟通,了解下属的工作任务和目标,当市场环境发生变化时,能积极地作出合理调整	评述:
E. 团队合作(15%)	评价等级 1　2　3　4　5
与协作部门保持良好的合作团队,积极参与支持团队工作,为后续工作或人员提供最大程度的便利,愿意与他人分享工作或经验,促进共同成长	评述:
F. 内部管理(15%)	评价等级 1　2　3　4　5
制订和完善销售管理制度和本岗位职责,根据销售计划及促销计划,配以合理的促销费用并加以监控,严格执行预算。根据销售管理制度和绩效考核成绩对下属进行激励、选拔、晋升、淘汰,合理进行人员配置	评述:
考评者总评述: 总评分:　　考评者的签字:　　日期:	
被考评者自述: 被考评者的签字:　　日期:	
上下级双方所达成的共识、异议与其他需补充说明的问题: 主管签字: 下属签字:	
审核者意见: 审核者签字:　　日期:	

表 7-18　图解式评价量表法示例 2

评级对象:　　部门:　　评价者:　　评价日期:

评价要素	评价尺度	权重	得分	事实依据及评语
计划能力:对即将开展的培训工作制订切实有效完整系统的计划书	30　24　18　12　6 S　A　B　C　D	30%		
执行能力:能将培训各项活动按照计划有条不紊地开展	25　20　15　10　5 S　A　B　C　D	25%		
管理技能:合理配置和利用培训时所拥有的人力物力财力等资源以保证培训活动的开展	10　8　6　4　2 S　A　B　C　D	10%		

评价要素	评价尺度	权重	得分	事实依据及评语
人际关系能力：与培训中所涉及的各方建立友好的管理	15　12　9　6　3 S　A　B　C　D	15%		
沟通能力：通过各种沟通方式，能清晰明确地表达出自己的思想、观点或事实的能力	20　16　12　9　4 S　A　B　C　D	20%		
最终档次	S　A　B　C　D	最终得分		
备注：S：极优　A：优　B：良　C：中　D：差 S：80 分以上　A：65～79 分　B：49～64 分　C：33～48 分　D：16～32 分				

表 7－19　员工转正图解式评价量表

姓名：　　　　岗位名称：　　　　评估日期：

评估标准					
不合格 2 分	合格 4 分	一般 6 分	良好 8 分	优秀 10 分	得分
1. 工作质量——主要考查工作的准确性、全面性以及技巧性					
经常犯错误，工作表现让人难以接受	一般情况下，工作成果质量勉强合格	有监督时工作表现良好	工作表现高于同级别职位的人	无不准确完成工作，一般情况下无须监督	
2. 工作数量——考查工作完成的数量以及完成所需的时间					
不能完成所分派工作，低于最低要求	有时需要别人的帮助才能完成	通常能按期完成所分派的任务	工作定额通常能超额完成	工作定额总能超额完成，效率非常高，能独立解决一些难题	
3. 工作态度——考查对工作热情、勤奋、积极、尽责、学习力、表现持久性等方面					
工作态度恶劣，做事只做最少，工作漠不关心，逃避职责，勉强接受指示	工作主动性欠缺，接受某些任务，犹豫不决，需要一定的指导监督，但能听从指派，基本可以完成本职工作	通常有一定的工作积极性，能尽力履行职责积极完成本职工作，有一定的敬业精神及责任心	工作表现积极热忱，有较强敬业精神及责任心，学习能力较强，愿意接受额外职责，并有效执行工作任务	工作态度一贯积极上进，有很强的敬业精神及责任心，乐意承担所有职责，做事完全主动，勇于创新，关心公司利益	

4. 出勤情况——考查工作期间迟到早退、请假、旷工等出勤现象					
违反公司考勤管理制度，请假/旷工天数超出规定范围，经常迟到	工作期间请假及旷工天数不超出考勤制度规定范围，时有迟到	请假天数在五天以下，偶有迟到，无旷工情况	请假天数在五天以下，无迟到早退，无旷工情况	100%出勤率，上班早到，下班晚走，从无请假旷工记录	
5. 专业知识技能运用——考查完成工作所需的知识和技能					
不具备完成工作所需的知识	对一些知识和技巧有时缺乏理解	具有完成任务所需具备的一定知识技能	能很好地理解工作任务，有较全面的工作知识技能	具有相关的全面知识，有很强的工作技能	
6. 团队协作性——考查其沟通协作能力、团队精神					
不合作，与人共事时常发生摩擦，拒绝超时工作，不参与团队工作，行为恶劣，不受同事欢迎	需要要求才与人合作，要敦促才超时工作，兴之所至才会帮助人，往往会与同事有小争执	参与团队工作或与上级领导相处尚佳，普遍地被同事喜欢或接纳	热心帮助同事，愿意接受工作指示，有需要时亦参与公司活动	常常尽力帮助他人，极佳团队精神，机智得体，维护公司利益，积极参与公司活动	
7. 沟通效能——考查其表达思想和意见的能力（口头/书面）					
传递的思想和意见经常表述不清，令人误解	传递思想和意见的能力符合工作岗位的要求	良好的表达思想和意见的能力	有较强的口头及书面表达能力，书面表达能力高于同级别职位人员	突出地运用清晰和简洁的方式来表达思想和意见。书面表达能力极强	
8. 安全意识、工作环境维护——考查其安全意识、工作环境维护能力意识					
易出事故的，漠视安全规则，不整洁的工作地点，乱丢垃圾	偶尔会不遵守安全规则，有时需要提点关于良好工作环境及遵守安全的要求	遵守安全规则，视维护工作环境为正常要求	高度对安全尽责，时常保持工作环境整洁	高度关注安全和实施安全措施，非常尽责地防止机器损坏或人身伤害，时常维持高水平的工作环境	
总评及建议（总分20分）：					
合计得分					

部门负责人考评签字：　　　　　　　　　　　　　　　　日期：

（二）合成考评法

合成考评法是将几种比较有效的绩效考评方法综合在一起，对组织或员工个人进行考评的一种方法。合成考评法具有以下几个特点：第一，它考评的是一个团队而不是某个员工。第二，考评的侧重点具有双重性，既考虑岗位职责和现实任务，又考虑团队员工个人潜能的分析与开发。第三，表格简单便于填写。第四，考评量表采用三个等级，即极好、满意、不满意。表7－20是合成考评法的应用样例。

表7－20　某公司采用合成考评法示例

<table>
<tr><th colspan="4">团队成员绩效考评记录表</th></tr>
<tr><td rowspan="2">1. 岗位职责
团队成员在完成岗位工作任务方面，是否按照标准进行操作，按质按量按时完成任务</td><td>很好□</td><td>满意□</td><td>不满意□</td></tr>
<tr><td colspan="3">评述：</td></tr>
<tr><td rowspan="2">2. 合作精神
团队成员如何与同事、监督者和顾客相处？
在工作中是否乐于帮助同事？上级指令下达后是否认真贯彻执行？是否礼貌待客，热情地为顾客提供各种服务</td><td>很好□</td><td>满意□</td><td>不满意□</td></tr>
<tr><td colspan="3">评述：</td></tr>
<tr><td rowspan="2">3. 工作情况
团队成员每天完成工作任务量有多大？工时利用率是否提高？工作效率和服务质量如何</td><td>很好□</td><td>满意□</td><td>不满意□</td></tr>
<tr><td colspan="3">评述：</td></tr>
<tr><td rowspan="2">4. 创新性
团队成员在工作中有何新思路、新方法、新创意、新发现和新发明，其产生了什么样的实际效果</td><td>很好□</td><td>满意□</td><td>不满意□</td></tr>
<tr><td colspan="3">评述：</td></tr>
<tr><td rowspan="2">5. 个人仪表
（略）</td><td>很好□</td><td>满意□</td><td>不满意□</td></tr>
<tr><td colspan="3">评述：</td></tr>
<tr><td rowspan="2">6. 其他要素
（略）</td><td>很好□</td><td>满意□</td><td>不满意□</td></tr>
<tr><td colspan="3">评述：</td></tr>
<tr><td colspan="4">考评者总评述：
考评者签字：　　　　日期：</td></tr>
<tr><td colspan="4">被考评者意见：
被考评者签字：　　　　日期：</td></tr>
</table>

合成考评法的开发与应用说明，由于企业单位的主客观环境和条件的不同，企业完全可以因地制宜、因人制宜、因时制宜，设计更加适用可行的绩效考评方法。

此外，还有一些企业根据管理人员的特点，采用一定的表格形式，在对各评价要素作出明确的描述和界定的基础上，将考评与绩效改进计划有效地结合在一起，通过管理绩效的考评，找出存在的问题和不足，并提出今后的改进措施和办法。这种合成考评法虽不能进行人员的横向比较，但对管理人员来说，具有更强的针对性和适用性，从而有助于提高绩效管理水平。

【走进管理7－3】

名企绩效管理高招

一、海尔集团

1. 目标制订程序规范，将目标细化到每位员工每天的工作，形成OEC日清体系，使员工和管理人员对工作清楚了解，及时纠正错误和推广优秀的做法，养成即时改善的习惯。

2. PDCA管理方法保证工作得到迅速执行，有海尔特色的横向月度激励和纵向日度激励体系直接与指标挂钩。

3. 兼顾结果和过程，设定主项指标和辅项指标，如果主项指标不理想，管理人员就会从针对过程控制的辅项指标上找原因或采取纠偏措施。

二、联想集团

1. 通过静态的职责分解和动态的目标分解，形成每一岗位的“岗位责任书”和“目标责任书”，建立目标与职责一致的大岗位考核体系。

2. 对干部和业务的管理采用定期检查评议的方式，并注重业绩核实，用制度化保证预期目标的实现。

3. 在“能量化的量化，不能量化的细化”的思想指导下，多种方式综合评价部门业绩和员工业绩，全面周到，考核结果应用合理。

三、方正电脑

1. 绩效管理体系逐步完善，提高了有效性，减小风险。

2. 单独设置“工作表现考核表”，宣扬公司核心价值观，引导员工的行为。

3. 注重对工作期望、未来发展方向等方面的持续沟通和激励。

四、广东省高速公路发展公司

1. 以人为本，注重能力的开发和绩效的提升，“一岗一表”能力绩效管理模式。

2. 对所有职位设置分析研究，优化整合，确定不同工作岗位的工作说明书，明确了职责、行为规范等，并能够区分实际能力绩效的高低，有利于引导员工努力的方向，开发相应能力绩效考评管理信息系统，简化了考评操作。

3. 对德、能、勤以及关键事件的等级控制，消除了评比中的趋中现象。

资料来源：HR369人力资源论坛．十大优秀企业的绩效管理[EB/OL]．[2016-5-10]．http://bbs.hr369.com/thread-123429-1-1.html.

知识巩固训练

一、填空题

1. 绩效是基于________而产生的。又称业绩、效绩和成效，是指员工在工作过程中所表现出来的与组织目标相关的并且能够被评价的________、________和________。

2. 根据评价的角度不同，可以将绩效分为________、________和________。

3. ________是指与工作产出直接相关的，能够直接对其工作结果进行评价的这部分绩效。

4. 绩效具有________、________和________三个特点。

5. ________是指制定员工的绩效目标并收集与绩效有关的信息，定期对员工绩效目标的完成情况作出评价和反馈，以确保员工的工作活动和工作产出与组织保持一致，进而保证组织目标完成的管理手段与过程。通常分为4个步骤，即________、________、________与________。

6. 绩效目标由________和________组成。________界定了员工的工作任务，________是对员工工作要求的进一步明确。

7. ________侧重于考核过程的执行和考核结果的判断，考核过程往往是单向命令式的。________侧重于持续的沟通与结果信息的反馈，尤其强调双向互动沟通。

8. 整个绩效管理过程的开始是________。其制定过程主要包括________、________、________。

9. 工作行为导向型的客观考核方法，具体包括________、________、________和________。

10. 工作结果导向型的考核方法，具体包括________、________、________、________和________。

二、单项选择题

1. 管理者为下属制定具有心理挑战性的工作目标，工作过程中及时跟踪和检查、监督与指导，解决员工困难，这些表现都构成了管理者的(　　)。

A. 任务绩效　B. 周边绩效　C. 管理绩效　D. 个人绩效

2. 绩效的(　　)特点，是指员工的绩效往往是体现在多个方面。

A. 多因性　B. 多维性　C. 动态性　D. 激励性

3. (　　)是指绩效周期结束时在上级和员工之间进行绩效考核面谈，由上级将考核结果告诉员工，指出员工在工作中存在的不足，并和员工一起制订绩效改进的计划。

A. 绩效计划　B. 绩效辅导　C. 绩效考核　D. 绩效反馈

4. 在绩效计划的(　　)阶段，管理人员需要了解组织的战略发展目标和计划，企业年度经营计划，员工上一绩效周期的绩效考核结果等信息。

A. 准备阶段　B. 沟通阶段　C. 审定阶段　D. 确认阶段

5. 不属于绩效管理目的是(　　)。

A. 战略　B. 管理　C. 可持续发展　D. 自我提升

6. (　　)明确地界定了员工应当怎样做或者做到什么样的程度。

A. 绩效标准　B. 绩效项目　C. 绩效指标　D. 绩效考核

7. (　　)是由员工与主管共同协商制订个人目标，个人的目标依据企业的战略目标及相应的部门目标而确定，并与它们尽可能一致。

A. 绩效标准法　B. 直接指标法

C. 成绩记录法　D. 目标管理法

8. (　　)比较适合于从事科研教学工作的人员,如大学教师、律师等。

A. 成绩记录法　　B. 短文法

C. 目标管理法　　D. 绩效标准法

9. (　　)考核方法是以实际产出为基础,考核的重点是员工工作的成效和劳动结果。

A. 品质主导型　　B. 行为主导型

C. 工作结果导向型　　D. 过程主导型

10. (　　)认为员工的业绩水平遵从正态分布,因此可以将所有员工划分为优秀的、高于一般的、一般的、低于一般的和不合格的5种情况。

A. 交替排序法　　B. 强制分布法

C. 配对比较法　　D. 结构式叙述法

三、多项选择题

1. 按照绩效实施主体的不同可以将绩效划分为(　　)。

A. 组织绩效　　B. 部门绩效　　C. 周边绩效　　D. 任务绩效

E. 个人绩效

2. 绩效的影响因素包括(　　)。

A. 技能　　B. 激励　　C. 机会　　D. 环境

E. 团队

3. 绩效管理的内容包括(　　)。

A. 绩效计划　　B. 绩效辅导　　C. 绩效考核　　D. 绩效反馈

E. 薪酬设计

4. 品质主导型的绩效考核,采用特征性要考核员工的(　　)。

A. 忠诚度　　B. 价值观

C. 组织协调能力　　D. 诚信度

E. 领导能力

5. 绩效管理的意义包括(　　)。

A. 提高个人工作绩效　　B. 提高组织绩效

C. 保证员工个人行为与组织目标一致　　D. 促进员工能力提升

E. 提高员工满意度

四、判断题

1. 工作之外的行为和结果也不属于绩效的范围。(　　)

2. 个人绩效是指在完成工作目标与任务的过程中所体现出的个人业绩。(　　)

3. 任务绩效可以营造良好的组织氛围,对工作任务的完成有促进和催化作用。(　　)

4. 绩效的多因性是指员工绩效的优劣不是取决于单一的因素,而要受到主观、客观多种因素的影响。(　　)

5. 绩效考核的最终目的是单纯地进行利益分配。(　　)

6. 绩效管理与绩效考核有本质的区别。(　　)

7. 绩效考核是绩效管理的一个重要组成部分。(　　)

8. 行为主导型的绩效考核,着眼于员工具有何种潜质。(　　)

9. 目标管理法的优点是简单易行,花费时间少,适用于员工数量比较少的评价需求。（　）

10. 行为锚定等级评价法的缺点是设计和实施成本较低。（　）

五、思考题

1. 什么是绩效？绩效的特点是什么？
2. 简述绩效考核与绩效管理的区别与联系。
3. 简述绩效管理的流程。
4. 绩效考核的方法有哪些？
5. 简述绩效考核结果在人力资源管理中的应用。

技能强化训练

【管理技能训练】

一、考核指标与标准训练

深圳某生产型公司开展了绩效考核工作。公司总经理发现自从开始绩效考核工作后,各部门的工作落实好,效率也提升了。但是,他又碰到了一个问题。在自己的公司,行政人员的角色很重要。他们是公司管理制度的制订者、监督者,负责公司车辆管理,负责办公室采购,负责公司活动的组织,公文的发布等工作。因为,行政部门的工作周期长难量化,考核工作难开展。如何设计行政部门工作人员的绩效指标与标准成为一个关键问题。

要求:请你结合行政部门工作实际情况,设计行政部门工作人员的考核指标与标准。

二、绩效目标表达训练

徐志强是某集团公司天津分公司经理,他负责管理分布在天津的10个推销员。现在,他正在仔细地研究新雇佣推销员李浩交来的工作目标计划,并考虑下一步采取什么步骤,怎样与李浩一道讨论制订他的目标计划。

表7-21　李浩的个人目标计划表

李浩的个人目标计划			
姓名	李　浩	部门	天津分公司
职务	销售员	经理	徐志强
目　　标			完成时间
1. 积极增加在我管辖区的公司股份			继续
2. 除现有的顾客外,开辟新的客户			每天
3. 进一步了解熟悉公司的各种产品			越快越好
4. 争取第二季度结束时产品销售额达到326 000元			6月30日
5. 改善与顾客的关系			继续
6. 为了培养我的管理能力,计划今年在大学里学完一门课程			12月31日

李浩是两个月前才被聘用到该公司工作的,因此,这是徐志强第一次与他讨论有关他下一阶段相关工作的目标管理计划。该集团公司人力资源部规定,职工必须每6个月制订

一次工作计划,然后与上级经理讨论后确定。作为基层管理干部,徐志强本人接受过公司有关目标管理基本原理和操作规程的培训,了解管理者与员工共同讨论并制订出相互理解、取得一致目标的重要性。

要求:

1. 假设你是徐经理,请逐条分析李浩绩效计划的合理性,并说明原因。
2. 对李浩绩效计划不合理的地方进行改正。
3. 作为徐经理,你如何与李浩进行沟通?请列出沟通要点及注意事项。

三、绩效改进计划制订训练

由于商务部在客户来访接待中的准备工作不足,M公司的重点合作单位表示不再与公司合作。近期商务部连续三次工作严重失误,总经理非常生气,要求人力资源部通过绩效考核,扣发商务部人员当月的绩效工资,不胜任的商务人员要开除。人力资源部和商务部经理沟通,商务部经理表示,员工工作不够认真,导致工作失误,应该承担责任,但是不应该开除员工。由于定位不清,商务部的工作也很难开展,一年时间已换了两批人了。一方面,总经理已给出了明确要求。另一方面,换人肯定也无法解决当前的问题。

要求:针对商务部的目前现状,请你帮助制订该部门和员工个人绩效改进计划。

【案例分析】

AAA集团为一家民营企业,靠着创始人的果敢、敏锐和创业者们的共同努力,经历了不同时期的曲折,成长为一个综合性企业集团群体,主要投资领域是城市燃气、燃气机械、生命科技和地产开发,在国内和境外拥有2个上市公司。应该说,AAA集团是一个发展很快的企业。企业领导人感觉到如此之快的速度,管理必须跟上,于是建立了相对而言比较完备的管理体系。绩效管理作为人力资源管理最重要的内容自然也在其中。AAA集团的员工考核分为年度考核、年中考核和月度考核,而且对于普通员工和管理者分开进行考核。相应的也设计了一系列表格来支持考核体系的实现。此外,考核结果与员工的奖金挂钩的机制也确立了起来。

但是,实际情况是绩效管理最后变成了AAA集团管理者和员工的相互折磨。员工抱怨要填写大量表格,而且老觉得管理者打分就凭个人印象,不公正。管理者们觉得下属老是应付,同时感觉要打出一个准确的分数真的很困难。双方在填表的问题上都很痛苦,在分数这个敏感问题上也都不愿意多谈。当然,最终的考核分数也打了出来,也与奖金挂了钩。但是对于很多管理者和员工来说,绩效考核变成了周期性的、繁重的、感觉"毫无意义"但是又不能不做的工作。之所以不得不做,是因为毕竟奖金发放和人员晋升还需要依据。但是,绩效考核成为了一件影响大家情绪的事情。对于集团领导者来说,面临着困惑:设计的如此完备的一套体系,怎么就没有用呢?

对AAA集团经过系统分析之后发现,重要的问题有以下几个方面:第一,考核指标的设置没有指导原则,到底怎么设置各有各的说法和做法;第二,指标完成情况没有清晰的评价标准,比较模糊和笼统;第三,重形式走过场现象突出,为考核而考核;第四,考核结果集中趋势明显,使考核结果提供管理信息的作用大打折扣;第五,沟通反馈机制缺失,管理者甚至害怕和员工就考核结果进行沟通;第六,对考核制度的宣传培训以及考核方法的培训几乎没有。而且,从大的方面来说,AAA集团整个绩效管理与企业战略、发展方向没有什么关系,更谈不上支撑战略的实施了。就是要营造一个公平的气氛,也没有办到。看上去很完备的绩效管理体系,用起来却到处都是问题。应该说,AAA 集团面临的问题和困惑很多企业都有体会。

问题:

1. 绩效管理在人力资源管理中有何作用?

2. 你认为应当如何消除和避免绩效管理中的这些问题以建立以战略为导向的绩效管理体系?

能力提升训练

一、考核量表设计

光华公司总经理认为,对管理人员评价的核心应放在行为管理,而不仅是考察指标完成了多少,销售额达到多少,利润率是多少。在光华公司对管理人员一般从 6 个方面采取综合素质的考评,这 6 个方面分别是:战略力、应变能力、协调配合力、团队精神、全局观、学习力与创新力。

要求:请运用行为观察评价法就案例中管理人员的“团队精神”和“全局观”指标,设计考评表。

二、绩效考核方案设计

A 企业是一家小型的日用化工营销公司,市场部有 5 名营销人员,对市场人员的考核主要从销售业绩和工作态度入手,考核期为半年,并且要求每次考核都有不适合岗位的员工淘汰。

要求:请你选择一种或适合组合使用的考核办法,设计较为详细的绩效考核方案。

请你对 A 企业的绩效管理作出分析,为其销售人员和管理人员设计一套更有效的绩效考核方案,并说明设计的基本依据。

第八章 薪酬管理

【管理名言】

军无财，士不来；军无赏，士不往。 ——《黄石公三略》

【学习目标】

知识：

- 了解薪酬的功能，影响薪酬管理的因素，薪酬管理的意义，福利的特点；
- 理解薪酬的基本形式，薪酬管理的内容，工资制度的类型；
- 掌握薪酬的概念和构成，薪酬设计的流程，福利的概念和形式。

技能：

- 掌握各种薪酬设计的方法，根据企业的需要设计合理的薪酬体系。

素质：

- 具备优秀的设计能力、创新能力与分析能力。

【开篇案例】

母狮子的出走

森林中住着几群狮子，每一个狮群中都有狮子王、小狮子、公狮子和母狮子。狮子是群居动物，每只狮子都有明确的分工。狮子王不用干活，负责狮群的整体管理和猎物分配，公狮子在家照顾年幼的小狮子，并解决与别的狮群的冲突，而年轻的母狮子负责狩猎，捕捉到的猎物先让狮子王吃，再分配给公狮子，然后再分配给小狮子，狩猎的母狮子们总是最后才分到食物。

一年一度的旱季又来了，猎到的食物数量明显减少，狩猎的难度越来越大，母狮子们经常吃不饱，一头母狮子产生了许多怨气，认为自己年轻力壮，捕捉到的猎物不少，但为什么每次都要饿肚子？最终它决定单干，于是离开了狮群。

母狮子因为对狮群的分配不满出走了。

资料来源：蔡巍．薪酬的真相[M]．北京：中华工商联合会出版社，2011.

在上述故事中,母狮子遇到的问题其实是一个非常普遍的管理问题,解决不好,会导致很多问题产生。这个问题的实质就是如何设计企业的薪酬。那么,究竟什么是薪酬? 薪酬管理是什么? 企业又该如何进行薪酬体系设计? 这正是本章要讲述的内容。

第一节　薪酬管理概述

一、薪酬的概念及其构成

(一)薪酬的概念

薪酬(Compensation)含有劳动补偿、等价交换的意思,是指组织对员工所做的贡献,包括他们实现的绩效、付出的努力、时间、学识、技能和经验等所付给的相应的酬劳或回报。其实质是一种公平交换。薪酬的概念有广义和狭义之分。

1. 广义的薪酬

广义的薪酬又称整体薪酬或报酬,是指员工从企业那里获得的作为个人贡献回报的各种东西。薪酬一般分为经济性薪酬和非经济性薪酬两大类。薪酬的具体构成如图 8 – 1 所示。

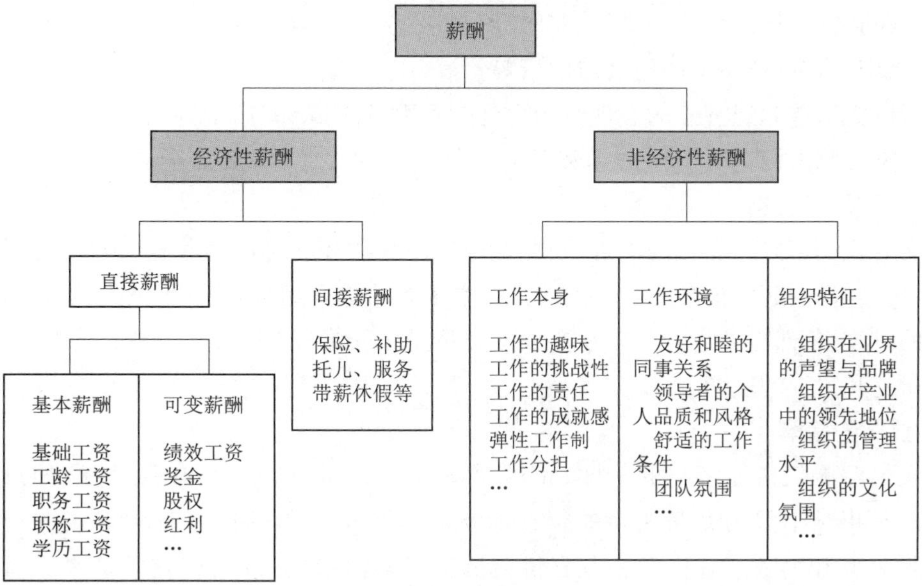

图 8 – 1　薪酬的构成

(1)经济性薪酬。经济性薪酬是指能够直接或间接地以货币形式表现和衡量的各种报酬,如工资、津贴、奖金和各种福利等。经济性薪酬又包括直接薪酬和间接薪酬。

①直接薪酬。直接薪酬又称货币性薪酬,是指组织对员工占据组织的工作岗位并为组织做出贡献的现实,所做出的货币性或实物性薪酬支付。例如,工资、绩效奖金、股票期权、利润分享等。

直接薪酬又可分为基本薪酬和可变薪酬。

第一,基本薪酬。基本薪酬是指以员工劳动熟练程度、复杂程度、责任以及劳动强度为基准,按照员工实际完成的劳动额度、工作时间或劳动消耗而计付的劳动报酬。例如,基本工资、职务工资等。

第二,可变薪酬。可变薪酬是薪酬系统中与绩效直接挂钩的经济性报酬,又称浮动薪酬或奖金。可变薪酬是根据绩效来支付的,这里的绩效包括个体绩效、群体绩效(团队、部门绩效)以及组织绩效,所以可变薪酬也可以当成是以绩效为条件的薪酬。例如,绩效工资、奖金、红利等。

②间接薪酬。间接薪酬又称福利薪酬,是指员工作为企业成员所享有的、企业为员工将来的退休生活及一些可能发生的不测事件(如疾病、事故)等所提供的经济保障,其费用部分或全部由企业承担。例如,保险、带薪休假、住房补贴等各种福利。间接薪酬的支付与员工个人的工作和绩效并没有直接关系,往往具有普遍性,通俗地讲就是“人人都有份”。

(2)非经济性薪酬。非经济性薪酬通常是指员工由工作本身所获得的心理满足和心理收益。非经济性薪酬包括工作本身、工作环境和组织特征带来的效用三部分。

①工作本身。工作本身带来的效用包括决策的参与、工作的自主权、工作的趣味、工作的挑战性、工作的成就感、活动的多元化等。

②工作环境。工作环境带来的心理效用包括友好的同事关系、领导者的个人品质和风格、舒适的工作条件、良好的团队氛围等。

③组织特征。组织特征带来的心理效用包括组织在业界的声望和品牌、组织在产业中的地位、组织高速成长带来的机会与前景等。

之所以把这些非经济性的心理效用也计入薪酬的组成部分,是因为这些非经济性的心理效用也是影响人们进行工作选择和职业选择的重要因素,并成为企业吸引人才、保留人才的重要手段和工具。

广义的薪酬可以为雇员提供货币收益、非货币收益和非经济性收益(成就感、挑战性工作、发展机会等),虽然非经济性的报酬是总体薪酬的重要组成部分,但是在研究薪酬与薪酬管理的时候,依然将注意力集中在企业的经济型报酬的安排上,即狭义的薪酬,这也是本章所要研究和讨论的主题。

2. 狭义的薪酬

狭义的薪酬仅指经济类的报酬,也就是图 8 - 1 中直接薪酬和间接薪酬的总和。狭义的薪酬是指员工因为雇佣关系的存在而从雇主那里获得的所有各种形式的经济收入以及有形服务和福利。它作为企业支付给员工劳动回报的一部分,是劳动者应得的劳动报酬。

具体来讲,狭义的薪酬是各种具体工资、福利与服务之和。这里所讲的工资是指用人单位以工资、薪水、奖金、佣金、红利、股票等名义或形式支付给员工的间接货币薪酬部分。

(二)薪酬的相关概念

1. 工资(Wage)

与薪酬概念相近的另一个概念就是工资。多年来,人们一直认为工资就是薪酬,将两者经常混为一谈。事实上,工资与薪酬是有一定区别的。我国劳动部在《关于贯彻执行〈中华人民共和国劳动法〉若干问题的意见》中把工资定义为:劳动法中的“工资”是指用人单位依据国家有关规定或劳动合同的约定,以货币形式直接支付给本单位劳动者的劳动报酬,一般包括计时工资、计件工资、奖金、津贴和补贴、延长工作时间的工资报酬以及特殊情况下支付的工资等。工资是依据国家有关规定和合同要求,以货币形式直接支付的报酬形式,其内涵小于薪酬,工资仅是薪酬的一个组成部分。

2. 薪金(Salary)

薪金又称薪水。工资与薪金的划分,纯属习惯上的考虑,二者之间没有本质的区别。一般而言,劳心者的收入称为薪金,劳力者的收入称为工资。在实际生活中,人们一般把以日、小时等计付的劳动报酬称为工资,将按年、月计付的劳动报酬称为薪金;把脑力劳动者或者政府机关、事业单位工作人员的收入称为薪金,把企业职工的报酬称为工资。许多情况下,工资与薪金之间是可以通用的。

3. 薪资(Pay)

薪资是比工资和薪金内涵更广的一个概念,它不仅指以货币形式支付的劳动报酬,还包括以非货币形式支付的短期报酬形式,如补贴、工作津贴、物质奖励等。

4. 收入(Income)

收入并不一定等同于薪酬。个人收入除薪酬外,还可能包括非职业收入,如其他动产和不动产收入,可能具有非固定性、隐身化甚至是非法化的特点。

二、薪酬的基本形式

薪酬的基本形式主要包括以货币直接支付的工资和间接以货币支付的福利两个部分,即有基本工资、奖励工资、成就工资、津贴以及福利几种基本形式。

1. 基本工资

基本工资是以员工劳动的熟练程度、复杂程度、劳动强度、责任大小、工作环境等为依据,并考虑员工的工龄、学历、职务和技能等因素,按照员工实际完成的劳动定额、工作时间或劳动消耗而支付的劳动报酬。基本工资是劳动者在一定组织中就业就能拿到的固定数额的劳动报酬,它多以小时工资、月薪和年薪等形式出现。基础工资又分为工龄工资、技能工资和职务工资等。基本工资是员工从雇主方获得的较为稳定的货币性经济报酬,它既为员工提供了基本生活保障,又往往是其他可变薪酬计划的主要依据之一。

2. 奖励工资

奖励工资又称可变薪酬、激励薪酬或奖金,是薪酬体系中与绩效直接挂钩的部分,即工资中随着员工工作努力程度和工作绩效的变化而变化的部分。实行奖励工资时,员工经过自己努力可以从组织中拿到相应的报酬,因而使员工的劳动积极性得到激励。

奖励工资有短期和长期之分。短期奖励工资通常建立在非常具体、短期就能衡量的绩效目标基础之上,如月奖金、季奖金。长期奖励工资则把重点放在员工多年努力的成果上,旨在把员工利益与企业的长期利益“捆在一起”,鼓励员工努力实现跨年度或多年度的长期绩效目标。如股票期权就属于长期奖励。

3. 成就工资

成就工资是指当员工的工作卓有成效,为组织做出重大贡献后,组织以提高基本工资的形式付给员工的报酬。成就工资与奖励工资的相同之处在于它们都取决于员工的努力及对组织的贡献和成就。不同之处在于成就工资是对员工过去一个较长时间成就的“追认”,它通常表现为基本工资的增加,是永久性的,而奖励工资是一次性的。

4. 津贴

津贴是指根据员工的特殊劳动条件和工作特性以及特定条件下的额外生活费用而支付的劳动报酬,其作用在于鼓励员工在苦、脏、累、险等特定岗位工作。习惯上把属于生产性质的称为津贴,属于生活性质的称作补贴。津贴大体上可分为工作津贴和地区性津贴两大类。其中工作津贴主要有特殊岗位津贴、特殊劳动时间津贴、特殊职务津贴等;地区性津贴主要有艰苦偏远地区津贴和地区生活津贴。

5. 福利

福利是指企业等用人单位为改善与提高员工生活水平,增加员工生活便利度而对员工予以免费给付的经济待遇。福利主要包括员工保险、休假和服务等。福利与前面提到的奖励工资、成就工资等存在一个明显的不同点,即福利不与员工的劳动能力和贡献相关,而是一种源自员工组织成员身份的福利性报酬。从支付形式上看,传统的员工福利以非货币形式支付,但随着企业部分福利职能的社会化,一些福利也以货币形式支付,即货币化福利。

【走进管理 8-1】

朗讯科技公司独特的薪酬结构

朗讯科技公司是美国通信业巨擘。北京朗讯科技光缆公司是美国朗讯科技光缆公司在华设立的分公司之一,主要生产制造通信光缆。现该公司产品在中国国内光缆市场所占份额雄踞第二位。其成绩的取得不但有以其先进科技产品为依靠的优势因素,更有其卓越的管理制度和激励机制吸引和保留优秀人才的优势因素。该公司的薪酬机制有其独特之处。

(1)工资。工资体系共有十个级别,除十级外(副总经理级),每个级别都有A、B两个等级,而每个等级又有最高和最低工资。工资从一级到十级的差别为20多倍。工资标准不固定,而是随着所在地区薪资行情的变动而做相应修订,总体水平要比国有企业同类售货员的行情高出许多。

(2)奖金。奖金分为两种类型:一为常规半年奖、年底奖。奖金发放根据公司经济效益和对员工个人绩效评估后而定。二为非常规季节奖、随机奖。这两种奖金根据上级对员工的工作表现而定,每次获奖名额不超过员工总额的10%,奖金一般相当于员工半个月到一个月的工资水平。

(3)其他福利。公司除支付按当地政府规定的社会保险外,另外还为员工购买人身意外保险和个人财产商业保险、门诊医疗商业保险等,并且每年还在员工住房、教育、培训、疗养、旅游、工会活动等基金领域做出预算开支,供员工福利消费。

(4)股权认购和股权奖励。股权认购为每个员工可以认购公司股票100股。而股权奖励只发给不超过员工总数5%的优秀员工,具体数目不定。无论是股权认购还是股权奖励,都不用员工自己掏腰包,而是由公司将股权在名义上赠给员工,但不能出售,必须等到三年后才可出售归自己所有。

资料来源：李健．人力资源管理：理论·案例·实训[M]．北京：清华大学出版社，2017.

三、薪酬的功能

薪酬既是组织对员工贡献的回报，同时也是组织的费用支出，它代表了企业和员工的一种利益交换关系，无论是对员工来说，还是对企业来说，这种经济交换关系都是至关重要的，在这个交换关系中，单位承担的是劳动购买者的角色，员工承担的是劳动出卖者的角色，因此，薪酬的功能可以从员工和企业两个方面来理解。

（一）对员工的功能

1. 经济保障功能

薪酬是员工以自己的付出为企业创造价值而从企业获得的回报，对于大多数员工来说，薪酬是他们的主要收入来源，它对于劳动者及其家庭生活所起到的保障作用是其他任何收入保障手段所无法替代的。即使是在西方发达国家，工资差距对于员工及其家庭的生存状态和生活方式所产生的影响仍然非常大。在现代经济条件下，薪酬对于员工的保障并不仅仅体现在满足员工在吃、穿、用、住、行等方面的基本生存需要，同时还体现在满足员工娱乐、教育和自我开发等方面的发展需要。

2. 激励功能

员工对薪酬状况的感知可以影响员工的工作行为、工作态度以及工作绩效，即产生激励作用。企业员工总是期望自己获得的薪酬与同事之间具有一定程度的可比性，从而得到公平感。如果员工能够获得比其他员工更高的薪酬，就会认为是对自己能力和所从事工作价值的肯定。当员工的低层次薪酬得到满足之后，通常会产生高层次的薪酬需求，并且员工的薪酬需求往往是多层次并存的，因此，企业必须注意同时满足员工的不同层次薪酬需求。如果员工的薪酬需要得不到满足，则很可能产生工作效率低下、人际关系紧张、缺勤率和离职率上升、组织凝聚力和员工对组织的忠诚度下降等多种不良后果。

3. 社会信号功能

薪酬作为一种信号，可以很好地反映一个人在社会流动中的市场价值和社会位置，又可以反映一个人在组织内部的价值和层次。可见，员工薪酬水平的高低除了具有经济保障功能以外，还具有信号传递作用，实际上反映了员工对于自身在社会或组织内部价值的关注。

（二）对企业的功能

1. 成本控制功能

薪酬构成是企业的人工成本，过高的薪酬水平，会提高产品的成本，进而提高产品的价格，影响产品的竞争力。尽管劳动力成本在不同行业和不同企业的经营成本中所占的比重不同，但对于任何企业来说，薪酬都是一块不容忽视的成本支出。而且，企业支付的薪酬水平，直接影响到企业在劳动力市场上的竞争力，只有那些保持相对较高薪酬水平的企业，才能够吸引和保留足够多的合格员工。因此，企业为了吸引、获得和保留人才必须付出一定的代价，同时，为了提高产品市场上的竞争力又必须注意对薪酬成本的控制。

2. 改善经营绩效

由于薪酬决定了现有员工受到激励的状况，影响到他们的工作效率、缺勤率、对组织的归属感以及组织的承诺度，从而直接影响到企业的生产能力和生产效率。通过合理的薪酬设置，企业可以向员工传递企业期望的行为、态度和绩效。通过这种信号的引导，员工的工作行为和态度以及最终的绩效将会朝着企业期望的方向发展，从而改善企业经营绩效。

3. 塑造和增强企业文化

薪酬影响员工的工作行为和工作态度，一项薪酬制度可能促进企业塑造良好的文化氛围，也可能与企业现有的价值观形成冲突。薪酬的导向作用，要求企业必须建立科学合理并具有激励性的薪酬制度，从而对企业文化的塑造起到积极的促进作用。

【走进管理 8 –2】

华为薪酬管理之道

华为技术有限公司（以下简称华为）是一家以生产、销售通信设备为主的民营通信科技公司，公司于1987年在中国深圳正式注册成立。目前，华为的产品和解决方案已经应用于全球多个国家，服务全球电信运营商50强中的45家及全球三分之一的人口。2015年从整体业绩来看，华为是少数几个能在全球市场中逆市飘红的企业。

华为的成功除了得益于它的高效管理外，还得益于它的有效薪酬管理。在华为，公司进行员工薪酬水平与社会水平对比时，高级经理要去掉股票分红，基层员工要去掉加班工资之后再做薪酬激励的社会对比。同时，在薪酬设计中，华为坚信要拔高优秀员工，但必须打破"压低其他人员来突出优秀人员"的传统思维，要加大激励优秀员工的力度，同时让基层员工也获得社会可比的薪酬竞争力。因此，华为的薪酬设计不仅拉开金字塔顶端的差距，还重视金字塔的基座，以充分避免在公司内部形成两个对立的群体，使所有人都能够分享到公司未来的收益，并有利于优秀员工拿高工资。

在薪酬激励方面，华为薪酬的"获取分享制"尤为出名：华为公司创始人任正非仅持有公司1.4%的股份，而其他98.6%的股份则均由员工持有。在进行员工的货币资本所得（指员工获得虚拟受限股所带来的收益）管理时，充分考虑员工过去的劳动回报（在当时历史条件下做出的贡献，不能用今天来否定过去）；进行员工的人力资本所得（指员工获得的工资性薪酬、年度奖金和TUP等累计的总收益）管理时，则更多要看现实表现。

此外，华为的薪酬设计十分注重拉车人和坐车人的分配比例，并秉承着"拉车人比坐车人拿得多，拉车人在拉车时比不拉车时要拿得多"的原则。员工中凡是有从事第二职业、赌博行为的，道德遵从委员会一旦发现，就可以直接辞退、清退。

正因华为这种薪酬管理模式，更进一步促进了大量优秀人才的流入，这也是华为持续发展的关键所在。

资料来源：根据"任正非在公司近期激励导向和激励原则汇报会上的讲话"素材整理而成。

四、薪酬管理的内容

企业薪酬管理既是一个复杂的过程，也是一个严谨的管理系统。薪酬管理的内容主要包括确定薪酬管理目标、薪酬体系决策、薪酬水平定位、薪酬结构设计、薪酬控制与调整。薪酬管理的内容具体如图 8-2 所示。

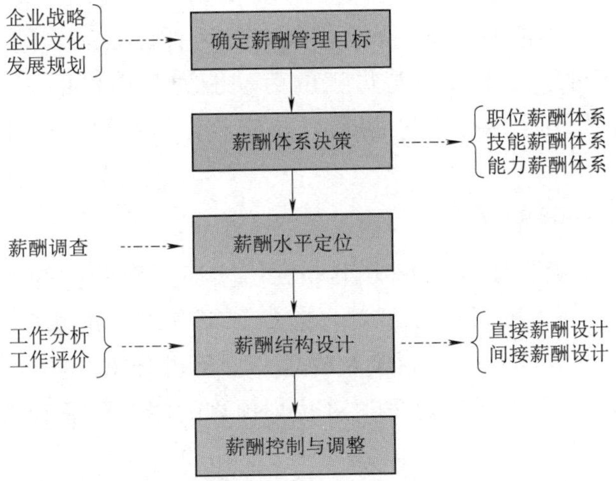

图 8-2 薪酬管理基本框架图

(一)确定薪酬管理目标

薪酬管理的目标应该根据企业战略、企业文化以及企业发展规划确定。薪酬管理的目标具体包括以下 3 个方面:建立稳定的员工队伍,吸引高素质的人才;激发员工的工作热情,创造高绩效;努力实现组织目标和员工个人发展目标的协调。

(二)薪酬体系决策

薪酬体系决策的主要任务是确定企业的基本薪酬以什么为基础。目前国际上通行的薪酬体系有三种,即基于职位的薪酬体系、基于技能的薪酬体系和基于能力的薪酬体系。所谓职位薪酬体系、技能薪酬体系和能力薪酬体系,是指企业在确定员工的基本薪酬时所依据的分别是员工所从事的工作自身的价值、员工所掌握的技能水平以及员工所具备的能力水平。三者的差别主要体现在确定薪酬的依据不同。不同的薪酬体系在确定薪酬流程中所考察的要素也不同。

(三)薪酬水平定位

薪酬水平是指企业内部各类职位以及整个企业平均薪酬水平的高低状况,它反映了企业支付薪酬的外部竞争性。传统概念上的薪酬水平关注企业整体薪酬水平,现代意义上的薪酬水平更多关注不同企业相同职位薪酬水平之间的比较,影响薪酬水平的因素主要有同行业竞争对手的薪酬水平、企业支付能力、社会生活指数等。

(四)薪酬结构设计

企业的薪酬有两种结构形式,一是纵向结构,是指与企业的职位等级序列相对应的工资等级结构,二是横向结构,指不同的薪酬要素之间的组合。人们习惯于将纵向结构称为薪酬结构,横向结构称为薪酬形式或构成。薪酬的纵向结构是指同一组织内部的不同职位所得到的薪酬之间的相互关系,它涉及薪酬的内部公平问题。在企业总体薪酬水平一定的情况下，员工对于企业内部的薪酬结构极为关注，因为它反应了企业对于职位重要性及职位价值的看法，对员工流动性和工作积极性产生重大影响，企业往往通过工作评价来确保薪酬结构的公平、合理性；薪酬形式即薪酬的横向结构，是指员工所得到的总薪酬的组成成分。在通常情况下，薪酬形式划分为直接薪酬和间接薪酬，前者主要是指直接以货币形式支付给员工并且与员工的劳动能力和提供的劳动量、贡献有关的薪酬，而后者则包括福利、有形服务等一些具有经济价值但是以非货币形式提供给员工的报酬。

（五）薪酬控制与调整

薪酬控制是指为了确保既定薪酬方案顺利落实而采取的种种相关措施。对薪酬体系运行状况进行监控，其主要目的在于对之前的预期和之后的实际状况进行对比，以便采取补救措施。薪酬预算和薪酬控制应看成是一个不可分割的整体，企业的薪酬预算需要通过薪酬控制来实现，薪酬控制过程中对薪酬预算的修改则意味着一轮新的薪酬预算的产生。

薪酬调整是保持薪酬关系动态平衡、实现组织薪酬目标的重要手段，是薪酬系统运行管理中的一项重要工作。薪酬调整包括薪酬水平的调整和薪酬结构的调整。

五、影响薪酬管理的因素

在市场经济条件下，企业的薪酬管理活动会受到内外部很多种因素的影响，为了保证薪酬管理的有效实施，必须对这些影响因素有所认识和了解。一般来说，影响企业薪酬管理各项决策的因素主要有三类：

（一）企业外部因素

1. 国家的政策法规

法律法规对于企业的行为具有强制的约束性。一般来说，它规定了企业薪酬管理的最低标准，因此企业实施薪酬管理时应当首先考虑这一因素，要在法律规定的范围内进行活动。例如，政府的最低工资立法规定了企业支付的薪酬的下限，社会保险法律规定了企业必须为员工交纳一定数额的社会保险费。

2. 物价水平

薪酬最基本的功能是保障员工的生活，因此对于员工来说更有意义的是实际薪酬水平，即货币收入与物价水平的比率。当整个社会的物价水平上涨时，为了保证员工的生活水平不变，支付给他们的名义薪酬也要相应地增加。

3. 劳动力市场状况

按照经济学的解释，薪酬就是劳动的价格，它取决于劳动供给和需求的对比关系，在企业需求一定的情况下，当劳动力市场紧张造成供给减少时，企业的薪酬水平应当提高，反之，企业就可以维持甚至降低薪酬水平。

4. 其他企业的薪酬状况

其他企业的薪酬状况对企业薪酬管理的影响是最为直接的，这是员工进行横向的公平性比较时所要参考的一个非常重要的因素。当其他企业，尤其是竞争对手的薪酬水平提高时，为了保证外部的公平性，企业也要相应地提高自己的薪酬水平，否则就会造成员工的不满意甚至流失。

（二）企业内部因素

1. 企业经营战略

薪酬管理应当服从和服务于企业的经营战略，在不同的经营战略下，企业的薪酬管理也会不同。不同经营战略下的薪酬管理要点见表 8－1。

表 8－1　不同经营战略下的薪酬管理要点

经营战略	经营重点	薪酬管理要点
成本领先战略	一流的操作水平 追求成本的有效性	重点放在与竞争对手的比较上 提高薪酬体系中激励部分的比重 强调生产率 强调制度的控制性及具体化的工作说明
创新战略	产品领袖 向创新型产品转移 缩短产品生命周期	奖励在产品和生产方法方面的创新 以市场为基准的工资 弹性/宽泛性的工作描述
客户中心战略	紧紧贴近客户 为客户提供解决问题的办法 加快营销速度	以顾客满意作为奖励的基础 由顾客进行工作或技能评价

2. 企业的发展阶段

由于企业处于不同的发展阶段时，其经营重点和面临的内外部环境是不同的，因此在不同的发展阶段，薪酬的形式也是不同的。表 8－2 对企业不同发展阶段下的薪酬管理进行了简单的比较。

表 8－2　企业不同发展阶段下的薪酬管理

企业发展阶段		开创	成长	成熟	稳定	衰退	再次创新
薪酬形式	基本薪酬	低	有竞争力	高	高	高	有竞争力
	激励薪酬	高	高	有竞争力	低	无	高
	间接薪酬	低	低	有竞争力	高	高	低

3. 企业的财务状况

企业的财务状况会对薪酬管理产生重要的影响，它是薪酬管理各项决策得以实现的物质基础。良好的财务状况，可以保证薪酬水平的竞争力和薪酬支付的及时性。

（三）员工个人因素

1. 员工所处的职位

在目前主流的薪酬管理理论中，这是决定员工个人基本薪酬以及企业薪酬结构的重要基础，也是内部公平性的重要体现。职位对员工薪酬的影响并不完全来自其级别，而主要是职位所承担的工作职责以及对员工的任职资格的要求。

2. 员工的绩效表现

员工的绩效表现是决定其激励薪酬的重要基础，在企业中，激励薪酬往往与员工的绩效联系在一起，具有正相关的关系。总的来说，员工的绩效越好，其激励薪酬就会越高。此外，员工的绩效表现还会影响其绩效加薪，进而影响基本薪酬的变化。

3. 员工的工作年限

工作年限主要有工龄和司龄两种表现形式。工龄是指员工参加工作以来的整个工作时间，司龄是指员工在本企业中的工作时间。工作年限会对员工的薪酬水平产生一定的影响，在技能工资体系下，这种影响更加明显。一般来说，工龄和司龄越长的员工，薪酬的水平相对也会高些。

六、薪酬管理的意义

（一）有助于吸引和留住优秀的员工

这是薪酬管理最为基本的作用，企业支付的薪酬是员工最主要的经济来源，是他们生存的重要保证。一项调查结果显示，在企业各类人员所关注的问题中，薪酬问题排在了最重要或次重要的位置，见表 8－3。薪酬管理的有效实施，能够给员工提供可靠的经济保障，从而有助于吸引和留住优秀的员工。

表 8－3 企业各类人员所关注的问题排序

排序	管理者	专业人员	事务人员	钟点工
1	薪酬	晋升	薪酬	薪酬
2	晋升	薪酬	晋升	稳定
3	权威	挑战性	管理	尊重
4	成就	新技术	尊重	管理
5	挑战性	管理	稳定	晋升

（二）有助于实现对员工的激励

按照心理学的解释，人们的行为都是在需要的基础上产生的，对员工进行激励就是要满足他们没有实现的需要。马斯洛的需求层次理论指出，人们存在着五个层次的需求，有效的薪酬管理能够不同程度地满足这些需要，从而可以实现对员工的激励。员工获得的薪酬，是他们生存需要满足的直接来源，没有一定的经济收入，员工不可能有安全感，也不可能有与其他人进行交往的物质基础。此外，薪酬水平的高低也是员工绩效水平的一个反映，较高的薪酬表明员工具有较好的绩效，这也可以在一定程度上满足他们尊重和自我实现的需要。

（三）有助于改善企业的绩效

从上面的分析可以看出，薪酬管理的有效实施，能够对员工产生较强的激励作用，提高他们的工作绩效，而每个员工个人绩效的改善将使企业整体的绩效得到提升。此外，薪酬管理对企业绩效的影响还表现在成本方面，对任何企业来说，薪酬都是一项非常重要的成本开支，通过有效的薪酬管理，企业可以降低总成本，这就可以扩大生产规模和利润空间，从而提升企业的经营绩效。

(四)有助于塑造良好的企业文化

良好的企业文化对于企业的正常运转具有重要作用,而有效的薪酬管理则有助于企业文化的塑造。首先,薪酬是企业文化建设的物质基础,员工的生活如果不能得到保障,企业文化的建设就是一纸空文;其次,企业的薪酬政策本身就是企业文化的一部分,如奖励的导向、公平的观念等;最后,企业的薪酬政策能够对员工的行为和态度产生引导作用,从而有助于企业文化的建设。

第二节 薪酬设计

【管理故事 8 -1】

牛肉店老板的困惑

珠江路上的"兰州牛肉面馆"改成了"山西刀削面",招牌换了但老板没变。经常来这里吃早餐的陈总有点奇怪,问老板:"为什么日进斗金的牛肉面生意不做,反而做起了利润并不丰厚的削面生意?"

"人心坏呢!"老板说,"我当时雇了个会做拉面的师傅,但在工资上总也谈不拢。"

"开始的时候,为了调动师傅的积极性按销售量提成,一碗面师傅提 5 毛。他发现自己的收入与销售量直接相关,就在碗里多放牛肉吸引客人。一碗面才卖 4 块,我本来靠的就是薄利多销,他每碗多放几片牛肉,我还赚啥啊!"

"后来看看实在不行,我就换了另一种分配方式,给他每月较高的固定工资,国家不是也高薪养廉吗! 我想这样他不至于多加牛肉了吧,销售量与他的收入没有直接关系了。"

"你猜他怎么着?"老板有点激动了,"他在碗里少放牛肉,慢慢把客人都赶走了!""这是为什么?"陈总也有些激动。

"牛肉少了,客人就不满意,回头客就少,生意肯定就清淡。他拿固定工钱,巴不得你天天没客人才清闲,那里还管你赚不赚钱呢!"

"后来我考虑固定工资与利润分成相结合的方式,但总是谈不拢。他考虑的是你一袋面进价多少钱,卖了多少钱,根本不考虑我还要投入房租、桌椅板凳这些费用。后来好说歹说他接受了这些也要考虑进成本。但是,餐饮行业过两年就要一小装(修),何况这个店我是从别人手里接过来的,转让的时候就花了 5 万多块钱。这些费用又该怎么分摊?"

一个很好的项目因为管理不善而退出市场,尽管被管理者只有一个。

资料来源:中国人力资源开发网. 经典案例故事:一碗牛肉面[EB/OL].[2016-5-10]. http://bbs.chinahrd.net/thread-748771-1-7.html.

制定科学合理的薪酬是人力资源管理的一项重要工作,必须依据一定的原则,按一定的步骤进行。

一、薪酬设计的原则

薪酬设计的目的是建立科学合理的薪酬制度,既能够吸引高素质的人才,又能保持优秀的人力资源,激励其为组织更好地工作,同时实现个人的职业目标。为达到这一目的,在薪酬设计时应始终坚持以下原则。

（一）公平原则

员工在拿到用劳动换来的薪酬后,产生两种感觉后会激励他们努力工作,一种是满足感,另一种是公平感,而且公平感会影响到满足感,会决定他们在日后的工作中所付出的努力程度和工作态度。

公平性原则主要指的是内部公平、外部公平和员工个人公平。外部公平是指公司员工所获得的薪酬必须高于或等于劳动力市场上类似岗位的市场平均薪酬水平;内部公平是指员工所获得薪酬必须正比于该岗位在企业整个岗位体系中的相对价值;个人公平是指当岗位相同时,员工所获得的薪酬要正比于各自的业绩。

（二）竞争原则

对于大多数人来说,高薪确实具有不可抵抗的诱惑力,企业在人力资源市场上提出较高的薪酬无疑会增加对人才的吸引力。在进行薪酬设计时,要根据薪酬包括的具体内容、企业的人才战略和发展阶段、确定有竞争力的薪酬体系。

（三）经济原则

薪酬设计的目的是吸引和保持组织需要的员工,在组织可以承受的范围内,设计高薪无可非议。但员工薪酬是成本的重要组成部分,应该计入人力成本投入产出比率,把人力成本控制在一个经济合理的范围内。

（四）激励原则

激励原则包括两方面的含义:第一,如果能够体现不同技能、不同知识水平、不同能力、不同绩效水平的员工在薪酬上的差异,员工可能被激励;第二,组织要了解员工的真正需要,利用薪酬的多样化组合来满足员工,达到激励的目的。

（五）战略原则

在薪酬设计过程中,要时刻注意本组织的战略目标要求,要通过薪酬设计来体现组织的长远目标和近期规划,能反映组织支持和鼓励的重点,实现组织战略和薪酬对员工激励的充分结合。

（六）合法原则

组织在设计薪酬制度时,遵循国家和地区的相关法律法规,这是最起码的要求,尤其是国家政策中一些强制性的规定,如最低工资、加班工资、劳动保护和社会保障等条款,企业必须遵守。

二、薪酬设计的流程

科学的薪酬设计需要遵循一定的流程,一个规范的薪酬设计流程包括制定薪酬原则和策略、工作分析与评价、薪酬调查、薪酬定位、薪酬结构设计、薪酬分等及定薪、薪酬方案的实施与调整七个基本环节完成,具体如图 8－3 所示。

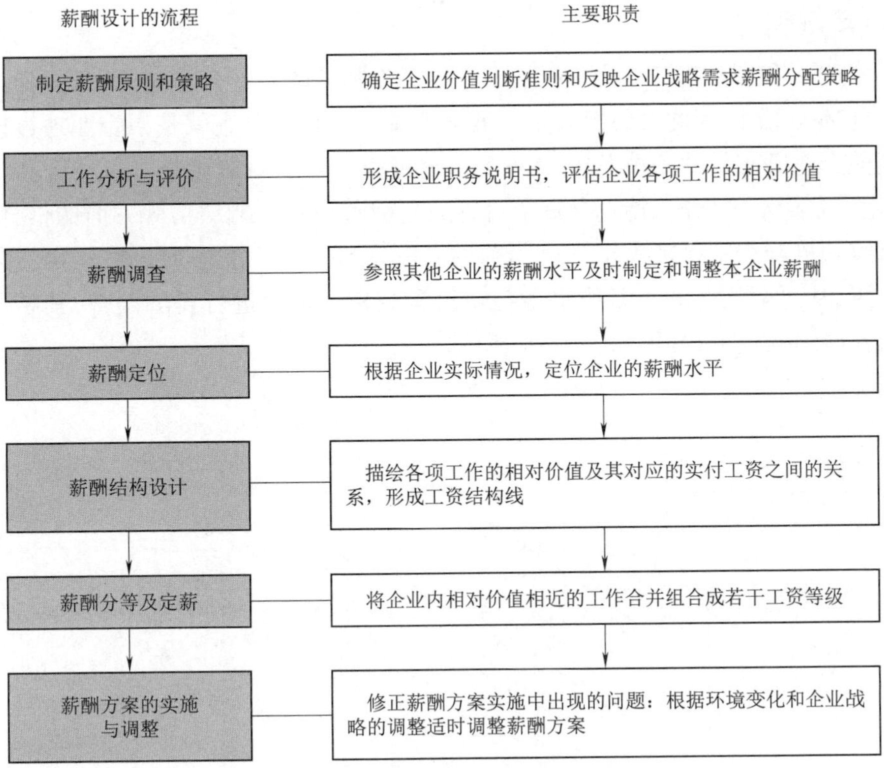

图 8－3　薪酬设计的基本流程

(一)制定薪酬原则和策略

企业薪酬策略是企业人力资源策略的重要组成部分,而企业人力资源策略是企业人力资源战略的落实,说到底是企业基本经营战略、发展战略和文化战略的落实。因此,制定企业的薪酬原则和策略要在各项战略的指导下进行,要集中反映各项战略的要求。薪酬策略作为薪酬设计的纲领性文件要对以下内容做出明确规定:对员工本性的认识,对员工总体价值的认识,对管理骨干即高级管理人才、专业技术人才和营销人才的价值估计等核心价值观;企业基本工资制度和分配原则;企业工资分配政策和策略,如工资拉开差距的分寸标准,工资、奖金、福利的分配依据及比例标准等。

(二)工作分析与评价

工作分析与评价是制定科学合理的薪酬制度的前提和依据。通过工作分析与评价,能够明确岗位的工作性质、所承担责任的大小、劳动强度的轻重、工作环境的优劣以及劳动者所应具备的工作经验、专业技能、学识、身体条件等方面的具体要求。同时,根据工作分析所采集的数据和资料,采用系统科学的方法,对组织内各个层次和职别的工作岗位的相对价值做出客观的评价,并依据岗位评价的结果,按照各个岗位价值的重要性由高至低进行排列,以此作为确定组织基本薪酬制度的依据。

工作评价的目的在于明确每个岗位的相对价值。根据对岗位系统科学的评价确定各岗位的薪酬等级,这是实现内在公平的关键一步。

（三）薪酬调查

企业要吸引和留住员工，不但要保证企业工资制度的内部公平性，而且要保证企业工资制度的外部公平性，因此要组织力量开展薪酬调查。薪酬调查就是指企业通过搜集信息来判断其他企业所支付的薪酬状况的一个系统过程。通过薪酬调查可以了解和掌握本地区、本行业的薪酬水平状况，特别是竞争对手的薪酬水平和薪酬结构等方面的信息。这样，企业就可以根据调查结果来确定自己当前的薪酬水平相对于竞争对手在既定的劳动力市场上的位置，从而调整自己的薪酬水平甚至薪酬结构。企业进行薪酬调查，其结果可以反映在市场薪酬结构线上，具体如图 8－4 所示。

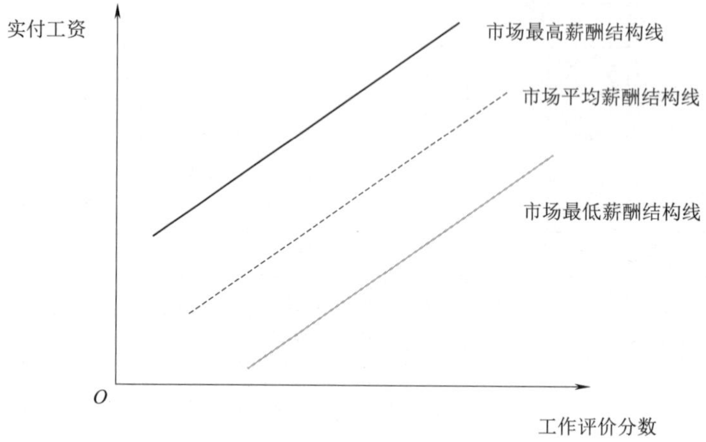

图 8－4　市场薪酬结构线

在图 8－4 中，纵轴表示实付工资，横轴是工作评价分数。图中有三条薪酬结构线，根据市场调查的结果，将市场上工资水平用直线表示，其中最上面的一条是市场的最高薪酬结构线，最下面的一条是最低薪酬结构线，中间的虚线表示市场的平均薪酬结构线。市场薪酬结构线的用途在下文中可以得到体现。

（四）薪酬定位

在分析同行业的薪酬数据后，需要做的是根据企业状况选用不同的薪酬水平。影响公司薪酬水平的因素很多。从公司外部看，国家的宏观经济、通货膨胀、行业特点和行业竞争、人才供应状况甚至外币汇率的变化，都对薪酬定位和工资增长水平有不同程度的影响。在公司内部，盈利能力和支付能力、人员的素质要求是决定薪酬水平的关键因素。同产品定位相似的是，在薪酬定位上，企业可以选择领先策略或跟随策略。

（五）薪酬结构设计

1. 薪酬结构和薪酬结构线

通过工作分析与评价，可以得到表明每一岗位在本组织的相对价值。岗位工作的完成难度越大，对组织的贡献也越大，其重要性也就越高，这也意味着它的相对价值越大。通过薪酬调查，以及组织的实际情况，可以确定本组织各级员工的薪酬水平，规划各个职级的薪酬幅度、起薪点和顶薪点等关键性指标。要将工作的相对价值转换成实际薪酬需要进行薪酬结构设计。

所谓薪酬结构是指一个企业的组织机构中各项工作的相对价值，以及其对应的实付薪酬之间保持何种关系。也就是说，根据工作评价后得到了各岗位之间的相对价值，将其转换成具体的薪酬数额，明确各岗位的相对价值与实付薪酬对应的数值关系。这种关系不是随意的，是以服从某种原则为依据，具有一定规律，通常这种关系用“薪酬结构线”来表示。它可以更直观、更清晰地显示出组织内各岗位工作的相对价值与其对应的实付薪酬之间的关系。薪酬结构线可以是线性的，也可以是非线性的。

理论上讲，工作的相对价值和实付工资之间是一种线性关系，也就是说，工作的相对价值越大，实付工资就越大，工作的相对价值越小，实付工资就越小，两者之间成正比。图 8-5 是企业薪酬结构线的示例。

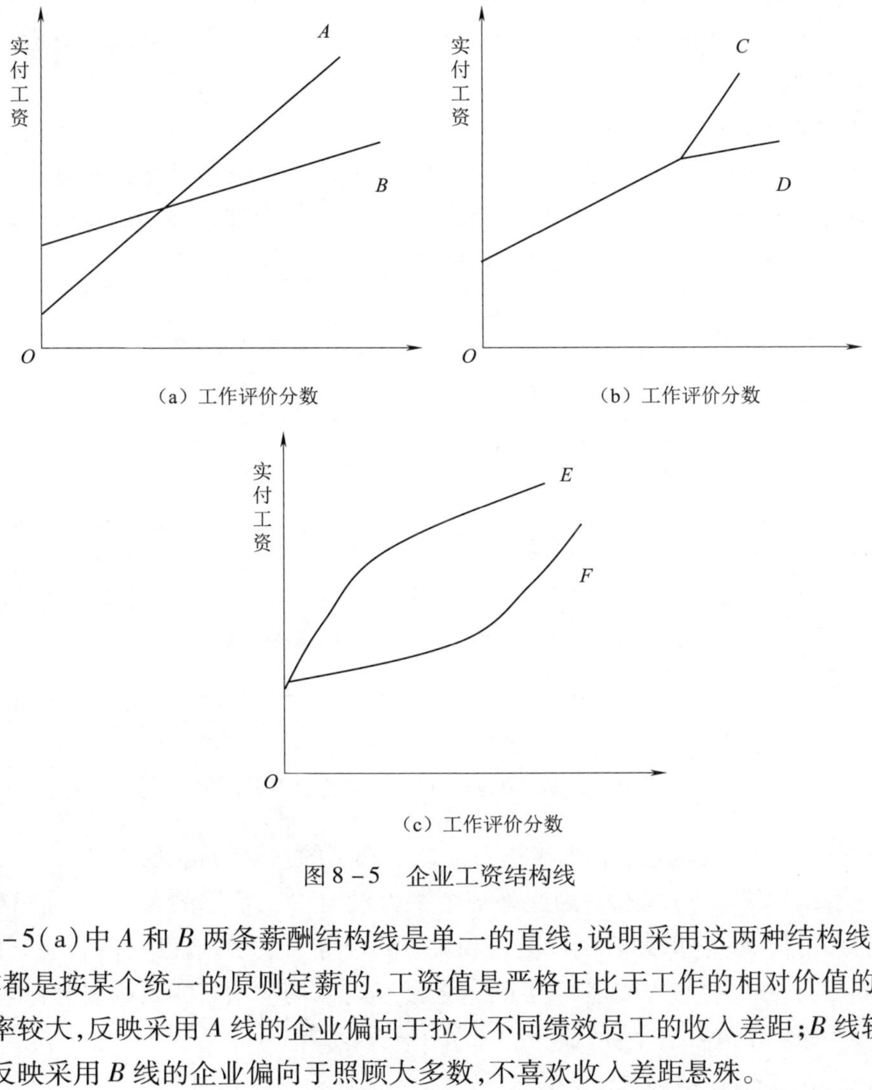

图 8-5　企业工资结构线

图 8-5(a)中 A 和 B 两条薪酬结构线是单一的直线，说明采用这两种结构线的企业中所有工作都是按某个统一的原则定薪的，工资值是严格正比于工作的相对价值的。A 线较陡直，斜率较大，反映采用 A 线的企业偏向于拉大不同绩效员工的收入差距；B 线较平缓，斜率较小，反映采用 B 线的企业偏向于照顾大多数，不喜欢收入差距悬殊。

图 8-5(b)中的 C 和 D 是两条折线，C 线后半段斜率增大，D 线后半段斜率减小。采用 C 线的企业可能是基于某一职级以上的员工为公司的骨干，对企业经营成败影响很大，是企业最宝贵的人力资源，故给予高薪以示激励；采用 D 线的企业可能是为了平息某一职级以

下员工的抱怨,因而降低该职级以上的员工的报酬。

现实生活中,企业基于种种原因,薪酬结构线往往设计成曲线形式,因而表现出非线性的特征。图8-5(c)中的E和F就是两条典型的非线性薪酬结构线,这表明工作的相对价值与付给该工作的工资值并不是按照相同的比率增长的。采用E线的企业,职务较低的员工工资增长速度较快,反映了主要是靠工资来进行激励;职务较高的员工工资增长速度相对缓慢,这反映了主要依赖于工资之外的其他方式进行激励。采用F线的企业则恰好相反,职务较低的员工工资增长速度较慢,这主要是因为职务较低的员工的供给量大,因而付给其较低的工资;职务较高的员工工资增长速度较快,该职务的员工供给量小,因而付给其相对较高的工资以增加企业对他们的吸引力。

从以上分析可以看出,薪酬结构设计是企业薪酬政策和管理价值观的集中体现,通过薪酬结构设计建立企业的薪酬体系,使每一个工作的工资都与其相对价值对应,因而充分体现了薪酬的内在公平性。

2. 薪酬结构设计的注意事项

薪酬结构设计除了考虑企业的内在公平性以外,还要考虑其外部公平性,即应该顾及市场上劳动力供求情况、人才竞争优势的保持、人力成本的合理比重、政府法律法规的制约等其他因素的影响。这一作用可从图8-6中体现出来。

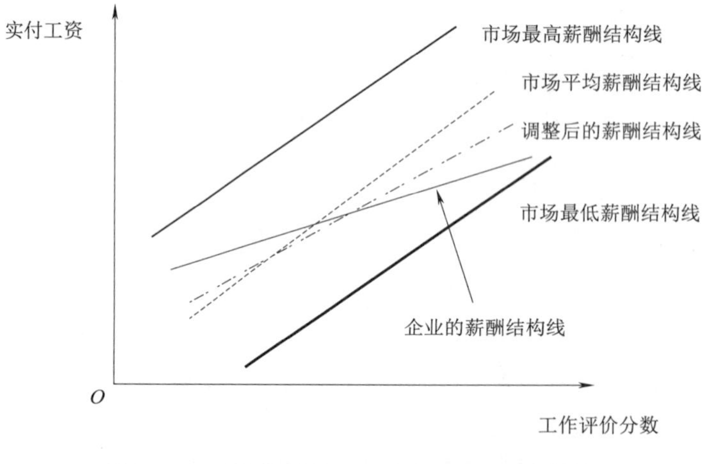

图8-6 根据薪酬调查状况调整企业工资结构

图8-6中的细实线是企业根据工作评价结果得到的薪酬结构线,由此可见,这条线与市场平均薪酬结构线相差比较大,因此外部公平性没有得到很好的贯彻,企业需要综合考虑自己的管理价值观、竞争政策、付酬实力和盈亏状况等因素后,对已有的薪酬结构线进行调整,调整后的薪酬结构线以细虚线表示,这条虚线与市场平均薪酬结构线已比较接近,说明已经充分考虑到了外部公平性。

(六)薪酬分等及定薪

薪酬结构线描绘了公司所有各项工作的相对价值及其对应的工资额,如果仅以此来开展薪酬管理,势必加大薪酬管理的难度,也没有太大的意义。因此,为了简化薪酬管理,就有必要对薪酬结构线上反映出来的薪酬关系进行分等级处理,形成薪酬等级。通过薪酬等级的划分与薪酬的确定，可具体确定每一职务具体的薪酬范围，前者决定了职级数的多少与职级划分的区间宽窄，后者确定了每个等级内薪酬变动的范围。

1. 薪酬等级类型的选择

不同的企业有不同的岗位，因此薪酬等级也不同。

(1)分层式薪酬等级类型。分层式薪酬等级类型的特点是企业包括的薪酬等级比较多，呈金字塔形排列，员工工资水平的提高是随着个人岗位级别向上发展而提高的。这种等级类型在成熟的、等级型企业中常见。

(2)宽带式薪酬等级类型。宽带式薪酬等级类型的特点是企业包括的薪酬等级少，呈扁平状，员工工资水平的提高既可以是因为个人岗位级别向上发展而提高，也可以是因横向工作调整而提高。这种等级类型在不成熟的、业务灵活性强的企业中常见。这种薪酬等级类型体现了一种新的薪酬策略，即让员工明白借助各种不同的岗位去发展自己比岗位升迁更重要，企业是对人而不是岗位提供薪酬。

宽带式薪酬，是对传统的垂直型薪酬结构的改进，本质上也是一种薪酬结构。两种薪酬结构的比较如图 8－7 所示。

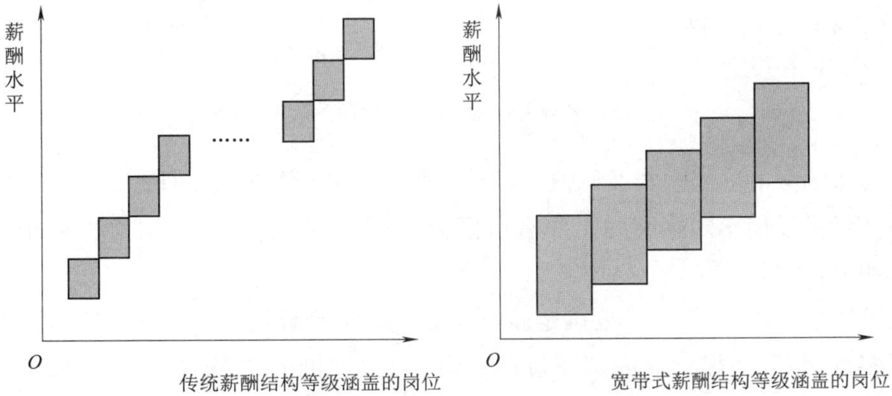

图 8－7　传统薪酬结构图与宽带式薪酬结构图的比较

由图 8－7 可以看出，宽带式薪酬结构是将企业传统的 10 个、20 个，甚至 30 个薪酬等级及其变动范围进行重新组合，压缩原有薪酬等级的数目，扩大各个薪酬等级覆盖的岗位范围，拉宽各个薪酬等级的浮动范围，从而形成一种新的薪酬管理系统。一般来说，每个薪酬等级的最高值与最低值之间的区间变动比率，即同一薪酬等级内部最高值与最低值之差与最低值之间的比率要达到 1 倍或 1 倍以上。典型的宽带薪酬结构设计，一般只有 4 个薪酬等级，每个薪酬等级的最高值与最低值之间的区间变动比率可能超过 200% 以上，而在传统的薪酬结构设计中，工资区间的变动比率通常只有 40%～50%。

企业可以将传统的多等级薪酬结构加以适当合并，形成宽带式薪酬，也可以根据岗位类别（如管理类、技术类，以及事务类等）来划分薪酬等级，形成宽带式薪酬。

2. 薪酬等级的建立

薪酬等级的建立，是指将相对价值相近的各项工作合并成一组，统一规定一个相应的工资，称为一个薪酬等级，这样企业就可以组合成若干个薪酬等级。

为了建立薪酬等级，首先需要将职位划分成不同的等级，划分的依据是职位评价的结果。每一等级中的职位，其职位评价的结果应当接近或类似。例如，在图 8－8 中，根据职位评价的结果，可以将全部职位划分成 6 个职位等级，每个职位等级对应的点值变动幅度都是 100。

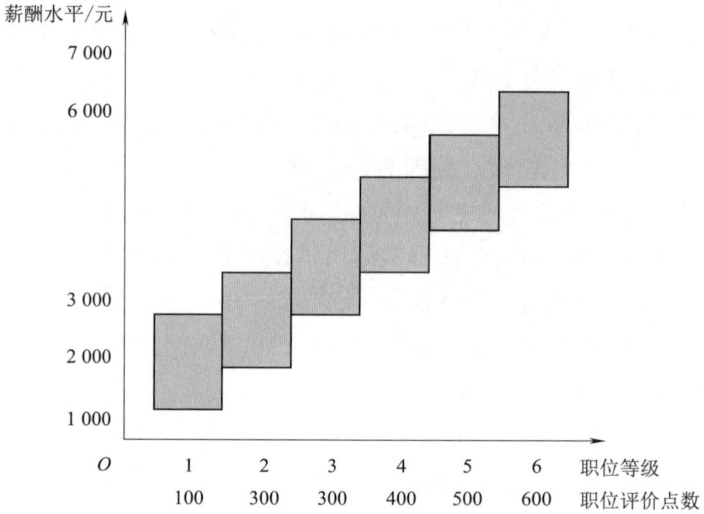

图 8－8　薪酬等级示意图

职位等级划分的区间宽窄及职位等级数量多少没有硬性规定，但是一个基本的原则是职位等级数量足以使不同难度的工作有所区分，但数量不能太大，否则会使两个相邻等级的区别不明显。

职位等级确定以后，接着就要确定薪酬等级。薪酬等级划分的区间宽窄及等级数量多少取决于多种因素，例如企业内部职位的数量、职位评价的结果、企业的薪酬政策等。目前，为了适应组织扁平化的发展趋势，缓解员工的资历与晋升之间的矛盾，强化对员工的激励，在薪酬等级数目确定上，倾向于数目减少，即薪酬等级结构的宽带化，每个等级之间的薪酬幅度拉宽，同一薪酬等级内的薪酬差距拉大。

3. 薪幅的确定

薪幅即薪酬幅度，又称薪酬区间，是指在某一薪酬等级内部允许薪酬变动的范围。薪酬幅度的确定，没有明确的要求，有的企业采用多级别、窄薪幅；而有的企业则采取少级别，宽薪幅的宽带薪酬制。

在确定每个职位等级的薪幅时，首先要确定薪酬区间的中值（中点），某一等级的薪酬区间中值是由处于该等级中间位置的职位的薪酬水平决定的，可以通过外部市场薪酬调查和内部工作评价结果确定。第二步，要确定薪酬变动比率。薪酬变动比率一般为 20%～50%，上下部分的薪酬变动比率为 10%～25%，随着宽带薪酬的引入，上、下部分的比率逐渐增加到 30%～50%。在设计薪酬等级区间时，各等级的工资变动比率不同，一般而言，等级越高，对特定职位的任职要求就越高，薪酬变动比率随之增加。表 8－4 是薪酬等级结构的示例。

表 8－4　薪酬等级结构示例

薪资等级	工作评价点值范围		月薪资浮动范围		
	最低	最高	最低	中间值	最高
1	100	150	1 740	2 170	3 610
2	150	200	2 648	3 310	3 971
3	200	250	3 555	4 444	5 333
4	250	300	4 463	5 579	6 694
5	300	350	5 370	6 713	8 056

（七）薪酬方案的实施与调整

薪酬方案出台以后，关键还在落实，在落实过程中不断地修正方案中的偏差，使薪酬方案更加合理和完善。另外，要建立薪酬管理的动态机制，根据企业经营环境的变化和企业战略的调整对薪酬方案适时地进行调整，以使其更好地发挥薪酬管理的功能。工资的调整主要有奖励性调整、生活指数调整、效益调整和工龄调整这些形式。

【管理故事 8－2】

胡雪岩以财揽人

胡光墉（1822—1880），字雪岩，徽州绩溪人，是中国近代著名红顶商人，富可敌国的晚清著名企业家、政治家。同治十三年，他筹设胡庆余堂中药店。创业伊始，胡雪岩即在营业大门楣上镌刻“是乃仁术”四个大字，大厅高悬“真不二价”金字匾额，尤能使庆余人鉴心明意的是至今仍挂在店堂内侧高 3 m、宽 0.9 m 的“戒欺”篇，其云：“凡百贸易均着不得欺字，药业关系性命尤为万不可欺……采办务真，修制务精……”寓托了胡庆余的职业道德和对质量的执着追求。而在对待员工方面，胡庆余所讲究的用人之道更为世人所称道。在悠久的历史中，胡庆余堂沉淀的丰富独特的文化，可以说是中国传统商业文化之精华，也是胡庆余堂百年老店经久不衰的法宝之一。办什么事情都要靠人，因此人才就是企业的生命线。胡雪岩深明此理，他收揽人才的方法更令人称道。他用厚利来要人才，却并不买人，而是买心，以诚相待，信则不疑，不但调动了手下人的积极性，而且使得许多人对他感恩戴德，追随一生。胡雪岩在筹办阜康钱庄之初，急需一个得力的“挡手”。经过考察，他决定让原大源钱庄的一般伙计刘庆生来担当此任。钱庄还没有开业，周转资金都没有到位，胡雪岩就决定给刘庆生一年 200 两银子的薪水，还不包括年终的“花红”。靠厚利，胡雪岩一下子就动了刘庆生的心。当他将 200 两银子的预付薪水拿出来的时候，刘庆生激动地对胡雪岩说：“胡先生，你这样子待人，说实话，我听都没有听说过。铜钱银子用得完，大家是一颗心。胡先生你吩咐好了，怎么说怎么好！”胡雪岩从一开始就让刘庆生心悦诚服了。与此同时，胡雪岩还替他考虑到家里的事情，让他把留在家乡的父母妻儿接来杭州，上可尽孝，下可尽责，解决了后顾之忧，以便倾尽全力照顾钱庄生意。一次的慷慨，便得到了一个确实有能力，也的确是忠心耿耿的帮手，阜康钱庄的具体营运，他几乎可以完全放手不管了。

胡雪岩对有功者，特设“功劳股”，这是从赢利中抽出的一份特别红利，专门奖给对胡庆余堂有贡献的人。功劳股是永久性的,一直可以拿到本人去世为止。有位叫孙永康的年轻药工就曾获得此项奖励。有一次,胡庆余堂对面一排商店失火,火势迅速蔓延,眼看无情的火焰扑向胡庆余堂门前的两块金字招牌,孙永康毫不犹豫地用一桶冷水将全身淋湿,迅速冲进火场,抢出招牌,头发、眉毛都让火烧掉了。胡雪岩闻讯,立即当众宣布了给孙永康一份"功劳股"。

同时,胡雪岩还设立了"阳俸"和"阴俸"。所谓阳俸,就像现在的退休金,发给老弱和生病无法继续工作的人。而阴俸如同现在的遗属生活补助费,是职工死后,按照工龄长短发给其家属的生活费。当然,不是人人都可以得到阳俸和阴俸,需以对胡庆余堂有过贡献为前提,含有论功行赏的意义。虽然,阳俸、阴俸成了胡庆余堂一笔不小的开支,但收到了解除员工后顾之忧、促使人们争强好胜的客观效果,由此激发的生产积极性和创造力所转化的经济效益远远超过了所支出金额。

资料来源:李健. 人力资源管理:理论·案例·实训[M]. 北京:清华大学出版社,2017.

第三节　工资制度与激励薪酬

一、工资制度

企业工资制度是关于企业定额劳动、标准报酬的制度,它是企业内部多种分配的基础,是确定和调整企业内部各类人员工资关系的主要依据,也是企业制订内部工资计划的重要参考。工资制度主要包括结构工资制、技术等级工资制、岗位等级工资制、职能等级工资制、提成工资制和谈判工资制等。

(一)结构工资制

结构工资制是指基于工资的不同功能,划分为若干个相对独立的工资单元,各单元又规定不同的结构系数,组成有质的区分和量的比例关系的工资结构。结构工资制的构成一般包括6部分:一是基础工资;二是岗位工资;三是技能工资;四是效益工资;五是浮动工资;六是年功工资。

结构工资制的优点有:一是工资结构反映劳动差别的各个要素,即与劳动结构相对应,并紧密联系成因果关系;二是各个组成部分各有各的功能,并分别计酬,可从劳动的不同侧面和角度反映劳动者贡献的大小,发挥工资的各种作用;三是有利于实行工资的分级管理,从而克服一刀切的弊病;四是能够适应各行各业的特点。同时,结构工资制也有缺点:一是合理确定和保持各工资单元比重的难度较大;二是由于工资单元多且各自独立运行,工资管理工作较复杂。

(二)技术等级工资制

技术等级工资制是根据员工的劳动复杂程度、繁重程度、精确程度和责任的大小划分出技术等级,并按等级规定出工资标准的一种工资制度。其特点主要是以劳动质量来区分劳动差别,进而依此规定工资差别。技术等级工资制由技术等级标准、薪酬等级表和工资标准三个因素组成。

（1）技术等级标准。技术等级标准是确定工人技术等级和工作物等级的依据，是用来衡量工作技术水平的。它是按不同产业、不同工种工作的复杂性、繁简性、精确性、责任大小以及工人为完成该工作所必须具备的理论知识和生产技能来制定的，它又包括应知、应会和工作实例三个部分。

（2）薪酬等级表。薪酬等级表用来确定薪酬等级数目和各等级之间的工资差别。它包括三项内容：

①薪酬等级数目。薪酬等级数目一般来说和技术等级数目是一致的，它是根据该工种技术复杂程度、工人熟练程度来规定的，凡是技术比较复杂的、熟练程度差异大的，薪酬等级数目可以规定得多一些，反之可少一些，究竟规定多少要根据每个行业各个工种的具体情况而定。

②薪酬等级系数。这是指同一等级工资额同最低等级工资额之比，即最低等级工资标准是工人获得工资的起点和基数，其他等级的工资标准就是以最低等级的工资标准为基数，乘以该级薪酬等级系数计算出来的。

③级差。级差是指相邻两级之间的工资差别。

（3）工资标准。工资标准是规定在单位时间内某等级工人的工资数额。按小时规定的工资数额称为小时工资标准，按日和月规定的分别称为日工资标准和月工资标准。确定了薪酬等级系数以后，当最低等级的工资标准确定后，就可以推算出其他等级工人的工资标准。

（三）岗位等级工资制

（1）一岗一薪制。即一个岗位只有唯一的工资标准，凡是同一岗位上的员工都执行同一工资标准。岗位工资标准由低到高的顺序排列，形成一个统一的岗位工资标准体系，它反映的只是不同岗位之间的工资差别，反映不出岗位内部的工资差别。

（2）一岗数薪制。即在一个岗位内设置好几个工资标准，以反映岗位内部不同员工之间的劳动差别。岗内级别是根据岗位内不同工作的技术复杂程度、劳动强度和责任大小等因素确定的，工作的确定有时主要对事，其次对人，即在岗位内部，对技术熟练程度较高的员工规定较高的工资标准。

（3）复合岗薪制。即每个职务内设置若干个工资标准，但不同职务的工资标准有部分等级交叉，其特点是一职数薪，同职可不同薪，标准适当交叉，不同职可同薪，不升职可加薪。

（四）职能等级工资制

按照每一职能等级内是否再细化档次，可将职能等级工资制划分为一级一薪制、一级数薪制和复合岗薪制三种形式。按照员工工资是否主要由职能工资决定，职能等级工资制可以分为以下两种形式：

（1）单一型职能工资制，即工资标准只按职能等级设置，职能等级工资几乎占到工资的全部。然而实践中，职能工资也包含年龄或工龄因素，如一级数薪制。在同一职能等级内，个人的工资级别或档次主要由工龄长短来决定。

（2）多元化职能工资制，即按职能设置的职能工资与按年龄要素或基本生活费用确定的生活工资或基础工资并列存在。如在全部工资中,职能工资占25%,生活工资占65%。一般趋势是:对于新进人员,生活工资占较大比重,职能工资的比重较小;随着工龄的增加,生活工资的比重下降,职能工资的比重上升,直到职能工资占绝大部分,严格来说,多元化的职能工资已不全部由工作能力所决定了。

(五)提成工资制

提成工资制是指企业实际销售收入减去成本开支和应缴纳的各种税费之后,剩余部分在企业和员工之间按不同比例分成。它有价值提成、除本分成、"保本开支、见利分成"等形式,实行该项制度的三要素是:第一,确定适当的提成目标;第二,确定恰当的提成方式。有全额提成和超额提成两种方式,全额提成即职工全部工资都随营业额浮动,不再有基本工资;超额提成即保留基本工资并相应规定需完成的营业额,超额部分再按照一定的比例提取工资;第三,确定合理的提成比例,有固定提成比例和分档累进的提成率两种。

(六)谈判工资制

谈判工资制是一种灵活反映企业经营状况和劳务市场供求状况并对员工的工资收入实行保密的一种制度。

员工的工资额由企业根据操作的复杂程度与员工当面谈判协商确定,其工资额的高低取决于劳务市场的供求状况和企业经营状况。当某种工种人员紧缺或企业经营状况较好时,工资额就上升,反之就下降。企业对生产需要的专业技术水平高的员工愿意支付较高的报酬。如果企业不需要该等级的专业技术员工,就可能降级使用或者支付较低的报酬。只有当企业和员工双方就工资额达成一致后,工资关系才能建立。

谈判工资制的优点是有利于减少员工之间工资上的攀比现象,减少矛盾。工资是由企业和员工共同协商确定,双方都可以接受,一般都比较满意,有利于调动员工的积极性。其缺点在于这种工资制度与劳资双方的谈判能力、人际关系等有关,弹性较大,容易出现同工不同酬。并且由于多种原因的存在,往往容易使以权谋私者从中舞弊,产生亲者工资高、疏者工资低等不合理现象。

二、个人激励薪酬

个人激励薪酬是根据员工个人的绩效为依据而支付的薪酬。

(一)计件工资

计件工资是根据员工完成合格产品的数量或者作业数量,按预定的计件单价,来核算支付劳动报酬的一种工资形式。这种薪酬形式主要适用于一线生产工人,计件制下工人不再领取固定工资,其工作报酬按下列公式计算:

$$工资数额 = 计件单价 \times 合格产品的数量$$

计件工资简单易行,但只从产品数量上反映劳动成果,对于优质产品、原材料节约、安全生产等方面的超额劳动难以全现,在使用上也有其局限性,对于个人贡献难以区分和衡量的工作,或者员工无法对其产出施加控制的工作,都不适合计件工资制。

(二)计时工资

计时工资是根据员工完成工作的时间来支付相应的薪酬。根据工资计算办法的不同,工时制又可以分为标准工时制和差别工时制。

1. 标准工时制

最基本的工时制就是标准工时制，在这种制度下，首先确定完成某项工作的标准时间，然后再确定完成这种工作任务的标准工资率，最后根据这个标准工资率来统一支付工人工资。当员工在标准时间内完成工作任务时，依然按照标准工作时间来支付薪酬，由于员工的工作时间缩短了，就相当于工资率提高了。

标准工时制类似于“任务包干”制度。其重点在于激励员工提高劳动效率，节约劳动时间。但是对企业来说，无论工人实际使用时间是多少，只要完成这项任务就按标准工时发放相应的报酬。

2. 差别工时制

差别工时制的设计思想是将节约工时与节约劳动成本结合起来，具体又包括哈尔西 50—50 奖金制和罗恩制两种形式。

（1）哈尔希 50—50 奖金制。即指通过节约工作时间而形成的收益在企业和员工之间平均分享。这种工资制首先确定某项工作的时间限额以及相应工资率，如果工人能够以低于限额的时间完成工作，节约的时间引起的成本的节约在员工和雇主之间进行五五分配。

（2）罗恩制。即指员工分享的收益根据其节约时间的比率来确定。罗恩制与哈尔希 50—50 奖金制类似，但在罗恩制下，工人获得的节余分摊比例随着工时节约比例的增加而增加。例如，某项工作的标准工时为 5 个小时，如果员工耗时 4 个小时完成工作，那么因工作时间节约而形成的收益，工人就可以分享到 20%。如果实际耗时为 3 小时，工人就可以分享到成本节余的 40% 作为奖金。

（三）佣金制

佣金制是直接按销售额的一定比例确定销售人员的报酬，它是根据业绩确定报酬的一种典型形式，主要用于销售人员的工资支付制度。佣金制分为直接佣金制、混合佣金制和超额佣金制等基本形式。最基本的一种是直接佣金制，即佣金等于销售量与佣金率的乘积。混合佣金制，即销售人员的工资是按基本薪金加佣金的组合方式支付。这两类佣金制中的佣金率，通常是以销售量或销售额为基础，也可以是基于销售增长率或既定时间内建立联系的新客户数目。超额佣金制，即销售人员必须完成一定的定额后才开始有收入，即销售人员的薪酬等于实际销售量与产品定额的差与佣金率的乘积。

（四）绩效加薪

绩效加薪是企业等用人组织出于对员工已经取得的成就和过去工作行为的认可，在其原有基本工资之外另行增加的定期支付的固定数额的现金薪酬。绩效工资实质上是员工的基本工资随着其业绩的变化而调整或增加的部分，所以也有人把它归入基本工资范畴。绩效加薪一旦确定，就会永久地增加到基本薪酬中，第二年的绩效工资会在上一年已经加过薪的基本薪酬的基础上再加薪，这样绩效工资会产生一种累积作用。

（五）一次性奖金

一次性奖金是向高绩效员工支付的一次性报酬。不应把奖金与绩效加薪混淆。绩效加薪是基于绩效的报酬，但它具有连续性，一旦确定就永久地加到基础薪酬上。一次性奖金则往往是当年有效,组织对此不承担长期义务。其优势在于,在保持绩效和薪酬挂钩的情况下,减少了因基本薪酬的累积效应所引起的固定薪酬成本的增加。

三、群体激励薪酬

与个人激励薪酬相对应,群体激励薪酬指以团队或企业的绩效为依据来支付薪酬。群体激励薪酬的好处在于它可以使员工更加关注团队和企业的整体绩效,增进团队的合作,从而更有利于整体绩效的实现。群体激励薪酬主要有以下几种形式。

(一)利润分享计划

利润分享计划是将员工的薪酬收入与企业的利润收入联系起来的一种组织奖励模式。根据这一计划,所有员工或者某些特定群体按照一个已设计好的比例分享所创造的利润,员工根据公司整体业绩获得年终奖或股票,或者以现金或延期支付的方式得到红利。

利润分享计划有两个方面优势:一是将员工的薪酬和企业的绩效联系在一起,因此可以促使员工从企业的角度去思考问题,增强员工的责任感;二是利润分享计划所支付的报酬不计入基本薪酬,这样有助于灵活地调整薪酬水平。

利润分享计划一般有三种实现形式。一是现金现付制,就是以现金的形式即时兑现员工应得到的分享利润;二是递延滚存制,就是指利润中应发给员工的部分不立即发放,而是转入员工的账户,留待将来支付,这种形式通常与企业的养老金计划结合在一起;有些企业为了降低员工的流动率,还规定如果员工的服务期限没有达到规定的年限,将无权得到或全部得到这部分薪酬;三是混合制,就是前两种形式的结合。

(二)收益分享计划

收益分享计划是企业提供的一种与员工分享因生产率提高、成本节约和质量提高等而带来的收益和绩效奖励模式。通常情况下,员工按照一个事先设计好的收益分享公式,根据本人所属部门的总体绩效改善状况获得奖金。常见的收益分享计划有斯坎伦计划与拉克计划。

1. 斯坎伦计划

斯坎伦计划是20世纪20年代中期由美国一个钢铁工厂的工会领袖约瑟夫·斯坎伦提出的一个劳资合作计划,就是以成本节约的一定比例来给员工发放奖金。它的操作步骤如下:

第一步,确定收益增加的来源,通常用生产率的提高、成本节约、次品率下降、客户投诉率下降等。将这些来源的收益增加额加总,得出收益增加总额。

第二步,提留和弥补上期亏空。收益增加总额一般不全部进行分配,如果上期存在透支,要弥补亏空;此外还要提留出一定比例的储备,得出收益增加净值。

第三步,确定员工分享收益增加净值的比重,并根据这一比重计算出员工可以分配的总额。

第四步,用可以分配的总额除以工资总额,得出分配的单价。员工的工资乘以这一单价,就可以得出该员工分享的收益增加数额。

2. 拉克计划

拉克计划在原理上与斯坎伦计划类似,但是计算的方式要复杂许多,它的基本假设是员工的工资总额保持在一个固定的水平上,然后根据公司过去几年的记录,以其中工资总额占生产价值(或净产值)的比例作为标准比例,确定奖金的数额。

(三)股票所有权计划

股票所有权计划是让员工部分地拥有公司的股票或股权的激励方式。虽然这种形式是针对员工个人来实行的,但是由于它和公司的整体绩效是紧密联系在一起的,因此把它归入群体激励薪酬中来。股票所有权计划是长期激励计划的一种主要形式。目前,常见的股票所有权计划主要有三类:现股计划、期股计划和期权计划。

1. 现股计划

现股计划就是指公司通过奖励的方式向员工直接赠与公司的股票或者参照股票当前的市场价格向员工出售公司的股票,使员工立即获得现实的股权,这种计划一般规定员工在一定时间内不能出售所持有的股票,这样股票价格的变化就会影响员工的收益。通过这种方式,可以促使员工更加关心企业的整体绩效和长远发展。

2. 期股计划

期股计划则是指公司和员工约定在未来某一时期员工要以一定的价格购买一定数量的公司股票,购买价格一般参照股票的当前价格确定,这样如果未来股票的价格上涨,员工按照约定的价格买入股票,就可以获得收益;如果未来股票的价格下跌,那么员工就会有损失。例如,员工获得了以每股 15 元的价格购买股票的权利,两年后公司股票上涨到 20 元,那么他以当初的价格买入股票,每股就可以获得 5 元的收益;相反,如果股票价格下跌到 10 元,那么他以当初的价格买入股票,每股就要损失 5 元。

3. 期权计划

期权计划与期股计划比较类似,不同之处在于公司给予员工在未来某一时期以一定价格购买一定数量公司股票的权利,但是员工到期可以行使这项权利,也可以放弃这顶权利,购股价格一般也要参照股票当前的价格确定。

【应用实例 8-1】

××公司薪酬管理制度

一、目的

为了规范薪酬管理,体现“按劳分配”和“利益、权利、责任统一”的原则,特制定本办法。

二、适用范围

本薪酬管理制度适用于××公司全体员工。

三、内容

(一)薪酬组成

薪酬总额 = 基本工资(基础工资 + 岗位工资 + 职务工资) + 技能工资 + 特批工资 + 驻外补助工资 + 工龄工资 + 绩效工资 + 奖金

(二)薪酬项目

(1)基础工资。员工入职即享有的工资,所有职位及岗位均相同。

(2)岗位工资。依据工作岗位的重要性、劳动强度、贡献大小等综合因素所核定的工资。

(3)技能工资。依据职称、从业资格证书等级、技能评比结果所设置的工资。

(4)职务工资。依据公司所聘任(用)的职务等级而规定的工资。

(5)特批工资。对于特别技能人员和特别管理人员按照批准权限而批准的工资。(见《特批工资管理办法》)。

(6)驻外补助工资。依据招聘时的特别约定而享受的驻外补贴性工资。

(7)工龄工资。依据员工在公司服务年限所核定的工资。

(8)绩效工资。依据所达成的产量、质量、设备完好率等因素所支付的工资(见《绩效工资管理办法》)。

(9)奖金:全勤、现场管理及安全奖金。

(三)薪酬标准

1. 基础工资:300元/月。

2. 岗位工资,见表8-5。

表8-5　××公司岗位工资　　单位:元

岗位	一档	二档	三档	四档	五档	六档	七档
普通操作类岗P	200	250	300	350	400	450	500
技术操作类岗J	500	650	800	1 000	1 200	1 400	1 600
管理技术类岗G	700	900	1 100	1 300	1 500	1 700	1 900

3. 技能工资,见表8-6。

表8-6　××公司技能工资　　单位:元

岗位	初级	中级	高级
技师类	200	400	800
工程类	200	400	800
经济类	200	400	800

4. 职务工资:职务工资按照公司聘任(用)行政职务划分,见表8-7。

表8-7　××公司职务工资　　单位:元

职级	班(组)长	主任(管)	部长
正职	350	450	1 200
副职	—	350	800

5. 特批工资:该工资项不列入加班工资核算(即:加班不计),但缺勤予以核减。

6. 驻外补助工资:该工资项不列入加班工资核算(即:加班不计),缺勤予以核减。

7. 工龄工资:自员工入职之日起,工龄达1年的,自达到之日起的当月,按表8-8标准执行。

表 8－8　××公司工龄工资

服务年限	月金额
不足 1 年	不享受
达 1 年不足 2 年	30 元/月
达 2 年不足 3 年	60 元/月
达 3 年不足 4 年	90 元/月
达 4 年不足 5 年	190 元/月
达 5 年及以上	290 元/月

8. 绩效工资：

(1)享有范围和标准：

①生产部，见表 8－9。

表 8－9　生产部绩效工资

数量/t	绩效单价总额/(元/吨)	产量绩效单价/元	质量绩效单价/元
0～3 600(不含)	9	5	4
3 600～4 200(不含)	10	6	4
4 200～4 600(不含)	11	6. 5	4. 5
4 600～5 000(不含)	12	7	5
5 000～5 800	14	8	6

②仓储部——××车间，见表 8－10。

表 8－10　仓储部绩效工资

	绩效单价总额/(元/吨)	产量绩效单价	质量绩效单价
2 000～3 000(含)	2. 1	1. 3	0. 8
3 000～3 500(含)	2. 2	1. 4	0. 8
3 500～4 000(含)	2. 4	1. 5	0. 9
4 000～4 500(含)	2. 8	1. 7	1. 1

③行政及非直接生产型岗，见表 8－11。

表 8－11　行政及非直接生产型岗绩效工资

岗位	一档	二档	三档	四档	五档	六档	七档
普通操作类岗 P	300	400	500	600	700	800	900
技术操作类岗 J							
管理技术类岗 G							

9. 奖金：全勤、安全及现场管理、生产奖标准如下：

(1)全勤奖：行政管理类岗 100 元/月；操作类及部分生产管理类岗 200 元/月。

(2)安全及现场管理奖：行政管理类岗 100 元/月；操作类及部分生产管理类岗 500

元/月。

（四）薪酬调整的一般规定

公司实行定期或不定期调整的方法，按需要调整工资结构和项目。

（五）薪酬支付时间

次月20日支付当月工资。遇到法定及公休日，提前至休息日的前一个工作日发放。

（六）薪酬保密

对公司高层人员及中层特聘人员施行薪酬保密制度。

（七）工作时间

见“员工各岗位班次工作时间一览表”。

四、本文件解释权

若原规定与本管理制度相抵触时均按本管理制度执行。本管理制度解释权归公司人力资源部。

资料来源：百度文库．公司薪酬架构管理制度［EB/OL］．［2016-5-10］．http://wenku.baidu.com/view/3f352a81b9d528ea81c77981.html？from=search.

第四节 福　利

一、福利的概念

福利（Benefits）是指企业为了满足劳动者的正常生活需要，向员工本人或家属提供的除工资收入、奖金之外的货币、服务、各种保障计划及实物报酬。福利是薪酬的间接组成部分，与工资和奖金不同的是，福利通常与员工个人业绩没有直接关系，也很少以现金形式表现。在现代企业中，福利在薪酬中的比重已经越来越大，对企业的发展具有许多重要的意义。

二、福利的作用

（一）吸引和保留人才

随着劳动力市场上对于人才的竞争日趋激烈，企业为了吸引优秀人才就必须在报酬上具有一定的优势。许多企业选择为员工提供有很大吸引力的福利项目，在其他条件相同的情况下，企业提供的福利会对求职者产生很大的吸引力。同时，对于企业内的员工也一样，优越的福利项目是保留、激励员工的有效手段。

（二）减少员工个人和企业的税收负担

福利相对于工资和奖金，还有一个十分重要的功能是税收减免，无论对于企业还是对于员工，福利都可以起到税收减免的作用。对于员工而言，以福利形式获得的收入往往也是无须缴纳个人收入所得税的；对企业而言，员工福利计划所受到的税收待遇往往要比货币薪酬所受到的税收待遇优惠。用来采购或举办大多数员工福利的成本是可以享受免税待遇的，这样，企业将一定的收入以福利形式而不是以现金的形式提供给员工更具有成本方面的优势。

(三)传递企业文化,培养员工忠诚感

现代企业越来越重视员工对企业文化和价值观的认同。积极的、得到员工普遍认同的企业文化,将对企业的运营效率产生十分重要的影响。而福利是体现企业的管理特色,传递企业对员工的关怀,创造一个大家庭式的工作氛围和组织环境的重要手段,因此,福利对于员工忠诚度的培养具有重要作用。

(四)改善员工的生活条件

福利能满足员工的衣食住行和孩子教育等方面的需要,减少其后顾之忧,使员工从繁重的家务劳动中解脱出来,同时,为员工提供了娱乐和学习科学文化知识的条件,从而提高了员工的生活质量。

三、福利的主要形式

在不同的企业中,福利的内容是各不相同的,存在着非常大的差异。但是,一般来说,可以将福利的项目划分为两个组成部分,一部分为国家法定福利,一部分是企业自主福利。福利的构成如图 8 –9 所示。

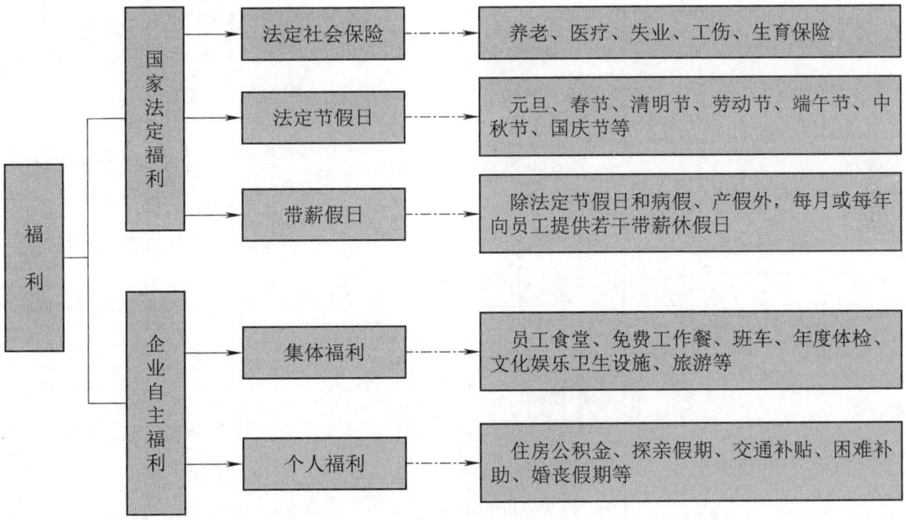

图 8 –9　福利构成图

(一)国家法定福利

国家法定福利,是根据国家的政策、法律和法规,企业必须为员工提供的各种福利,具有强制性。从我国目前的情况看,法定福利主要包括以下几项内容:

1. 法定社会保险

法定社会保险包括养老保险、医疗保险、失业保险、工伤保险和生育保险,企业必须按照员工工资的一定比例为员工缴纳保险费。例如我国《失业保险条例》第六条规定,城镇企业事业单位要按照本单位工资总额的 2% 缴纳失业保险费。

2. 公休假日和法定假日

目前,我国实行每周休息两天公休日制度,同时规定了元旦、春节、清明节、劳动节、端午节、中秋节、国庆节等为法定休息日。在公休日和法定节假日加班的员工应享受相当于基本工资双倍或三倍的津贴补助。

3. 带薪休假

带薪休假是指员工工作满一定的时期后,可以带薪休假一定的时间。我国《劳动法》第四十五条规定:"国家实行带薪年休假制度。劳动者连续工作一年以上的,享受带薪年休假。"

(二)企业自主福利

企业自主福利,是企业根据自身的管理特色和员工的内在需求,自主向员工提供的福利。比如除了法定之外的由于某种原因而为员工另外提供的各种假期、休假,为员工及其家属提供的各种服务项目(如儿童看护、老年人护理等),以及灵活多样的员工退休计划等。企业自主福利与法定福利本质上的不同之处在于:它们不具有任何的强制性,具体的项目也没有一定的标准,企业可以根据自身的情况灵活决定。表 8 - 12 是某企业自主福利项目示例。

表 8 - 12　企业自主福利项目示例

保险	医疗保健	退休
企业与员工告别费 补充失业保险 家庭事务:儿童护理、老人照顾 财政帮助	医疗保健 牙齿保健 处方用药 心理咨询 保健计划 企业的补充医疗保险	退休前咨询服务 退休员工保健计划 个人退休金账户 残疾人退休福利
人寿保险 法律诉讼保险 残疾保险 员工持股计划 财务咨询 信用合作 企业提供的轿车和支出账户 教育辅导 工作调动和搬迁帮助	社会与娱乐活动 网球场 保龄球队 公益服务奖励 提供资助的活动(体育性或社会性的活动) 自助餐 娱乐项目	假期和班上休息 午餐和工间休息 葬礼和丧亲假 家庭事假和病假

四、弹性福利

传统上,企业提供的福利都是固定的,向所有的员工提供一样的福利内容,但是员工的实际需求其实并不都完全一样,因此固定的福利模式往往无法满足员工多样化的需求,从而削弱了福利实施的效果。从 20 世纪 90 年代开始,弹性福利模式逐渐兴起,成为福利管理发展的一个趋势。

(一)弹性福利的概念

弹性福利又称自助式福利,就是员工可以从企业所提供的一系列有各种福利项目的菜单中自由选择所需的福利。弹性福利强调让员工依照自己的需求,从企业所提供的福利项目中选择组合自己的一套福利套餐,每一个员工都有自己专属的福利组合。另外,弹性福利强调员工参与的过程。实施弹性福利的企业,并不会让员工毫无限制地挑选福利措施,通常都会根据员工的薪水、年资或家庭因素来设定每一个员工所拥有的福利限额。而在福利清单上所列出的福利项目都会附一个金额,员工只能在自己的限额内认购喜欢的福利。

(二)弹性福利的类型

1. 附加型

附加型弹性福利是最普遍的一种形式。所谓附加,是指在现有的福利计划外,再提供其他不同的福利措施或扩大原有福利项目的水准,让员工自己去选择。根据薪资水准、服务年限、职务高低和家庭等因素,给每个员工发放数目不等的福利限额,员工再以分配到的限额去认购所需要的额外福利。有些企业甚至还规定,员工如果未用完自己的限额,余额可折返现金。

2. 核心加选择型

核心加选择型的弹性福利是由一个"核心福利"加上"弹性选择福利"所组成。核心福利是每个员工都可以享有的基本福利,不能自由选择,可以自由选择的福利项目全部放在弹性选择福利之中,这部分福利项目都附有价格,可以让员工选购。员工所获得的福利限额,通常是未实施弹性福利制度前所享有的福利,总值超过了其所拥有的限额,差额可以折返现金。

3. 弹性支用账户

弹性支用账户是一种比较特殊的弹性福利制度。员工每年可以从税前收入中拨出一定数额的款项作为自己的"支用账户",并以此账户去选择购买雇主所提供的各种福利措施。支出账户的金额不用缴纳所得税,不过账户的金额如未能在年度内用完,余额就归企业所有,即不可在下一年度中并用,也不能够以现金的方式发放。各种福利项目的认购款项如经确定,就不能挪用。这种福利制度可以使福利账户款项免于纳税,相当于增加净收入,所以对员工具有吸引力,但行政手续过于烦琐。

4. 福利套餐型

福利套餐型是由企业同时推出不同的福利组合,每一个组合所包含的福利项目或优惠水平都不一样,员工只能选择其中的一种。就好像餐厅中推出的各类套餐一样,食客只能选择其中一个,而不能要求更换套餐中的内容。在规划这种弹性福利时,企业可根据员工的背景(如婚姻状况、年龄、有无住宅需求等)来设计。

5. 选高择低型

选高择低型福利是指提供几种项目不等、程度不一的福利组合供员工选择,以组织现有的固定福利计划为基础,再据此规划多种不同的福利组合。这种组合的价值和原有的固定福利相比,有的高有的低。如果员工看中了一个价值较原有福利措施还高的福利组合,那么就需要从薪酬中扣除一定的金额来支付其间的差价,如果员工选择了较低的组合,则可以要求企业返还其间的差额。

【走进管理 8-3】

星巴克的“隐形福利”

星巴克已经在中国100多个城市开设了超过2 100家门店,拥有30 000名穿绿围裙的伙伴。在中国任何一家星巴克,你几乎都能品尝到一杯出品稳定的咖啡,以及感受到店员脸上的“迷之微笑”。这样高水准的服务品质,使得星巴克不仅成为咖啡饮品界的标杆,更加成为服务行业的经典。马云曾在一次演讲中提到:“星巴克员工发自内心的笑,是培训不出来的。”在一次采访中,星巴克中国人力资源副总裁余华女士道出了留人的关键——“隐形福利”。星巴克的“隐形福利”到底有哪些?

(1)咖啡师进阶计划:提供“黑围裙”咖啡大师、“棕围裙”咖啡公使等认证。

(2)伙伴识天下计划和伙伴回家计划:员工可以申请到不同地区甚至海外门店工作,或者申请回到家乡门店。

(3)年假:门店小伙伴可以享受长达20个工作日的带薪年假,另还有12天带薪病假。

(4)住房津贴计划:星巴克为全职星级咖啡师和值班主管提供每月住房津贴。

(5)咖啡豆股票:包括兼职员工在内的所有员工,每年都可以按年薪的一定比例获得期权。

(6)星享假期:连续服务超过10年的星巴克伙伴可申请享受长达12个月的无薪带福利假期。

(7)星基金:给伙伴在重要关头或急需要时提供必要的经济援助。

荣誉也是一种“福利”,星巴克设立的“黑围裙”咖啡大师、“棕围裙”咖啡公使等咖啡技能认证,虽与薪水和职务升迁无直接关联,但却有效激发了员工练习核心技艺的热情。

资料来源:餐饮界网. 星巴克的“隐形福利”,造就了50万年薪都挖不走的店长. [EB/OL]. [2017-7-17]. https://www.canyinj.com/news/3211.html. 有删改。

知识巩固训练

一、填空题

1. ________是指组织对员工所做的贡献,包括他们实现的绩效、付出的努力、时间、学识、技能和经验等所付给的相应的酬劳或回报。其实质是一种________。

2. ________是指以员工劳动熟练程度、复杂程度、责任以及劳动强度为基准而计付的劳动报酬。

3. 薪酬管理是指企业在经营战略和发展规划的指导下,综合考虑内外部各种因素的影响,确定自身的________、________和________,并进行________和________的整个过程。

4. 薪酬设计时要遵循公平原则,公平主要指的是________、________和________。

5. 结构工资制的构成一般包括6部分:一是________,二是________,三是________,四是________,五是________,六是________。

6. 常见的群体激励薪酬主要有________、________和________。

7. ________是指企业通过搜集信息来判断其他企业所支付的薪酬状况的一个系统过程。

8. ________是指一个企业的组织机构中各项工作的相对价值，以及其对应的实付薪酬之间保持何种关系。

9 弹性福利的类型有________、________、________、________、________。

10. 一般情况下，福利分类两部分，一部分为________，另一部分是________。

二、单项选择题

1. 下列不属于影响企业薪酬管理各项决策的因素的有(　　)。

A. 企业外部因素　　B. 企业内部因素

C. 员工个人因素　　D. 商品价值

2. (　　)通常是指员工由工作本身所获得的心理满足和心理收益。

A. 经济性薪酬　　B. 非经济性薪酬

C. 直接薪酬　　D. 间接薪酬

3. 下列选项中不属于可变薪酬的是(　　)。

A. 职称工资　　B. 股票期权

C. 红利　　D. 绩效工资

4. 下列选项中，(　　)属于直接薪酬。

A. 带薪休假　　B. 工作趣味

C. 奖金　　D. 医疗保险

5. (　　)是指根据员工的特殊劳动条件和工作特性以及特定条件下的额外生活费用而支付的劳动报酬。

A. 基本工资　　B. 奖励工资

C. 成就工资　　D. 津贴

6. (　　)是薪酬体系中与绩效直接挂钩的部分，即工资中随着员工工作努力程度和工作绩效的变化而变化的部分。

A. 基本工资　　B. 奖励工资

C. 成就工资　　D. 津贴

7. (　　)是指企业内部各类职位以及企业整体平均薪酬的高低状况，它反映了企业支付的薪酬的外部竞争性。

A. 薪酬水平　　B. 薪酬结构

C. 薪酬调整　　D. 薪酬控制

8. (　　)是指企业实际销售收入减去成本开支和应缴纳的各种税费之后，剩余部分在企业和员工之间按不同比例分成。

A. 结构工资制　　B. 岗位等级工资制

C. 提成工资制　　D. 谈判工资制

9. 下列选项中不属于企业自主福利的有(　　)。

A. 带薪休假　　B. 商业保险

C. 心理咨询　　D. 儿童护理

10. (　　)是根据国家的政策、法律和法规,企业必须为员工提供的各种福利。

A. 企业自主福利　　B. 国家法定福利

C. 企业弹性福利　　D. 非经济性福利

三、多项选择题

1. 薪酬的功能主要有(　　)。

A. 经济保障功能　　B. 激励功能

C. 成本控制功能　　D. 社会信号功能

E. 塑造企业文化

2. 下列选项中属于间接薪酬的是(　　)。

A. 工龄工资　　B. 医疗保险　　C. 免费午餐　　D. 股权

E. 带薪休假

3. 下列选项中属于非经济性薪酬的是(　　)。

A. 工作自主权　　B. 私人秘书

C. 动听的头衔　　D. 组织声望

E. 领导的信任

4. 影响薪酬的外部因素有(　　)。

A. 企业经营战略　　B. 企业财务状况

C. 员工所处职位　　D. 国家政策法规

E. 劳动力市场状况

5. 下列选项中属于国家法定福利的有(　　)。

A. 法定节假日　　B. 失业保险

C. 带薪休假　　D. 员工食堂

E. 年度体检

四、判断题

1. 非经济性薪酬包括直接薪酬和可变薪酬。(　　)

2. 可变薪酬与员工个人的工作和绩效并没有直接关系,往往都具有普遍性。(　　)

3. 带薪休假属于经济性薪酬。(　　)

4. 经济性薪酬往往与绩效薪酬直接挂钩,有时又称浮动薪酬或奖金。(　　)

5. 一般来说,劳心者的收入称为薪金,劳力者的收入称为工资。(　　)

6. 薪酬的内部公平是指企业的薪酬与同行业或同一地区或同等规模的不同企业中类似岗位的薪酬达到基本一致。(　　)

7. 宽带薪酬的特点是企业包括的薪酬等级少,呈扁平状。(　　)

8. 薪酬的奖励性调整是当企业效益佳、盈利多时,对全体员工工资进行的普遍调高。(　　)

9. 企业年金属于企业自主福利。(　　)

10. 津贴是员工特殊劳动的报酬,补偿给他们特殊的体力消耗、额外的劳动支出所必需的补贴。(　　)

五、思考题

1. 简述薪酬的含义及意义。
2. 薪酬管理的内容有哪些?
3. 简述薪酬设计的流程。
4. 常用的工资制度有哪些?
5. 简述福利的主要形式。

技能强化训练

【管理技能训练】

一、薪酬分配制度建立训练

思达公司是一家小型民营企业,一向是老板说了算。公司的工资政策没有明文规定,由老板根据印象决定职工的基本工资。新职工的工资每半年会有一次调整,加薪 50 元或 100 元,但有最高限制。公司对自己培养的技术工人和从外面招聘的技术工人实行两种工资:前者的工资水平低于后者。老板的解释是,前者的工资低是因为公司在培训上花了钱,外面招聘的工人公司不用再培养了。经理和个别关键职工除基本工资之外,还有奖金;其他职工只有基本工资,没有奖金。奖金数额是不变的,每个月一样多。基本工资按天计发,加班有加班工资。公司要求职工对工资保密。

这套工资制度虽适应公司前几年的发展,但最近老板发现"磨洋工"的现象越来越普遍。无奈之下,他请了一名管理顾问来帮助解决问题。管理顾问首先进行了职工满意度调查,30 人中有 20 人不满意或非常不满意公司的工资制度。经过深入调查,管理顾问发现公司的工资制度存在以下问题:

(1)每月的工作天数和每天的工作时数都超过了法律规定,法定节假日经常不放假,也没有执行政府的最低工资政策。

(2)没有考核,分配缺乏依据。

(3)工资水平偏低,对外没有竞争力。

(4)缺乏必要的精神鼓励与福利保障。

根据调查结果,管理顾问向老板建议采取以下措施:

(1)确定薪酬分配原则。为了达到吸引人才、留住人才和用好人才的目的,管理顾问建议确立合法、公平、竞争、激励和经济的薪酬分配原则。建议得到老板的采纳。

(2)制定薪酬分配方案。在管理顾问的建议和指导下,采取了以下措施:

第一,对职工进行技能考核,测定职工的技能等级。

第二,进行职务分析和职务评价,编写职务说明。

第三,进行行业薪酬水平调查(调查结果见表 8 - 13)。

第四,制定基本工资结构(见表 8 - 14)。

表 8-13　思达公司工资水平与行业水平的比较　　单位:元

岗位	行业水平	公司水平	公司水平与行业水平的比较
(1)	(2)	(3)	(4)
图纸设计	2 000 ~3 000	2 200	
电脑雕刻	1 500 ~3 000	1 700	
手工雕刻	1 300 ~2 500	1 800	
线割	1 100 ~1 700	1 200	
工模师傅	1 200 ~1 800	1 200	
工模徒弟	200 ~600	500	
普通生产工	400 ~1 500	600	
车间主任	3 000 ~4 000	2 200	
生产主管	1 500 ~2 800	1 700	
生产组长	800 ~1 000	800	
技术总监	2 000 ~4 500	5 500	
办事员	700 ~1 000	800	
厂长	2 500 ~10 000	2 000	

表 8-14　思达公司薪资结构　　单位:元

岗位	工资范围	1 级	2 级	3 级	4 级
图纸设计	2 000 ~3 000	3 000	2 500	2 200	2 000
电脑雕刻	2 000 ~4 000	4 000	3 200	2 500	2 000
手工雕刻	1 500 ~2 800	2 800	2 300	1 800	1 500
线割	1 300 ~2 500	2 500	1 800	1 500	1 300
工模师傅	1 300 ~2 500	2 500	1 800	1 500	1 300
工模徒弟	500 ~1 200	1 200	800	600	500
普通生产工	500 ~1 200	1 200	900	700	500
车间主任	3 000 ~4 500	4 500	3 800	3 300	3 000
生产主管	1 800 ~3 000	3 000	2 500	2 100	1 800
生产组长	600 ~2 000	2 000	1 200	800	600
技术总监	3 500 ~6 000	6 000	5 000	4 000	3 500
办事员	650 ~1 500	1 500	1 000	800	650
厂长	3 000 ~15 000	15 000	10 000	5 000	3 000

第五,制定薪酬分配方式。采用岗位工资、职务工资与浮动工资相结合的分配方式。一线生产职工为基本工资加计件工资;中基层管理人员为基本工资加职务工资加奖金;高层管理人员(总经理、经理和厂长)为固定工资加利润分成,工资每月发放,利润年终结算,年底财务审计后提取净利润的 15% 作为奖金。中基层管理人员的奖金和职务工资与部门考核结果挂钩,完成任务的 80%,部门主管只能领取 80% 的职务工资,没有奖金;完成 120% 的任务,发给全额职务工资和 120% 的完成任务奖。

(3)制定绩效考核方案。考核内容确定为业绩、能力和态度。经过与高层管理人员的充分讨论,确定了三项考核内容的权重。其中,业绩的权重最大,为70%,能力为20%,态度为10%。职工的努力和态度带来的收入通过基本工资体现,业绩通过奖金来体现。在充分征求职工意见的基础上,确定目标管理法为绩效考评方法,并制定了职工绩效考评指标。

(4)改进其他相关措施。通过轮休,职工的休息日由每月两天增加到每月八天;改善职工的伙食待遇;设立职工工伤看病费用报销制度;为所有职工购买社保和人身安全意外保险;在职工宿舍安装电话和电视;组织职工近郊旅游。

要求:

1. 请比较薪酬调查中思达公司与行业水平的差距,将比较结果填入表8-6(4)列中。
2. 请对思达公司的新工资结构与绩效考核方案的特点进行分析。
3. 请根据管理顾问提出的薪酬改革建议,帮助其完善并形成薪酬制度方案。

二、团队角色模拟训练:员工加薪和降薪方面的沟通与谈判

将全班分为若干组,每组由5~6名学生组成。将每组分别指定为企业人力资源部门员工组和部门普通员工组,按照各组角色不同两两组合,开展一次关于员工加薪和降薪方面的沟通与谈判。

要求:

1. 角色扮演后各组进行问题总结,并做出改进方案。
2. 有效的薪酬沟通的技巧有哪些?
3. 以小组为单位制作PPT并展示。

【案例分析】

H公司是国内一家大型民营企业,该公司虽然规模不小,业绩也还不错,但由于该公司忙于开拓市场,一直未能重视人力资源管理体系的规范化建设。正是由于这样的原因,该公司缺乏有效的薪酬管理和激励机制,严重影响了其对员工的吸引、保留和激励能力,并对公司的成长与发展带来了不少问题,其具体表现如下:

第一,该公司中下层员工的工资,主要按照其在公司中的管理层级和工作年限进行支付,但这一标准却没有能够准确地反映员工的能力和对企业的贡献,员工之间的报酬缺乏可比性。所谓"不患寡而患不均",那些能力强、对企业贡献大的员工,由于其没有得到合理的回报而产生抱怨,工作积极性受到了较大的挫折。

第二,该公司中高层经理的工资,主要是由公司的董事长(或总裁)与其进行协商来决定,但在协商的过程中却缺乏统一的标准和依据。另一方面,由于公司的业绩和规模不断增长,在创业之初进入公司的经理,其所协商的工资水平大多低于后来进入公司的空降部队。如果不对这部分新的空降部队采取高薪,企业就无法有力地吸引人才;但如果给予其高薪,就在公司的创业者和空降部队之间形成了较大的工资差距,严重引发了创业者的不满,并进一步加深了二者之间的隔阂。

第三,该公司人力资源部最近组织进行了一项管理诊断。通过问卷调查发现,薪酬分配在企业的所有管理要素中被员工评分最低,这在公司中引起了极大的振动。员工对薪酬分配的抱怨进一步加剧,他们强烈要求对薪酬分配体系进行改革。

第四,该公司一直以来主要依靠员工的工作自主性来推动工作的开展,而未将员工的报酬与其绩效考核的结果相挂钩。但随着公司的做大,那些业绩好的员工越来越多地产生不满,他们强烈要求根据业绩支付报酬,并在不同业绩的员工之间充分拉开差距。

该公司面临的薪酬管理问题,严重制约了公司的进一步发展,因此,该公司迫切需要进行薪酬分配制度方面的改革。

问题:

1. 该公司应采取哪些措施对员工的薪酬制度进行再设计、再改进?
2. 为了持续保持公司员工旺盛的斗志,应当采取哪些配套的激励措施?

能力提升训练

一、薪酬满意调查问卷设计

DS公司是一家大型零售百货公司,未来五年公司将会有近百名员工退休,为了充实管理人员队伍,公司决定每年面向社会各大高校公开招聘本科及以上学历的毕业生20名,作为公司重点培养对象(被称为"新特招大学生计划"),考核优秀者将被直接晋升为公司中层管理人员。经调查发现,实施该项计划三年来,入职员工的离职率非常高,公司也被戏称为"管理培训生的培养基地"。为此,人力资源部拟在新特招大学生中进行一次薪酬满意度调查。

要求:请你为A公司人力资源部设计一份员工薪酬满意度调查问卷。

二、奖金分配方案设计

某科研项目团队有高级工程师3名,工程师8名,助理工程师13名,近期该科研团队又提前攻克一项科研项目,为了激励该科研项目团队提前完成任务,公司决定发放一次性奖金20万元,作为奖励。

要求:请你为该科研项目团队设计出最佳的奖金分配方案。

三、薪酬管理制度设计

A公司是专业从事无公害、绿色、有机水果加工和销售一体化服务的现代化农业企业。公司拥有国际先进水平的水果检测、清洗、分选和保鲜贮藏设备,能对果品的大小、质量、颜色、糖度、成熟度等进行准确分选。

目前公司的行政人员70人、营销人员220人,生产人员100人,其他人员35人。经调查,员工对目前公司的薪酬水平、员工之间的薪酬差距不甚满意。公司的薪酬分配难以反映员工之间真正的能力差别、岗位价值差别和贡献差别。

要求:请你为该公司制定出一个合理的薪酬管理制度。

第九章 劳动关系管理

【管理名言】

资方和工人的紧密、亲切和个人的协作,是现代科学和责任管理的精髓。

——泰勒

【学习目标】

知识:

- 了解劳动关系的性质,劳动关系的表现形式,工会的性质和职能,集体合同的签订程序;
- 理解劳务关系的概念,劳动关系与劳务关系的区别,劳动法律关系的构成要素,劳动关系的类型,集体合同的概念和内容,劳动争议的概念和类型;
- 掌握劳动关系的概念,劳动合同的概念和内容,劳动合同的订立,劳动合同的解除,劳动争议的解决方式。

技能:

- 运用人力资源管理相关法律法规,并严格遵守和执行。

素质:

- 具备学习能力、分析能力与理解能力。

【开篇案例】

员工的乐园

海因茨去佛罗里达州旅行。可是他很快就回来了。

“为什么回来这么早?”

“你们也不在,一个人游玩没有意思。”

他指挥工人在工厂中央安放了一只大玻璃箱,员工们好奇地过去看,原来里面有一只巨大的短吻鳄,重达 800 磅,身长约 4.35 m,年龄为 150 岁。

"怎么样,这个家伙看起来很好玩吗?"

"好玩。"许多人都说以前从未见到过这么大的短吻鳄。

海因茨笑呵呵地说:"这个家伙是我佛罗里达之行最难忘的记忆,也令我激动万分。请大家休息的时一起来分享这份快乐吧!"

原来,这是海因茨特意为员工们买回来的。

海因茨非常善于管理企业,老板与员工之间建立融洽的劳资关系是他的经营秘诀。他身材短小,可员工们都认为他很高大,因为他十分容易让人接近,和员工打成一片。他还特善于用自己的热情来打动员工,使大家非常激动和振奋。

亨利公司的员工关系被认为是美国企业的楷模,被誉为"员工的乐园"。

资料来源:李健. 人力资源管理:理论·案例·实训[M]. 北京:清华大学出版社,2017.

正确处理与不断改善劳动关系,加强企业劳动关系管理,对保障企业与职工的互择权,实现生产要素优化配置,保障企业内各方面的正当权益,调动员工的积极性,改善企业内部劳动关系,维护安定团结都具有重要意义,企业应予以高度重视。那么,企业如何进行劳动关系管理?这正是本章所要讲述的内容。

第一节　劳动关系管理概述

劳动关系是最基本、最重要的社会关系之一。劳动关系是否稳定与协调,不仅影响到劳动者的生活水平、身心健康、个人尊严和职业发展,还会影响到经济、社会的进步、和谐与稳定。

一、劳动关系概述

(一)劳动关系的概念

劳动是人们为创造社会财富所进行的有意识、有目的的活动。在劳动过程中,人们不仅与自然界发生关系,而且人们彼此之间也必然发生一定的社会关系。人们在社会劳动过程中彼此之间发生的关系称为社会劳动关系。

劳动关系是指企业所有者、经济管理者、普通职工及其工会组织在企业的生产经营活动中形成的各种权、责、利关系。劳动关系的含义可以从广义和狭义两方面来理解。广义的劳动关系,指人们在社会劳动过程中发生的一切关系,劳动力的使用关系、劳动管理关系、劳动服务关系等。其主体由政府、劳动者及劳动者团体、用人单位及管理方构成。狭义的劳动关系仅指劳动者与用人单位在劳动过程中发生的关系。劳动关系的主体即用人单位和劳动者。

(二)劳动关系的法律特征

1. 劳动关系的主体具有特定性

劳动关系是劳动力提供者与劳动力使用者之间的社会关系,因此劳动关系的主体具有特定性,一方是劳动者(劳动力提供者),另一方是用人单位(劳动力使用者)。劳动者的劳动力与用人单位提供的生产资料相结合，完成劳动过程，是劳动关系产生的条件。

2. 劳动关系必须产生于劳动过程中

劳动关系是在劳动过程中所发生的关系，与劳动者有直接的联系。劳动过程是劳动关系产生的前提和基础，没有劳动过程，便不可能产生劳动关系。

3. 劳动关系兼具人身性与财产性

劳动关系与人身密切联系，不可分离，劳动者必须亲自劳动而不能委托其他人来完成，具有人身属性。同时，劳动关系双方通过劳动者提供劳动都可以获得各自的经济利益，一方面劳动者提供劳动的主要目的是获取劳动报酬，用人单位向劳动者支付劳动报酬成为劳动者的主要收入来源；另一方面，用人单位通过劳动者的劳动又获得了经济效益，实现了财富的增值。劳动关系又具有财产属性。

4. 劳动关系兼具平等性与隶属性

在劳动力市场，劳动者和用人单位是自主的独立主体，劳动者有自主择业权，用人单位有用人自主权，双方在平等、自愿、协商一致原则基础上订立劳动合同，具有平等性。但是劳动者一旦成为用人单位的员工，就必须服从用人单位的管理，接受用人单位的指挥，遵守用人单位制定的各项劳动规章制度，又具有隶属性。

（三）劳动关系与劳务关系的区别

劳动关系的法律特征使其与劳务关系区分开，这是实践中最容易混淆的概念。劳务关系是平等主体的公民、法人、其他组织之间，以提供劳务和支付报酬为主要内容的民事关系。二者的区别主要体现在以下几个方面：

（1）劳动关系的主体是特定的，一方是用人单位，一方是劳动者；劳务关系则无此限制。

（2）劳动关系兼具人身性和财产性、平等性和隶属性的特征，劳动者与用人单位一旦建立劳动关系，即形成管理与被管理的关系；劳务关系是相互独立的平等主体之间的财产关系，属于典型的债权关系。

（3）劳动关系注重劳动过程，报酬以工资的形式定期支付，在支付形式、期限、最低标准限度方面受法律规定的限制；劳务关系注重提供劳务的结果，报酬的数额由双方约定。

（4）因劳动关系产生的纠纷受劳动法的调整；劳务关系涉及平等主体之间的关系，属于民法的调整范围。

二、劳动法律关系的构成要素

劳动关系经劳动法律规范确认和调整，形成劳动法律关系。所谓劳动法律关系，是指劳动者与用人单位依据劳动法律规范，在实现社会劳动过程中形成的权利义务关系。它是劳动关系在法律上的表现，是劳动关系为劳动法律规范调整的结果。任何一种劳动法律关系，都是由劳动法律关系主体、劳动法律关系客体和劳动法律关系内容这三个基本要素构成的。

（一）劳动法律关系主体

劳动法律关系的主体，是指在实现社会劳动过程中依照劳动法律规范享有权利并承担义务的当事人。它是劳动法律关系的参与者，具有特定性。从狭义上来讲，劳动法律关系的主体包括双方,一方是员工及以工会为主要形式的员工团体,另一方面是管理方以及雇主协会组织。从广义上来讲,劳动关系的主体还包括政府。在劳动关系的发展过程中,政府通过立法介入和影响劳动关系,调整、监督和干预作用不断增强,因而政府也是广义的劳动关系主体。劳动法律关系的主体具体如图 9-1 所示。

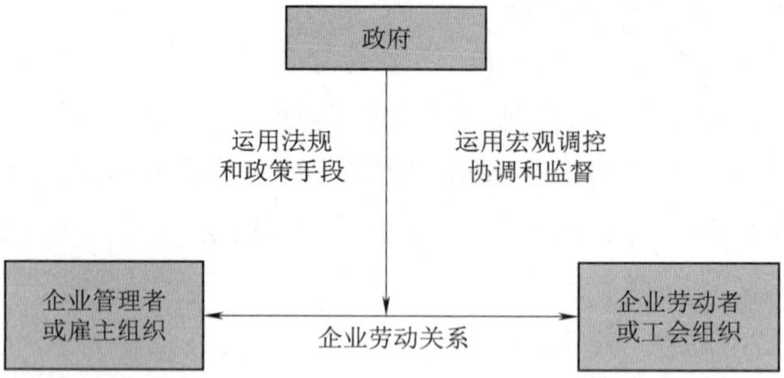

图 9-1　企业劳动关系的主体构成

(二)劳动法律关系的客体

劳动法律关系的客体,是指劳动法律关系主体双方的权利义务共同指向的对象,如劳动时间、劳动报酬、安全卫生、劳动纪律、福利保险、教育培训、劳动环境等。主体双方的权利义务必须共同指向同一对象,才能形成劳动法律关系。在我国,劳动法律关系的客体只能是劳动者的劳动行为,劳动者的人格和人身不能作为劳动法律关系的客体。

(三)劳动法律关系的内容

劳动法律关系的内容,是指劳动法律关系主体双方依法享有的权利和承担的义务。劳动法律关系主体的权利与义务具有统一性和对应性。劳动法律关系主体的权利与义务是相辅相成、密切联系的,存在于同一劳动法律关系之中,是统一、不可分割的整体。没有只享有权利而不承担义务的主体,也没有只承担义务而不享受权利的主体。劳动法律关系主体双方的权利与义务具有对应性:一方的权利是另一方的义务,一方的义务也是另一方的权利。

1. 劳动者的权利和义务

我国《劳动法》第 3 条规定,劳动者依法享有的主要权利有:劳动权、民主管理权、休息权、劳动报酬权、劳动保护权、职业培训权、社会保险、劳动争议提请处理权等。

劳动者承担的主要义务有:按质、按量完成生产任务和工作任务;学习政治、文化、科学、技术和业务知识;遵守劳动纪律和规章制度;保守国家和企业的秘密。

2. 用人单位的权利和义务

用人单位的主要权利有:依法录用、调动和辞退员工;决定企业的机构配置;任免企业的行政干部;制定工资、报酬和福利方案;依法奖惩员工。

用人单位承担的主要义务有:依法录用、分配、安排职工的工作;保障工会和职工代表大会行使其职权;按职工的劳动质量、数量支付劳动报酬;加强对职工思想、文化和业务的教育、培训;改善劳动关系;搞好劳动保护和环境保护。

三、劳动关系管理

劳动关系管理是指以促进组织经营活动的正常开展为前提,以缓和、协调组织劳动关系的冲突为基础,通过规范化、制度化的管理,使劳动关系双方(企业与员工)的行为得到规范,权益得到保障,维护稳定和谐的劳动关系,促使企业经营稳定运行。

劳动关系管理的基础领域主要有两个方面:一是促进劳动关系的合作;二是缓和、解决劳动关系的冲突。具体来说,劳动关系管理的对象主要包括五个方面:员工的罢工、怠工和抵制等,因用人单位处分、排斥或侵犯员工的权利而引发的劳动争议、仲裁、诉讼等劳动关系问题,员工参与管理问题,双方协商制度,集体谈判制度。其基本框架如图 9－2 所示。

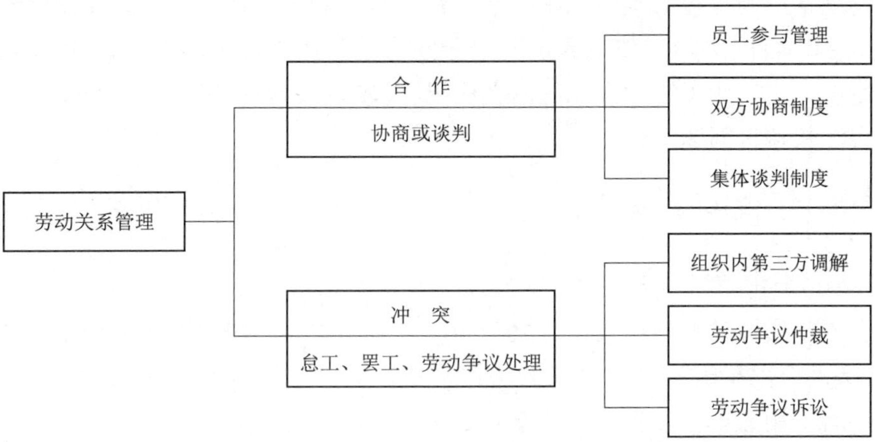

图 9－2　劳动关系管理的基本框架

资料来源:张小兵,孔凡柱. 人力资源管理[M]. 北京:机械工业出版社,2013.

【管理故事 9－1】

员工关系的"逻辑"

沃尔玛的创始人山姆·沃尔顿在他的《自传》中讲过这样一句耐人寻味的话:"公司飞速发展的真正源泉在于我们的管理者同我们的员工的良好关系,这是我们公司能够不断在竞争中获胜,甚至获得自己意料之外的成果的唯一原因。"可以预见的是,未来人力资源管理的重心将是企业员工关系的管理。

在企业内,人际关系的不和谐、不愉快,会为公司带来内耗。如原本有 100 个劳动力,可能因为人际争斗,最终只发挥出 96 个人的作用,这称为非战斗性减员。良好的员工关系可以使员工在心理上获得一种满足感,有利于提高其工作意愿和积极性,也在一定程度上保障企业战略和目标的有效执行。

21 世纪,企业与员工之间的关系需要靠新的游戏规则来确定,这种新的游戏规则就是企业与员工关系的新模式——以劳动契约和心理契约为双重纽带的战略合作伙伴关系。员工关系所包含的内容比劳资关系更加丰富,它除了保留以往的劳资谈判、协商以外,更注重员工对企业价值观的认同、对企业发展的使命感以及团队精神等。因此,我们不难发现在一些企业中出现了互动兴趣小组、员工户外活动、员工生日晚会、座谈会、企业期刊等。

这一阶段的员工关系主要着眼于满足员工的社交需要和尊重需要。

资料来源：价值中国网．员工关系的“逻辑”[EB/OL].[2016-5-10]. http://www.chinavalue.net/Management/ Article/2007-11-6/86459.html.

第二节　劳动合同

1986年，国务院发布了《国营企业实行劳动合同制暂行规定》《国营企业招用工人暂行规定》《国营企业职工待业保险暂行规定》《国营企业劳动争议处理暂行规定》，在新工人中实行了劳动合同制度；1996年，《中华人民共和国劳动法》（以下简称《劳动法》）的实施，将劳动合同制度推广到全部劳动者；2008年1月1日生效的《中华人民共和国劳动合同法》（以下简称《劳动合同法》）又将以固定期限合同为主的用工制度转变为以无固定期限合同为主用工制度。这项用工制度改革的巨大成果，比较有效地解决了劳动合同签约率低和保护劳动者合法权益等问题。

一、劳动合同的概念和特征

（一）劳动合同的概念

劳动合同是指劳动者与用人单位之间为确立劳动关系，依法协商达成的双方权利和义务的协议，劳动合同是确立劳动关系的法律形式。劳动合同与每一个劳动者息息相关，是每一个劳动者与用人单位发生劳动关系时都必须签署的协议。

我国《劳动法》规定，建立劳动关系应当订立劳动合同。根据劳动合同，劳动者加入到用人单位中去，成为用人单位的成员，在用人单位的组织指挥下从事劳动，并遵守单位内部劳动规则和其他规章制度；而用人单位必须依照劳动合同的规定支付劳动报酬，提供各种必要的劳动条件，保障劳动者依法享有的劳动保护、社会保险等合法权利。

（二）劳动合同的特征

1. 劳动合同主体的特定性

劳动合同的主体必须一方是企业、事业单位、国家机关、社会团体或个体经济组织，另一方必须是劳动者本人，只有上述双方主体签订的合同才是劳动合同。

2. 劳动合同属于双务合同

劳动合同主体既是权利主体，又是义务主体，任何一方在自己未履行义务的条件下，无权要求对方履行义务。劳动合同一经签订，劳动者有合法的权利也必须承担相应的义务，服从用人单位的领导和工作安排；同时用人单位也有权利和义务对劳动者进行管理。劳动合同主体这种职责上的隶属关系是在双方当事人权利、义务关系对等的基础上形成的。

3. 劳动合同属于法定要式合同

所谓法定要式合同是指必须具备特定的形式或履行一定手续才具有法律效力的合同，且要式合同是由法律直接规定的则是法定要式合同。根据《劳动法》和《劳动合同法》的规定，劳动合同应当以书面形式订立、劳动合同必须具备法定条款等。上述法律规定使劳动合同成为法定要式合同。

(三)劳动合同的种类

按照不同的标准,可以将劳动合同分为不同的类型。劳动合同的具体分类见表9-1。

表9-1　劳动合同的分类

分类标志	合同类型	合同特征	合同形式
合同期限	固定期限劳动合同	约定了劳动合同终止时间	书面
	无固定期限劳动合同	未约定劳动合同终止时间	书面
	以完成一定工作任务为期限的劳动合同	以完成约定工作任务为期限	书面
签约主体	个人合同	劳动者个人与用人单位签订	书面/口头
	集体合同	劳动者组织与用人单位签订	书面
	劳务派遣协议	劳务派遣单位与用人单位签订	书面
用工形式	全日制劳动合同	工作时间为每天8小时、每周40小时	书面
	非全日制劳动合同	工作时间为每天4小时、每周24小时以内	口头

1. 按照劳动合同期限分类

(1)固定期限劳动合同,即指用人单位与劳动者约定了合同终止时间的劳动合同。合同到期时,双方可以续签合同,也可以解除合同。

(2)无固定期限劳动合同,即指用人单位与劳动者约定无确定终止时间的劳动合同。其实质是给予劳动者终生保障。无固定期限劳动合同,可以由双方自愿签订,也存在法律强制签订的情形。《劳动合同法》规定,出现下列情形之一,劳动者提出或同意续订、订立劳动合同的,除劳动者提出订立固定期限劳动合同外,应当订立无固定期限劳动合同:

①劳动者在该单位连续工作满十年的;

②用人单位初次实行劳动合同制度或者国有企业改制重新订立劳动合同时,劳动者在该用人单位连续工作满十年且距法定退休年龄不足十年的;

③连续订立二次固定期限劳动合同,且没有出现《劳动合同法》第三十九条、第四十条规定的由于劳动者的原因或过错导致用人单位可以单方解除劳动合同的情形。

(3)以完成一定工作任务为期限的劳动合同,即指用人单位与劳动者约定以某项工作的完成时间为合同期限的劳动合同。例如,培训讲师完成一个周期的培训任务;专业技术人员完成某项目的研究与开发等。

2. 按照劳动合同签约主体分类

(1)个人合同,即指劳动者个人与用人单位签订的劳动合同。

(2)集体合同,即指由工会、劳动者代表与用人单位或用人单位代表签订的劳动合同。它可以是综合性的劳动合同,也可以是劳动安全卫生、女职工权益保护、工资调整机制等专项合同;它可以由单位内部的工会与用人单位签订,也可以由整个行业、区域的工会与行业、区域用人单位代表签订。集体合同的草案应提交职工代表大会或全体职工讨论通过。

(3)劳务派遣协议。即指劳务派遣单位与接受劳务派遣形式用工的单位订立的协议。协议应当约定派遣岗位、人员数量、派遣期限、劳动报酬、社会保险费数额及支付方式、违约责任等内容。

3. 按照用工形式分类

(1)全日制劳动合同,即指劳动者与用人单位约定劳动时间为每天工作 8 小时,每周工作 40 小时的劳动合同。

(2)非全日制劳动合同,即指劳动者与用人单位约定的以小时作为工作时间单位确立劳动关系的协议。非全日制用工是劳动者在同一用人单位一般平均每日工作时间不超过 4 小时,每周工作时间累计不超过 24 小时的用工形式。

二、劳动合同的内容

劳动合同的内容是指劳动者和用人单位之间确立劳动权利和义务的具体规定,具体表现为合同条款。根据《劳动法》的相关规定,劳动合同应当以书面形式订立,劳动合同的条款分为两类:一类是法定条款,另一类是约定条款。

(一)法定条款

劳动合同的法定条款又称必备条款,是指法律规定的劳动合同必须具备的内容。缺少法定条款,劳动合同就不能成立。《劳动法》规定劳动合同应当具备以下条款:

1. 劳动合同期限

劳动合同期限是指劳动合同的有效时间,是劳动关系双方当事人行使权力和履行义务的时间。《劳动法》规定:"劳动合同的期限分为有固定期限、无固定期限和以完成一定工作为期限。员工在同一个单位连续工作满十年以上,当事人双方同意续延劳动合同的,如果员工提出订立无固定期限的劳动合同,应当订立无固定期限的劳动合同。"

【走进管理 9-1】

无固定期限劳动合同不等于"铁饭碗"

案例——伤好了不去上班,被解除劳动合同

2013 年 10 月,某建筑公司与陈某签订无固定期限劳动合同。2014 年 4 月,陈某在该公司承建的一工地工作时不慎受伤,后治愈出院。同年 7 月,劳动能力鉴定委员会鉴定陈某未达到劳动功能障碍程度(即未达到伤残等级)。陈某对鉴定结论表示异议,并向公司提出休养 1 月再上班的请求,公司表示同意。

休假结束后,公司多次以书面形式通知陈某上班,否则按旷工处理,陈某以伤势未愈为由拒绝上班。其间,陈某没有向公司请假。两周后,公司将该情况通知工会后,以陈某无故旷工,严重违反公司规章制度为由,作出单方解除劳动合同的处理决定,并出具了解除劳动合同的证明。

陈某认为双方订立的是无固定期限劳动合同,公司不能单方解除劳动合同,希望公司继续履行劳动合同,遂申请劳动争议仲裁,劳动争议仲裁机构驳回了陈某的请求。

律师说法——违反管理规定,解除劳动合同

无固定期限劳动合同不是"不能解除"的劳动合同,在符合法定条件时,用人单位或劳动者都享有单方解除劳动合同的权利。根据《劳动合同法》第三十八条规定，当用人单位有“未按照劳动合同约定提供劳动保护或者劳动条件”“未及时足额支付劳动报酬”或“未依法为劳动者缴纳社会保险费”等情形时，劳动者有权解除无固定期限劳动合同；根据该法第三十九条规定，当劳动者存在严重违反用人单位的规章制度或严重失职，营私舞弊，给用人单位造成重大损害等情形时，用人单位有权解除无固定期限劳动合同。

陈某虽然受了工伤，但在痊愈后无故不回公司上班，也不办理请假手续，其行为严重违反公司的规章制度，公司解除劳动合同的行为合法，劳动争议仲裁机构的裁决符合法律规定。

律师提醒——无固定期限劳动关系不是“铁饭碗”

由于缺乏对无固定期限劳动合同的正确认识，有些劳动者认为无固定期限劳动合同一经签订就不能解除，误把无固定期限劳动关系当成“铁饭碗”，有的用人单位则将它视为“包袱”，这都是不正确的。只要出现了法律规定的情形或者双方约定的情形，无固定期限劳动合同与固定期限劳动合同一样，是能够解除的。

资料来源：忠州新闻网．你知道吗？无固定期限劳动合同不等于“铁饭碗”[EB/OL]．[2016-5-10]．http://www.zzxw.net/2015/0528/14888.shtml.

2. 工作内容

工作内容是指劳动者为用人单位提供的劳动，是劳动者应履行的主要义务。劳动者被录用到用人单位后，应在什么岗位上担任何种工作或职务，工作上应该达到什么样的要求等，都应在劳动合同中加以明确。劳动者只有按合同约定完成了工作任务后，才能享有劳动合同规定的劳动报酬。

3. 劳动保护和劳动条件

劳动保护和劳动条件是指劳动者在工作中所应享受的基本生产、工作条件。为了保护劳动者在劳动过程中的安全、卫生以及其他劳动条件，用人单位应该根据国家有关法律、法规，积极采取各项劳动保护措施，提供劳动者能正常生产或工作所需要的基本条件，严格遵守国家规定的作息时间，遵守国家关于劳动安全与卫生方面的相关规定，保证劳动者能在安全的环境下工作。

4. 劳动报酬

劳动报酬是指用人单位应该向劳动者支付的工资收入等。劳动报酬的主要支付形式是工资，此外还有津贴、奖金等。在劳动合同中应明确工资的数额，工资发放的日期、形式、获得奖金、津贴的条件等。

5. 劳动纪律

劳动纪律是指人们在劳动过程中必须遵守的劳动规则和工作秩序。企业制定的规章制度，只要合法、公示、走民主程序，就具备约束力。

6. 劳动合同终止的条件

劳动合同的终止是指劳动合同期限届满或者劳动合同履行中发生某些特定情况，使劳动合同双方当事人的权利和义务自行终止。劳动合同终止的条件可以由当事人双方约定，也有法律、行政法规规定的合同终止的条件。一般而言，订立劳动合同时，合同终止的条件应作为合同内容之一加以规定。

7. 违反劳动合同的责任

违反劳动合同的责任是指在劳动合同条款中规定，劳动合同的当事人一方故意或过失违反劳动合同，导致劳动合同不能履行或不能完全履行时所应承担的责任。劳动合同一经订立后，对用人单位和劳动者都有约束力，任何一方都必须遵循合同的规定，如有违反劳动合同的，根据权利义务相一致的原则，要求违约方承担相应的违约责任。

（二）约定条款

约定条款即劳动合同当事人在法定条款之外，根据具体情况，经协商可以约定的条款。缺乏约定条款，并不影响劳动合同的效力。

1. 试用期条款

试用期是用人单位和劳动者为相互了解、选择而约定的一定期限的考察期，在试用期间，双方的劳动关系处于不确定的状态。我国《劳动法》对合同双方当事人是否要约定试用期作选择性规定。《劳动法》第二十一条规定："劳动合同可以约定试用期。试用期最长不得超过六个月。"

另外，我国《劳动合同法》明确规定：试用期包含在劳动合同期限内，劳动合同仅约定试用期的，试用期不成立，该期限为劳动合同期限；同一用人单位与同一劳动者只能约定一次试用期；劳动合同期限三个月以上不满一年的，试用期不得超过一个月；劳动合同期限一年以上不满三年的，试用期不得超过两个月；三年以上固定期限和无固定期限的劳动合同，试用期不得超过六个月；劳动者在试用期的工资不得低于本单位相同岗位最低档工资或者劳动合同约定工资的百分之八十，并不得低于用人单位所在地的最低工资标准；用人单位违法约定试用期已经履行的，由用人单位以劳动者试用期满月工资为标准，按已经履行的超过法定试用期的期间向劳动者支付赔偿金。

2. 培训条款

用人单位为劳动者提供专项培训费用，对其进行专业技术培训的，可以与该劳动者订立协议，约定服务期。

3. 保守商业秘密条款

我国《劳动法》第二十二条规定："劳动合同当事人可以在劳动合同中约定保守用人单位商业秘密的有关事项。"商业秘密是指不为公众所知悉，能为权利人带来经济利益，具有实用性并经权利人采取保密措施的技术信息和经营信息。用人单位与掌握商业秘密的职工在劳动合同中约定保守商业秘密有关条款事项时，可以约定在劳动合同终止前或该职工提出解除劳动合同后的一定时间内（不超过六个月），调整其工作岗位，变更劳动合同中相关内容。

4. 竞业限制条款

竞业限制条款是用人单位用来保护商业秘密的重要手段。我国立法表明，用人单位可以在劳动合同中约定或者由用人单位规定掌握商业秘密的职工在终止或解除劳动合同后的一定期限内（不超过三年），不得到与原用人单位生产同类产品或经营同类业务且有竞争关系的其他用人单位任职，也不得自己生产或经营与原用人单位有竞争关系的同类产品或同类业务，但用人单位应当给予职工一定数额的经济补偿。

5. 违约金和赔偿金条款

违约金和赔偿金条款即约定不履行劳动合同而应支付违约金或赔偿金的合同条款，它包括对违约金或赔偿金的支付条件、项目、范围和数额等内容的约定。鉴于实践中劳动者在用人单位出资培训后违约的现象比较突出，我国劳动和社会保障部规定，可以在劳动合同中就用人单位为劳动者支付培训费用和劳动者违约时赔偿培训费用做出约定，但约定的赔偿标准不得违反国家有关规定。

除以上约定条款以外，劳动合同当事人还可以就双方的具体情况进行其他方面的约定。但是，约定条款不得违反法律、法规的规定。

【应用实例9－1】

劳动合同书样本（节选）

甲方（用人单位）　　　　乙方（劳动者）

单位名称：　　　　姓名：

法定代表人姓名：

或委托代理人：　　　　身份证号码：

甲方（盖章）　　　　乙方（签字）

年　月　日　　　　年　月　日

根据《中华人民共和国劳动法》，经甲乙双方平等协商同意，自愿签订本合同，共同遵守本合同所列条款。

一、劳动合同期限

第一条　本合同期限为________年。本合同生效日期______年__月__日，终止日期______年__月__日，其中试用期________。

二、工作内容和义务

第二条　乙方同意根据甲方工作需要，担任岗位工作。甲方可依照有关规定，经与乙方协商，对乙方的工作职务和岗位进行调整。

第三条　乙方应按照甲方的要求，按时完成规定的工作数量，达到规定的质量标准，并履行下列义务：

……

三、劳动保护和劳动条件

第四条　甲乙双方执行国家劳动安全卫生法律、法规、规程和标准。甲方负责对乙方进行政治思想、职业道德、业务技术、劳动安全卫生及有关规章制度的教育和培训。

第五条　乙方在劳动过程中应严格遵守操作规程。对甲方违章指挥、强令冒险作业，有权拒绝执行。

四、劳动报酬

第六条　甲方的工资分配应遵循按劳分配原则，实行同工同酬。

第七条　在法定工作时间内，乙方完成规定的工作任务，甲方应以货币形式按月支付乙方工资。

第八条　甲方安排乙方加班或延长工作时间的，按《劳动法》第四十四条和国家有关规定支付工资报酬。

五、保险福利待遇

第九条　甲乙双方都必须执行国家有关社会保险和福利的规定。

第十条　甲方努力创造条件，改善集体福利，提高乙方的福利待遇。

六、劳动纪律

第十一条　乙方应遵守甲方依法规定的规章制度、劳动纪律，服从安排，保质保量完成各项任务。

第十二条　因乙方违章作业造成甲方财产损失，按甲方有关制度予以赔偿或处理，对自己或他人造成人生伤害，按甲方有关制度处理。

七、劳动合同的变更、解除、终止、续订

第十三条　订立本合同所依据的法律、行政法规、规章发生变化，本合同应变更相关内容。

第十四条　订立本合同所依据的客观情况发生重大变化，致使本合同无法履行的，经双方协商同意，可以变更本合同相关的内容。

……

第十七条　乙方有下列情形之一，甲方可以解除本合同：

1. 在试用期间，被证明不符合录用条件的；

……

第二十一条　有下列情形之一，乙方可以随时通知甲方解除本合同。

1. 在试用期内的；

……

第二十二条　本合同期限届满，劳动关系即终止。甲乙双方经协商同意，可以续订劳动合同。双方当事人应当在本合同期满前______天向对方表示续订意向。

第二十三条　订立无固定期限劳动合同的，乙方达到法定退休年龄或甲乙双方约定的其他终止条件出现，本合同终止。

……

八、其他

第三十四条　本合同未尽事宜，按国家、当地人民政府有关规定执行。

第三十五条　本合同一式两份，甲乙双方各执一份。合同自签订之日起生效，具有同等法律效力。

甲方（盖章）　　　　　　法定代表人（签章）或委托代理人

乙方（盖章）

签订日期：　　年　　月　　日

三、劳动合同的订立和变更

（一）劳动合同的订立

1. 劳动合同订立的含义

劳动合同的订立，是指劳动者与用人单位之间为建立劳动关系，依法就双方的权利义务协商一致，设立劳动合同关系的法律行为。

2. 劳动合同订立的原则

(1)平等自愿原则。平等自愿原则是指劳动者和用人单位在法律上处于平等地位,平等地决定是否签订劳动合同,决定合同的内容。任何一方都可以拒绝与对方签订合同,任何一方不得强迫对方与自己签订合同。当事人地位的平等性,要求双方订立劳动合同时不得享有任何特权,只能出于其内心意愿。

(2)协商一致的原则。协商一致原则要求当事人双方就劳动合同主要条款必须达成一致意见,只有这样劳动合同才能成立。也就是说,关于劳动合同的内容,任何一方不得自己擅自修改合同,有弄虚作假的欺骗行为,否则合同无效。

(3)符合法律原则。符合法律原则是指劳动合同的订立不得违反法律法规的规定。这里所说的法律法规,既包括现行法律法规,也包括以后颁布实行的法律法规;既包括劳动法律法规,也包括民事经济方面的法律法规。这是劳动合同受到法律保护的基本条件,也是把劳动关系纳入法制轨道的根本途径。

(二)劳动合同的变更

劳动合同依法签订后,其内容条款立即生效,当事人不得擅自变更,如果当事人都愿意调整合同条款,可以按照法定程序进行合同变更。

1. 劳动合同变更的含义

劳动合同变更,是指当事人双方对依法成立、尚未履行或尚未完全履行的劳动合同条款所作的修改或增减。劳动合同的变更,只限于劳动合同条款内容的变更,不包括当事人的变更。

2. 劳动合同变更的条件

劳动合同依法订立后,当事人双方必须全面履行合同规定的义务,任何一方不得擅自变更劳动合同。但是,在履行劳动合同的过程中,由于主、客观情况发生变化,也可以变更劳动合同。根据劳动法律、法规的有关规定和劳动合同的实践,允许变更劳动合同的条件是:

第一,订立劳动合同时所依据的法律、法规已经修改或废止。

第二,企业经有关部门批准转产、调整生产任务,或者由于上级主管机关决定改变单位的工作任务。

第三,企业严重亏损或发生自然灾害,确实无法履行劳动合同规定的义务。

第四,当事人双方协商同意。

第五,法律允许的其他情况。

在劳动合同没有变更的情况下,用人单位不得安排职工从事合同规定以外的工作,但下列情况除外:

第一,发生事故或灾害,需要及时抢修或救灾。

第二,因工作需要而临时调动工作。

第三,发生短期停工。

第四,单位行政依法任命、调动职工工作。

第五,法律允许的其他情况。

四、劳动合同的解除

劳动合同的解除，是指当事人双方提前终止劳动合同的法律效力，解除双方的权利义务关系。劳动合同解除与劳动合同的订立或变更不同。订立或变更劳动合同是当事人双方的法律行为，必须经双方协商一致才能成立。劳动合同的解除可以是双方的法律行为，也可以是单方的法律行为，即可以由当事人双方协商一致而解除劳动合同，也可以由当事人一方提出解除劳动合同。一般包括法定解除和协商解除两种情况。劳动合同解除的情况比较复杂，具体如图9－3所示。

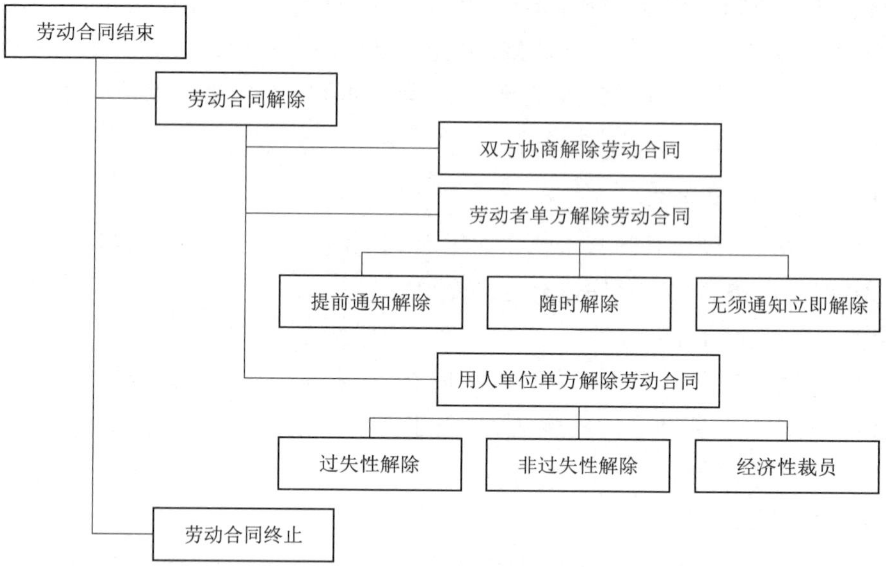

图9－3　劳动合同解除示意图

（一）双方协商解除劳动合同

《劳动法》第二十四条和《劳动合同法》第三十六条规定，用人单位与劳动者协商一致，可以解除劳动合同。当事人双方协商解除劳动合同必须符合下列条件：一是双方自愿；二是平等协商；三是不得损害一方利益。

（二）用人单位单方解除劳动合同

用人单位单方解除劳动合同，又称为辞退或解雇。根据我国《劳动法》，用人单位解除劳动合同分为以下三种情况：

1. 过错性辞退

过错性辞退即劳动者一方当事人存在主观过错行为，用人单位有权解除劳动合同，而无须征得他人意见，也不必履行特别程序，更不存在经济补偿问题。《劳动合同法》第三十九条规定，劳动者有下列情形之一的，用人单位可以解除劳动合同。

第一，在试用期间被证明不符合录用条件的；

第二，严重违反用人单位的规章制度的；

第三，严重失职，营私舞弊，给用人单位造成重大损害的；

第四,劳动者同时与其他用人单位建立劳动关系,对完成本单位的工作任务造成严重影响,或者经用人单位提出,拒不改正的;

第五,因本法第二十六条第一款第一项规定的情形致使劳动合同无效的;

第六,被依法追究刑事责任的。

2. 非过错性辞退

非过错性辞退即用人单位有权解除劳动合同,但必须提前30日以书面形式通知劳动者本人。我国《劳动合同法》第四十条规定,劳动者有下列情形之一的,用人单位提前三十日以书面形式通知劳动者本人或者额外支付一个月工资后,可以解除劳动合同。

第一,劳动者患病或者非因工负伤,在规定的医疗期满后不能从事原工作,也不能从事由用人单位另行安排的工作的;

第二,劳动者不能胜任工作,经过培训或者调整工作岗位,仍不能胜任工作的;

第三,劳动合同订立时所依据的客观情况发生重大变化,致使劳动合同无法履行,经用人单位与劳动者协商,未能就变更劳动合同内容达成协议的。

上述三种情况并非劳动者过错所致,但用人单位可以从组织角度解除合同。在这种情况下,劳动者的生存条件可由社会保障制度予以解决,如失业保险和残病保险等。

3. 经济性裁员

我国《劳动法》第二十七条规定:"用人单位濒临破产进行法定整顿期间或者生产经营状况发生严重困难,确需裁减人员的,应当提前30日向工会或者全体职工说明情况,听取工会或者职工的意见,经向劳动行政部门报告后,可以裁减人员。"但是,用人单位从裁减人员之日起,6个月内需要新招人员的,必须优先从本单位裁减的人员中录用。

用人单位依据《劳动法》因双方协商、非过错性辞退和经济性裁员而解除劳动合同的,应依法给予劳动者经济补偿。

(三)用人单位不得解除劳动合同

《劳动合同法》第四十二条规定,劳动者有下列情形之一的,用人单位不得依照本法第四十条、第四十一条的规定解除劳动合同。

第一,从事接触职业病危害作业的劳动者未进行离岗前职业健康检查,或者疑似职业病病人在诊断或者医学观察期间的;

第二,在本单位患职业病或者因工负伤并确认丧失或者部分丧失劳动能力的;

第三,患病或者非因工负伤,在规定的医疗期内的;

第四,女职工在孕期、产期、哺乳期的;

第五,在本单位连续工作满十五年,且距离法定退休年龄不足五年的;

第六,法律、法规规定的其他情形。

(四)劳动者单方面解除劳动合同

《劳动合同法》第三十七条规定:"劳动者提前三十日以书面形式通知用人单位,可以解除劳动合同。劳动者在试用期内提前三日通知用人单位,可以解除劳动合同"。由此可见,劳动法律保护劳动者辞职的权利,同时规定了劳动者提前通知的义务。同时《劳动合同法》第三十八条规定了劳动者可以随时解除劳动合同的情形。

第一,未按照劳动合同约定提供劳动保护或者劳动条件的;

第二,未及时足额支付劳动报酬的;

第三,未依法为劳动者缴纳社会保险费的;

第四,用人单位的规章制度违反法律、法规的规定,损害劳动者权益的;

第五,因本法第二十六条第一款规定的情形致使劳动合同无效的;

第六,法律、法规规定劳动者可以解除劳动合同的其他情形。

用人单位以暴力、威胁或者非法限制人身自由的手段强迫劳动者劳动的,或者用人单位违章指挥、强令冒险作业危及劳动者人身安全的,劳动者可以立即解除劳动合同,不需事先告知用人单位。

表 9-2 和表 9-3 是企业解除劳动合同通知书和解除劳动合同证明书的示例。

表 9-2 企业解除劳动合同通知书示例

解除劳动合同通知书

________:

我们双方于________年________月________日签订的劳动合同,因________________________________原因而无法继续履行,现根据《劳动法》和《劳动合同法》的规定,决定从________年________月________日起与你(单位)解除劳动合同,并根据规定发给你经济补偿金________元。

请你于________年________月________日前到________部门办理解除劳动合同手续。

特此通知。

单位(签名或盖章)

年 月 日

表 9-3 企业解除劳动合同证明书示例

解除(终止)劳动合同证明书(第 号)

兹有________同志(劳动合同期:________年________月________日至________年________月________日)在我单位________岗位工作,工作年限________年,现因以下第________项原因:

1. 用人单位停业	8. 用人单位按《劳动合同法》第四十条规定解除
2. 劳动者死亡或失踪	9. 用人单位按《劳动合同法》第三十九条规定解除
3. 劳动者开始享受养老保险待遇	10. 劳动者试用期内解除
4. 用人单位裁员	11. 协商一致解除(个人原因)
5. 劳动者按《劳动合同法》第三十八条规定解除	12. 协商一致解除(单位原因)
6. 劳动者单方解除	13. 劳动合同期满
7. 用人单位破产和生产经营严重困难	14. 法律、行政法规规定的其他情形

根据________________有关规定,决定从________年________月________日解除(终止)劳动关系。并在接到此证明之日起 15 日内办理档案和社会保险转移手续。

特此证明。

法人代表签名: 单位盖章:

年 月 日

(五)劳动合同解除的经济补偿

1. 劳动合同解除经济补偿的含义

劳动合同解除的经济补偿是指用人单位在协议解除劳动合同或者非过错性辞退、经济性裁员情况下,依法向劳动者支付一定数额的经济补偿,以帮助劳动者解决生活困难。实行解除劳动合同经济补偿制度,是为了使劳动者在被解除劳动合同之后、寻找到新的工作之前,维持其基本生活开支的保障,使患病者有能力继续医治疾病。

2. 劳动合同解除的经济补偿办法

经济补偿一般包括两方面:一是生活补助费;二是医疗补助费。其具体补偿办法如下:

(1)经双方当事人协商一致、由用人单位解除劳动合同的,用人单位应根据劳动者在本单位劳动年限,每满1年发给相当于1个月工资的经济补偿金,最多不超过12个月。工作时间不满1年的按1年的标准发给经济补偿金。

(2)劳动者患病或者非因工负伤,经劳动鉴定委员会确认不能从事原工作,也不能从事用人单位另行安排的工作而解除劳动合同的,用人单位应根据劳动者在本单位劳动年限,每满1年发给相当于1个月工资的经济补偿金,同时还应发给不低于6个月工资的医疗补助费;患重病或绝症的,还应增加医疗补助费。患重病的增加部分不低于医疗补助费的50%;患绝症的增加部分不低于医疗补助费的100%。

(3)劳动者不能胜任工作,经过培训或者调整工作岗位仍不能胜任工作,由用人单位解除劳动合同的,用人单位应按其在本单位工作的年限,工作时间每满1年发给相当于1个月的经济补偿金,最多不超过12个月。

(4)劳动合同订立时所依据的客观情况发生重大变化,致使原劳动合同无法履行,经当事人协商不能就变更劳动合同达成协议,由用人单位解除劳动合同的,用人单位按劳动者在本单位工作年限、工作时间每满1年发给相当于1个月工资的经济补偿金。

(5)用人单位濒临破产进行法定整顿期间,或者生产经营状况发生严重困难,必须裁减人员的,由用人单位按被裁减人员在本单位工作的年限支付经济补偿金,在本单位工作的时间每满1年发给相当于1个月工资的经济补偿金。6个月以上不满一年的,按1年计算;不满6个月的,向劳动者支付半个月工资的经济补偿。劳动者月工资高于用人单位所在直辖市、社区的市级人民政府公布的本地区上年度职工月平均工资3倍的,向其支付经济补偿的标准按职工月平均工资3倍的数额支付,向其支付经济补偿的年限最高不超过12年。

上述经济补偿金的工资计算标准,是按企业正常生产情况下劳动者解除合同前12个月的月平均工资。除双方协商,劳动者不能胜任工作解除劳动合同者外,劳动者的月平均工资低于企业月平均工资的,按企业月平均工资的标准支付。用人单位解除劳动合同后,未按规定给予劳动者经济补偿的,除足额发给经济补偿金外,还必须按该经济补偿金数额的50%支付额外经济补偿。

企业解除劳动合同或终止劳动合同,具体需要支付的赔偿金情况,见表9-4和表9-5。

表 9－4　解除劳动合同赔偿情况表

解除形式		条件	期限	经济补偿金
协商解除	单位提出	不论何种类型的劳动合同，也不需要任何条件，都可以协商解除	无要求	需要支付
	员工提出		无要求	无须支付
单位解除的情形	即时通知解除劳动合同（过失性解除劳动合同）	试用期内不符合录用条件	随时	无须支付
		严重违纪	随时	无须支付
		造成重大损害	随时	无须支付
		兼职，对本职工作有严重影响或经提出拒不改正的	随时	无须支付
		以欺诈，威迫的手段或者乘人之危订立劳动合同	随时	无须支付
		被追究刑事责任	随时	无须支付
	预告通知解除劳动合同（非过失性解除劳动合同）	患病或因工负伤医疗期满不能从事原工作，也不能从事另行安排的工作	提前30天或支付1个月工资	需要支付
		不能胜任工作，经培训或调岗后仍无法胜任的	提前30天或支付1个月工资	需要支付
		劳动合同无法履行且无法达成变更劳动合同协议的	提前30天或支付1个月工资	需要支付
	经济性裁员	破产；经营困难；转产，重大技术革新或者经营方式调整；客观情况发生重大变化	履行法定程序后可以裁员	需要支付
员工解除的情形	提前30天通知解除	不论何种类型的劳动合同，也不需要任何条件，劳动者都可以提前30天通知解除劳动合同	提前30天通知	需要支付
	提前3天通知解除	在试用期内	提前3天通知	需要支付
	随时通知解除	未提供约定的劳动保护和条件	随时通知	需要支付
		未按时足额支付劳动报酬	随时通知	需要支付
		未缴纳社会保险金	随时通知	需要支付
		规章制度违法损害劳动者利益	随时通知	需要支付
		以欺诈、胁迫手段或乘人之危订立劳动合同的	随时通知	需要支付
		法律法规规定的其他情况	随时通知	需要支付
	无须通知立即解除	暴力等手段强迫劳动	立即解除	无须通知
		违规违章强令冒险作业	立即解除	无须通知

表 9-5　终止劳动合同赔偿情况表

终止形式	条件及期限	经济补偿金
劳动合同终止	劳动合同期满的	有条件支付
	劳动者享受基本养老保险待遇的	无须支付
	劳动者死亡,被法院宣告死亡或失踪的	无须支付
	单位被宣告破产	需要支付
	单位被吊销营业执照,责令关闭,撤销或者用人单位决定提前解散的	需要支付
不得解除或需逾期终止的情形	法律法规规定的其他情形	无须支付
	从事接触职业病危害作业的劳动者未进行离岗前职业健康检查,或者疑似职业病病人在诊断或观察期间	
	患职业病或者因负工伤并被确认丧失或者部分丧失劳动能力的	
	患病或者负伤,在规定的医疗期内的	
	女职工在孕期、产期、哺乳期的	
	在本单位连续工作满 15 年的,且距法定退休年龄不足 5 年的	

【走进管理 9-2】

末位淘汰解除劳动合同违法

2005 年 7 月,王鹏进入中兴通讯(杭州)有限责任公司(以下简称中兴通讯)工作,劳动合同约定王鹏从事销售工作,基本工资每月 3 840 元。该公司的《员工绩效管理办法》规定:员工半年、年度绩效考核分别为 S,A,C1,C2 四个等级,分别代表优秀,良好,价值观不符、业绩待改进;S,A,C(C1,C2)等级的比例分别为 20%,70%,10%;不胜任工作原则上考核为 C2。王鹏原在该公司分销科从事销售工作,2009 年 1 月后因分销科解散等原因,转岗至华东区从事销售工作。2008 年下半年、2009 年上半年及 2010 年下半年,王鹏的考核结果均为 C2。中兴通讯认为,王鹏不能胜任工作,经转岗后,仍不能胜任工作,故在支付部分经济补偿金的情况下解除了劳动合同。

2011 年 7 月 27 日,王鹏提起劳动仲裁。同年 10 月 8 日,仲裁委作出裁决:中兴通讯支付王鹏违法解除劳动合同的赔偿金余额 36 596.28 元。中兴通讯认为其不存在违法解除劳动合同的行为,故于同年 11 月 1 日诉至法院,请求判令不予支付解除劳动合同赔偿金余额。浙江省杭州市滨江区人民法院于 2011 年 12 月 6 日判决中兴通讯(杭州)有限责任公司于本判决生效之日起 15 日内一次性支付被告王鹏违法解除劳动合同的赔偿金余额 36 596.28 元。

劳动者在用人单位等级考核中居于末位等次,不等同于"不能胜任工作",不符合单方解除劳动合同的法定条件,用人单位不能据此单方解除劳动合同。中兴通讯以王鹏不胜任工作,经转岗后仍不胜任工作为由,解除劳动合同,对此应负举证责任。根据《员工绩效管理办法》的规定,"C(C1,C2)考核等级的比例为 10%",虽然王鹏曾经考核结果为 C2,但是 C2 等级并不完全等同于"不能胜任工作",中兴通讯仅凭该限定考核等级比例的考核结果,不能证明劳动者不能胜任工作,不符合据此单方解除劳动合同的法定条件。虽然 2009 年 1 月王鹏从分销科转岗,但是转岗前后均从事销售工作,并存在分销科解散导致王鹏转岗这一根本原因，故不能证明王鹏系因不能胜任工作而转岗。因此，中兴通讯主张王鹏不胜任工作，经转岗后仍然不胜任工作的依据不足，存在违法解除劳动合同的情形，应当依法向王鹏支付经济补偿标准2倍的赔偿金。

资料来源：最高人民法院公报指导案例：末位淘汰解除合同违法. http://chuansong. me/n/1070751.

五、劳动合同的续订和终止

（一）劳动合同的续订

1. 劳动合同续订的含义

劳动合同的续订是指有固定期限的劳动合同到期，双方当事人就劳动合同的有效期限进行商谈，经平等协商一致而延续劳动合同期限的法律行为。

2. 劳动合同续订的法律规定

根据现行的劳动法律法规，劳动合同的续订主要规定有以下几方面：

（1）续订劳动合同不得约定试用期。《劳动合同法》第十九条规定，同一用人单位与同一劳动者只能约定一次试用期。

（2）如果劳动者在同一用人单位工作满十年，双方同意延续劳动合同的，劳动者提出订立无固定期限劳动合同的，用人单位应当与之订立无固定期限的劳动合同。

（3）期限届满既未终止又未续订，劳动者与用人单位仍存在劳动关系的，视为延续劳动合同。用人单位应与劳动者续订劳动合同。当事人就延续劳动合同的期限达不成一致意见的，其期限不得少于一年，或者按原条件履行。

在实际操作中，用人单位一般在劳动合同期满前30天向劳动者发出续订劳动合同通知书，劳动者应在规定的时间给予答复。

表9－6是企业与员工签订劳动合同续订书的示例。

表9－6　企业劳动合同续订书示例

劳动合同续订书　　　　№： 甲方（用人单位）名称： 地址： 乙方（劳动者）姓名：　　　　　　身份证号码： 经甲乙双方协商一致，同意续签______年______月______日双方签订的劳动合同（№：　　　　）。 续签合同期限从________年______月______日至________年______月______日止。甲乙双方协商一致，同意对原劳动合同内容作如下变更，并同意补充如下事项： 原劳动合同未变更部分的内容，双方仍继续遵照执行。 本劳动合同续签书一式两份，双方各执一份，与劳动合同具有同等法律效力，自双方签字之日起生效。 甲方（公章）：　　　　　　乙方（签字或指印）： 委托代理人（签字或盖章）： 签字日期：　年　月　日　　　　签字日期：　年　月　日

(二)劳动合同的终止

《劳动合同法》第四十四条规定,有下列情形之一的,劳动合同终止。

第一,劳动合同期满的;

第二,劳动者开始依法享有基本养老保险待遇的;

第三,劳动者死亡,或者被人民法院宣告死亡或者宣告失踪的;

第四,用人单位被依法宣告破产的;

第五,用人单位被吊销营业执照、责令关闭、撤销或者用人单位决定提前解散的;

第六,法律、法规规定的其他情形。

《劳动合同法》第四十五条规定,劳动合同期满,有本法第四十二条规定情形之一的,劳动合同应当延续至相应的情形消失时终止。但是,第四十二条第二项规定丧失或者部分丧失劳动能力劳动者的劳动合同的终止,按照国家有关工伤保险的规定执行。

表 9 - 7 是终止劳动合同通知书示例。

表 9 - 7 终止劳动合同通知书示例

终止劳动合同通知书第(　　)号
本通知送达单位:　　　　劳动合同当事人姓名:
您于________年______月起就职于本公司,目前的工作岗位是________。
现因下列第________项情形,本公司决定于________年______月______日与您终止劳动合同:
1. 劳动合同期满;
2. 您已经开始依法享受基本养老保险;
3. 您已达到法定退休年龄;
4. 公司被依法宣告破产;
5. 公司被吊销营业执照、责令关门、撤销或者公司决定提前解散;
6. 法律、行政法规规定的其他情形。
请您于________年______月______日前到您所在的单位(给予)办理离职交接手续。
特此通知。
联系电话:　　　　联系人:
公司名称(公章)
年　　月　　日

六、劳动合同管理

劳动合同的日常管理包括两项主要工作,即劳动合同鉴证制度和劳动合同履行情况检查制度。

(一)劳动合同鉴证制度

劳动合同鉴证是指劳动行政机关对劳动合同的签订、变更程序及其内容的合法性、真实性、完备性、可行性进行全面审查、核实、确认的法律行为。

在我国,鉴证是对劳动合同确立的劳动关系合法性的证明,是国家对劳动合同实施有效管理的一种办法。目前,我国除针对私营企业签订劳动合同规定必须鉴证外,对其他劳动关系尚未作出必须鉴证的规定,一般采取自愿原则。但为了保证劳动合同的合法有效,劳动合同签订后,应当到当地劳动行政机关办理鉴证劳动合同的手续。

(二)劳动合同履行情况检查制度

劳动合同履行情况的检查制度包括三个方面,即经常性检查、定期检查和总结性检查。检查制度一般应根据劳动合同管理机关的职责有重点地进行。企业劳动合同的管理机构和工会组织要建立经常性的劳动合同检查制度,从而及时发现和解决合同履行过程中产生的问题,提高合同履约率,避免发生劳动合同的纠纷,并及时向主管部门报告检查和处理的结果。

七、集体合同

(一)集体合同的概念

根据我国《劳动法》《集体合同规定》《劳动合同法》的规定,集体合同是指工会代表劳动者与企业之间就劳动报酬、工作时间、休息休假、劳动安全卫生、保险福利等事项订立的协议。

(二)集体合同的特征

1. 主体具有特定性

集体合同的主体一方为工会或者职工代表,另一方为用人单位。从我国现行的劳动法律法规看,只有企业中的职工团体才能与企业集体协商、签订集体合同。国家机关、社会团体等用人单位中订立劳动合同的职工团体不能签订集体合同。

2. 目的具有特定性

集体合同订立的目的就是规范当事人之间具体的劳动关系,从而协调企业内部劳动关系的运作。

3. 特殊的双务合同

集体合同当事人之间互相承担一定的义务和职责,用人单位一方违背了义务,责任人要承担相应的法律责任;而工会一方若违背了义务,一般不承担法律责任和经济责任,只承担道义和政治责任。

(三)集体合同的内容

集体合同的内容主要包括以下四部分:

1. 劳动条件标准部分

劳动条件标准部分包括报酬、工作时间、保险福利等。在集体合同中处于核心地位,不得低于法律法规规定的最低标准。

2. 一般性履行规则

一般性履行规则包括录用、劳动合同变更续订、辞职辞退、有效期限、条款的解释、变更、解除和终止等项。

3. 过渡性规定

过渡性规定主要包括集体合同监督检查、争议处理、违约责任。

4. 其他规定

如规定建成某项劳动安全卫生保护工程或设施,建设、改善或完成某些福利设施等。

(四)集体合同的形式和期限

根据《集体合同规定》的规定，集体合同为法定要式合同，应当以书面形式订立，口头形式的集体合同不具有法律效力。

集体合同的形式可分为主件和附件。主件是综合性集体合同，其内容涵盖劳动关系的各个方面。附件是专项集体合同，是就劳动关系的某一特定方面的事项签订的专项协议。现阶段，我国法定集体合同的附件主要是工资协议：专门就工资事项签订的集体合同。国家劳动和社会保障部《工资集体协商试行办法》规定，企业依法开展工资集体协商，签订工资协议；已订立集体合同的，工资协议作为集体合同的附件，并与集体合同具有同等效力。

集体合同均为定期集体合同，我国劳动立法规定集体合同的期限为 1 ~ 3 年。

第三节 劳动争议及处理

劳动争议是现实中较为常见的纠纷，企业用工的过程中，如果劳动争议而未能很好地解决，不仅使正常的劳动关系得不到维护，还会使劳动者的合法利益受到损害，不利于社会的稳定。因此，企业应当正确把握劳动争议的特点，积极预防劳动争议的发生。

一、劳动争议的概念

劳动争议又称劳动纠纷、人事纠纷，是指劳动法律关系双方当事人即劳动者和用人单位，在执行劳动法律、法规或履行劳动合同过程中，就劳动权利和劳动义务关系所产生的争议。劳动争议的概念包括以下主要内容：

(1)劳动争议的实质是基于劳动关系发生的、有关劳动权利和劳动义务方面的冲突，它不包括由于观念、信仰、理论等分歧引起的争执。

(2)劳动争议是发生在劳动法律关系当事人——用工方和职工之间的争议。

(3)当事人争议的标的必须是属于劳动关系中的权利和义务，而不包括双方以其他主体资格、在其他法律关系中发生的权利、义务争议。

二、劳动争议的类型

(一)按劳动争议的主体划分

1. 个人劳动争议

个人劳动争议是劳动者个人与用人单位发生的劳动争议，即职工一方当事人人数为 2 人以下，有共同争议理由的劳动争议。

2. 集体劳动争议

集体劳动争议是指发生劳动争议的职工一方当事人达到法定的人数并且具有共同的争议理由。《企业劳动争议处理条例》规定，发生劳动争议的职工一方在 3 人以上，并有共同理由的，应当推举代表参加调解或者仲裁活动。

3. 团体劳动争议

团体劳动争议是指以工会组织为一方，代表职工与企业、事业单位因签订和执行集体合同而发生的争议，这类争议目前在我国劳动争议处理程序的立法中尚未涉及。

（二）按劳动争议的性质划分

1. 劳动权利争议

劳动权利争议是指关于运用法律规定和劳动标准性条件方面的矛盾，劳动者与用人单位因既定权利发生的争议。

2. 劳动利益争议

劳动利益争议是指因劳动者与用人单位的利益发生冲突而产生的争议，即要求新的权利方面的争执。

三、劳动争议的内容和特点

（一）劳动争议的内容

根据《中华人民共和国企业劳动争议处理条例》第二条规定，劳动争议主要包括：

1. 因企业开除、除名、辞退职工和自动离职发生的争议

（1）开除。用人单位开除严重违反劳动纪律，屡教不改，不适合在单位继续工作的劳动者，依法令其脱离本单位的一种最严厉的行政处分。

（2）除名。除名是用人单位对无正当理由经常旷工，经批评教育无效，连续旷工超过 15 天，或者 1 年以内累计旷工超过 30 天的劳动者，依法解除其与本单位劳动关系的一种行政处分。

（3）辞退。辞退是用人单位对严重违反劳动纪律、规章、规程或严重扰乱社会秩序但又不符合开除、除名条件的劳动者，经教育或行政处分仍然无效后，依法与其解除劳动关系的一种行政处分。

（4）辞职。辞职是劳动者辞去原职务，离开原用人单位的一种行为。

（5）自动离职。自动离职是劳动者自行离开原工作岗位，并自行脱离原工作单位的一种行为。

上述情况均导致劳动关系终止，也是产生劳动纠纷的重要因素。

2. 因执行国家有关工资、保险、福利、培训、劳动保护的规定发生的争议

（1）工资。工资是劳动者付出劳动后应得的劳动报酬。

（2）保险。保险主要是指工伤、生育、待业、养老、病假待遇、死亡丧葬抚恤等社会保险。

（3）福利。福利是指用人单位用于补助职工及其家属和举办集体福利事业的费用。

（4）培训。培训是指职工在职期间的职业技术培训。

（5）劳动保护。劳动保护是指为保障劳动者在劳动过程中获得适宜的劳动条件而采取的各种保护措施。

由于上述规定较为繁杂，又涉及劳动者切身利益，不仅容易发生纠纷，而且容易导致矛盾激化。

3. 因履行劳动合同发生的争议

劳动合同是用人单位与劳动者为确立劳动权利义务关系而达成的意思表示一致的协议。劳动合同纠纷在劳动合同的订立、履行、变更和解除过程中，都可能发生。

4. 法律、法规规定应当依本法处理的其他劳动争议

此外，根据劳动纠纷当事人是否为多数和争议内容是否具有共性来划分，劳动争议纠纷还可以分为集体劳动纠纷和人事劳动纠纷等。

(二)劳动争议的特点

劳动争议是发生在企业内部的劳动者与管理者之间的利益矛盾、利益争端或纠纷。它与一般的民事纠纷或民事争议相比,具有以下几方面明显的特点:

1. 有特定的争议内容

只有围绕经济利益而发生的企业劳动权利和劳动义务的争议,才是企业劳动争议;凡是在企业劳动权利和劳动义务范围之外的争议,都不属于企业劳动争议。

2. 有特定的争议当事人

企业劳动争议的当事人即企业劳动关系的双方主体,即一方是企业管理者及其代表,另一方是企业劳动者及其代表。只要有劳动者及其代表与企业管理者及其代表之间通过集体合同或劳动合同建立了劳动关系,他们才有可能成为企业劳动争议的双方当事人。

3. 有特定的争议手段

争议手段是指争议双方当事人坚持自己主张和要求的外在表达方式。企业劳动争议的手段不仅包括劳动者的怠工、联合抵制等方式,也包括企业劳动关系双方主体经常使用的抱怨、旷工、工作周转、限制产量、意外事故以及破坏活动等方法。

四、劳动争议的解决

劳动争议解决机制是由劳动争议处理机构和相互衔接的争议处理程序共同构成的解决劳动争议的制度体系。我国现行的劳动争议解决体制大致概括为“一调一裁二审”,对部分劳动争议案件实行有限制的“一裁终局”。企业发生劳动争议的处理程序,具体如图 9－4 所示。

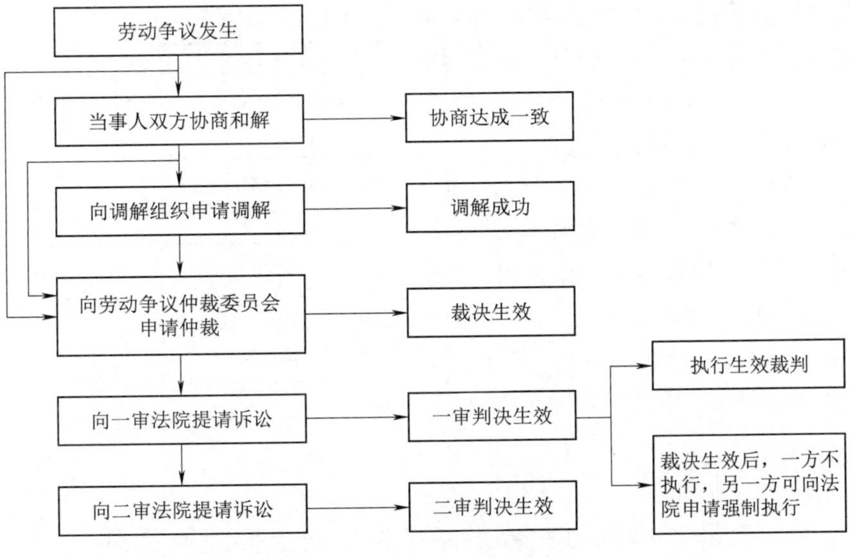

图 9－4　劳动争议处理程序

(一)协商和解

发生劳动争议后,劳动者可以与用人单位自行协商和解,也可以请工会或者第三方共同与用人单位协商,达成和解协议。如果协商不成,则可以直接进入劳动争议的法定解决程序。和解协议不具备法律约束力,但对支付工资报酬、加班费、经济补偿或赔偿金等特定事项达成的协议具有法律效力。

（二）调解

劳动争议调解指的是基层群众组织对发生的劳动争议以协商方式，使劳动者和用人单位达成协议，从而解决纠纷。劳动争议调解由基层群众性组织承担。

劳动争议双方经调解达成协议后，调解协议书对双方当事人具有约束力，当事人应当履行。一方当事人在协议约定期限内不履行调解协议的，另一方当事人可以依法申请仲裁。因支付拖欠劳动报酬、工伤医疗费、经济补偿或者赔偿金事项达成调解协议，用人单位在协议约定期限内不履行的，劳动者可以持调解协议书依法向人民法院申请支付令。

自劳动争议调解组织收到调解申请之日起15日内未达成调解协议的，当事人可以依法申请仲裁。

（三）仲裁

劳动争议仲裁是指当事人将劳动争议提交劳动争议仲裁委员会，由其对双方的争议进行处理，并作出具有约束力的裁决，从而解决劳动争议。

按规定，劳动争议的任何一方不愿调解、劳动争议经调解未达成协议时，均可向劳动争议仲裁委员会提出仲裁申请，并提交书面申请书。劳动争议仲裁是人民法院受理劳动争议案件的前提条件，如果不经过劳动争议仲裁委员会的仲裁，法院不予受理。

（四）诉讼

劳动争议诉讼指劳动争议当事人不服劳动争议仲裁委员会的裁决，在规定的期限内向人民法院起诉，人民法院依照民事诉讼程序，依法对劳动争议案件进行审理的活动。劳动争议诉讼是解决劳动争议的最终程序。

我国劳动争议实行的是“一调一裁两审”的处理体制。劳动争议当事人对仲裁结果不服，可以在规定期限内提起诉讼。在我国，劳动争议的诉讼程序遵循《民事诉讼法》的有关规定，一般案件适用普通一审程序审理，实行二审终审制。诉讼的程序如图9－5所示。

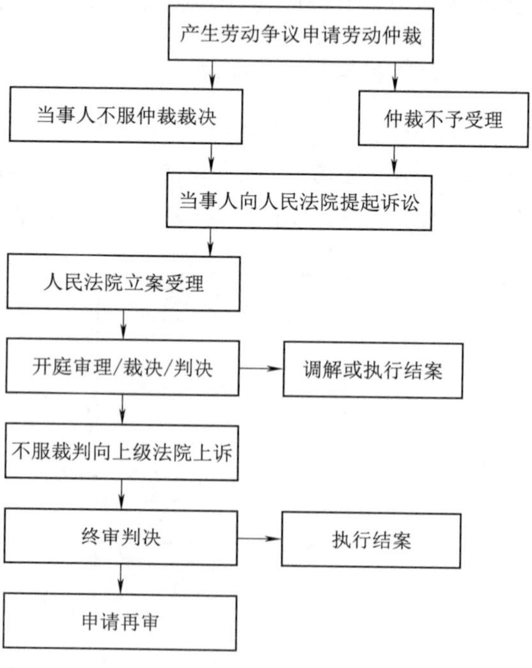

图9－5　劳动争议诉讼程序

【走进管理9－3】

离职手续未办完停发薪单位被告上仲裁输官司

刘某于2014年3月10日到某自动门公司工作，工作岗位为物料计划主管，双方签有三年期劳动合同，刘某的月工资标准为7 000元，刘某于2014年6月9日向自动门公司提交《辞职申请书》，其中离职原因写明：“1. 达不到岗位要求；2. 适应不了公司的流程。”双方劳动合同于2014年6月21日解除，但自动门公司未支付刘某2014年5月1日至6月21日的工资，理由是刘某没有按照双方在劳动合同中的约定办理离职交接手续，待刘某依约办理完毕工作交接手续后再支付。仲裁委员会审理后认为，提供劳动获得报酬是劳动者的法定权利，2014 年 5 月 1 日至 6 月 21 日期间刘某为自动门公司提供了劳动，自动门公司就应该及时足额支付工资，自动门公司以刘某没有依约办理工作交接手续为由，拒不支付刘某劳动报酬是没有法律依据的。

离职手续尚未办完，劳动者工资应照发。按照《劳动合同法》第五十条规定，劳动者应当按照双方约定，办理工作交接。用人单位依照本法有关规定应当向劳动者支付经济补偿的，在办结工作交接时支付。也就是说按照法律的规定，即便是劳动者没有按照约定办理工作交接手续，用人单位的权利也就是可以暂时不支付经济补偿金，待劳动者依照约定办理工作交接时同时支付经济补偿金。《北京市工资支付规定》第十二条也规定，用人单位与劳动者双方依法终止、解除劳动合同的，用人单位应当一次性付清劳动者工资。

本案中虽然劳动者是因自身原因而提出辞职，用人单位可不支付经济补偿金，但是如果用人单位与劳动者在劳动合同履行过程中，用人单位未及时支付劳动报酬是要承担相应法律责任的，《劳动合同法》第三十八条第一款第（二）项明确规定，未及时足额支付劳动报酬导致劳动者辞职的，劳动者有权要求用人单位支付解除劳动合同经济补偿金，解除劳动合同经济补偿金以劳动者离开企业前 12 个月的平均工资为基数，再乘以其在单位的工作年限。由此可见，用人单位切不可因小失大，最终落得既违反法律规定又造成额外经济损失的后果。劳动者如果发现单位未足额支付劳动报酬，应及时拿起法律武器，依法维护自己的合法权益。

资料来源：闵丹．十大劳动争议典型案例（北京）．劳动午报，2015-7-29.

知识巩固训练

一、填空题

1. ________是指企业所有者、经济管理者、普通职工及工会组织在企业的生产经营活动过程中形成的各种关于________、________、________的关系。

2. 劳动关系的主体即________和________。

3. ________是由职工自愿结合的工人阶级的群众性组织。

4. 用人单位单方解除劳动合同，分为________、________和________三种情况。

5. 劳动合同期限三个月以上不满一年的，试用期不得超过________；劳动合同期限一年以上不满三年的，试用期不得超过________；三年以上固定期限和无固定期限的劳动合同，试用期不得超过________。

6. 劳动合同的日常管理包括两项主要工作，即________和________。

7. 经双方当事人协商一致、由用人单位解除劳动合同的，用人单位应根据劳动者在本单位劳动年限，每满________年发给相当于________个月工资的经济补偿金，最多不超过________个月。

8. 按照劳动合同的期限不同，可以将劳动合同分为________、________和________。

9. ________指由工会、劳动者代表与用人单位或用人单位代表签订的劳动合同。

10. 按劳动争议的主体不同，可将劳动争议划分为________、________和________。

二、单项选择题

1. 劳动者与所在单位之间在劳动过程中发生的关系称为(　　)。

A. 双务关系　　B. 双方行为　　C. 劳动关系　　D. 劳务关系

2. 劳动者解除劳动合同时必须提前(　　)日以书面形式通知用人单位。

A. 20　　B. 30　　C. 60　　D. 10

3. 下列选项不属于用人单位单方面提出解除劳动合同的情形是(　　)。

A. 在试用期被证明不符合录用条件　　B. 严重违反用人单位规章制度

C. 给用人单位造成重大损失　　D. 未及时支付劳动报酬的

4. 下列关于劳动合同的续订与变更,表述错误的是(　　)。

A. 提出劳动合同续订要求的一方应在合同到期前15日书面通知对方

B. 劳动者在同一用人单位工作满10年,双方同意续延劳动合同,劳动者有权提出订立无固定期限的劳动合同

C. 订立劳动合同所依据的法规发生变化应变更相关的内容

D. 提出劳动合同变更的一方应提前书面通知对方

5. 劳动争议处理最后一道程序是(　　)。

A. 劳动争议诉讼　　B. 劳动争议协商

C. 劳动争议仲裁　　D. 劳动争议调解

6. 同一用人单位与同一劳动者可以约定(　　)次试用期。

A. 一　　B. 两　　C. 三　　D. 四

7. 出现下列选项中(　　)情况时,用人单位提前三十日以书面形式通知劳动者本人或者额外支付一个月工资后,可以解除劳动合同。

A. 在试用期间被证明不符合录用条件的

B. 严重违反用人单位的规章制度的

C. 严重失职,营私舞弊,给用人单位造成重大损害的

D. 劳动者不能胜任工作,经过培训或者调整工作岗位,仍不能胜任工作的

8. 劳动争议自收到仲裁裁决书之日起(　　)日内不起诉的,裁决书发生法律效力。

A. 7　　B. 15　　C. 30　　D. 60

9. 下列选项不属于劳动争议的特点的是(　　)。

A. 有特定的争议内容　　B. 有特定的争议当事人

C. 有特定的争议手段　　D. 有特定的环境

10. (　　)指由工会、劳动者代表与用人单位或用人单位代表签订的劳动合同。

A. 个人合同　　B. 全日制合同

C. 集体合同　　D. 固定期限劳动合同

三、多项选择题

1. 下列选项中,属于劳动关系的法律特征的有(　　)。

A. 主体具有特定性　　B. 必须产生于劳动过程中

C. 兼具人身性与财产性　　D. 兼具平等性与隶属性

E. 兼具战略性

2. 任何一种劳动法律关系,都是由三个基本要素构成,具体包括(　　)。

A. 劳动法律关系主体　　B. 劳动法律关系客体

C. 劳动法律关系内容　　D. 劳动法律关系宏观环境

E. 劳动法律关系微观环境

3. 下列选项中,属于劳动关系客体的是(　　)。

A. 劳动时间　B. 劳动报酬　C. 安全卫生　D. 劳动纪律

E. 劳动环境

4. 下列选项中,属于劳动合同法定条款的有(　　)。

A. 竞业限制　B. 劳动合同期限

C. 工作内容　D. 劳动报酬

E. 违约责任

5. 下列选项中出现(　　)情况时,用人单位可以解除劳动合同。

A. 在试用期间被证明不符合录用条件的

B. 严重违反用人单位规章制度的

C. 严重失职,营私舞弊,给用人单位造成重大损害的

D. 劳动者不能胜任工作,经过培训或者调整工作岗位,仍不能胜任工作的

E. 被依法追究刑事责任的

四、判断题

1. 劳动关系与劳务关系是有区别的。(　　)
2. 劳动法律关系的主体,是指劳动法律关系主体双方的权利义务共同指向的对象。(　　)
3. 劳动合同属于单方合同。(　　)
4. 劳动合同的法定条款包含培训条款和保守商业秘密条款。(　　)
5. 用人单位不得辞退孕期、产期的女工,但可以辞退哺乳期的女工。(　　)
6. 用人单位未及时足额支付劳动报酬,劳动者可以单方面解除劳动合同。(　　)
7. 用人单位解除劳动合同,补偿金最多不超过 12 个月。(　　)
8. 集体合同的主体一方为工会或者职工代表,另一方为用人单位。(　　)
9. 我国劳动争议实行的是“一调一裁两审”的处理体制。(　　)
10. 我国劳动立法规定集体合同的期限为 3 年。(　　)

五、思考题

1. 什么是劳动关系? 劳动关系与劳务关系有什么区别?
2. 简述劳动法律关系的构成要素。
3. 劳动合同包含哪些条款?
4. 什么情况下用人单位可以单方面解除劳动合同?
5. 什么情况下劳动者可以单方面解除劳动合同。

技能强化训练

【管理技能训练】

一、起草劳动合同

某公司是新成立的专业从事互联网设备和传输设备研发、生产及销售的高科技公司,

现急需招聘一批从事GMS/GPRS/CDMA/3G远程测控技术开发的人才。为了方便公司与应聘者签订劳动合同,须设计一份劳动合同。

要求:请根据该企业的特点,设计一份包含岗位职责与工作要求的劳动合同。

二、找出错误

以下是某私营企业与某劳动者签订的劳动合同,请依据《劳动合同法》的规定,指出该合同的错误。

劳　动　合　同

甲方:××××企业　　　　　　　　　　乙方:××　女　23岁

一、甲乙双方经过协商,暂定一年试用期。试用期满,经过甲方的考核,对乙方予以转正,并录用为职工,确定正式合同期,实行劳动合同制;经过甲方考核,未能通过试用期考核的,试用期自动延长三个月。

本合同期满,甲、乙双方同意续订劳动合同的,本条款继续适用。

二、在试用期内,任何一方解除劳动合同均需提前七天通知对方。

三、在试用期内乙方的劳动报酬按本市最低生活保障标准执行。甲方承诺,在合同期内乙方的全部劳动报酬的总和不低于国家劳动行政部门规定的最低工资标准。

四、乙方到甲方工作,实行内部承包,需交500元承包抵押金,劳动合同终止时予以退还。

五、职工工资采用计件制形式,每月结算一次,平时支付工资的80%,余额在年终结清。

六、甲方保证乙方每月25天工作,在25天内因甲方原因使乙方停工的,甲方每天补助人民币5元。

七、甲方因工作需要,经与工会协商后,有权安排乙方加班,乙方如果拒绝,将被视为旷工,受到违纪制裁。

八、在合同期内,职工患病或非因工负伤,可按本企业的规章制度报销医疗费,需要停工治疗的,甲方根据其在本单位工作时间的长短,给予3个月至1年的医疗期,医疗期满后,如因不能从事原工作的,甲方可以解除劳动合同,甲方将发给相当于本人标准工资1个月至6个月的医疗补助费。

九、甲方将为乙方购买商业保险,双方商定不再参加国家的各类保险。

十、甲方应按照国家规定,向乙方提供必要的劳动保护用品;乙方应遵守有关的规章制度,安全生产。如果乙方因违反操作规程而负伤,甲方将按非因工负伤的有关规定,给予补偿和处理。

十一、乙方在试用期和合同期内应当遵守有关的劳动纪律,服从甲方的管理和指挥,违反劳动纪律的,按《企业职工奖惩条例》和本企业的规章制度处理。

十二、在合同期内,如果乙方被证明不符合录用条件或不能胜任工作,甲方可以解除劳动合同,甲方将按乙方在甲方的工作年限每满一年发给一个月工资的经济补偿,但最高不超过乙方十二个月的工资收入。

十三、在合同期内,如果本合同订立时的客观情况发生变化,如甲方转产、搬迁等,致使本合同无法履行的,甲方可以解除劳动合同,甲方将按乙方在甲方的工作年限每满一年发给一个月工资的经济补偿金。

十四、在合同期内，如果乙方患职业病或因工负伤，被确认为完全丧失或者大部分丧失劳动能力，在甲方按法律规定支付了伤残就业补助金后，劳动合同自然终止。

十五、在合同期内，发生甲方破产、解散或者被撤销情况的，劳动合同自然终止。

十六、在合同期内，未经甲方同意，乙方不得结婚，违者将不得享受有关的婚假和生育假期。违反本条规定的，甲方有权解除劳动合同，年终工资将不予结算，乙方的承包抵押金将不予退还。

十七、乙方提前离职，应交纳在岗期间的培训费，按工资的10%计算。

十八、除第七条、第十一条、第十六条的规定，任何一方，无论以哪一种理由要求解除劳动合同，都必须提前15日向对方提出，并取得对方的同意。

十九、乙方在甲方看到、听到、接触到的均为企业的商业秘密，为保护企业的商业秘密，乙方解除劳动合同，必须提前六个月通知甲方，甲方有权在此期间采取脱密措施。同时在劳动合同结束后的四年中，乙方不得以任何借口为理由，到同行业的其他企业工作。

二十、本合同自签字之日起生效，双方都必须严格执行。任何一方违反上述规定，均需向对方支付三个月的劳动报酬作为违约金。

甲方：××××企业（盖章）　　　　法定代表人：××（签字）

乙方：××（签字）

签字日期：××××年××月××日

【案例分析】

C公司为制造型企业，某员工小王因不良嗜好爱赌博，经常工资不够用。小王申请了一张信用卡，经常透支不还钱。银行信用卡中心多次到工厂找小王，要求还款。因此小王为躲避讨债，多次旷工……在公司中造成恶劣的影响。后来，公司人力资源部以小王工作状态差，考核成绩也不好为由，开除了小王。小王提请劳动部门仲裁，要求公司提供经济补偿。

问题：案例中，小王的要求是否合理，为什么？

能力提升训练

一、撰写企业劳动关系状况报告

请选取当地一个你比较熟悉的企业，对其劳动关系管理现状进行调查，并撰写一份该企业劳动关系状况的报告。

二、小组讨论

研读《中华人民共和国劳动合同法》，任意选择一个职位，完成一份劳动合同书，并进行小组讨论，讨论以下问题：

1. 劳动合同的必备条款有哪些？具体包括哪些内容？
2. 是否包含补充条款？如果有，是哪些？
3. 劳动者在签订劳动合同时应注意哪些问题？

参 考 文 献

[1]刘英娟. 人力资源管理概论[M]. 北京:中国铁道出版社,2014.
[2]邵冲. 人力资源管理[M]. 北京:中国人民大学出版社,2013.
[3]葛正鹏. 人力资源管理[M]. 北京:科学出版社,2010.
[4]董克用. 人力资源管理概论[M]. 北京:中国人民大学出版社,2011.
[5]彭绪梅,王诺斯. 人力资源管理[M]. 北京:中国铁道出版社,2015.
[6]雷志柱,裴春秀. 人力资源管理概论[M]. 北京:北京理工大学出版社,2012.
[7]安鸿章. 企业人力资源管理师[M]. 北京:中国劳动社会保障出版社,2014.
[8]张薇. 人力资源管理[M]. 大连:大连理工大学出版社,2012.
[9]杨喜梅,蔡世刚,王梅. 人力资源管理[M]. 大连:大连理工大学出版社,2013.
[10]张小兵,孔凡柱. 人力资源管理[M]. 北京:机械工业出版社,2013.
[11]李宝元. 人力资源管理学[M]. 北京:北京师范大学出版社,2011.
[12]张佩云. 人力资源管理[M]. 北京:清华大学出版社,2012.
[13]邱立姝. 人力资源管理[M]. 哈尔滨:哈尔滨工业大学出版社,2011.
[14]文建秀. 人力资源管理理论与实务[M]. 北京:中国铁道出版社,2012.
[15]刘毅,王艳杰. 现代企业人力资源管理开发与管理[M]. 哈尔滨:哈尔滨工程大学出版社,2007.
[16]李健. 人力资源管理:理论·案例·实训[M]. 北京:清华大学出版社,2017.
[17]赵曙明,赵宜宣. 人力资源管理:理论、方法、工具、实务[M]. 北京:人民邮电出版社,2019.